305.4 Las desobedientes : Mujeres de nuestra
América / Betty Osorio y María Mercedes
Jaramillo gestoras y organizadoras del
proyecto. -- Santafé de Bogotá : Panamericana,
c1997.
620 p. -- (Ensayo)

ISBN 958-30-0290-9

1. MUJERES - BIOGRAFIAS 2. MUJERES EN
HISPANOAMERICA 3. MUJERES EN LA
HISTORIA

I. tit. III. Osorio, Betty IV. Jaramillo, María
Mercedes

LAS DESOBEDIENTES

*Jorge:
Espero que disfrutes
los perjuicios de
las desobedientes.
afectuosamente
María Mercedes Jaramillo*

Editor
Panamericana Editorial Ltda.

Dirección Editorial
Alberto Ramírez Santos

Dirección del proyecto
Juan Carlos González Espitia

Autoedición y diseño interior
La Piragua Editores
Claudia Jazmín V. de Camelo

Diseño de carátula
Visualizar Diseño Ltda.

Ilustración de carátula
Luz Marina Camacho

Ilustraciones interiores
Bonnie House
Nancy Granada

Corrección
Dora Bueno de Parra

Las opiniones contenidas en esta publicación son responsabilidad única y exclusiva de los autores, y no reflejan la posición del editor.

Primera edición, febrero de 1997

© 1997 María Mercedes Jaramillo, Betty Osorio de Negret, Isolina Ballesteros, Mary G. Berg, Marta Bermúdez Gallegos, Luisa Campuzano, Magda Castellví deMoor, Debra A. Castillo, Sandra Messinger Cypes, Marcela del-Río, Nora Eidelberg, Ofelia Ferrán, Mariela Gutiérrez, Mercedes Guhl, Jane Hosie-Bounar, Beth E. Jörgensen, Santiago Londoño, Eliana Moya-Raggio, Willy Óscar Muñoz, Lucía Ortiz, Patricia Pinto, Isabel Rodríguez-Vergara, Mario Sáenz, Nina M. Scott, Francisco Soto, Támara Williams.
© 1997 Panamericana Editorial Ltda.
Carrera 35 No. 14-67 Tel.: 2774613 - 2379927 Fax: (57 1)2774991
E-mail: panaedit@anditel.andinet.lat.net
Santafé de Bogotá, D. C. - Colombia

ISBN: 958-30-0290-9

Todos los derechos reservados.
Prohibida su reproducción total o parcial
por cualquier medio sin permiso del Editor.

Impreso por Panamericana Formas e Impresos S. A.
Quien sólo actúa como impresor.

Impreso en Colombia   Printed in Colombia

Contenido

Introducción XXI
María Mercedes Jaramillo y Betty Osorio

La Malinche, historia y leyenda de la «única mujer importante durante la conquista de México» 3
Sandra Messinger Cypess

La Gaitana: mito de autonomía y resistencia 25
Betty Osorio

La inmolación intelectual de sor Juana Inés de la Cruz 45
Nina M. Scott

«Las muchachas de La Habana no tienen temor de Dios» 65
Luisa Campuzano

Genio, figura y ocaso de Manuela Sáenz 83
Lucía Ortiz

Las madres de la patria: Antonia Santos y Policarpa Salavarrieta 118
Mercedes Guhl

Juana Manuela Gorriti: narradora de su época 131
Mary G. Berg

Clorinda Matto de Turner: periodista y crítica 147
Mary G. Berg

Flora Tristán: «la paria» 160
Nora Eidelberg

Soldaderas con fusil, pluma o bandera de huelga, generalas olvidadas de la Revolución Mexicana 174
Marcela Del-Río

Una niña nacida Amanda Pinto. La pionera feminista chilena Amanda Labarca Huberston 209
Patricia Pinto V.

María de los Ángeles Cano Márquez: del sindicalismo al socialismo subvirtiendo las reglas del padre 230
Isabel Rodríguez-Vergara

Lydia Cabrera: autora de cuentos negros 254
Mariela Gutiérrez

Benita Galeana, en la lucha 272
Beth E. Jörgensen

Magda Portal, la eterna rebelde 288
Marta Bermúdez Gallegos

Vida y obra de Frida Kahlo: retrato de desafío 309
Francisco Soto

Paganismo, denuncia y sátira en Débora Arango 325
Santiago Londoño Vélez

*«Pero quisiste más...» Yolanda Oreamuno o la
sexualidad desobediente* 345
Ofelia Ferrán

*«Yo no tengo dónde estar»: resistencia y marginalización
en la vida de Violeta Parra* 372
Tamara Williams

Rosario Castellanos: ceniza sin rostro 395
Debra A. Castillo

Domitila Barrios, una mujer del pueblo 425
Jane Hosie-Bounar

*Elvia Alvarado: historia y testimonio de una
campesina hondureña* 458
Isolina Ballesteros

*Nayan Uñatatawi: el despertar de Ana María
Condori* 496
Willy O. Muñoz

Rigoberta Menchú Tum: «a quien muy pronto le nació la conciencia» 508
Mario Sáenz

El taller de arpilleras de Puente Alto: un ejemplo de solidaridad.. 539
Eliana Moya-Raggio

Madres de Plaza de Mayo: por siempre Antígonas 557
Magda Castellví deMoor

Directoras del Proyecto

MARÍA MERCEDES JARAMILLO, Colombia.
Licenciada en Letras de la Universidad del Valle, Colombia. Hizo los estudios graduados en la Universidad de Syracuse, en Nueva York. Es profesora en Fitchburg State College, Massachusetts. Ha publicado ensayos sobre teatro y literatura colombiana. En 1992, la Universidad de Antioquia publicó su libro *El nuevo teatro colombiano: política y cultura;* es coautora de *¿Y las mujeres? Ensayos sobre literatura colombiana* (1991); coeditora con Nora Eidelberg de *Voces en escena: Antología de Dramaturgas Latinoamericanas* (1991); compiladora y editora de *Antología crítica del teatro hispanoamericano en un acto* (1995); coeditora con Ángela Robledo y Betty Osorio de *Literatura y diferencia: escritoras colombianas del siglo XX* (1995). Prepara una antología de teatro infantil hispanoamericano.

BETTY OSORIO DE NEGRET, Colombia.
Licenciada en Humanidades de la Universidad del Cauca, Colombia. Hizo sus estudios graduados en la Universidad de Illinois, en Urbana-Champaigne. Es profesora

de literatura en el Departamento de Filosofía y Letras de la Universidad de los Andes (Santafé de Bogotá). Es coeditora con María Mercedes Jaramillo y Ángela Robledo de *Literatura y diferencia: escritoras colombianas del siglo XX* (1995). Es miembro del comité de redacción de la revista *Texto y contexto*. Se dedica a la literatura latinoamericana, a la literatura escrita por mujeres y a la literatura del período colonial.

Colaboradores

ISOLINA BALLESTEROS, España.

Es licenciada en Filología Francesa de la Universidad de Zaragoza y obtuvo el doctorado en la Universidad de Boston. Enseña en Barnard College, Nueva York. Ha publicado artículos sobre autores españoles en *Anales Cervantinos* y en *Reverso*. En 1994 publicó *Escritura femenina y discurso autobiográfico en la nueva novela española*.

MARY G. BERG, Estados Unidos.

Es ensayista y periodista. Realizó su licenciatura en la Universidad de Cornell, Nueva York, y el doctorado en la Universidad de Harvard. Enseña en el programa de historia y literatura en la Universidad de Harvard. Sus recientes artículos sobre Juana Manuela Gorriti, Clorinda Matto de Turner, Cristina Peri Rossi, Carmen Alonso, Isabel Allende, Gabriel García Márquez y Mario Vargas Llosa han sido publicados en revistas y volúmenes de crítica literaria. Ha traducido al inglés a autoras hispanoamericanas.

MARTA BERMÚDEZ GALLEGOS, Argentina.

Es profesora del Departamento de Español en la Universidad de Rutgers, New Jersey. Recibió el doctorado en la Universidad de Arizona. Ha publicado diversos artículos de crítica literaria en revistas especializadas y en 1992, *Poesía, sociedad y cultura: Diálogos y retratos del Perú colonial Scripta Humanistica*. Coeditó con Mary Gossy *Re-Writing the Golden Age: De-Colonizing Women in Spain and Latin America*.

LUISA CAMPUZANO, Cuba.

Es profesora de la Universidad de La Habana. Dirige el Programa de Estudios de la Mujer de la Casa de las Américas. Ha publicado varios textos y antologías de latín y literatura latina, y obras como: *Breve esbozo de poética preplatónica* (1980), *Las ideas literarias en el Satyricon* (1984) con el que recibió el Premio de la Crítica, y *Quirón o del ensayo y otros eventos* (1988). También ha publicado numerosos artículos sobre literatura femenina.

MAGDA CASTELLVÍ DEMOOR, Argentina.

Es profesora de literatura hispanoamericana en Assumption College, Massachusetts. Hizo sus estudios graduados en la Universidad de Harvard y en la Universidad de Massachusetts. Sus ensayos sobre teatro y autores latinoamericanos y españoles han sido publicados en revistas de crítica literaria y en volúmenes dedicados al teatro. En 1982 publicó *El vanguardismo en el teatro hispánico de hoy: Fuentes, Gambaro y Ruibal*. En la actualidad investiga la dramaturgia femenina del teatro argentino.

DEBRA A. CASTILLO, Estados Unidos.
Es profesora en el Departamento de Estudios Romances y Literatura Comparada en la Universidad de Cornell, Nueva York. Los estudios graduados los hizo en la Universidad de Wisconsin, Milwaukee. Sus artículos sobre autores hispanoamericanos han aparecido en diferentes revistas de crítica literaria. Entre sus libros están *Talking Back: Toward a Latin American Feminist Literary Criticism; The Translated World: A Postmodern Tour of Libraries in Literature*. Ha colaborado en el trabajo editorial de *Diacritics, Letras femeninas, Anales galdosianos* y *The Review of Contemporary Fiction*.

SANDRA MESSINGER CYPESS, Estados Unidos.
Es profesora de literatura latinoamericana en la Universidad de Maryland, College Park. Recibió el doctorado en la Universidad de Illinois, Urbana. Ha publicado artículos de teatro y narrativa, especialmente sobre Rosario Castellanos, Elena Garró, Griselda Gambaro, Myrna Casas, sor Juana Inés de la Cruz, entre otras. En 1991 publicó *La Malinche in Mexican Literature: From History to Myth*. Colaboró en los 2 volúmenes sobre la bibliografía de crítica e interpretación sobre autoras hispanoamericanas publicados por Scarecrow Press.

MARCELA DEL-RÍO, México.
Es escritora, pintora y diplomática. Recibió su doctorado en Filosofía en la Universidad de California, Irvine. Ha enseñado en México y ahora en la Universidad de la Florida Central. Ha escrito ensayos y reseñas en revistas especializadas de América Latina y los EE.UU. Ha publicado obras en los diferentes géneros literarios: *Proceso a Faubritten* y *La cripta del espejo* (novelas), *Camino al concierto, El pulpo, Tlacaélel, Miralina,*

Claudia y Arnot, El hijo de trapo, Fraude a la tierra, Sol Nostrum, Entre hermanos, La telaraña, En las manos de Uno, La tercera cara de la luna y *Año nuevo, vida nueva* (teatro), *Trece cielos, Temps en paroles* y *Homenaje a Remedios Varo* (poesía), y *Perfil del teatro de la Revolución Mexicana*. Ha recibido diferentes premios por sus obras literarias: *Premio Olímpico* y *Letras de oro* (en poesía), *Premio Nacional Juan Ruiz de Alarcón* y *el César Internacional* (en teatro) y el *León Felipe* (en cuento).

NORA EIDELBERG, Perú.

Es profesora de español y literatura hispánica en Wesleyan College, Georgia. Estudió en Arizona State University, Tempe, donde obtuvo su doctorado. Traduce obras de teatro de autores hispanoamericanos al inglés. Autora de *Teatro experimental hispanoamericano, 1960-1980: la realidad social como manipulación* (1985) y coautora con María Mercedes Jaramillo de *Voces en escena. Antología de dramaturgas latinoamericanas* (1991). Sus ensayos aparecen en revistas especializadas.

OFELIA FERRÁN, España.

Hizo su licenciatura en literatura española en la Universidad de Syracuse; realiza sus estudios graduados en la Universidad de Cornell. Ha publicado varios artículos sobre autores españoles e hispanoamericanos; trabajó en un centro de mujeres en Costa Rica.

NANCY EVELIN GRANADA, Colombia.

Nació en Bogotá en 1970, estudió diseño gráfico y artes plásticas. Se ha dedicado a la ilustración para libros infantiles y textos escolares a nivel latinoamericano.

MARIELA GUTIÉRREZ, Cuba.

Es profesora del Departamento de Español y directora del programa de Estudios Latinoamericanos en la Universidad de Waterloo, Canadá. Hizo su doctorado en la Universidad Laval, Montreal. Ha recibido premios por su labor docente y por su artículo: «Rosario Ferré y el itinerario del deseo: un estudio lacaniano de 'Cuando las mujeres quieren a los hombres'». Ha publicado diversos artículos críticos, *Los cuentos negros de Lydia Cabrera: un estudio morfológico* (1986) y *El cosmos de Lydia Cabrera: dioses, animales y hombres* (1991).

MERCEDES GUHL, Colombia.

Hizo sus estudios de Filosofía y Letras en la Universidad de los Andes. Se especializó en Televisión en la Universidad Javeriana. Ha sido editora de literatura infantil para Editorial Norma. Ha ganado varias menciones honoríficas por sus trabajos en literatura infantil: Raimundo Susaeta en 1993, la Universidad de los Andes en 1993 y FUNCEC en Costa Rica, en 1994.

JANE HOSIE-BOUNAR, Estados Unidos.

Es escritora, su primera novela *Life Belts*, ganó el Tenth Annual Delacorte Press Prize, para obras de adolescentes, en 1993. Hizo una maestría en Literatura, en inglés, y en Escritura Creativa en la Universidad de Syracuse, Nueva York. En la actualidad edita y escribe libros técnicos, hace talleres de escritura creativa y está escribiendo su segunda novela.

BONNIE HOUSE, Estados Unidos.
Es profesora de diseño gráfico en Fitchburg State College, Massachusetts. Realizó sus estudios en la Universidad de Kutzton y su especialización en Rochester Institute of Technology. En los últimos años se ha dedicado a estudiar la técnica de la acuarela con diferentes artistas y en talleres, tanto en Estados Unidos como en otros países.

BETH E. JÖRGENSEN, Estados Unidos.
Es profesora de español y jefa del Departamento de Lenguas y Culturas Modernas en la Universidad de Rochester. Hizo el doctorado en la Universidad de Wisconsin, Madison. Ha publicado diversos artículos críticos sobre las obras de Elena Poniatowska y sobre otras autoras hispanoamericanas. *The Writing of Elena Poniatowska: Engaging Dialogues* fue publicado en 1994 por la Universidad de Texas.

SANTIAGO LONDOÑO, Colombia.
Estudios: Universidad Eafit y Universidad de Texas. Autor del libro *Historia de la pintura y el grabado en Antioquia* (Medellín, Universidad de Antioquia. 1996). Colaborador de los volúmenes colectivos *Débora Arango* (1986), *Nueva Historia de Colombia* (1987), *Ignacio Gómez Jaramillo, Anotaciones de un pintor* (1987), *Historia de Antioquia* (1988), *La mujer en la historia de Colombia* (1995) e *Historia de Medellín* (1996). Compilador y autor de las introducciones de *Ricardo Palma, Tradiciones Peruanas* (Bogotá, Norma, 1991), *Cuentos hispanoamericanos del siglo XIX* (Bogotá, Norma, 1992) y *Cuentos brasileños del siglo XIX* (Bogotá, Norma, 1993). Curador e investigador de distintas exposiciones.

ELIANA MOYA-RAGGIO, Chile.

Es profesora de español en Residential College de la Universidad de Michigan, Ann Arbor. Obtuvo una maestría en Educación e hizo estudios doctorales en el Departamento de Historia de la Universidad de Michigan. Ha publicado varios artículos críticos sobre autoras hispanoamericanas y sobre las arpilleristas de Chile.

WILLY ÓSCAR MUÑOZ, Bolivia.

Es profesor del Departamento de Español en Kent State University. Hizo sus estudios de doctorado en la Universidad de Iowa. Ha publicado diversos artículos sobre teatro y autores latinoamericanos. En 1980 ganó el premio *Franz Tamayo* por su libro *Teatro boliviano contemporáneo;* en 1992 publicó *El personaje femenino en la narrativa de escritoras hispanoamericanas*. En la actualidad prepara una antología crítica del teatro boliviano.

LUCÍA ORTIZ, Colombia.

Es profesora de español y literatura en Regis College, Massachusetts. Recibió la maestría en la Universidad de Syracuse, Nueva York. Terminó su doctorado en la Universidad de Boston. Su disertación «El devenir histórico de la novela colombiana de 'fin de siglo'» está en proceso de publicación. Es especialista en literatura contemporánea latinoamericana.

PATRICIA PINTO, Chile.

Es profesora de literatura en el Departamento de Español de la Universidad de Concepción. Es cofundadora y co-coordinadora del Programa Interdisciplinario de Estudios de la Mujer en la Universidad de Concepción

(1990). Obtuvo el doctorado de Filosofía en la Universidad de Minnesota. Ha publicado varios artículos en revistas tales como *Nuevo texto crítico*, *Chasqui*, *Letras femeninas* y *Atenea*. Como coeditora prepara una colección de tres volúmenes, *Escritoras chilenas. Poesía, Teatro y Ensayo*, obra que será publicada por la editorial chilena Cuarto Propio.

ISABEL RODRÍGUEZ-VERGARA, Colombia.

Es profesora en la Universidad George Washington. Es licenciada en Lingüística y Literatura Comparada de la Universidad Nacional de Colombia. Recibió el doctorado en la Universidad de Cornell, Nueva York. Enseñó en la Universidad Federal de Río de Janeiro. Es autora del libro *El mundo satírico de Gabriel García Márquez* (1991), editora de *Colombia: Literatura y Cultura del Siglo XX* (1993) y autora de diversos ensayos. En la actualidad dirige la *Revista de estudios colombianos*.

MARIO SÁENZ, Colombia.

Es profesor de filosofía en Le Moyne College en Nueva York. Realizó el doctorado en Filosofía en Southern Illinois University. Ha publicado artículos sobre Descartes, Hegel, Marx y Kant en *Philosophy Today, Philosophy and Social Criticism*. Se especializa en teoría crítica y filosofía latinoamericana.

NINA M. SCOTT, Estados Unidos.

Es profesora de literatura hispanoamericana en la Universidad de Massachusetts/Amherst. La literatura femenina es su campo de especialización, tanto en la época de la colonia como en la era moderna. Ha escrito muchos artículos sobre sor Juana Inés de la Cruz, Rosario

Castellanos, Elena Poniatowska y Gertrudis Gómez de Avellaneda. Es coeditora de *Breaking Boundaries. Latina Writing and Critical Reading* (1989) y de *Coded Encounters. Gender and Ethnicity in Colonial Latin America* (1994). También tradujo la novela *Sab* y la autobiografía de Gertrudis Gómez de Avellaneda, en 1993. Elabora una antología crítica de las tempranas escritoras hispanoamericanas.

FRANCISCO SOTO, Cuba.

Es profesor en el College of Staten Island (CUNY). Realizó su doctorado en la Universidad de Nueva York y se especializó en literatura latinoamericana. Ha publicado artículos sobre Reinaldo Arenas, Jorge Luis Borges y Mireya Robles; también ha traducido ensayos y cuentos de autores latinoamericanos al inglés. En 1990 publicó *Conversación con Reinaldo Arenas* y en 1994, *Reinaldo Arenas: The Pentagonia*.

TAMARA WILLIAMS, Estados Unidos.

Es profesora de español en Pacific Lutheran University, en Tacoma, y enseñó en Hamilton College. Obtuvo el doctorado en la Universidad de Michigan. Ha escrito diversos artículos sobre la obra de Ernesto Cardenal y sobre poesía de mujeres latinoamericanas. Coordinó la edición bilingüe de *El estrecho dudoso,* de Cardenal, publicada por la Universidad de Indiana en 1994.

Agradecimientos

La idea de hacer un volumen de biografías sobre mujeres hispanoamericanas surgió con la clase que dicté con Nan Wiegersma, profesora de ciencias políticas, en Fitchburg State College, sobre las mujeres latinoamericanas y su participación en la historia del continente. Al tratar de reunir el material de la clase que mostrara los aspectos artísticos, literarios, políticos, económicos y culturales del trabajo de la mujer, empecé a ver la necesidad de hacer un texto que recogiera estos diferentes aportes desde una perspectiva interdisciplinaria como la clase misma. Las preguntas y las discusiones que tuvimos con los alumnos me ayudaron a identificar aspectos que debían ser profundizados. Finalmente, la colaboración de colegas y especialistas hicieron posible juntar tan variada y precisa información.

También deseo agradecer la colaboración de Carlos Davis, Mary Berg, Marta Sánchez y Paco Layna, que hicieron comentarios acertados como miembros del comité editorial, a Laura Gurley-Mozie por su inestimable ayuda en la parte técnica, y a Marcela Velasco por su lectura atenta y sugerencias que facilitaron la corrección de los manuscritos.

En el caso de Betty Osorio la idea del libro surgió a partir de los trabajos sobre la Gaitana, que mostraron cómo, desde muy temprano en los países de Hispanoamérica, las protagonistas ocupaban un lugar marginal. Esta misma reflexión se produjo al discutir en clase la novela de García Márquez *El General en su laberinto*, donde se rescata la imagen de Manuela Sáenz, señalando así un vacío en la historia colombiana. Agradezco las sugerencias de los estudiantes y colegas del Departamento de Filosofía y Letras.

María Mercedes Jaramillo

Introducción

María Mercedes Jaramillo
Betty Osorio

El presente libro recoge biografías que rescatan el devenir histórico y el quehacer existencial de algunas mujeres hispanoamericanas que marcaron su momento y su medio por haberse enfrentado a las reglas establecidas o a las injusticias sociales que las marginaban u oprimían como individuos, o a sus familias y comunidades. El volumen se compromete con un amplio recorrido histórico, desde la época de la Conquista hasta finales del siglo XX, en un intento por mostrar con estas vidas cómo ha sido la participación femenina en el desarrollo social, cultural y político de "Nuestra América". Las historias de estas mujeres lograron grabarse en la memoria colectiva, gracias a que por su rebeldía y desobediencia crearon modelos de conducta, superaron obstáculos, instauraron nuevas actitudes y abrieron espacios que les permitieron participar en el trabajo remunerado y en la educación superior, a la vez que posibilitaron la autodeterminación en el mundo familiar y en el medio político y social. La desobediencia la definimos, entonces, como un desacato a las leyes establecidas que regían la conducta femenina en las sociedades patriarcales, y que distribuían en forma asimétrica derechos y deberes entre hombres y mujeres o entre las diferentes clases sociales.

La escasez de noticias es un hecho común en los estudios femeninos, ya que la mujer ha sido ignorada y silenciada y, por lo tanto, es poco visible en la historia oficial. El trabajo de la crítica se asemeja en este punto al del artista y al del arqueólogo. Se deben recopilar hechos fragmentados, interpretar eventos, comparar datos y adivinar existencias. Es un trabajo donde la labor bibliográfica y de archivo debe acompañarse por la intuición y la sensibilidad. El resultado es un texto que cabalga entre la historia y la ficción, donde no se pueden establecer fronteras nítidas entre estos dos espacios. Teniendo en cuenta estos procedimientos, la idea de biografía que manejamos no coincide exactamente con la noción que de este género se tiene, pues no sólo se manejan datos y fechas concretas y de archivo, sino que muchos de los espacios biográficos han sido llenados con interpretaciones del contexto cultural y social en el cual se movieron estas mujeres, y que en otras ocasiones se reconstruye la biografía a través de sus actos y de sus obras como el caso de Rosario Castellanos, y Yolanda Oreamuno, donde vida y obra están totalmente ligados, y donde se recrean las ambivalencias entre el ser y el hacer. Se presentan también casos donde la historia ha sido borrada por completo de la historiografía oficial. Así, la biografía de la Malinche aparece como ejemplo de la manipulación histórica, tanto del personaje como del símbolo que ella representa; la crítica, entonces, analiza y descodifica su sentido para la historia de México. La difusa presencia de la habanera Beatriz de Jústiz y Zayas se persigue y se adivina a través de menciones en seguidillas y en coplas populares, para crear la biografía de quien se rebeló contra la invasión inglesa de Cuba en 1756.

De otro lado, se presentan biografías de mujeres reconocidas internacionalmente, como sor Juana Inés de la Cruz, Rigoberta Menchú o las Madres de Plaza de Mayo, y también se recogen historias de mujeres casi desconocidas a nivel continental, pero cuyas labores han sido vitales en el desarrollo de cada una de sus comunidades, como Ana María Condori o Yolanda Oreamuno.

Desde la época de la Conquista hay testimonios de las hazañas de las indígenas que lucharon al lado de los guerreros, en contra del invasor extranjero. La historia de la Gaitana, reconstruida a partir de los cronistas de ese tiempo, es un modelo que permite tejer un mito de resistencia. Las biografías de mujeres como la Gaitana se diluyen en el corpus historiográfico de la época, aparecen en medio de datos fragmentados, contradictorios. Las lagunas existentes sepultan hechos y personajes. Así, la noción de una historia unificada e imparcial se desmorona y es reemplazada por versiones que interactúan entre sí y que nos muestran la urgencia de nuevas lecturas e interpretaciones. Por ejemplo, hay algunas noticias de Anacaona y de las mujeres caribes que lucharon hasta la muerte en contra de los españoles, de Micaela Bastidas y Tomasa Tito Condemayta que participaron en la rebelión de Túpac Amaru de 1780 a 1783.

Este tejido cronológico y biográfico permite una mirada de conjunto del devenir femenino en su allí y su ahora, y recupera momentos y experiencias que llenan y/o explican las lagunas existentes en el proceso histórico hispanoamericano. Es un panorama que muestra la evolución, pero también las discontinuidades en nuestro acontecer histórico. Las biografías de estas mujeres no pueden clasificarse de acuerdo con criterios excluyentes. Algunas de ellas muestran cómo algunas desobedientes lucharon al lado de los hombres en defensa de la comunidad y de los derechos humanos, y cómo su quehacer formó parte de una lucha colectiva. Tenemos mujeres que se enfrentaron al enemigo común con la misma determinación y heroísmo de los hombres, pero su contribución ha sido muchas veces ignorada o distorsionada y ha quedado plasmada en imágenes fragmentadas que evocan eventos épicos, donde los compañeros de lucha fueron los actores, y ellas las beneficiarias de los triunfos o las compañeras en la derrota. Por otro lado, recogemos las historias de mujeres que lucharon por los derechos femeninos y debieron enfrentarse a sus compañeros, a la familia y a la sociedad que las marginaba de la vida pública y que las reprimía en la esfera familiar.

La participación y contribución de las mujeres afroamericanas en el desarrollo cultural, económico, social y político del continente ha sido marginal en los estudios académicos; sólo recientemente se han empezado a recuperar hechos y a reconocer actitudes de resistencia a la esclavitud y a la discriminación. Los estereotipos tradicionalmente relacionados con la raza negra como la pereza, la falta de entendimiento, la terquedad, la inclinación a la mentira, al sabotaje y al robo, la hipocresía, la promiscuidad, etc. han sido los elementos utilizados por la elite dominante para legitimar la esclavitud y la supuesta inferioridad de las afroamericanas. Todas estas actitudes en el trabajo de las plantaciones o en los oficios domésticos se han empezado a ver como estrategias de resistencia a la esclavitud, que desaparecían en la intimidad o en las comunidades de cimarrones o libertos. El uso del tiempo libre, de los lazos familiares y de los escasos recursos materiales a los que tenían acceso son pruebas del vigor, estoicismo e inteligencia con que las mujeres afroamericanas se enfrentaron a la explotación y deshumanización de la esclavitud. Los países hispanoamericanos donde hubo esclavas africanas muestran su presencia indeleble en los diversos campos de la vida social, política y cultural, ya que ellas enriquecieron ese medio, no sólo con su aporte económico sino también con sus creencias religiosas, sus valores culturales, su riqueza culinaria y sus expresiones artísticas. Vale la pena mencionar a Nanny, una legendaria cimarrona de Jamaica, cuyas hazañas sirvieron como mito de resistencia a los esclavos de la isla (Bush 70).[1]

Ya en la época de la Independencia se recogen las biografías de Policarpa Salavarrieta y Antonia Santos, que ilustran el comportamiento de aquellas mujeres que participaron activamente en la gesta revolucionaria, y cuyo apoyo decidido e incondicional a la causa criolla es someramente reconocido en los libros de historia. Sabemos que las mujeres seguían a los soldados en las campañas revolucionarias, conseguían y cocinaban alimentos, montaban los campamentos, curaban a los heridos, servían de enlace, espiaban y cargaban las vituallas. Su colaboración fue importante en el logro de los cambios políticos que se perseguían. Las vidas de mujeres anónimas quedaron condensadas en las figuras de estas heroínas, que fueron ejecutadas por sus actividades subversivas durante las guerras de independencia. Así, vale la pena evocar en México, por ejemplo, a Carmen Camacho y María Tomasa Estévez y Salas quienes fueron acusadas de utilizar sus encantos para seducir a los soldados y obtener información para los patriotas; ambas fueron ejecutadas por los supuestos crímenes. Otras utilizaron sus privilegios sociales para hacer tertulias literarias y reuniones, donde se discutían ideas independentistas y se planeaban estrategias para la rebelión; entre ellas podemos evocar a Josefa Palacios en Caracas, Manuela Cañizales en Quito, María Josefa Ortiz de Domínguez en México y Manuela Sáenz de Santamaría en Santa Fe, quien con su esposo organizaba la famosa tertulia "El buen gusto".[2]

Cada país ha erigido monumentos y ha reconocido la participación de algunas mujeres que lograron capturar la imaginación de sus compatriotas. Antonia Santos y Policarpa Salavarrieta ilustran las peripecias de las heroínas que entregaron vida y fortuna por los ideales independentistas. Pero, a la vez, debemos evocar en Argentina a María Remedios del Valle; en Colombia a Mercedes Ábrego y Manuela Beltrán; en Costa Rica a Pancha Carrasco, en Cuba a Mariana Grajales y Evangelina Cisneros; en Chile a Javiera Carrera y Candelaria Pérez; en Ecuador a Manuela Cañizales; en México a Manuela Medina y Mariana Mendizábal; en Perú a Andrea Parado de Bellido y en Venezuela a Luisa Cáceres y Teresa Heredia. En todas las épocas, la contribución de las mujeres fue un indispensable soporte de las tropas; sin embargo, los apelativos acuñados para distinguirlas tienen una connotación negativa: rabonas (Perú), las mujeres de la coronilla (Bolivia) o juanas y soldaderas (México), aunque algunas llegaron a usar las armas en los campos de batalla. Así, merece la pena recordar a María Quiteira de Jesús, quien fue condecorada por el emperador de Brasil en 1823 por su participación en las guerras de independencia; Juana de Azurduy, que fue la única mujer argentina que alcanzó el título de Tenienta Coronela en el ejército de Manuel Belgrano (ella participó en las batallas de independencia como jefa del escuadrón de *Las Amazonas,* y se fue a la guerra acompañada de sus cuatro hijos pequeños); Francisca de Zubiaga que luchó en el alto Perú y la colombiana María Martínez de Nisser, quien luchó en las guerras civiles del siglo XIX. A partir de la década de los años cincuenta de este siglo, los movimientos revolucionarios de Cuba, Nicaragua, Guatemala, El Salvador, Colombia, Perú, Argentina, Uruguay y México han tenido en sus filas a numerosas guerrilleras y activistas que han experimentado las mismas penurias de sus compañeros y han compartido la misma suerte.

También debemos mencionar a las compañeras de los héroes de la revolución, cuyas vidas se construyen como un apéndice de la vida de ellos. La biografía de Manuela Sáenz ejemplifica la deformación y utilización de una experiencia vital. En este caso, su nombre, al estar unido al de Simón Bolivar, quedó absorbido como parte de la vida amorosa del Libertador. Algo similar ocurre con Rosa Campuzano, amante de José de San Martín, a pesar de que ambas mujeres fueron activas en las campañas libertadoras y colaboraron decididamente con los movimientos insurgentes.

Por su parte, las escritoras tuvieron que enfrentarse a sociedades normativas que, cuando se trataba de mujeres, veían el ejercicio de escribir como una subversión del orden moral establecido, ya que este oficio escapaba de las esferas de acción donde tradicionalmente se desarrollaba lo femenino. Si ellas escribían debían restringirse a los temas socialmente aceptables para el mundo de la mujer, que generalmente estaba limitado a lo familiar y religioso. Las vidas y las obras de autoras como sor Juana Inés de la Cruz en México y Clorinda Matto de Turner en Perú, ilustran las luchas y los sufrimientos padecidos por quienes abogaron por los derechos de la mujer y de las minorías indígenas. Ya en nuestro siglo, se recogen los aportes de Rosario Castellanos, quien en su obra literaria recrea el sufrimiento de los indígenas de la región de Chiapas, y de Lydia Cabrera, una de las iniciadoras de los estudios de afrohispanismo en Cuba.

En el siglo XX, debido a los procesos de modernización y de urbanización que sufrieron en mayor o menor grado todos los países de Hispanoamérica, muchas mujeres entraron a participar en el mercado laboral, pero de una manera desventajosa. Sin embargo, este nuevo espacio les permitió participar en la vida pública y hacer conquistas como la ciudadanía y el divorcio. La participación de la mujer en la vida económica desde una posición de inferioridad de salarios y de injusticia laboral, fueron las dínamos que presionaron a la sociedad para darle entrada a la mujer a la educación superior y a las esferas políticas de poder que hoy comparten, hasta cierto punto, con sus compañeros.

Por las razones anteriores, los primeros movimientos feministas y sufragistas aparecieron a principios de siglo en las regiones del continente donde existía una clase obrera urbana que luchaba por mejorar las condiciones de trabajo, los beneficios sociales y los salarios. Maestras, obreras, madres y esposas de los trabajadores y algunas mujeres de la elite empezaron a reunirse en asociaciones de beneficencia, muchas veces patrocinadas por el gobierno o por las empresas privadas, en un desesperado intento por aliviar los graves problemas de salud, de educación, o de vivienda que afectaba a las clases menos favorecidas. Estas asociaciones caritativas no llegaron a remediar los problemas sociales del continente, pero sí dieron una oportunidad a las mujeres de reunirse, de analizar la problemática cotidiana y de compartir ideas y estrategias para combatir los males comunes. Se inició, entonces, un largo, lento y doloroso, pero irreversible proceso de lucha por los derechos femeninos. Este encuentro entre mujeres de diverso origen social, con expectativas y proyectos diferentes y con carácter caritativo y paternalista, fue uno de los primeros pasos que conducirían a las organizaciones femeninas del presente. Sin embargo, existía una profunda diferencia entre estas organizaciones cuya preocupación estaba volcada hacia el quehacer cotidiano y aquellas donde los hombres diseñaban los destinos económicos, políticos y culturales de nuestros países. De todas maneras, hay que reconocer que fue allí donde nacieron las organizaciones femeninas de nuestros días, capaces de orientar a las mujeres en múltiples aspectos de la vida privada y de la esfera social, política y económica. Estas agrupaciones se han convertido en vehículos de presión política, porque luchan contra la violencia social y la doméstica, crean canales de comunicación entre los diversos grupos femeninos continentales, promueven organizaciones de base que buscan soluciones inmediatas a los problemas que afectan a la comunidades, y publican y distribuyen revistas y panfletos dedicados a temas de interés femenino como el aborto, las madres solteras, el divorcio, la prostitución, la responsabilidad con los hijos, la violencia doméstica, el hostigamiento sexual y la feminización de la pobreza.

Muchas mujeres utilizaron su posición de privilegio para orientar los incipientes movimientos femeninos en una agenda personal. Por ejemplo, Eva Perón utilizó las instituciones de beneficencia que el gobierno de Juan Domingo Perón financiaba, para ayudar a las madres solteras, a los huérfanos y a las familias obreras. Así, ella se hizo muy visible en el panorama político argentino. Durante el gobierno de Perón, la mujer argentina obtuvo el derecho al sufragio, ya que la fuerza política de Eva Perón garantizó el voto femenino de la clase trabajadora para el peronismo. Sin embargo, debemos recordar que el movimiento sufragista argentino había surgido a principios de siglo y había luchado incansablemente por los derechos civiles. Muchas de las sufragistas eran inmigrantes o descendientes de las recientes familias establecidas en Argentina; para ellas fue difícil conquistar un lugar en el nuevo país, pero participaron activamente en la concientización y desarrollo de la mujer de la clase obrera y la capacitación para ejercer sus derechos civiles. Por otro lado, Amanda Labarca en Chile, pionera del movimiento feminista, utilizó su posición de mujer culta para promulgar nuevos conceptos pedagógicos como el de educar para ser independiente, y se preocupó por la educación de la mujer en su país.

Los diversos partidos políticos de derecha e izquierda temieron esta nueva fuerza política femenina, pues consideraban que las mujeres eran irracionales y susceptibles a la influencia ideológica de confesores y maridos. La izquierda temía que el voto femenino dependiera de la Iglesia, porque se estimaba que la mujer era eminentemente conservadora y apegada a las tradiciones y a la Iglesia. Los políticos de principios de siglo se olvidaban de la participación de la mujer en las revoluciones de independencia, en los movimientos de resistencia ciudadana o en la (entonces reciente) Revolución Mexicana y, sobre todo, ignoraban su incuestionable compromiso con el bienestar de la familia y de la comunidad. La derecha, por su parte, encontraba también razones que justificaran el sometimiento femenino a la voluntad masculina. Temían a la naciente clase obrera y a la fuerza que el voto femenino le daría, y temían menoscabar el control político de la sociedad. Durante todas las contiendas electorales los diversos partidos deseaban canalizar el voto de la mujer en las elecciones, lo que les permitiría seguir en el poder o, en el caso contrario, obtenerlo.

Así, muchas veces, como en el caso de Argentina, la mujer latinoamericana obtuvo el voto cuando el partido en el poder estaba seguro de recibir su apoyo. Magda Portal en Perú, Benita Galeana en México y María Cano en Colombia ilustran los conflictos de la época y de las mujeres, que lucharon en los nacientes partidos socialistas para mejorar las condiciones de la clase obrera. Fueron mujeres que participaron activamente en la política de sus países de origen. Estas mujeres vivieron una vida de privaciones, tanto materiales como espirituales, al comprometerse decididamente con causas políticas. A pesar de esto, con raras excepciones, la historia ha reconocido estos sacrificios.

Durante los dos últimos decenios, y bajo dictaduras militares y gobiernos de elite que oprimían a las minorías indígenas y a todos los que se oponían a su control totalitario, surgieron las protestas de mujeres obreras, indígenas y de las madres de los desaparecidos. Domitila Barrios y Rigoberta Menchú lucharon y luchan por los derechos de sus comunidades de origen, y denunciaron los abusos y violaciones de los derechos humanos que los mineros en Bolivia y los indígenas en Guatemala sufren en manos de los militares y del gobierno. Elvia Alvarado trabajó por mejorar las condiciones de los campesinos hondureños, y por enseñar a los miembros de su comunidad a exigir y defender sus derechos; otro tanto hace Ana María Condori en Bolivia. Estos movimientos que provienen de comunidades mineras, indígenas y campesinas, iniciaron una colaboración entre las mujeres de distintos estratos sociales. La labor, a veces, adquiere la forma de un testimonio donde la mujer con acceso a la palabra escrita registra la voz de la indígena o la campesina, para que sea escuchada. Esta forma de cooperación es un mecanismo muy poderoso que tiene repercusiones aun en la esfera internacional. Una muestra clara es el premio Nobel que ganó Rigoberta Menchú y que apoyó las demandas de los indígenas de Guatemala y, por extensión, del continente. Estos ejemplos ilustran la activa participación femenina en el acontecer político.

Los primeros encuentros femeninos fueron convocados por maestras y normalistas, y eran regionales. Los temas tratados giraban en torno a la educación, la salud o el derecho a la ciudadanía; en ellos se destacaba la urgencia de capacitar a las mujeres para el mundo moderno, que exigía más de la esfera familiar y del individuo. A los congresos internacionales, como el *Primer Congreso Interamericano de Mujeres* (Guatemala 1947), asistían las primeras damas y las mujeres de las clases sociales privilegiadas, que podían viajar y representar a sus países de origen. En muchos de estos congresos se discutían problemas que afectaban a la sociedad en general o a la América Latina en particular; asuntos que también eran analizados en el congreso de los políticos. Sin embargo, a pesar de que en los congresos femeninos y masculinos, a veces, se trataban temas similares, sí se hacían evidentes las diferencias de género en los proyectos recomendados y en las decisiones alcanzadas en las plenarias. En el congreso de Guatemala, por ejemplo, las mujeres recomendaron utilizar los recursos e ingresos nacionales en programas agrícolas y en proyectos de salud. Por el contrario, los diplomáticos que asistieron en esa misma época a la conferencia de Río de Janeiro, propusieron un plan de defensa y armamento universal que acaparaba gran parte de los presupuestos nacionales.[3]

El testimonio de Domitila Barrios en México, durante el *Tribunal Internacional de la Mujer* en 1975, mostró la brecha que separaba las agendas y los intereses de las feministas de países desarrollados y de las mujeres que venían del Tercer Mundo, así como de comunidades que vivían en la pobreza y en situaciones que minaban su condición humana. Este desencuentro inicial causó la euforia de muchos que creían que las mujeres eran incapaces de llegar a un acuerdo. Pero los posteriores encuentros entre Domitila Barrios y Moema Viezzer, de Rigoberta Menchú y Elizabeth Burgos, de Elvia Alvarado y Medea Benjamin, y de Ana María Condori e Ineke Dibblitis y Elizabeth Peredo fueron claras muestras de la actitud de colaboración entre académicas y activistas, entre mujeres con acceso al lenguaje escrito y a los medios de comunicación, y mujeres con testimonios e historias que debían difundirse.

La década internacional de la mujer (1975-1985) tiene repercusiones importantes en todo el continente. Podemos apreciar que los congresos femeninos se han multiplicado y diversificado; a ellos asisten mujeres de todos los estratos sociales, y los temas que se discuten van desde lo social y político a lo familiar o lo individual. Los desencuentros del pasado ampliaron el espectro de intereses y las diversas problemáticas femeninas se enfocan en congresos, publicaciones y organizaciones especializadas. Por ejemplo, en Cuernavaca, en 1987, se realizó el *Primer Encuentro de Lesbianas Feministas Latinoamericanas y Caribeñas*; en Bogotá, en 1988, se llevó a cabo el *Primer Encuentro de Trabajadoras del Hogar* y en esta misma ciudad se organizó el *Primer Taller Suramericano de Mujeres Indígenas* que se celebró en julio de 1995. Estos eventos muestran las aperturas y los cambios de actitud en sociedades que han sido eminentemente jerárquicas y patriarcales. Los congresos femeninos nacionales e internacionales han mostrado y analizado los problemas de las mujeres, y han sido ejemplos para posteriores encuentros. Las participantes tienen la oportunidad de compartir con diferentes colegas e intercambiar información y estrategias que después utilizan a nivel regional o familiar. Estas redes de intercambio y de información han creado una corriente continental que es fructífera y que fomenta programas y organizaciones a favor de la mujer.

El reconocimiento y efectividad del quehacer femenino en los distintos campos de la vida sociopolítica fue puesto en la escuela internacional con el coraje de las Madres de Plaza de Mayo, que ataviadas con pañuelos blancos se atrevieron a desafiar la dictadura que hacía desaparecer a sus seres queridos. Las arpilleristas chilenas, por su parte, empezaron a contar sus trágicas historias con retazos que recreaban en vívidos colores las atrocidades que sufrían los activistas políticos y los habitantes de los barrios marginales. En estos tapetes reconstruyeron los eventos y recuperaron las historias de los desaparecidos. Estas vidas muestran el alcance y repercusión de los actos colectivos que canalizan el esfuerzo individual en el bien común.

La biografía de Violeta Parra muestra su labor de cantautora; sus canciones destacan la solidaridad popular y las vivencias de su pueblo en la época anterior al golpe de estado de Augusto Pinochet. Ella, como muchas otras cantantes del continente, participó con su arte, en una forma activa y directa, en los procesos de democratización y concientización de la sociedad.

En el mundo de las artes plásticas, las mujeres han tenido que encontrar una mirada propia que les permita ubicarse en un espacio independiente y crear desde una posición de sujetos. Sus obras exploran el mundo de la mujer desde un punto de vista femenino y establecen un contrapunto en la mirada masculina que —hasta hace relativamente poco— trazaba los parámetros de las artes plásticas. Esta lucha se ve en pintoras como Frida Kahlo, quien logró crear un espacio artístico propio, a la vez que reflejar los problemas de la mujer consigo misma, con su medio y con un círculo cultural cerrado que tenía prefijado los temas y los estilos desde la perspectiva genérica asimétrica. En cuanto a Débora Arango, sorprendió a la sociedad de su tiempo con desnudos que develaban los problemas sociales que afectaban a la mujer colombiana del siglo XX. Las obras de Arango deconstruyen mitos e imágenes religiosas centrales para la ideología católica tradicional. Su mirada al cuerpo femenino rompe la relación erótica idealista para devolverle toda su naturalidad y contexto cultural y social.

Según un estudio realizado por Elssy Bonilla y Penélope Rodríguez en su libro *Fuera del cerco*, Colombia ha sufrido un proceso de desarrollo educativo a un ritmo acelerado a partir del final de la década de los años cincuenta con un auge en los sesenta y setenta (Bonilla y Rodríguez, 76). En este proceso de crecimiento de la población educada, la mujer ha venido ganando constantemente espacios en todos los niveles de educación básica, secundaria y universitaria. Según Bonilla y Rodríguez, tomando como base el año 1995, "el índice de crecimiento de la matrícula superior femenina es de 8.614" (82). Este enorme crecimiento, según las investigadoras, indica que los procesos de modernización del país estarían ligados también con el ascenso a la educación de sectores femeninos de la población.

A pesar del innegable progreso, Bonilla y Rodríguez, al estudiar la distribución de la población femenina universitaria por carrera, observan que en "la educación superior, todavía persiste en los estereotipos que clasifican unas carreras como "masculinas" y otras como "femeninas" (85). Por ejemplo, en el año 1996 las estadísticas del Instituto Colombiano para el Fomento de la Educación Superior, estudiadas por las mismas investigadoras, muestran cómo las mujeres optan con más frecuencia por carreras vinculadas a las ciencias sociales y a la educación, mientras este porcentaje es menor en las ingenierías y afines (84).[4]

A nuestro modo de ver, esa participación masiva en las áreas mencionadas antes, a pesar de todas las limitaciones, ha abierto la posibilidad para los estudios de género desde perspectivas tan diferentes como la sociología, la historia, la economía y otras. Tal apertura de los modelos de análisis y de interpretación ha permitido a las mujeres educadas reflexionar sobre la manera como las mujeres latinas han participado en el desarrollo cultural y económico del país. Esta reflexión, unida al éxito profesional de muchas mujeres en campos como la política, la administración pública y la educación, ha permitido adquirir, a nivel de una cultura académica de elite, una conciencia crítica de los modelos que han gobernado la inserción de las mujeres en el espacio social, y esa posición teórica se ha ido irradiando rápidamente a otros medios sociales, que permite a las mujeres de otras clases acceder a la información y a marcos teóricos necesarios para su transformación intelectual; como se verá en los casos de Domitila Barrios, Rigoberta Menchú, Ana María Condori y Elvia Alvarado. Es muy probable que de continuar esta tendencia, que ha sido llamada por M.C. Rueda "La revolución femenina" (citada por Bonilla y Rodríguez, 77), las estructuras ideológicas de nuestras sociedades sean transformadas permitiendo la legitimación de roles sociales censurados antes. En ese nuevo espacio, mujeres como las que presentamos ahora en este trabajo no serían ya desobedientes, sino que realizarían en sus vidas formas de un contrato social mucho más simétrico y plural.

La reciente creación de los departamentos de estudios femeninos en diferentes universidades de Europa, de los Estados Unidos y últimamente de América Latina, las publicaciones sobre temas relacionados con el mundo femenino y las organizaciones de mujeres, muestran el interés que las mismas mujeres y la sociedad en general tienen de estudiar y de recobrar una parte de la historia que hasta ahora ha sido marginal. Sin embargo, no debemos olvidar que algunas mujeres como Flora Tristán, Juana Manuela Gorriti, o Clorinda Matto de Turner, ya habían expresado la urgencia de escribir sobre el quehacer femenino, y se preocuparon por registrar las vidas y obras de las mujeres, pero eran fenómenos aislados.

El auge de los estudios femeninos, el surgimiento de editoriales especializadas, la creación de *casas de la mujer,* la proliferación de seminarios y congresos se debe a que la mujer ha empezado a participar de forma directa en la cultura, en la política y en la sociedad, con una posición de sujeto. Los temas y las perspectivas han cambiado y ampliado el espacio cultural, político y social con las ideas y estilos antes vedados en la esfera pública y cultural, por ser menos preciados y/o considerados estrictamente pertenecientes a la esfera familiar y, por lo tanto, femenina.

Estas biografías permiten un análisis global del trabajo artístico, social y político de las mujeres, ayudan a evaluar sus logros y a trazar futuras estrategias en los estudios femeninos. La labor individual y los actos ejecutados por cada una de las mujeres aquí presentadas, muestran la importancia y el alcance de los hechos desde el punto de vista histórico, ya que al analizar el conjunto de los logros y aportes personales podemos apreciar el proceso recorrido y los cambios obtenidos. La perspectiva histórica nos permite evaluar la efectividad de acciones y de decisiones llevadas a cabo en el pasado, a la vez que sirve de aliento y ejemplo para continuar el camino iniciado varios siglos atrás.

NOTAS

[1] Barbara Bush, *Slave Women in Caribbean Society* (1650-1838). Kingston: Heiemann Publishers, Bloomington & Indianapolis: Indiana University Press, London: James Currey, 1990. Para más información sobre este tema véase *The Black Woman Cross-Culturally*. De Filomina Chiona Steady, Rochester, Vermont: Schenkman Books, Inc., 1981. Herbert S. Klein. *African Slavery in Latin America and the Caribbean*. New York & Oxford: Oxford University Press, 1986, y los trabajos de Manuel Moreno Fraginals. Un modelo de trabajo literario es la obra *Beloved* de Toni Morrison (Premio Nobel, 1993), que se nutre de los seis mil testimonios escritos por los esclavos en los Estados Unidos. Esta escritora presenta en su novela no sólo los mecanismos de resistencia y de supervivencia sino que, sobre todo, señala la herencia devastadora de la esclavitud en las familias.

[2] Susan Hill Gross & Marjorie Wall Bingham. *Women in Latin America. From Pre-Columbian Times to the 20th Century*. St. Louis Park, MN.: Glenhurst Publications Inc., 1 (1985): 145-152.

[3] Francesca Miller. *Latin American Women and the search for social justice*. Hanover, NH.: University Press of New England, (1991) . 126.

[4] Elssy Bonilla y Penélope Rodríguez. *Fuera del cerco. Mujeres, Estructuras y Cambio Social en Colombia*. Santafé de Bogotá: Editorial Presencia, Agencia Canadiense de Desarrollo, 1992. Aunque este estudio versa sobre Colombia, nos atrevemos a decir que es una tendencia que se dio en América Latina en varios países, y por eso este ejemplo es apropiado para entender el fenómeno del proceso educativo a nivel continental, por supuesto, salvando distancias con países como México, Chile o Argentina.

LAS DESOBEDIENTES

hermosa como diosa y que por tal la tenían.
Tomado de códice de Tlaxcala.

La Malinche,
historia y leyenda de «la única mujer importante durante la conquista de México»[1]

Sandra Messinger Cypess

¿Quién es la *Malinche*? Mujer de muchos nombres, la llaman también Malintzin, Malinalli Tenépal, doña Marina, y *la lengua*, pues era la indígena que sirvió de intérprete, guía y barragana de Cortés durante la conquista del imperio azteca, entre 1519-1521.[2] Según varios documentos, sus padres la nombraron Malinal, de acuerdo con las costumbres de su pueblo, pues nació el día Ce Malinalli (Candelaria). Eso fue cambiado a *Malintzin* como reconocimiento de su importante papel en las empresas épicas, pues *tzin* es sufijo náhuatl que refleja estima y muestra la reverencia con la cual fue tratada por los indígenas de su tiempo —como la *doña* otorgada por los españoles reconoce el gran aprecio de éstos para esta mujer excepcional. A través de los siglos muchos otros apodos le han pegado según la actitud del hablante, pero he preferido llamarla la *Malinche*, versión hispanizada de la forma indígena y signo mestizo, sincrético, que refleja su posición equívoca en la sociedad mexicana.

En realidad se puede confirmar muy poco sobre la vida singular de la *Malinche*, pues no se sabe con certeza cuándo y dónde nació, cuándo y dónde murió, ni aun si su nombre *Malinche* de veras proviene del calendario azteca.[3] Aunque esta explicación es muy probable, algunos opinan que fue una transformación náhuatl de *Marina*, nombre de bautizo cristiano (Madariaga 151-52). Es irónico que a pesar de ejercer el papel de traductora, y de estar tan metida en los discursos de los jefes políticos, la *Malinche* jamás llegara a conservar nada de su propia voz; que no escribiera ilustra mejor la realidad del papel tradicional de la mujer en aquella época.

Hernán Cortés, cuya selección de la *Malinche* como intérprete y guía la elevó sobre las otras indígenas, la mencionó sólo *dos veces* en todas las *Cartas de relación* que le dirigió al Rey Carlos V; en la segunda carta se refiere a su intérprete, sin nombrarla («*la lengua que yo tengo, que es una india desta tierra*»), y sólo en la quinta y última carta, después de haber pasado tantas peripecias en las cuales la *india* había participado, Cortés aclara nada más que «*aquella lengua... es Marina, la que yo llevaba siempre conmigo*». Durante todos los trámites de la empresa militar, desde el encuentro entre la *Malinche* y Cortés en 1519 hasta 1524, cuando Cortés la dio en matrimonio a otro conquistador, Juan Jaramillo, la *Malinche* fue compañera, consejera y concubina del capitán español; los dos estaban tan íntimamente ligados que los indígenas lo llamaron *el Malinche,* o sea el capitán de la *Malinche*, que muestra el reconocimiento

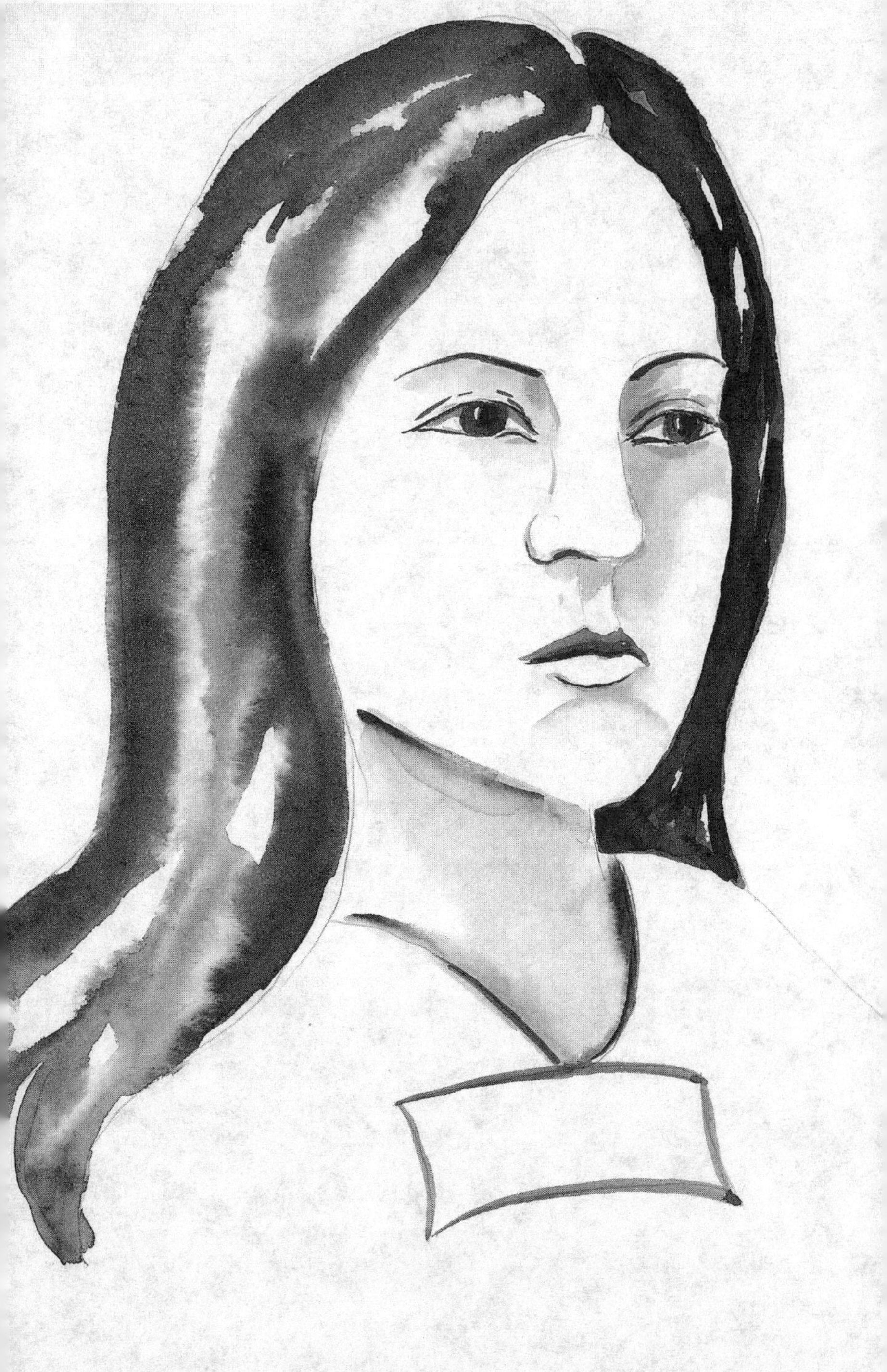

indígena de todo lo que hizo por Cortés. ¡Esto representa una de las pocas veces que el hombre recibe el nombre de la mujer! No obstante, si fuera por él, no sabríamos nada de la vida de la *Malinche*. Su inserción en los anales históricos y la poca información que conservamos hoy resultan de los testimonios de los otros cronistas españoles, los códices, los relatos indígenas recogidos por Fray Bernardino Sahagún, y el Lienzo de Tlaxcala.[4]

Es el soldado Bernal Díaz del Castillo, que escribió más de cincuenta años después de que los eventos sucedieran y a la vez proveedor de muchos detalles y anécdotas, quien nos cuenta en su *Historia verdadera de la conquista de la Nueva España*, que nació primogénita de una noble famila nahua de Painala, aunque el biógrafo de Cortés, López de Gómara, la sitúa en Oluta; es probable que naciera cerca de Coatzalcoalcos, en la región entre el México nahua y maya, posiblemente en el año 1502. Bernal Díaz afirma que después de la muerte de su padre la madre se casó con otro, con el cual tuvo un hijo varón, y para conservar la herencia de éste, los padres vendieron a la hija del primer matrimonio a unos mercaderes: «*dieron de noche a la niña doña Marina a unos indios de Xicalango... por manera que los de Xicalango le dieron a los de Tabasco y los de Tabasco a Cortés*» (Bernal Díaz 84). De ahí que los españoles la recibieron como esclava tras la batalla de Centla, en unión de otras diecinueve esclavas.

Algunos lectores de la historia de la *Malinche*, como Miguel Ángel Menéndez, creen que la versión promulgada por Bernal Díaz es «*un cuento sin raíz vernácula*» (39), pues no concuerda con las costumbres indígenas. Las mujeres indígenas no podían ejercer un papel activo en la vida pública; María Rodríguez, en su estudio *La mujer azteca*, afirma que aun la mujer noble «*no pudo, por sí misma, tener acceso al poder político, ni derecho a heredarlo, pues ella no era la usufructuaria, sino sólo el agente que transmitía el poder y los privilegios clasistas*» (48). La *Malinche* como desheredada sí tiene ecos de las historias bíblicas judeo-cristianas del niño José, y de las historias de caballería —de Amadís de Gaula, por ejemplo— como Julie Johnson nos recuerda (16). Lo cierto es que la esclavitud era una de las instituciones básicas y la *Malinche* fue esclava entre los tabasqueños, antes de ser obsequiada a Cortés. Y podía hablar tanto náhuatl como maya, y además, un registro de náhuatl llamado *tecpillahtolli*, o sea «*habla de los nobles*».[5] Que tenía una cultura propia de su tiempo junto con el manejo de diversos idiomas sugieren que no haya nacido esclava. Pensando en la posibilidad de esa realidad histórica, la chicana Adelaida del Castillo comenta que «*To be sure, it must have been a very painful, traumatic and confusing experience to have gone from the drastic transition of Aztec princess to Mayan slave*» (59: «*De veras, debe haber sido una experiencia muy dolorosa, muy traumática, sufrir un desplazamiento tan drástico el pasar de princesa azteca a esclava maya*»). Este comentario debe hacernos recordar, por un momento, que detrás de nuestras especulaciones, los miles de comentarios y las múltiples versiones de los acontecimientos históricos existió una verdadera mujer histórica que fue colocada en una situación inusitada, inesperada, y que sabía sobrevivir y aun sobresalir por su inteligencia y muchos talentos personales.

Aquel día de primavera de 1519, ni Cortés ni los tabasqueños podían imaginar la gran repercusión de este regalo de mujeres, costumbre muy usada entre los indígenas «*para contraer amistades y vínculos familiares*» que continuaban con los españoles, para crear así lazos más sólidos entre indios y europeos (Palerm Vich 235).⁶ Si la *Malinche* nunca hubiera sido regalada como parte del sistema de intercambio de mujeres, hubiera seguido la vida anónima de una esclava. Le tocó a la *Malinche* primero ser esclava del conquistador Alonso Hernández Puertocarrero, pero cuando se dieron cuenta de sus conocimientos lingüísticos, Cortés la incorporó a su servicio. De allí llegó a hacer un papel muy raro en la sociedad mexica, pues las mujeres no tenían derecho de hablar durante eventos públicos. Hay que recordar que el título *tlatoani,* que los mexicas usaron para su líder, y que traducen los españoles como *emperador* o *rey,* significa en náhuatl *«el que habla».* Es decir, dominar el discurso sólo fue privilegio del hombre más poderoso, mientras las mujeres nunca fueron dueñas del discurso, hasta la llegada de la *Malinche.* Observa Inge Clendinnen, *«Hence the perturbation at the physical prominence and verbal dominance of Doña Marina, Cortes's native interpreter, during Spanish negotiations with native lords»* (157: *«De ahí la perturbación por la prominencia física y el predominio verbal de doña Marina, la intérprete india de Cortés, durante las negociaciones con los nobles indígenas»*).

A causa de su papel, tan raro en los primeros años del choque entre los dos mundos, la *Malinche* no fue considerada una simple mortal, sino una diosa. Cuando Cortés y Moctezuma se encuentran por vez primera, todos los grandes aztecas le hacen «la reverencia y ceremonia que a su mesmo dios Huitzilopochtli hacían» (Durán 35). En efecto, el cronista tlaxcalteca Diego Muñoz Camargo repite que la *Malinche* era *«hermosa como diosa y que por tal la tenían»* (177).

Pero la *Malinche,* como mujer, no sólo era *la lengua* sino que sirvió también en otras capacidades más tradicionales, y de sus relaciones sexuales con Cortés nació un hijo llamado Martín, en 1522 o posiblemente en 1523.[7] Aunque antes y después nacieron muchas otras criaturas de padres españoles y madres indígenas, este hijo sirve como símbolo del primer mestizo y de ahí la designación de la *Malinche* como la Eva mexicana, primera madre de la nueva raza mestiza. Pero, como veremos, a su papel de madre los nacionalistas añadirían el de *traidora*, otra característica compartida con la Eva cristiana.

La relación entre la *Malinche* y Cortés es paradójica: aunque Cortés sólo consignó una alusión pasajera a esta mujer en sus propios documentos, la necesitó y siempre tenía fe en su ayuda, aun después de su casamiento con Jaramillo. Y la *Malinche* le debe a Cortés su fama y su reputación infame. Sin su previa selección nunca hubiera podido ascender a la posición de intérprete entre Moctezuma y Cortés, o ser intermediaria entre los dos poderes grandes del momento. Por un lado, en el mundo indígena alcanzó a mirar al *tlatoani*, le dirigió la palabra, y por otro, dio a luz al «*primer mestizo*» para luego casarse con un conquistador español, tener más hijos, y convertirse en dueña de tierras y casas.[8] Sin embargo, el mismo hijo Martín que la convirtió en *madre de los mestizos* no fue criado por ella, pues Cortés lo mandó a España a los seis años. Si Cortés no la dejó desempeñar el papel de madre, en los mitos y en la cultura popular sigue siendo *la chingada madre*; en efecto, «*para muchos, fue una pobre prostituta, para otros una traidora, y hay quienes opinan que no fue más que una vieja entrometida que nada tenía que hacer en la conquista de México*» (Alegría 69-70). Otros mexicanos le dan exagerada importancia al opinar que, sin ella, los españoles nunca hubieran podido vencer a los indios. Por eso de su nombre crearon el alias despectivo *malinchista*, que significa «*entrega sumisa al extranjero de las íntimas esencias de la nacionalidad; es a ella, pues, a quien se quiere poner en la picota; es a ella a quien se acusa injustamente de haber entregado a su patria*» (Alegría 72). Diosa o traidora, ¿quién es la *Malinche*? Debemos preguntarnos mejor, ¿cómo se formó esta tradición tan contradictoria?

En toda la crónica de Bernal Díaz, la mujer que los españoles llaman doña Marina es tratada con cariño y presentada como inteligente, astuta, llena de coraje y de nobleza natural. Sin embargo, dos episodios narrados por Bernal Díaz nos pueden servir de explicación para la posición elevada de la *Malinche* desde una perspectiva eurocéntrica, y para la inversión provocada por los nacionalistas cuando interpretan su comportamiento desde su ángulo limitado. Como manera de presentarla a su público Bernal Díaz la elogia como «una muy excelente mujer» (81) y a continuación prueba que es la *perfecta indígena* que sabe apreciar las dádivas de la civilización europea. Cuenta que doña Marina, al encontrarse con la madre que la había vendido como esclava y con el hermanastro cuyo nacimiento provocó su destierro, no los castiga sino más bien elogia el proceso que la llevó a convertirse de indígena en mujer hispanizada:

Tuvieron miedo della, que creyeron que los enviaba hallar por matallos, y lloraban. Y como ansi los vio llorar la doña Marina, les consoló y dijo que no hobiesen miedo, que cuando la traspusieron con los de Xicalango que no supieron lo que hacían, y se lo perdonaba, y les dio muchas joyas de oro y ropa, y que se volviesen a su pueblo; y que Dios la había hecho mucha merced en quitarla de adorar ídolos agora y ser cristiana, y tener un hijo de su amo y señor Cortés, y ser casada con un caballero como era su marido Joan Jaramillo; que aunque la hicieran cacica de todas cuantas provincias había en la Nueva España, no lo sería, que en más tenia servir a su marido e a Cortés que cuanto en el mundo hay. Y todo esto que digo solo yo muy certificadamente, y esto me paresce que quiere remedar lo que acaesció con sus hermanos en Egito a Josef, que vinieron en su poder cuando lo del trigo. (84)

Así Bernal Díaz coloca en boca de doña Marina su alegría de haber sido convertida en una señora católica, casada con un varón español y madre de un hijo a cuyo padre, Cortés, ella sirve fielmente y con muy buenas ganas —en fin, el retrato de la mujer indígena sumisa, pasiva, que los conquistadores siempre esperaban encontrar en la conquista. Las opiniones que Bernal Díaz atribuye a la *Malinche* sintetizan las contribuciones que los europeos se jactan de haber llevado a América. Aunque Bernal Díaz dice que la *Malinche* bendice a los españoles, su lengua y su religión, bien pueden ser la perspectiva del conquistador, y no necesariamente lo que expresó la voluntad de la *Malinche*.

Tanto los partidarios como los enemigos de la *Malinche*, usan el lamentable episodio de Cholula para justificar su actitud hacia ella. Para llegar a Tenochtitlán, capital del imperio mexica, y al esperado encuentro con el Gran *Tlatoani* Moctezuma, los españoles con sus aliados, los tlaxcaltecas, fueron invitados a entrar a la ciudad de Cholula. Según los cronistas, los cholultecas y los mexicas, sus aliados, planearon una emboscada para acabar con los hombres blancos. Fue doña Marina, según varias crónicas, quien descubrió el plan y optó por rechazar la unión con los cholultecas. Al contrario, ayudó a los españoles para que la matanza fuera invertida y los cholultecas fueran destrozados. Sus acciones para divulgar los planes y salvarles la vida a los españoles en

Cholula pueden ser interpretadas como una traición a los indios por parte de la *Malinche*, y en varias versiones de su vida este episodio es usado como indicio de su preferencia por los europeos y desprecio por los *suyos*. Se aprovecha para justificar la formación del concepto de *malinchismo*. Sin embargo, es importante recordar que en esa época ni siquiera existía el concepto de *indio* o de *patria,* en su acepción europea. Había varias naciones indígenas, algunas aliadas (como los mexicas y los cholultecas), otras enemigas (como los mexicas y los tlaxcaltecas). Entonces es históricamente incorrecto acusarla de haber vendido a su patria, pues no todos los habitantes de México se identificaron con los mexicas ni eran sus aliados. Ademas, la *Malinche*, que había sido entregada de un grupo a otro, formada con la mentalidad de la esclava que debe obedecer al amo inmediato, no tenía razones personales para no ser fiel a los cholultecas ni a los mexicas, verdaderos dominadores de aquella sociedad.

Se ve que hay tantas opiniones conflictivas en todos los aspectos de su vida, su carácter, sus motivaciones. Como consecuencia de las guerras de independencia contra España en el siglo XIX, los pocos detalles conocidos sobre la vida de doña Marina se convierten en elementos inicuos en vez de laudatorios. La heroína casi bíblica desaparece y es reemplazada por la infame Eva traidora y la Chingada. Esta transformación de la figura positiva señala al mundo que los mexicanos rehúsan cualquier asociación con la antigua *madre patria*, rechazando a la *primera madre* del mestizo como enemiga de la nueva patria mexicana.

El enfoque despectivo de las acciones de esta mujer fue establecido con las primeras novelas dedicadas al tema de la conquista. Una de las primeras es *Xicoténcatl*, publicada anónimamente en 1826, en Filadelfia. Considerada por Castro Leal como la primera *novela histórica* (16), estableció el paradigma negativo de la *Malinche*. El narrador anónimo la llama *doña Marina* usando la onomástica europea como signo de perfidia, en contraste con otra mujer indígena, Teutila, siempre considerada *americana* y fiel a la causa indígena en contra de los españoles. Doña Marina, al contrario, simboliza toda la maldad y los infortunios que les ocurren a los americanos cuando aceptan ser *europeizados*. No es la madre-Marina sino la sierpe traicionera, maligna —un verdadero monstruo sexual. Aunque el narrador cita páginas de la crónica preparada por Antonio de Solís, las acciones narradas de doña Marina no concuerdan con ninguna realidad histórica. Lo que se refiere a la *Malinche* es siempre negativo, sin mencionar características positivas.

El retrato de doña Marina creado en *Xicoténcatl*, tiene que ser considerado como parte de un proyecto en el cual la generación poscolonial quiere proclamar su independencia de la política y la ideología de España. ¡Qué diferencia vemos en las novelas históricas de Ireneo Paz, quien escribió en la época después de la intervención francesa a mediados del siglo XIX! Paz tenía otra ideología, otras necesidades, pero continúa el proyecto de utilizar las relaciones sexuales en la conquista como símbolo de las relaciones económicas, políticas, y militares durante la conquista. Así, sea en *Amor y suplicio* (1873) o en *Doña Marina* (1883), el sentimiento amoroso de las mujeres indígenas causa el rechazo del hombre americano y una preferencia por el español. El encuentro histórico entre Cortés y la *Malinche* se transforma en un paradigma central que trasciende las implicaciones sexuales para servir como sinécdoque de los hechos políticos y militares. La *Malinche* no sólo fue el premio ganado por Cortés, sino el símbolo de la tierra americana. Su cuerpo llega a ser el lugar de la batalla entre dos razas y la fuerza superior le pertenece al europeo, el ente masculino de la pareja, quien domina a la raza inferior simbolizada por la mujer americana. Su capitulación significa la inferioridad de lo americano, pues rechaza al varón americano cuando acepta al europeo. Esta interpretación alegórica es confirmada por el historiador Magnus Morner, quien sugiere en *Race Mixture in the History of Latin America* (1967) que la conquista fue más bien la conquista de mujeres más que de imperios indígenas. Si Ireneo Paz sigue la trayectoria de enfocar las relaciones sexuales, de todos modos se desvía de la tradición negativa para destacar la nobleza de Marina, pues siente la necesidad de crear una madre aristocrática para el mestizo mexicano. Así, ofrece una interpretación positiva del mestizaje, que considera un proyecto divino. Veremos una versión de su patrón en el gran mural de José Clemente de Orozco, ubicada en la Escuela Preparatoria Nacional del Distrito Federal. Titulada «Cortés y Malintzin», la pintura los presenta como una Eva indígena, sumisa, controlada por el Adán fuerte, europeo, imponente.

Octavio Paz, en *El laberinto de la soledad* (1950), sintetiza la perspectiva negativa de la *Malinche* que se había desarrollado desde fines de la colonia hasta 1950. Además de la traición, el rechazo de lo nativo y la preferencia por lo extranjero, se incluyen disposiciones/ actitudes específicas en contra de lo femenino: que la mujer es culpable de todos los males, que es desconfiable; puede ser bella como una diosa, pero es traidora sexual, impura, perversa. Estas características popularmente asociadas con la *Malinche,* forman lo que llamo *el paradigma*

Malinche y sirve como subtexto tanto para la literatura como para las relaciones interpersonales en México. Paz acertó al concluir que «La extraña permanencia de Cortés y de la *Malinche* en la imaginación y en la sensibilidad de los mexicanos actuales revela que son algo más que figuras históricas; son símbolos de un conflicto secreto, que aún no hemos resuelto» (78). Y añade que «Es imposible no advertir la semejanza que guarda la figura del *macho* con la del conquistador español» (74). Si la conquista de México fue una violación, dice Paz, doña Marina es la madre violada, la figura pasiva que se identifica con la Chingada; la persona que hace el papel del conquistador es el chingón. La observación poética de Paz queda verificada por sociólogos como Carmen Elu de Leñero. En *¿Hacia dónde va la mujer mexicana?*, Elu de Leñero confirma que en cuanto a las relaciones masculinas-femeninas, la conquista representa el evento más significativo para la formación de una estructura social paradigmática. Igual que Cortés fue servido por la *Malinche*, un hombre mexicano goza con dominar a la mujer, espera que lo sirva y que acepte su voluntad y su cuerpo de conquistador para más tarde poder deshacerse de ella, repitiendo el patrón que Cortés inauguró con la *Malinche*. Si los mexicanos no cambian su actitud hacia la *Malinche* y la repudian como mujer y como indígena, van a permanecer en el laberinto de la soledad que describe Paz, o en la sociedad machista que describe Elu de Leñero.

Aunque Carlos Fuentes en *Todos los gatos son pardos* (1970) trataba de vindicarla, su *Malinche* todavía guarda ciertas características con una ideología patriarcal que no permite que la mujer actúe por su propia cuenta. La figura que Fuentes crea es astuta y trata de eliminar tanto a Moctezuma como a Cortés, por reconocer que los dos son igualmente opresores, o gatos del mismo color pardo. Sin embargo, no puede causar cambios sin la ayuda de un hombre, sea Cortés, o su hijo, o el dios Quetzalcoatl. El código visual que emplea Fuentes al final de su pieza, parece indicar que los avances tecnológicos del México contemporáneo representan una fachada ilusoria que cubre las mismas estructuras que operaron en el pasado. Por otro lado, Rosario Castellanos, Sabina Berman y varias escritoras chicanas tratan de liberar a su *Malinche* de la visión masculina patriarcal, de la cual ha sido prisionera tanto tiempo.

«Traidora la llaman unos, fundadora de la nacionalidad, otros, según la perspectiva desde la cual se coloquen para juzgarla», repite Castellanos en su ensayo sobre las tres figuras en la historia de México «que encarnan, hasta sus últimos extremos, diversas posibilidades de la femineidad. Cada una de ellas representa un símbolo, ejerce una vasta y profunda influencia en sectores amplios de la nación y suscita reacciones apasionadas. Estas figuras son la Virgen de Guadalupe, la *Malinche* y sor Juana» («Otra vez» 22). Castellanos, como Paz, admite que *la Malinche* es una figura polémica con una vitalidad para influir en el comportamiento de personas contemporáneas. Es importante reconocer que se aparta de la tradición negativa, pues en obras como su poema «La *Malinche*» y la farsa *El eterno femenino* (1975) vemos ejemplos de la reacción feminista en contra del viejo paradigma. Para escoger nada más un ejemplo ilustrativo, examinemos un encuentro entre Cortés y la *Malinche*. Cortés es presentado de acuerdo con su reputación, como hombre lascivo; cuando quiere pasar el tiempo disfrutando de la belleza de la *Malinche*, ésta posterga este tipo de encuentro, recordándole que tiene que encontrarse con los tlaxcaltecas. Como buen general, la *Malinche* le aconseja: «La situación de tus hombres es desesperada y los tlaxcaltecas son la única tabla de salvación. Recíbelos. Ellos te señalarán el camino seguro a Tenochtitlán» (91). En este retrato la *Malinche* le aconseja cómo conquistar a los aztecas porque cree que Moctezuma es «un amo cruel» (90) que merece ser castigado. Al contrario de la tradición, Castellanos ofrece una mujer fuerte que no es ni arrebatada ni desarraigada; no parece ser traidora al pueblo indígena porque no existe tal unidad sino una región con muchos grupos en conflicto. La relación degradante con la cual siempre ha sido asociada con Cortés se convierte en una alianza política que ella quiere utilizar en contra de los aztecas. ¡Qué lejos de la imagen estereotipada!

Sabina Berman, con su farsa *Águila o sol* (1984) también desmitifica a la *Malinche* para presentar una figura que no es ni sumisa ni enamorada, sino inteligente y perspicaz. La *Malinche* es una de las pocas personas que lo comprende todo y puede funcionar en los dos mundos —el de los indígenas y el de los españoles.[9] Su concepción concuerda con la imagen presentada en algunos textos de las chicanas, quienes también ven a la *Malinche* como una figura puente entre dos mundos antagónicos. Muchas chicanas se identifican con la *Malinche* en su papel de intérprete de dos culturas —pero ahora lo son de la Raza y de los gringos. Lorna Dee Cervantes, Lorenza Cavillo Schmidt, Inés Hernández, Norma Alarcón, Cherríe Moraga y Lucha Corpi son algunas escritoras que reivindican a la *Malinche*. Aunque Adaljiza Sosa Riddell nos recuerda «Pinche, cómo duele ser *Malinche*» («Cómo duele»), que sigue la personalización de la figura que vimos en el poema de Castellanos, cuando su *Malinche* dice, «Yo avanzo hacia el destino entre cadenas», Carmen Tafolla plantea el mensaje positivo:

> For I was not traitor to myself...
>   I saw a dream
>   and reached it.
>   Another world...
>   la raza.
>   la raaaaaa-zaaaaaa...
> (Pues no me traicioné... Vi un sueño/ y lo alcancé./ Otro mundo.../ la raza/ la raaaaaa-zaaaaaa...).

Por su uso de las vocales abiertas al final y los puntos suspensivos juntos con el significado de las palabras, Tafolla indica que la *Malinche* ha roto las cadenas, sale de la prisión estereotipada para entrar al futuro creando un nuevo mundo mestizo.

Así la *Malinche* histórica, cuyos datos no son verificables y son tan variables como su reputación negativa, se ha convertido en un signo que cambia según las necesidades de la época y la ideología del/a escritor/a. Además, como nos recuerda Gutierre Tibón, «La "Dama de la Conquista" no sobrevive sólo sicológicamente al ser discutida como si fuera contemporánea nuestra, heroína epónima del malinchismo; sigue existiendo también en montañas y cerros, en mil esculturas antiguas que llevan su nombre, y en danzas que se presentan en las fiestas religiosas de todo el país» (545). Como don Quijote o don Juan, la *Malinche* es una figura que traspasa los límites de su época y región para convertirse en un signo polifacético, internacional, siempre transformándose. Su historia es un espejo de su tiempo y de aquel que la narra, matizada por intereses políticos, sociales, culturales, además de cambios en el concepto de la mujer y del mundo étnico indígena. No debemos recordarla como vencedora o como víctima ni porque conquistó a nadie, sino porque sus experiencias humanas nos enseñan lo que es vivir en un momento dramático, épico. Y que sobrevivió la dureza de la colonización y la aculturación. La *Malinche* histórica fue especial por su propio carácter fuerte, por su astucia e inteligencia, por su gracia natural y belleza tanto física como espiritual. Rompió con los estereotipos de su género y su clase. Es irónico que sus acciones hayan sido consideradas en términos negativos la mayor parte del tiempo, por influencia de un paradigma formado por ideologías limitadas. La *Malinche* debe ser considerada como una mujer de su tiempo —como esclava y como objeto sexual— pero que nos muestra a la vez las posibilidades de sobrepasar los límites impuestos por la cultura y la ideología.

Notas

[1] Esta frase: «la única mujer importante de la conquista de México» es de Miguel Ángel Menéndez, *Malintzin*, citada por Juana Armanda Alegría, (69-70). Compare el comentario del historiador Guadalupe Fernández de Velasco: «Parece imposible que tratándose de un personaje tan importante en la conquista de México, casi nada se sepa de doña Marina» (147).

[2] Aunque la designación *azteca* es usada comúnmente para referirse a la gente de habla náhuatl del valle de México, el término *mexica* es más acertado. Usaré los dos vocablos para referirme a la nación que dominó la región al llegar los españoles.

³ Aunque es comprensible la imposibilidad de fijar el nacimiento de la *Malinche* en la época precortesiana, parece inesperado para una figura de tanta importancia no saber cuándo murió. José Luis Martínez cree que murió antes de 1530, cuando fija el segundo matrimonio de Jaramillo. Sin embargo, otros historiadores como Georges Baudot, dudan de esa fecha temprana y afirman haber encontrado documentos que establecen la permanencia de la *Malinche* en México en 1551, pues Martín Cortés le había procurado una casa por esas fechas (630). Baudot deduce que la *Malinche* murió en 1551 y que Jaramillo se volvió a casar en seguida. En contraste, de Cortés sabemos el lugar exacto de su expiración y que murió el viernes 2 de diciembre de 1547 (Martínez 759, 905).

⁴ El Lienzo es considerado un auténtico documento indígena creado por los tlaxcaltecas para confirmar su contribución a la derrota de los mexicas. Hecho a mediados del siglo XVI, es un códice de ochenta estampas, en el cual la *Malinche* figura en la dieciocho.

⁵ Para información sobre los diferentes registros del náhuatl, véase Frances Karttunen, «Conventions of Polite Speech in Nahutal». *Estudios de Cultura Náhuatl*, 20(1990):281-296.

⁶ Aunque muchos historiadores, como Baudot (628), fijan el encuentro entre la *Malinche* y Cortés en marzo, José Luis Martínez lo ubica en abril (892), otra prueba más de lo difícil que es afirmar con certidumbre cualquier aspecto de la vida de la *Malinche*.

⁷ Inclusive hay quienes dicen que Martín nació a principios de 1524. Como indiqué en *La Malinche in Mexican Literature, From History to Myth*, los historiadores y los varios autores literarios sitúan el nacimiento de Martín según sus necesidades ideológicas en vez de conservar una fidelidad histórica —que de todos modos sería muy difícil de probar.

⁸ Los historiadores están de acuerdo con que la *Malinche* tenía una hija única con Jaramillo, llamada María, quien nació

en un barco en 1526, cuando estaba de vuelta a las Hibueras. Cortés exigió que hiciera este viaje para servirle de intérprete, y es en el mismo viaje cuando la casó con Jaramillo y cuando Bernal Díaz fija su encuentro con la madre de la *Malinche*.

[9] Por falta de suficiente espacio, en este ensayo, no puedo ofrecer más ejemplos para ilustrar la representación de la *Malinche* en los textos contemporáneos. Remito al lector a mi libro, *La Malinche in Mexican Literature*.

BIBLIOGRAFÍA

ALEGRÍA, Juana Armanda. *Psicología de las mexicanas*. México: Samo, 1975.

Anónimo. *Jicotencal*. 2 vols. Philadelphia: Imprenta de Guillermo Stavely, 1826. Editado como *Xicotencatl* en Antonio Castro Leal, *La novela del México Colonial*. Tomo I. México: Aguilar, 1964.

BERMAN, Sabina. *Águila o sol. Teatro*. México: Editores Mexicanos Unidos, (1985): 225-65.

BAUDOT, Georges. «Política y discurso en la conquista de México: Malintzin y el diálogo con Hernán Cortés», (1985): 625-631.

CALVILLO SCHMIDT, Lorenza. «Cómo duele». *El grito* 7.1 (1973): 61-64.

CANDELARIA, Cordelia. «La *Malinche*, Feminist Prototype». *Frontiers* 5 (1980): 1-6.

CASTELLANOS, Rosario. *El eterno femenino*. México: Fondo de Cultura Económica, 1975.

• «Otra vez sor Juana». *El uso de la palabra*. México: Excelsior, 1974.

CLENDINNEN, Inga. *Aztecs. An Interpretation*. New York: Cambridge U P, 1991.

CORTÉS, Hernán. *Cartas de relación*. México: Editorial Porrúa, 1970.

CYPESS, Sandra Messinger. *La Malinche in Mexican Literature. From History to Myth*. Austin: U. Texas P, 1991.

DEL CASTILLO, Adelaida R. «Malintzin Tenépal: A Preliminary Look into a New Perspective». *Essays on la Mujer*. Ed. Rosaura Sánchez & Rosa Martínez Cruz. Los Ángeles: Chicano Studies Center, (1977): 124149.

DÍAZ DEL CASTILLO, Bernal. *Historia verdadera de la conquista de la Nueva España*. México: Editorial Porrúa, 1964.

DURÁN, Fray Diego. *Historia de los indios de la Nueva España y las islas de tierra firme*. México: Editorial Porrúa, 1967.

ELU DE LEÑERO, María del Carmen. *¿Hacia dónde va la mujer mexicana?* México: Instituto Mexicano de Estudios Sociales, 1969.

FERNÁNDEZ DE VELASCO, Guadalupe. «La importancia de doña Marina en la conquista de México». *Cortés ante la juventud*. Publicaciones de la Sociedad de Estudios cortesianos. Ed. Rafael García Granados. México: Editorial Jus 3 (1949): 145-164.

FUENTES, Carlos. *Todos los gatos son pardos*. México: Siglo Veintiuno, 1970.

JOHNSON, Julie Greer. *Women in Colonial Spanish American Literature*. Westport, CT: Greenwood Press, 1983.

KARTTUNEN, Frances. «Conventions of Polite Speech in Nahutal». *Estudios de Cultura Náhuatl* 20 (1990): 281-296.

LEÓN DE GARAY, Alfonso. *Una aproximación a la psicología del mexicano*. México: Editora Ibero-Mexicana, 1956.

MADARIAGA. Salvador de. *Hernán Cortés, Conqueror of Mexico*. New York: Macmilan Co., 1941.

MENÉNDEZ, Miguel Ángel. *Malintzin*. México: Populibros, La Prensa, 1964.

MORNER, Magnus. *Race Mixture in the History of Latin America*. Boston: Little, Brown, 1967.

MUÑOZ CAMARGO, Diego. *Historia de Tlaxcala*. México: Alfredo Chavero, 1892.

PALERM VICH, Ángel. «Sobre las relaciones poligámicas entre indígenas y españoles durante la conquista de México, y sobre algunos de sus antecedentes en España». *Cortés ante la juventud*. Publicaciones de la Sociedad de Estudios Cortesianos. Ed. Rafael García Granados. México: Editorial Jus 3 (1949): 231-278.

PAZ, Ireneo. *Amor y suplicio*. México: Rivera Hijo, 1873.

• *Doña Marina*. México: Imp. y litografía de I. Paz, 1883.

PAZ, Octavio. *El laberinto de la soledad* (1950). México: Fondo de Cultura Económica, 1959.

RODRÍGUEZ VALDÉS, María. *La mujer azteca*. México: UNAM, 1988.

TIBÓN, Gutierre. *Historia del nombre y de la fundación de México*. México: Fondo de Cultura Económica, 1975.

*Pues es propiedad suya aborrecer con
el mismo extremo que suelen amar.*
            Fray Pedro Simón.

La Gaitana: Mito de
autonomía y resistencia

Betty Osorio

La Gaitana es un símbolo importante dentro de la cultura colombiana, especialmente en la región del Huila donde ha inspirado a novelistas, dramaturgos y artistas.[1] Por otra parte, los indígenas paeces han reelaborado este mito convirtiéndolo en un símbolo de autonomía y resistencia. Este trabajo tiene como propósito examinar la forma como se ha elaborado el mito y hacerse algunas preguntas sobre esta figura tan enigmática para nuestra historia.

Las dos fuentes más importantes en relación con la historia de la Gaitana son Juan de Castellanos, *Elegías de varones ilustres de Indias* (1589) Tomo III y fray Pedro Simón, *Noticias Historiales de la conquista de la tierra firme en las Indias Occidentales* (1627) Tomo V. La versión de Simón es un texto en prosa bastante cercano al de Castellanos. Fuera de la cultura oficial tenemos una variante perteneciente a la tradición oral de la región de Tierradentro, Cauca, donde un narrador oral, Julio Niquinás, se apropia del mito adaptándolo a la tradición indígena páez. Es sorprendente que Juan de Castellanos, en una obra cuyo propósito es elogiar los varones más aguerridos de la conquista, dedique un espacio tan extenso a contar la historia de una mujer indígena que puso en jaque al aparato militar español y que no aceptó ningún pacto o negociación con los invasores. La historia de la Gaitana aparece en la parte dedicada a la Gobernación del Cauca y está ligada a las leyendas que rodean a personajes como Sebastián de Belalcázar, Pedro de Añasco, Juan de Ampudia, Juan Cabrera y otros cuyas hazañas adquieren más brillo al destacarse el salvajismo y la barbarie de los nativos de la región; precisamente la Gaitana viene a ser la síntesis de esos atributos negativos.

Es posible decir que en la obra de Castellanos y en la de fray Pedro Simón ocurre un proceso de definición del nativo americano quien viene a ser identificado como el caníbal o antropófago, aquel que se come a sus propios semejantes. En este aspecto, Castellanos se inscribe dentro del imaginario europeo del momento que vio en el caníbal uno de los símbolos más sugestivos del Nuevo Mundo. Según Michael Palencia-Roth:

> *First, the struggle to define and to make sense of the New Man and the New World the cannibal played a mayor role in the European imagination. Here was something concrete to think about, to write about, to portray. Second, the cannibal represents the New Man at the point of greatest difference from the European: he is the New Man as the extreme Other.* (Palencia-Roth 2. «Primero, en la lucha por definir y crear un sentido del Nuevo

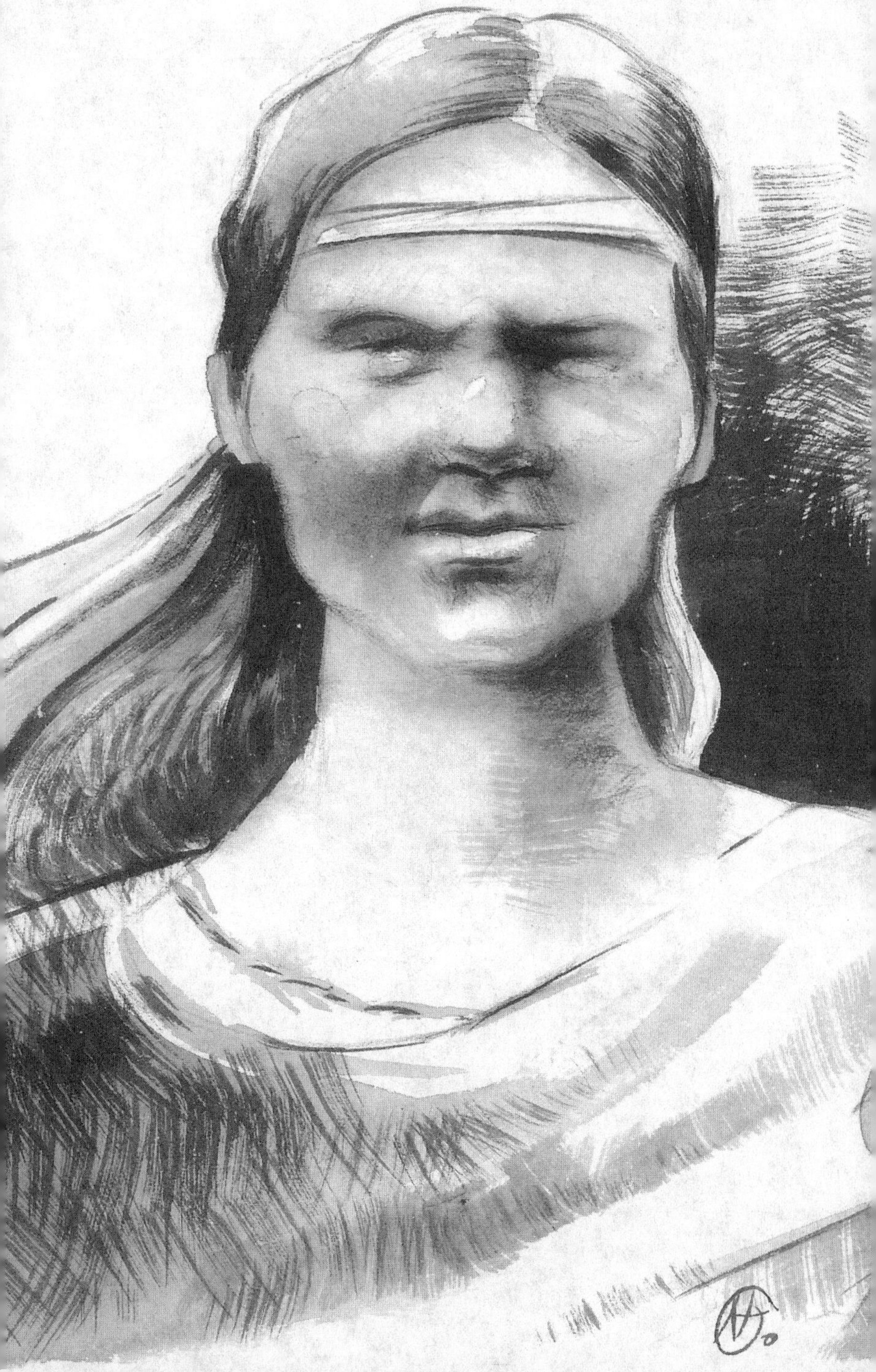

Hombre y del Nuevo Mundo el caníbal jugó un rol importante en la imaginación europea. Allí había algo concreto para reflexionar, para escribir, para retratar. Segundo, el caníbal representa al Nuevo Hombre en el punto de máxima diferencia del europeo: él es el Nuevo Hombre como el extremo Otro»).

Dentro de este juego de imágenes no es extraño encontrar el siguiente verso de Castellanos: «Caribes carniceros, detestables» (Castellanos 348), que se glosa de todas las formas posibles a lo largo de toda la tercera parte de las *Elegías* al referirse a los nativos del Cauca y del Huila. La palabra *caribe,* que en la cita anterior es sinónimo de *carnicero,* muestra cómo este vocablo, usado por primera vez por Colón con este significado, ha progresado y forma parte de la ideología del cronista. Peter Hulme, al referirse al *Diario de Colón,* hace el siguiente comentario: *«The words 'carib' or 'canibal' are now being used consistently with the ever present and unqualified gloss those who eat men. And those whom de Spaniards consider as caribes have demostrated capacity for resistance* (Hulme 41. «Las palabras 'caribe' o 'caníbal' se usan ahora consistentemente como glosa, siempre presente e ilimitada para aquellos que comen hombres. Y aquellos que los españoles consideran como caribes han demostrado capacidad de resistencia»). Es precisamente esta relación entre canibalismo y resistencia la que nos interesa rastrear en este artículo.

La crueldad y barbarie de los americanos contrasta con la fertilidad y belleza de la geografía, de tal forma que a lo largo de la crónica se crea un proceso de legitimización de los actos de los conquistadores españoles. Al comienzo de las *Elegías*, Juan de Castellanos describe las tierras de la Gobernación del Cauca en los siguientes términos:

> Y en aquellas llanadas por do viene
> Fundó gobernación cristiana gente,
> La cual de Popayán renombre tiene
> Y con él permanece de presente;
> Son pues los aledaños que contiene
> Acia el mar del sur, que es el poniente,
> Escelsas sierras en supremo grado,
> Que por aquella parte hacen lado. (Castellanos 303)

En esta estrofa es clara la admiración de Castellanos por un territorio que ya consideraba bajo el dominio español; la palabra *cristiano* es la síntesis de unos valores civilizados que permiten la calificación de «excelsas sierras en supremo grado». Sin embargo, todavía queda un rastro de lo indígena en la estrofa, y es en la palabra *Popayán* que funciona como una especie de substrato nativo sobre el cual el español tiene que construir un mundo cristiano. La facilidad con que se asume el acto de fundación se puede entender mejor si se tiene en cuenta la barbarie y falta de humanidad de los primitivos habitantes del Cauca, a quien Castellanos considera de la siguiente manera:

> Sus bocas son no menos carniceras
> Que las de bravos tigres y leones,
> Antes aventajados a las fieras,
> Hienas, cocodrilos y dragones,
> Esceden en crueldad a las panteras
> Y tienen muy peores condiciones;
> Y aún el día de hoy gente de España

No les puede quitar aquella maña.

(Castellanos 368)

Al equiparar los indígenas con las fieras, el conquistador se otorga el derecho a eliminarlos, permitiendo así el avance de la civilización. Este argumento es indispensable para entender mejor todo el asunto de la Gaitana. En el proceso de resistencia de los nativos a los españoles aparece por primera vez el nombre de la Gaitana:

> Una india llamada la Gaitana,
> O fuese nombre propio manifiesto,
> O que por los españoles fuese puesto. (Castellanos 383)

El cronista vacila sobre la identidad de esta mujer, mostrando así también la incertidumbre de sus fuentes y la información tan esquemática que tiene sobre todo este asunto. De la Gaitana no conocemos siquiera su verdadero nombre, y aquellas versiones que se apoyan en Castellanos elaboran una figura fantasmal cuyos rasgos dependen de la información poco detallada del cronista, y sobre todo de su imaginación. Tenemos entonces que reconocer que la Gaitana es, en gran medida, una figura reconstruida a partir de la ideología y el habla del conquistador; por lo tanto, hay información que ha sido silenciada, distorsionada y mal interpretada. A pesar de todo esto, es claro que aun Castellanos queda impresionado por una figura poderosa y que escapa totalmente a los moldes de feminidad manejados por los conquistadores, y esta es, tal vez, la razón por la cual esta mujer pasa a formar parte de las *Elegías*.

Castellanos trabaja la imagen de la Gaitana estrechamente ligada a la de Pedro de Añasco, de tal manera que entre los dos se establece un paralelo constante. En el canto V, la Gaitana es presentada como una cacica respetada y con gran influencia sobre las tribus de la región. Desde el principio, Castellanos señala la relación madre e hijo como fundamental para entender la personalidad de esta mujer. Fray Pedro Simón glosa a Castellanos en este aspecto: «Tenía sólo un hijo, mancebo de buena edad, obedecido de todos como ella» (Simón 238). Por su parte, Añasco aparece rodeado de presagios nefastos. Por ejemplo, su caballo se niega a seguir adelante y él mismo rueda por una cuesta, rompiéndose un brazo.

A pesar de los augurios, los compañeros de Añasco continúan adelante y hacen prisionero al hijo de la Gaitana. De una manera vívida y rápida, Castellanos narra la captura, juicio y ejecución de este joven indígena. El énfasis está más en la descripción de los sentimientos de la madre que en la misma víctima, y es notoria la simpatía del cronista por esta pareja.

> Pertinaces en este mal motivo,
> Juntose luego cantidad de rama
> Traen después al misero captivo
> En presencia de aquella que lo ama:
> De fuscos humos rodeado vivo
> Su vida consumió la viva llama
> Y ya podeis sentir que sentiria
> La miserable madre que lo vía. (Castellanos 386)

El cronista no fue testigo personal de esta ejecución, recordemos que su obra es una reelaboración de otras crónicas y de otros informes que organiza y versifica en su edad madura. Por lo tanto, existe una distancia temporal que le ha dado la oportunidad de reflexionar sobre los eventos de la conquista. En la evocación del episodio que hemos descrito parece que existe un eco de la iconografía católica sobre el martirio, tema que será más evidente cuando se describa la muerte de Añasco. En primer lugar, la presencia de la Gaitana al pie de la hoguera donde agoniza su hijo y el énfasis que se hace en el dolor de la madre, relaciona este momento con las imágenes de la Dolorosa al pie de la Cruz y probablemente este parentesco es el que despierta la simpatía de un lector cristiano y español al cual está dirigida la crónica (Osorio 36-49).

Por comparación, Añasco aparece como un hombre imprudente e innecesariamente cruel. Castellanos cuenta cómo, desoyendo los consejos de su guía indígena, se interna en la región con sólo diez y ocho soldados subestimando la capacidad de resistencia de los naturales. El objetivo de Añasco era aprovechar la coyuntura para someter al cacique Pioganza, pariente de la Gaitana. En estos mismos cantos, el cronista se cuida de construir una cálida relación entre Pedro de Añasco y un muchacho indígena llamado don Rodrigón, quien es hijo de Pioganza. El muchacho indígena le sirve de guía a los españoles y le tiene un cariño especial a Añasco.

Después de la ejecución del hijo de la Gaitana tienen lugar acontecimientos que revelan a esta mujer como una astuta estratega y una valiente líder militar. Los argumentos de la Gaitana están basados en la razón del parentesco. Sin embargo, sus palabras muestran también la manera de pensar del conquistador. El razonamiento más evidente es considerar el sacrificio del hijo no como un caso especial, sino como síntoma de una estrategia más general de guerra arrasada.

> Común y general es la tormenta;
> Nadie de esta fortuna se reserva;
> Truecanse los horrores en afrenta,
> La noble libertad se hace sierva;
> Quien tal calamidad esperimenta
> Busque la verdadera contrayerba
> Que deste mal es único remedio,
> Quitándolos a todos de por medio. (Castellanos 388)

Sean cuales fueren los argumentos de la Gaitana, lo que parece cierto es que logró aliar a numerosos pueblos en contra de los europeos. Castellanos, para disminuir el éxito de la estrategia de los nativos, muestra a Añasco como un militar imprudente, incapaz de darse cuenta de su delicada situación y de darle crédito a sus aliados indígenas. Todo este examen de las fallas de Añasco puede ser tomado como una reflexión sobre las cualidades de un conquistador exitoso; Castellanos, a quien la edad confiere juicio y experiencia, hace de este modo algunas recomendaciones: el conquistador debe ser valiente y aguerrido, pero también un individuo prudente que sea capaz de análisis y estrategia militar. Añasco sería una especie de contraejemplo. El cronista cuenta el terrible fin de Añasco como una forma de prédica para que se enmienden aquellos valientes, pero imprudentes.

La muerte de Añasco se presenta como un verdadero viacrucis. Don Rodrigo, el guía y amigo de Añasco, se rehúsa a presenciar la agonía y muerte de su amigo. A Añasco le sacan primero los ojos, le horadan la barbilla, le pasan por allí un lazo y de esa manera lo pasean por la población indígena. Después de sufrir mucho le cortan las manos y los genitales y, finalmente, muere. Mientras esto sucede, tres españoles que han caído prisioneros huyen con ayuda de don Rodrigo y ellos, según Castellanos, son los que dan la información sobre el fin de Añasco.

La parte más dramática, y la que viene a ser el clímax de todo el episodio, es el banquete donde los restos de Añasco son consumidos.

> Los atroces tormentos acabados
> Según feroz bestialidad ordena,
> Los caballos y dueños desollados
> Y de ceniza la␣pelleja llena,
> Unos y otros fueron cuarteados
> Para guiarse la nefanda cena,
> Y de los cascos ya limpios y rasos
> Para beber en ellos hacen vasos. (Castellanos 399)

Es precisamente en este banquete donde se resume la barbarie del americano. En este momento todo rastro de simpatía por la Gaitana ha desaparecido y se convierte en el símbolo que representa el salvajismo de los nativos. Ya no queda rastro humano en la Gaitana a quien se compara con una fiera, no se trata de un humano sino de un ser situado en los límites de la especie humana.

> Ningún animal hay de su cosecha
> Tan cruel, tan protervo ni tan fiero,

> Cuanto flaca mujer si se pertrecha
> Para vergarse de furor severo;
> Y aun con matar no queda satisfecha,
> Siendo de las venganzas lo postrero,
> Pues muchas dellas con los cuerpos muertos
> Usaron detestables desconciertos. (Castellanos 421)

En la misma tónica de Castellanos, fray Pedro Simón la convierte en el símbolo de la venganza femenina:

> Haciendo llamar a la vieja Gaitana, a quien le entregó al afligido capitán y ella recibió con grande alegría, viendo ya comenzados a cumplir sus deseos de venganza, que en siendo mujer se pueden entender que serían por extremo, pues es propiedad suya aborrecer con el mismo extremo que suelen amar. (Simón 244)

En contraste, Añasco muere como un cristiano arrepentido y casi como un mártir católico. Simón lo presenta así: «todo lo cual sufría el esforzado capitán con paciencia cristiana, ofreciendo a Dios su muerte» (Simón 245).

Con este episodio Castellanos y Simón colocan a los nativos americanos al borde de lo humano, y cualquier negociación con ellos se hace imposible. Además, el canibalismo justifica restrospectivamente los actos de Añasco y hace más admirables las hazañas de los que conquistaron esta región. Por esta razón que demerita totalmente el proceso de resistencia de los indígenas del Cauca y el Huila, se hace necesario examinar otra versión menos sesgada hacia el europeo. Joanne Rappaport, en su libro *The Politics of Memory: Native Historical Interpretations in the Colombian Andes,* hace un análisis del pensamiento histórico páez poniendo especial atención a los contornos en los cuales éste emerge. El material que le sirve de base son las narraciones de Julio Niquinás, recopiladas en una serie de entrevistas concedidas a Víctor Daniel Bonilla entre julio de 1971 y agosto de 1972.

Rappaport señala que Niquinás no repite las historias que ha oído, sino que las va recreando de tal manera que puede manipular simultáneamente varios niveles de la historia de los paeces: la Guerra de los Mil Días, las quintinadas, la historia de la Gaitana y sus recuerdos personales.

> Paez history is not a set of texts, but a constant movement between oral and written modes of expression, constantly altered by the knowledge and experience of the narrator and the context in which narration takes place. (Rappaport 161. «La historia páez no son textos establecidos, sino un movimiento constante entre los modos de expresión oral y escrito, constantemente alterado por el conocimiento y experiencia del narrador y por el contexto en el que la narración tiene lugar»).

Dentro de las historias recogidas, es de especial interés la que trata sobre la Gaitana, que en la versión de Niquinás se llama Cayetana. Desde el comienzo, Niquinás afirma que se trata de una historia muy antigua «cuando ellos hicieron la primera independencia» (Rappaport 166). Es decir, el narrador se adueña de la historia de la Gaitana para convertirla en un símbolo de autonomía de su cultura. La versión narrada sigue el esquema narrativo de Castellanos, pero los detalles, y en especial el asunto del canibalismo, están vistos desde ópticas diametralmente diferentes.

La víctima es, en este caso, el cacique llamado Güiponga, un hombre joven a punto de contraer matrimonio. Mientras en la versión de Castellanos se diluye la acción de este personaje, aquí se le da cierto protagonismo, pues desafía verbalmente a Añasco desde la hoguera diciéndole que está muy bien. El dolor y la ira de la Gaitana se expresan brevemente, mientras se le da más protagonismo a la estrategia militar liderada por ella. La Gaitana aparece como una mujer que conoce su geografía con precisión. Por ejemplo, reúne en Tacueyó y Caloto, nombres con significado tradicional para los lugareños, una ofensiva que Niquinás calcula en 250.000 indígenas (Rappaport 166). Estos detalles convierten a la Gaitana en una mujer páez completamente consciente del valor sagrado de su geografía y capaz de congregar numerosos guerreros; los datos anteriores no aparecen con ese mismo énfasis en los textos de Castellanos y de Simón. El primero los esconde dentro de temas mitológicos y el segundo los reduce.

Niquinás coloca la captura de Añasco en un domingo, mientras los conquistadores estaban en la iglesia, y hace un curioso comentario «porque ellos eran adventistas» (Rappaport 166). Esta interpolación religiosa es una respuesta directa al tono sagrado o de cruzada católica que sirvió de base ideológica a la conquista, y que hemos visto actuando en Castellanos. La fuerza de los españoles, que en gran medida dependía de su condición de cristianos católicos, se vuelve en su contra pues es debido a su catolicismo que los cogen desprevenidos. Esta versión contrasta con las versiones oficiales que hemos estudiado, donde la imprudencia de Añasco es la que causa la derrota. La versión de Niquinás concede a los indígenas una capacidad para entender los símbolos sagrados de los españoles y aprovecharse de ellos, mientras la de Castellanos y Simón convierten a los indígenas en una turba furibunda cuya ventaja es el número y no tienen capacidad para diseñar estrategias de guerra.

Las diferencias anteriores son sustanciales, pero los acontecimientos siguientes son todavía más distantes del enfoque europeo, y por esta razón vamos a citar el texto de Niquinás directamente:

> Ellos mataron a los españoles. Y se dice que ellos no mataron a Pedro Ñasco. Se dice que no debían hacerle daño. Ellos lo cogieron y se lo dieron a la cacica. Ella tenía una bandeja de oro y una lezna de piedra. Y ella dijo: «Oh, aquí usted está, Don Pedro ¡Amárrenlo bien!» Ellos lo amarraron y sostuvieron la bandeja de oro y tas! le sacaron un ojo y otro ojo. Y le dieron a él la bandeja de oro y le dijeron ¿Está sabroso? ¿Cómo se siente? El pobre hombre no tenía ojos. Luego lo amarraron y le hicieron caminar por donde los indios estaban. Después de dos semanas de sufrir, él murió. El hombre murió. Bien, había miles de indios que tenían que comer un poco de carne. Ellos lo despellejaron pero no botaron ni un solo pedacito de hueso. Los tenían que guardar como reliquias. Ellos guardaron todos los huesos. Entonces ella dijo: «Cacique, jefes, tengan en cuenta que estos son los grandes enemigos de nuestra raza. Ustedes deben tostar estos huesos». Ellos pusieron un poco de grasa en una olla y los tostaron todos en el fuego y los molieron, maldi-

to, se convirtió en cenizas. Y luego en frente de toda esa gente, ella saltó al río Páez y dijo «Fuera de aquí! ¡Váyase a España! ¡No quiero verte más! ¡Que el río te lleve y te deje en España!» Eso fue lo que dijo la mujer vieja. (Rappaport 166)

La parte de la ejecución de Añasco, que Juan de Castellanos convirtió en un viacrucis a lo católico, con acto de contrición, se convirtió en una ceremonia de expulsión del enemigo. Los detalles espeluznantes de Castellanos quedan reducidos casi totalmente a la ceremonia de sacar los ojos, colocarlos en una bandeja de oro y ofrecérselos a Añasco. Esta ceremonia, por cruel que parezca, no es la obra de un bárbaro sino que posee una significación cultural profunda. Según Rappaport: «*In some instances I have recorded, when an enemy is killed his eyes are removed from his corpse so that he cannot find his murderer and take revenge for his death*» (Rappaport 173. «En algunos casos yo he grabado que cuando un enemigo es asesinado se le sacan los ojos al cadáver para que él no pueda encontrar a su asesino y vengarse de su muerte»).

La ceremonia efectuada por la Gaitana de cierta manera emula la atrocidad de Añasco, pues la pregunta que la Gaitana le hace al conquistador «¿Cómo se siente?» es un eco directo de la hecha por Añasco a Güiponga en la hoguera. Es decir, la barbarie del nativo ha sido motivada por la del europeo. Más aún, sacar los ojos es un acto de violencia necesaria si se quiere evitar más violencia, pues elimina la venganza. El símbolo de la bandeja de oro se entiende mejor al conocer otras historias de Niquinás, donde se cuenta cómo el oro es la pasión central de los españoles (Rappaport 167). Es también un acto irónico, pues ofrecerle a Añasco sus propios ojos en una bandeja de oro sugiere que tanto su martirio como su muerte son consecuencia de su afán de riqueza.

El banquete que Castellanos y Simón coinciden en mostrar como un acto de canibalismo, y la prueba de la condición infrahumana de los nativos se convierte, en el texto de Niquinás, en un ritual donde se expulsa al enemigo. Los huesos de Añasco son tostados y su carne es consumida por todos para eliminar para siempre al invasor. La Gaitana sirve de chamán, pues señala los pasos de la ceremonia y luego salta al río y derrama allí las cenizas, para que regresen a España y se alejen para siempre de América. Éste es un acto de resistencia que se ha vuelto sagrado. La anterior interpretación es diametralmente opuesta a la de Castellanos y Simón, donde la antropofagia deja de ser ritual para convertirse en prueba de bestialidad.

La versión de Niquinás nos permite ver que desde la cultura páez, el acto de comerse a Añasco responde a un ritual y no a un simple acto de salvajismo. Hay que señalar que la misma acusación de canibalismo ha sido hecha contra los pijaos, considerados por Simón como comedores de hombres. Investigaciones como las de Álvaro Félix Bolaños, han demostrado cómo ésta es una de las *falacias* más nefastas de la historia de la conquista y la colonia. Bolaños hace el siguiente comentario al referirse a un libro de cocina huilense:

> *La sorda ansiedad que ronda esta incómoda pero necesaria aclaración es efecto del perdurable éxito que ha tenido una de las más afortunadas falacias en la historia del encuentro entre colonizadores españoles y los nativos de la región del alto Magdalena, en particular los indios pijaos. Me refiero a*

> *aquella falacia de identificar la antropofagia ritual con su dieta cotidiana. (Bolaños 1)*

Volviendo a Juan de Castellanos y a fray Pedro Simón tenemos que, después de la muerte de Añasco, la Gaitana comanda una emboscada contra la expedición que va a rescatar a los españoles, pero por las advertencias de los mismos indígenas logran escapar. Más adelante, ella misma convoca a los seguidores del cacique Pioganza y lanza dos ataques contra Timaná. Aunque los indígenas no pudieron derrotar a los españoles sí les infundieron tanto miedo que Juan de Castellanos cuenta cómo consideraron abandonar a Timaná e ir a buscar mejor suerte en otros lugares del Nuevo Reino de Granada, pero Juan Del Río impidió la retirada. De allí en adelante no se vuelve a saber nada de la Gaitana y este personaje desaparece de la crónica.

En la narración de Niquinás, la Cayetana se enfrenta a Belalcázar, lo acorrala (Rappaport 167), y estuvieron a punto de acabar con ellos, pero gracias a la furia de los españoles no lo lograron. Según esta versión, gracias a la acción de la Cayetana los indígenas se dieron cuenta de la sed de oro de los españoles y cuando éstos regresaron, los indígenas habían escondido el oro. Es decir, para Niquinás la acción de la Cayetana tuvo consecuencias positivas, pues permitió a los indígenas darse cuenta de la condición de los europeos y evitar el desmantelamiento de su cultura.

No podremos establecer la verdad histórica sobre la Gaitana, ni tampoco si la versión de Niquinás es autóctona o fue reintroducida en algún momento a Tierradentro; lo único que podemos señalar es que a través de las versiones de los cronistas españoles y de los narradores indígenas se reconstruye la imagen de una mujer, que para unos es demoníaca y salvaje y para otros sagaz y valiente, pero que en ambos casos supo mantener a raya al invasor y congregar a su gente alrededor de valores y tradiciones. Estas imágenes todavía siguen vivas entre los indígenas del Huila y el Cauca, y han sabido despertar el interés y la imaginación de nuestros artistas y escritores.

Nota

[1] Para datos sobre versiones contemporáneas en la narrativa del Huila véase Benhur Sánchez Suárez, *Identidad Cultural del Huila en su narrativa*. Neiva: Instituto Huilense de Cultura, 1994.

Bibliografía

BOLAÑOS, Álvaro Félix. «Salvajismo y diferencia cultural: construcción retórica del caníbal pijao, siglo XVII». Ponencia presentada en el Congreso de Colombianistas, Universidad de California-Irvine, 1993.

CASTELLANOS, Juan de. (1589). *Elegías de varones ilustres de Indias*, Tomo III. Bogotá: Editorial ABC, 1955.

HULME, Peter. *Colonial Encounters, Europe and Native Caribbean 1492-1797*. Nueva York-Londres: Methuen, 1986.

OSORIO, Betty. «Juan de Castellanos: De la retórica a la historia». *Texto y Contexto* 17 (1991): 36-49.

PALENCIA-ROTH, Michael. «Cannibalism and the New Man of Latin America in the 15th and 16th Century European Imagination». *Comparative Civilization Review* 12 (Primavera, 1985): 1-27.

RAPPAPORT, Joanne. *The Politics of Memory, Native Historical Interpretations in the Colombian Andes.* Cambridge: Cambridge University. *Texto y Contexto* 17 (1991): 36-49.

SIMÓN, fray Pedro. (01627) *Noticias historiales de la conquista de Tierra Firme en las Indias Occidentales*, tomo V. Bogotá: Banco Popular, 1982.

Este que ves, engaño colorido.

La inmolación intelectual de sor Juana Inés de la Cruz

Nina M. Scott

¿Que mi tintero es la hoguera
donde tengo que quemarme...?

Cuatro años antes de morir, sor Juana Inés de la Cruz explica a un obispo amigo suyo por qué tomó el velo cuando era joven. Sus palabras directas asombran por su audacia aún hoy día: «Entréme religiosa, porque aunque conocía que tenía el estado cosas... muchas repugnantes a mi genio, con todo, para la total negación que tenía al matrimonio, era lo menos desproporcionado y lo más decente que podía elegir en materia de la seguridad que deseaba de mi salvación...».[1] Sor Juana confiesa, en un tono juguetón y al mismo tiempo serio, lo que tuvo que sacrificar para entrar en el convento: «cedieron y sujetaron la cerviz todas las impertinencillas de mi genio, que eran de querer vivir sola; de no querer tener ocupación obligatoria que embarazase la libertad de mi estudio, ni rumor de comunidad que impidiese el sosegado silencio de mis libros» («Respuesta a Sor Filotea»).

No hay duda de que esta extraordinaria mujer, la primera poeta e intelectual de las letras coloniales, fue víctima del momento histórico. Una criolla blanca como ella tenía sólo dos alternativas viables: el matrimonio o el convento, y ella optó por la vida religiosa. Esta decisión la ayudó a alcanzar una tremenda eminencia intelectual, pero con el tiempo la llevó a la destrucción.

No se sabe si Juana nace en 1648 o en 1651. Hija natural de una criolla, Isabel Ramírez, y de un militar español, Pedro de Asbaje, nació en la hacienda de su familia materna en Nepantla, a la vista de los hermosos volcanes del valle de México. La madre tuvo seis hijos naturales: tres hijas con Asbaje, y dos hijas y un hijo con el capitán Diego Ruiz Lozano. Juana se apellidaba *Ramírez de Asbaje*; utilizaba primero el nombre materno, pero mintió sobre su estado social al entrar en el convento, que requería de sus postulantes ser hijas legítimas de familias blancas. El hecho de ser hijo natural era bastante común aun en la alta sociedad mexicana, pero había que guardar las apariencias.

Lo que sabemos de la vida de Juana Ramírez viene principalmente de la carta autobiográfica de la cual ya hemos citado: la famosa «Respuesta a sor Filotea». Esta carta ha alcanzado una fama inusitada por ser una de las primeras y más abiertas defensas del derecho de la mujer a una vida intelectual, y también contiene muchos datos biográficos de la vida de la poeta. Pero mucho cuidado con aceptar como verdad indisputable todo lo que sor Juana relata en este documento: como era su autodefensa intelectual, manipula su información de

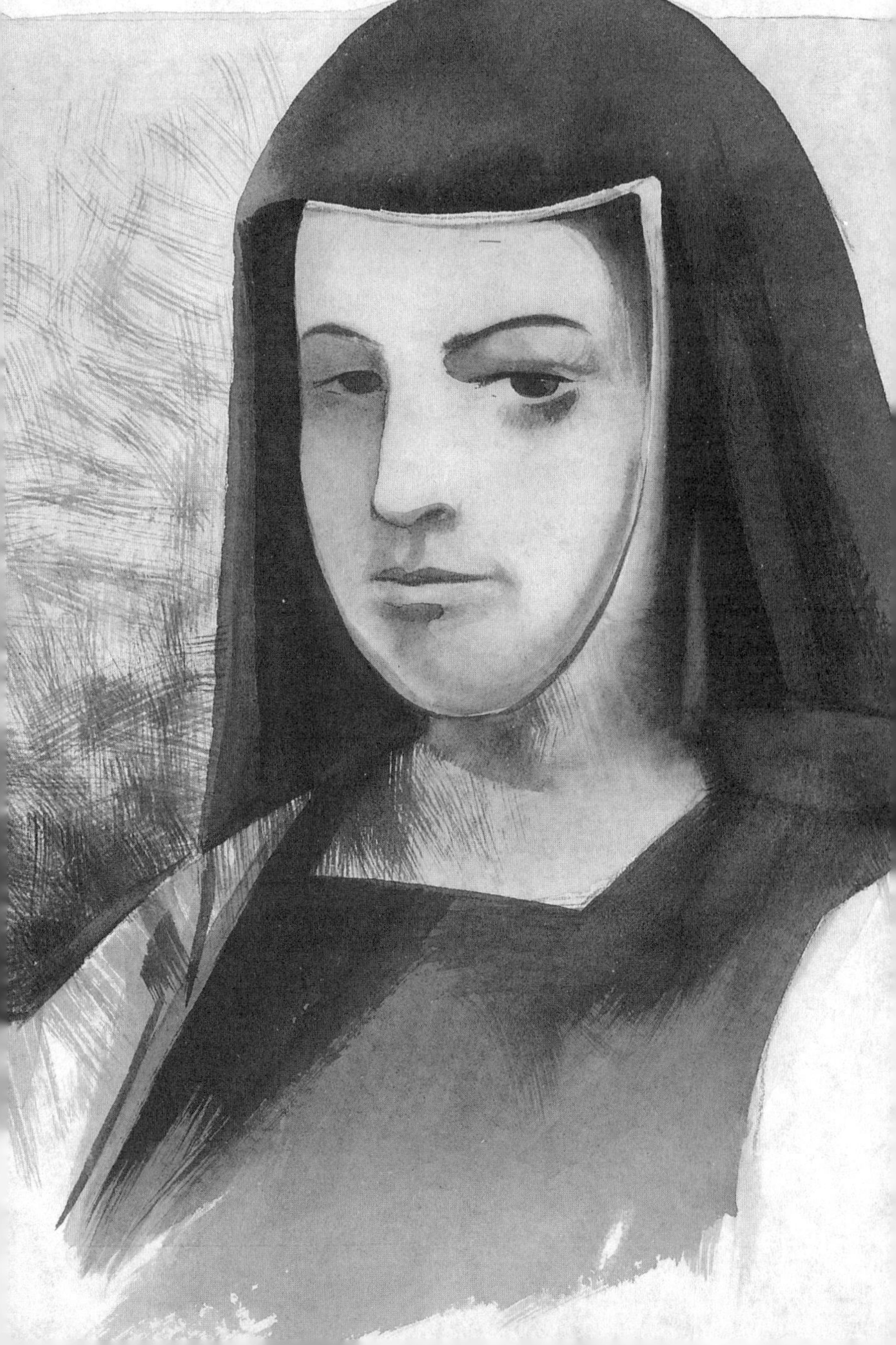

acuerdo con este fin. Además, hay muchos datos personales que quisiéramos saber y que no revela nunca.

Sor Juana cuenta dos episodios de su temprana juventud, ejemplos de que su pasión por las letras era tan fuerte que arriesgaba el castigo sin pensarlo dos veces, a fin de poder satisfacer su hambre de saber. A la edad de tres años, sin el permiso de su madre, «el cariño y la travesura» la llevaron a la escuela primaria donde su hermana mayor aprendía a leer y escribir. Engañó a la maestra diciéndole que la mamá quería que aprendiera; lo calló todo en casa hasta saber leer, cosa que aprendió con una velocidad relámpago. Aunque Juana temía que la azotaran al descubrirla, para ella el castigo valía el riesgo. El saber leer no se puede quitar.

En otro episodio parecido, ella recuerda que cuando tenía ocho años supo que en la capital mexicana había una universidad; «apenas lo oí cuando empecé a matar a mi madre con constantes e importunos ruegos sobre que, mudándome el traje, me enviase a Méjico... para estudiar y cursar la Universidad; ella no lo quiso hacer, e hizo muy bien; pero yo despiqué el deseo en leer muchos libros varios que tenía mi abuelo, sin que bastasen castigos ni represiones a estorbarlo...». A tan tierna edad Juana ya se había enterado de que el mayor obstáculo a su deseo de saber era su género.

A pesar de no acceder a su deseo de ir a la Universidad, la familia decide mandar a su niña *prodigia* a la capital para vivir con unos tíos ricos y bien conectados en la corte virreinal de la Nueva España. La fama de la joven crece, y al cabo de unos años la ahora adolescente Juana es presentada a los virreyes, quienes se asombran ante su intelecto y su facilidad poética. La virreina, Leonor Carreto, queda encantada con la belleza, el encanto personal y la inteligencia de la joven, y la instala en la corte como una de sus damas. Juana pasa varios años en la corte, rodeada de las galanterías y la intriga política de los círculos cortesanos. Aumenta su fama literaria, pero su futuro es más bien incierto debido a su estado social y a la falta de fortuna personal. Hoy día mucha gente se queda sorprendida por la decisión de la bella y sofisticada joven de entrar en un convento, pero dado su momento histórico, esta decisión fue la mejor de sus opciones. Con su falta de dote, ¿qué clase de hombre se casaría con ella? No un hijo de la aristocracia novohispana. Además, Juana sabía de sobra que un marido tenía control absoluto sobre la vida personal de su esposa. Le esperaba un embarazo tras otro, y probablemente el veto a sus estudios, amén de un cuarto propio, del silencio, y de los ratos libres que añoraba su intelecto. En el convento estaría en una prestigiosa comunidad de mujeres, con todas sus necesidades económicas resueltas, dueña de una espaciosa celda, y con la oportunidad de dedicarse a los estudios en sus ratos de ocio. Sin embargo, vacila. Como confiesa en su carta, «al desembarazo y quietud que pedía mi estudiosa intención eran repugnantes los ejercicios y compañía de una comunidad...».

Un factor importante en su decisión final era su confesor, el padre Antonio Núñez de Miranda. Poderoso jesuita, admirado por su devoción y su gran intelecto, era también el confesor de los virreyes y por consiguiente, hombre de mucha influencia en la corte. El padre Núñez la estimaba mucho, pero vio la fama de Juana como creciente peligro. Según el biógrafo del jesuita:

> aviendo conocido la discreción, y gracia en el hablar de Juana Ines, lo elevado de su entendimiento, y lo singular de su erudición junto con

no pequeña hermosura, atractivos todos á la curiosidad de muchos, que dessearian conocerla, y tendrian por felicidad el cortejarla, solia decir, que no podia Dios embiar asote mayor á aqueste Reyno, que si permitiesse, que Juana Ines se quedara en la publicidad del siglo.

Se nota de la cita que lo que más le preocupaba a Núñez era el aspecto público de la vida de la joven. Una mujer se debía callar y retirar del mundo, como ya había señalado fray Luis de León en *La perfecta casada* (1583):

> es justo que se precien de callar todas, así aquellas a quien les conviene encubrir su poco saber, como aquellas que pueden sin vergüenza descubrir lo que saben; porque en todas es, no sólo condición agradable, sino virtud debida, el silencio y el hablar poco.

Al poner en la balanza sus dos opciones, decidió por fin tomar el velo. En 1667 entró en la comunidad de las Carmelitas Descalzas, la orden de Santa Teresa de Jesús, pero el rigor de la vida de estas hermanas era tan estricto y áspero que Juana se enfermó y dejó la casa después de tres meses. Luego optó por las Jerónimas, una orden mucho más blanda, y entró en el convento de Santa Paula. Este convento y su iglesia quedan en pie en el distrito histórico de la Ciudad de México. Renovado el claustro hace unos años, hoy día forma parte del Departamento de Historia de la Universidad Nacional Autónoma de México, la misma a la que Juana no pudo asistir. Y en el salón del rector se encuentra el primer retrato oficial de la monja, reconocido como uno de los mayores tesoros del patrimonio nacional. Ironías de la vida.

Al entrar en la vida religiosa sor Juana tomó cuatro votos: pobreza, castidad, perpetua clausura y obediencia. ¿Cómo impactaron sobre su vida? Lo de la pobreza era bastante relativo, puesto que las monjas novohispanas en un convento tan prestigioso y acomodado como Santa Paula vivían en amplias celdas, rodeadas de sirvientas y esclavas, vestían elegantes hábitos de finas telas, y comían primorosamente. Sabemos que a sor Juana le gustaba la cocina, porque nos ha dejado un recetario suyo para platos muy ricos.

A pesar del tono apasionado de su poesía amorosa, sor Juana Inés de la Cruz aceptó la regla de la castidad; inclusive en uno de sus romances parecía negar su condición femenina:

> Con que a mí no es bien mirado
> que como a mujer me miren,
> pues no soy mujer que a alguno
> de mujer pueda servirle;
> y sólo sé que mi cuerpo,
> sin que a uno u otro se incline,
> es neutro, o abstracto, cuanto
> sólo el Alma deposite.

Según la creencia de la Iglesia de aquel entonces, una mujer que voluntariamente se quedaba virgen se escapaba de las desventajas de la condición femenina, y hasta se la consideraba más viril. Como el alma también carecía de género, era un doble esfuerzo por superar su género femenino, obstáculo tan grande en un mundo dominado por los hombres. Así sor Juana, al negarse, también se afirma, típica táctica suya, tan cuidadosa y esquiva al expresarse. Como ha observado Octavio Paz de su estilo: «Sor Juana dice sin decir, con un ademán borra lo que ha dicho, y al borrarlo, vuelve a decirlo» (156).

La perpetua clausura de las monjas había sido impuesta el siglo anterior como condición de la vida conventual, en el ciclo de reformas formuladas por el Concilio de Trento. Antes las monjas se habían podido mover por el mundo; ahora se quedaban encerradas en su sitio. Sor Juana no protesta abiertamente contra la perpetua clausura, tal vez porque su orden permitía frecuentes visitas a sus monjas, pero en sus escritos se nota cuánto su espíritu volaba por encima de los muros de su convento. Probablemente el mejor ejemplo de esto es su largo poema metafísico llamado «Primero sueño», que trata de dos ensayos fracasados de su intelecto por ascender a las alturas para comprender el universo. Pero también se nota en el siguiente episodio de su carta autobiográfica:

> Paseábame algunas veces en el testero de un dormitorio nuestro (que es una pieza muy capaz) y estaba observando que siendo las líneas de sus dos lados paralelas y su techo a nivel, la vista fingía que sus líneas se inclinaban una a otra y que su techo estaba más bajo en lo distante, de donde infería que las líneas visuales corren rectas, pero no paralelas, sino que van a formar una figura piramidal. Y discurría si sería ésta la razón que obligó a los antiguos a dudar si el mundo era esférico o no. Porque aunque lo parece, podía ser engaño de la vista, demostrando concavidades donde pudiera no haberlas.

Aun en sus ratos de ocio la mente de sor Juana no paraba. No mira nunca de una manera desinteresada:

analiza, teoriza, abstrae, descubre. Por naturaleza estaba en conflicto con otra regla impuesta por el Concilio de Trento: que la mujer religiosa debiera permanecer en un estado de *santa ignorancia*.

Por eso el voto de obediencia fue para ella siempre el más difícil, especialmente cuando obedecer equivalía a callar. Como ha observado de ella Georgina Sabàt de Rivers: «Podemos verla ortodoxa y sumisa en casi todo lo demás mientras no chocara de frente con el derecho que, como ser humano, tenía al desarrollo de su mente» (1992, 6). La situación de Juana al entrar en el convento era de por sí conflictiva, porque era una mujer que ya gozaba de renombre en el mundo de fuera. Por un lado, era causa de gran prestigio para las Jerónimas tenerla entre sus hermanas; por otro, iba a ser muy difícil hacerla callar y retirarse del mundo. A pesar de su perpetua clausura, Juana Inés seguía en contacto con la corte, puesto que los sucesivos virreyes la buscaban y pedían poemas de su prolífica pluma. Y esta actividad le gustaba, sin lugar a dudas, en parte por los aplausos y la fama, y en parte porque la recompensaban con regalos de dinero, libros o instrumentos científicos y musicales. La biblioteca personal de sor Juana llegó a ser una de las mejores de la Nueva España.

Hoy día gusta más la poesía secular de la monja, y es la que más se lee en las antologías, pero no hay que olvidar que la mayoría de su obra es devota: villancicos, loas, autos religiosos, ejercicios espirituales. Entre los villancicos se destacan varios en los dialectos hablados en la capital multicultural de este virreinato: sor Juana compuso algunos en náhuatl, idioma nativo de los indígenas del valle de México, y otros en el habla de los negros. Con ocasión de la Asunción de la Virgen, por ejemplo, un coro de negrillos canta:

> Si las Cielo va
> y Dioso la lleva,
> ¿pala qué yolá
> si Eya sa cuntenta?

Sor Juana escribió muchos poemas a la Virgen. Aunque con frecuencia subraya la belleza de María y su especial condición entre las mujeres, también destaca su sabiduría e intelecto:

> La soberana Doctora
> de las Escuelas divinas,
> de que los Angeles todos
> deprenden sabiduria, ...
>
> Por Primaria de las ciencias
> es justo que esté aplaudida,
> quien de todas las criaturas
> se llevó la primacía.

La espontaneidad con la cual sor Juana podía componer poesía no dejaba de asombrar a sus coetáneos, y fue muy aplaudida por la gracia de sus obras religiosas. Por otro lado, la producción de poesía secular y cortesana seguía también, y esto empieza a causarle problemas con la Iglesia. Mientras que las monjas podían dedicarse al estudio y la escritura religiosos, la clase de poesía producida por sor Juana estaba muy fuera de los parámetros permitidos a una religiosa. Dominaba a perfección el lenguaje del amor cortesano, y compuso hermosísimos poemas dedicados a las penas amorosas: el amado ausente, los celos, el sufrimiento al ser desdeñada.

> Este amoroso tormento
> que en mi corazón se ve,
> sé que lo siento, y no sé
> la causa por qué lo siento.
> Siento una grave agonia
> por lograr un devaneo,
> que empieza como deseo
> y para en melancolia.

La lucha para legitimar su vida intelectual, y la constante crítica de sus acciones por ser mujer hacían que en muchas ocasiones su pluma se volviera amarga, irónica, llena de la burla que enmascaraba su profunda ira hacia las desigualdades entre los sexos. Todo el mundo conoce sus famosas redondillas contra los «Hombres necios», llenas de las antítesis barrocas que ella blandía como puñales:

> ¿Cuál mayor culpa ha tenido
> en una pasión errada:
> la que cae de rogada
> o el que ruega de caido?

> ¿O cuál es más de culpar,
> aunque cualquiera mal haga:
> la que peca por la paga
> o el que paga por pecar?

Algunos versos de la monja aun lindaban en lo obsceno, como sus sonetos burlescos, o esta respuesta a un hombre que había aludido a su ilegitimitad:

> El no ser de Padre honrado,
> fuera defecto, a mi ver,
> si como recibi el ser
> se lo hubiera yo dado.
> Más piadosa fue tu Madre,
> Que hizo que a muchos sucedas:
> para que, entre tantos, puedas
> tomar el que más te cuadre.

En su continua lucha contra la Iglesia, sor Juana manejaba muy hábilmente sus conexiones con la corte virreinal para crearse un espacio desde el cual podía escribir lo más libremente posible. En su vida eran claves sus amistades con dos virreinas en particular: la ya mencionada Leonor Carreto y María Luisa Manrique de Lara, la esposa del virrey Tomás de la Cerda, Marqués de la Laguna. Esta pareja llegó a México en 1680, y los años de su reinado (volvieron a España en 1688) fueron los más productivos y libres de la vida de sor Juana. La entrañable amistad entre ella y María Luisa le garantizaba protección contra los poderosos clérigos que empezaban a amenazarla seriamente. El Arzobispo de México, que era tremendamente misógino, sentía un alto grado de irritación contra la monja que atraía tanta atención en el mundo, y el padre Núñez también la había criticado más y más abiertamente. Tan segura estaba sor Juana Inés del poderoso respaldo de los virreyes, que en 1681 lo despidió en una carta descubierta en México trescientos años después. El tono es fuerte, agresivo, hasta insolente:

> ¿Tócale a V.R. mi corrección por alguna razón de obligación, de parentesco, crianza, prelacía, o tal que cosa?

> Si es mera caridad, parezca mera caridad, y proceda como tal, que el exasperarme no es buen modo de reducirme, ni yo tengo tan servil naturaleza que haga por amenazas, lo que no me persuade la razón...
>
> Vuelvo a repetir que mi intención es sólo suplicar a V.R. que si no gusta de favorecerme, no se acuerde de mi...

Escribió mucho sor Juana durante estos años protegidos. Se destaca todo un ciclo de poemas dedicados a María Luisa, en los cuales daba rienda suelta a su afecto por su amiga y patrona. Tan apasionados suenan algunos, que a veces una puede preguntarse si hubo algo más que amistad entre estas dos mujeres. A ciencia cierta no se sabe nada. De mayor importancia para el futuro literario de sor Juana es que a la hora de volver para España la Marquesa la obligó a darle copias de muchos poemas suyos que andaban sueltos por círculos religiosos y seculares; los llevó consigo y mediante su influencia y riqueza logró publicarlos en Sevilla, en 1689, bajo el título *Inundación Castálida*. El libro tuvo éxito, la fama de la monja crecía, y el Arzobispo debe haberse puesto apoplético al verlo: entre otros contenía los famosos versos contra los «Hombres necios».

Después de la salida de los marqueses la vida de sor Juana se hacía más dura y circunscrita. La crítica contra ella aumentaba y tenía pocos aliados. Un prelado que la admiraba mucho era el obispo de Puebla, Manuel Fernández de Santa Cruz. Ostensiblemente para ayudarla publicó (ella dice que sin su permiso) la crítica que Juana hizo de un sermón del famoso jesuita portugués, el padre Antonio Vieira. Allí fue Troya. Que una monja se atreviera a criticar públicamente a un hombre de la estatura de Vieira era inusitado, y, peor aún, el Arzobispo y Núñez eran también jesuitas. Además, para protegerse en el sinuoso laberinto de la política religiosa, después de publicar el tratado crítico de sor Juana, el Obispo también le mandó una carta que la amonestaba por su excesivo amor a los vanos asuntos seculares, exhortándola a dedicarse enteramente a asuntos religiosos. Para hacer su mensaje más suave, como si fuera de una religiosa a otra, firmó la carta con el seudónimo de «Sor Filotea de la Cruz». Sin embargo, tanto sor Juana como el resto del mundo sabían que se trataba de un mensaje enviado por un superior, aunque él no tuviera autoridad directa sobre ella.

Es posible que Fernández de Santa Cruz haya querido dar a sor Juana la oportunidad de reconocer públicamente sus errores pasados y jurar obediencia a lo que le pedían las autoridades eclesiásticas. En todo el fervor contemporáneo de ver a sor Juana como víctima de sus superiores masculinos, no hay que olvidar el momento histórico en el cual todo esto se desarrollaba, y que en aquel entonces la salvación o la pérdida del alma era de suma importancia. Sin lugar a dudas, en la opinión de muchos de sus contemporáneos sor Juana se había dedicado en tal grado a asuntos profanos que caía en el pecado de la vanidad. Sor Filotea había hecho lo suyo para sacarla del error al mandarle su carta amonestadora.

Pero sor Juana no reaccionó como se esperaba. En vez de someterse y callar, aprovechó su «Respuesta a Sor Filotea» (1691) para justificar su vocación intelectual ante Dios y el mundo. La piedra angular de su defensa era el argumento del propio Obispo. Éste insistía que como Dios le había dado su excepcional inteligencia, la monja debía dedicarla exclusivamente a su Señor. Sor Juana lo vio de otro modo. Si mi intelecto proviene de

Dios como Ud. me dice, pregunta ella, ¿cómo puede ser pecado usarlo? La carta es un documento único, la apasionada autodefensa de una mujer que disputa su derecho a usar su mente extraordinaria. Y no sólo piensa en sí misma, sino en otras mujeres de su clase. A muchas de ellas los padres las dejaban sin educación porque los tutores eran hombres y el contacto diario con sus hijas podría dañar su reputación social. Sor Juana tenía la solución: mujeres mayores y doctas que podrían servir de instructoras a las jóvenes. Sus reformas pedagógicas no se escucharon.

A pesar de la elocuencia de su carta, las dificultades para sor Juana se volvieron más y más agudas. Estaba sola ante el poder de la Iglesia. Además, en 1692 reinaba un ambiente casi apocalíptico en el país, puesto que hubo inundaciones, la cosecha fue desastrosa y los campesinos hambrientos venían a la capital para amenazar a la población. Sobre esta fecha sor Juana empieza a cambiar radicalmente: pide a Núñez que vuelva a ser su confesor, bajo la presión del Arzobispo vende su biblioteca para convertirla en limosnas para los pobres, renueva sus votos y los firma con su sangre, acusándose de ser «la peor del mundo». La razón de este cambio se ha quedado en el misterio. ¿Experimentó una profunda conversión que la hizo rechazar toda su vida anterior? ¿Sufrió un colapso nervioso? ¿Estaba haciendo trampa en esperas de tiempos más favorables? No se sabe.

En 1695, una peste virulenta ataca la capital. En Santa Paula muchas monjas mueren. Sor Juana cuida de sus hermanas enfermas hasta contagiarse y morir el 17 de abril. Nos ha dejado un retrato complejo y conmovedor de una mujer que luchó de una manera heroica por su vida intelectual. Por eso su silencio final es aún más trágico. Los versos que siguen son de un poema que sor

Juana compuso al amor divino, pero en mi opinión podrían expresar también las penas que sufrió por su amor a la sabiduría:

>   Si es delito, ya lo digo;
> si es culpa, ya la confieso;
> mas no puedo arrepentirme,
> por más que hacerlo pretendo.
> Bien ha visto, quien penetra
> lo interior de mis secretos,
> que yo misma estoy formando
> los dolores que padezco.
> Bien sabe que soy yo misma
> verdugo de mis deseos,
> pues muertos entre mis ansias,
> tienen sepulcro en mi pecho.

NOTA

[1] Las obras completas de sor Juana Inés de la Cruz se publicaron en México en el Fondo de Cultura Económica, en cuatro tomos: I (1951), lírica personal. II (1952), villancicos y letras sacras. III (1955), autos y loas. IV (1957), comedias, sainetes y prosa. Los primeros tres tomos los editó Alfonso Méndez Plancarte; al fallecer éste, Alberto G. Salceda editó el cuarto.

APÉNDICE

En este tercentenario luctuoso de sor Juana se han hecho varios descubrimientos de información sobre su vida que van a cambiar profundamente cómo los críticos e historiadores literarios –yo incluida– van a interpretar sus últimos años. Hubo dos importantes congresos dedicados a ella, el primero en Toluca, en abril de 1995, y el segundo en noviembre, en su mismo claustro, en la capital mexicana. Gracias principalmente al profesor Elías Trabulse del Colegio de México, y a doña Teresa Castello, salieron a la luz tres importantes novedades.

En abril, Elías Trabulse leyó una ponencia en la que anunció haber descubierto una carta escrita en febrero de 1691 por una monja llamada sor Serafina de Cristo, dirigida a sor Filotea de la Cruz, y defendiendo fervorosamente a sor Juana. ¿Quién era esa monja? Resulta muy probable que sea la misma sor Juana, y de esta carta sale el hecho que la crítica del sermón del Mandato de Vieira, de una manera oblicua y a la vez bastante abierta, iba contra el mismo Núñez, puesto que era él quien siempre predicaba el Sermón del Mandato en la Catedral Metropolitana los jueves santos. Elías Trabulse va a publicar el texto de la carta de sor Serafina en 1996, pero el estudio sobre su contexto ya salió: *El enigma de Serafina de Cristo. Acerca de un manuscrito inédito de Sor Juana Inés de la Cruz (1961). Toluca:* Instituto Mexiquense de Cultura, 1995.

Por si fuera poco, en el congreso de noviembre Trabulse lanzó otro descubrimiento mayúsculo. Sor Juana fue contadora de su convento durante los últimos nueve años de su vida, cargo que desempeñó muy bien. A Trabulse se le ocurrió repasar sus libros de cuentas, y al hacerlo, salió otra sorpresa: justamente durante los años de mayor persecución por el Arzobispo de México, cuando le ordenó deshacerse de todos sus bienes personales, sor Juana estaba clandestina e ilegalmente invirtiendo considerables sumas de dinero personal con un banquero acaudalado, ganando un interés considerable. Y todo esto a sabiendas del mayordomo eclesiástico encargado de repasar su documentación contable...

Doña Teresa Castello compartió el tercer gran hallazgo: el inventario de la celda de sor Juana, documento que se había buscado sin éxito durante muchos años. Este inventario reveló que al morir, la monja tenía unos 170 libros y 180 legajos de papeles, de lo cual podemos inferir que a pesar de las órdenes del Arzobispo, ella no se había rendido, y además, sus hermanas jerónimas estaban cooperando en la recuperación de su biblioteca. Como todo lo que entraba en el convento tenía que pasar por el torno, no pudo haber sido de otra manera.

Estos tres sorprendentes –y gratos– descubrimientos cambian totalmente las interpretaciones anteriores de los años finales de sor Juana. A pesar de las renovaciones de sus votos y las protestaciones de fe rubricadas con su propia sangre, la sinuosa monja seguía luchando. Núñez murió en febrero de 1965, y sor Juana debe de haber esperado algo de tregua y la posibilidad de tiempos mejores, pero luego vino la peste y la propia muerte. Esta muerte sigue siendo trágica, pero ahora de otra manera. *Recquiescat in pace*, sor Juana.

BIBLIOGRAFÍA

BÉNASSY-BERLING, Marie-Cécile. *Humanismo y religión en Sor Juana Inés de la Cruz*. Trad. Laura López de Belair. México: Universidad Nacional Autónoma de México, 1983.

FRANCO, Jean. «Sor Juana Explores Space». *Plotting Women: Gender and Representation in Mexico*. New York: Columbia University Press, (1989):23-54.

LUDMER, Josefina. «Tretas del débil». *La sartén por el mango. Encuentro de escritoras hispanoamericanas*. Eds. Patricia Elena González y Eliana Ortega. Río Piedras, Puerto Rico: Ediciones Huracán, (1984): 47-54.

MERRIM, Stephanie, ed. *Feminist Perspectives on Sor Juana Inés de la Cruz*. Detroit: Wayne State University Press, 1991.

MURIEL, Josefina. *Cultura femenina novohispana*. México: Universidad Nacional Autónoma de México, 1982.

PAZ, Octavio. *Sor Juana Inés de la Cruz o Las trampas de la fe.* 3a ed. México: Fondo de Cultura Económica, 1983.

PERELMUTER PÉREZ, Rosa. «La estructura retórica de la *Respuesta a Sor Filotea*». *Hispanic Review* 51 (1983): 147-158.

POOT HERRERA, Sara. Ed. *Y diversa de mi misma/ entre vuestras plumas ando. Homenaje internacional a sor Juana Inés de la Cruz.* México: El Colegio de México, 1994.

SABÀT DE RIVERS, Georgina. «Sor Juana Inés de la Cruz». *Historia de la literatura hispanoamericana. Tomo I. Epoca colonial.* Ed. Luis Iñigo Madrigal. Madrid: Ediciones Cátedra, (1982): 27593.

• *Estudios de literatura hispanoamericana. Sor Juana Inés de la Cruz y otros poetas barrocos de la colonia.* Barcelona: LHU (Lecturas Hispánicas y Universales), 1992.

SCOTT, Nina M. «'La gran turba de las que merecieron nombres': Sor Juana's Foremothers in *La Respuesta a Sor Filotea*». *Coded Encounters: Writing, Gender and Ethnicity in Colonial Latin America.* Eds. Francisco Javier Cevallos-Candau, Jeffrey A. Cole, Nina M. Scott & Nicomedes Suárez-Araúz. Amherst, MA: University of Massachusetts Press, (1994): 206-223.

«'Ser mujer, ni estar ausente,/ no es de amarte impedimento': los poemas de Sor Juana a la Condesa de Paredes», en Poot Herrera, 159-169.

Las muchachas de La Habana no tienen temor de Dios y se van con los ingleses con los bocoyes de arroz.

(Plasencia).

«LAS MUCHACHAS DE LA HABANA NO TIENEN TEMOR DE DIOS»

LUISA CAMPUZANO

En Cuba no ha habido crítica feminista: recién ahora intentamos comenzar. Y como parece que también en este campo la ontogénesis repite la filogénesis, la incipiente crítica feminista cubana, para decirlo con las palabras con que Jean Franco caracterizaba los primeros momentos de la exégesis feminista, también se perfila «como una crítica de desagravio, destinada a la doble tarea de la desmitificación de la ideología patriarcal y a la arqueología literaria» (88). Con esto pretendo justificar tanto el tema como los objetivos de mi trabajo. Voy a hablar con el desafuero de los neófitos, de la primera escritora cubana, poco o nada conocida en Cuba, porque el carácter transgresor de sus textos y de su persona le concitó la animadversión de sus comtemporáneos y aun de estudiosos posteriores que intentaron disminuirla, ignorarla, escamotearla o que simplemente, no se preocuparon por ella. Y también quiero ocuparme de ella porque en su obra y en su vida se pone de manifiesto la riqueza de contradicciones y antagonismos de las relaciones de género en su intersección con las de raza y clase en una decisiva etapa de transición de una economía de factoría, de servicios, a una economía de plantación, de producción, en la sociedad colonial del occidente de Cuba, que empieza a escindirse entre españoles, funcionarios, y habaneros, productores; sociedad por lo demás puesta súbitamente en crisis por la ocupación militar de una potencia extranjera.

En 1762 La Habana, con sus cincuenta mil habitantes, era la tercera ciudad de la América española. Sólo la superaban México y Lima, capitales de virreinatos establecidos sobre las ruinas de populosos imperios. Su bien situado puerto, protegido por el más moderno sistema de fortificaciones de la época —las que requerían una guarnición de cerca de siete mil hombres— era el más importante del hemisferio. Desde los tiempos de los galeones de la Tierra Firme y la flota de la Nueva España, en él hacían escala obligada las naves que viajaban entre la metrópoli y sus colonias, lo que le procuraba a la ciudad una población masculina suplementaria que, en ocasiones, pudo ser casi tan elevada como el total de hombres que en ella residían (Moreno Fraginals 1990), el cual era alrededor de vez y media superior al de las mujeres. En su arsenal y astilleros, los mayores del Nuevo Mundo, se construían barcos de todos los tonelajes y de alta tecnología, y se fundían cañones y otras armas.

Esta ciudad de *cultura militar y marinera* había sido largo tiempo codiciada por corsarios y piratas. Ahora, cuando comenzaba a transformarse en una colonia no sólo de servicios, sino también de producción —azúcar, tabaco, ganado— constituía un polo de interés para Inglaterra, que en el siglo XVII le había arrancado a España unas cuantas islas y ahora le disputaba a Francia el control del mercado azucarero y del tráfico de esclavos en toda esta zona de las Antillas. Por distintas razones, que van desde la disminución de las tierras hasta el incremento de los precios a causa de conflictos bélicos que comprometían a Francia e Inglaterra, a partir de 1740 crece la producción de azúcar en Cuba. De un promedio de 2000 toneladas en 1740 se llega a 4265 toneladas en 1761. El número de ingenios también se multiplica: entre 1759 y 1761, es decir, en tres años, el total de ingenios de la zona habanera se eleva de 89 a 98. Paralelamente ha aumentado el número de esclavos, única fuerza de trabajo empleada en la producción de azúcar. No existen registros para esas fechas, pero disponemos de la afirmación hecha por un historiador contemporáneo de que la Real Compañía de Comercio de La Habana había introducido 4986 esclavos entre 1740 y 1761, cifra perfectamente aceptable, pues significa la entrada de unos 220 esclavos por año a lo largo de ese período.[1]

Cuando en enero de 1762 España decide participar —bien tardíamente, por cierto— junto a Francia en la que acabará llamándose Guerra de los Siete Años, iniciada en 1756, a Inglaterra se le abre el camino hacia La Habana, para cuya conquista se ha venido preparando y documentando desde hace mucho tiempo.

El 6 de junio se presentó ante el puerto de La Habana la escuadra inglesa con el mayor despliegue de fuerzas que hasta entonces hubiera contemplado el Nuevo Mundo. El ataque y sitio de la ciudad se prolongó durante dos meses y seis días, hasta el 11 de agosto, cuando el Capitán General de la Isla, Juan de Prado Portocarrero, rindió la villa.

La ocupación de La Habana duró once meses. Ante la cólera del pueblo inglés, que había recibido con verdadero júbilo la noticia de la toma de La Habana, el Tratado de París, que ponía fin a la guerra, sancionaba el cambio de esta ciudad por *los pantanos desolados, insalubres e improductivos de la Florida*: el azúcar de los territorios recién adquiridos —Guadalupe, Martinica, Santa Lucía, Dominica, Granada, La Habana— había hecho bajar los precios y se perjudicaban los plantadores ingleses, quienes controlaban el Parlamento.

Los líderes de la *sacarocracia* cubana, que harán su entrada en la historia y en la historiografía en la última década del siglo XVIII con el *boom* azucarero, han otorgado gran importancia a los once meses de ocupación inglesa para el desarrollo económico de la Isla. Y en buena medida tienen razón, porque con la mera apertura del puerto al comercio internacional, con el contacto establecido entre La Habana y las Trece Colonias, con la quiebra real o potencial de instituciones caducas y, sobre todo, con el estímulo dado a la producción azucarera basada en el modelo inglés de plantación con la introducción ¡en un solo año! de 4000 esclavos, se aceleró un proceso que ya se venía preparando y que llevaría a los productores cubanos, en pocas décadas, a ocupar el primer lugar en el mercado mundial.

Si del lado inglés la dominación de La Habana dejó una excelente colección de grabados en los que por primera vez la ciudad y su puerto aparecían cuales eran (*Documentos inéditos... passim*), del lado *cubano* produjo un número apreciable de textos literarios surgidos al calor de los acontecimientos. Éstos son: un memorial y una carta escritos, respectivamente, por las señoras de La Habana y un jesuita irlandés; y diecinueve composiciones en verso, la mayoría de carácter popular, entre las que me interesa destacar un largo poema en décimas, *Dolorosa métrica expresión del sitio y entrega...* de la ciudad, atribuido a una habanera, y un buen número de estrofas de factura obviamente masculina, popular y española contra «las Señoritas de La Habana por el trato que tuvieron con los ingleses».[2]

Tanto el *Memorial* de las señoras como la *Dolorosa métrica expresión* se han atribuido a la marquesa Jústiz de Santa Ana.[3] Siendo el primero de estos textos de carácter corporativo y no llevando firma el segundo, la atribución se ha basado en dos fuentes secundarias nada explícitas, las que sin embargo permiten deducir, por su propia reticencia, que la autoría de esos textos —y, en particular, del *Memorial*— podría recaer en esta habanera. Más adelante tendremos ocasión de detenernos en estas fuentes.

Beatriz de Jústiz y Zayas nació en La Habana el 24 de febrero de 1733, hija de una antigua familia de la ciudad en la que se advierte la misma transformación que en la villa: de funcionarios, dedicados a los servicios, han pasado a ser además, propietarios, ocupados de la producción. Sus padres fueron Beatriz de Zayas Bazán y Manuel José de Jústiz, coronel de los Reales Ejércitos, quien sucesivamente ocupó los cargos de sargento mayor de la plaza de La Habana, castellano del Morro y gobernador de la Florida. En 1751 se casó con un primo doce años mayor que ella, Manuel José de Manzano y Jústiz, primer marqués Jústiz de Santa Ana, contador mayor del Real Tribunal de Cuentas de la Isla y alcalde ordinario de La Habana. Su casa, construida en el siglo XVII frente al mar y muy cerca de la Plaza de Armas, es de las más imponentes de la ciudad, con su torre mirador de cuatro pisos, y dio nombre a una de las calles que la flanquean (Weiss 102-04 y 231-34). De la hacienda de los Jústiz, *El Molino*, y de los últimos años de la marquesa, hablaré más adelante. Veamos ahora los textos.

El *Memorial dirigido a Carlos III por las señoras de La Habana* (Plasencia 7-16), el 25 de agosto de 1762, apenas unos días después de la capitulación, culpa al gobernador Prado y a sus oficiales de haber permitido la toma de la ciudad; los tilda de cobardes «que en acercándose el enemigo ...se retiraron, que usando de voz más propia, ellos huyeron, dexando assí en desdoro el aire de las Armas, y dando margen a que los enemigos estimaran como conquista lo que en realidad fue cesión» (9); censura el poco caso que hicieron a las operaciones propuestas por los vecinos y a su reiterado deseo de participar en la defensa de la villa y los acusa de no haber contado, para decidir la capitulación, ni con el Obispo ni con el Alcalde y los regidores de la ciudad «quienes con todo el resto de ella no tuvieron más prenda que sentirlo en consecuencia de la despotiquez con que proceden los Governadores de estos parages de Indias» (11).

Desde el principio las habaneras establecen claramente su concepto de la distribución del poder y de las atribuciones y competencia correspondientes a cada uno de quienes lo detentan. En primer lugar, Dios; a continuación, el Rey; después, el Gobernador. A los dos primeros, lejanos y omnipotentes, se les rinde la mayor obediencia: todo lo que ellas hacen ahora y los vecinos de la villa hicieron antes, es en defensa de la fe y del Rey. Al Gobernador, presente pero transitorio, le echan en cara su carácter provisional, peregrino, extraño. De ahí el uso enfático de la palabra *patria*, «lugar de nacimiento», para referirse a la ciudad en el primer párrafo del texto: «La Habana, nuestra Patria» (8).

El Gobernador querrá irse, él no es más que un funcionario de paso. Pero ellas no: «Ésta es —dice el último párrafo del *Memorial*— ...la funesta tragedia que lloramos, las Havaneras, fidelísimas Vasallas de V.M. cuyo poder mediante Dios impetramos para que por paz o por guerra... logremos el consuelo de ver, en breve tiempo, aquí fijado el estandarte de V.M. Esta sola esperanza nos alienta para no abandonar... *la patria, y bienes...*» (12).

A subrayar la diferencia entre la desidia del Gobernador y la voluntad de resistir de los habaneros, contribuye la pormenorizada y técnica descripción de las acciones, del armamento, del vasto teatro de operaciones militares: no olvidar que el padre de la marquesa había sido castellano del Morro. Los *paisanos*, «la gente del país», se presentan siempre intrépidos y listos para combatir; los españoles, desdeñosos de quienes no tienen la pericia ni el conocimiento requeridos. En este sentido resulta del mayor interés el énfasis puesto en describir la participación de los negros, que han cargado con el trabajo más duro: «siete cañones montados en breve tiempo, a fatiga de un crecido número de negros esclavos» (8-9); énfasis que llega a convertirse en verdadero reto, en herejía, en total transgresión cuando se compara explícitamente la heroicidad de los esclavos con la inacción de los más altos jefes españoles: veinte negros que... «sin más armas que machete en mano pusieron en fuga a más de treinta ingleses, mataron a algunos y se volvieron con siete prisioneros... y ni con este ejemplo se resolvieron los generales a practicar acción» (10).

Mas hay otra comparación, ésta implícita y sin dudas inconsciente, en la cual la transgresión resulta mucho mayor. El penúltimo párrafo del *Memorial* le recuerda a Carlos III que él había ordenado al Gobernador fortificar la Cabaña —lugar por donde los ingleses han logrado romper la defensa de la ciudad— y le informa que pese a haberse destinado a ello una suma importante —lo que Beatriz Jústiz y Zayas sabe muy bien porque su marido es contador del Tribunal de Cuentas— todo lo que el Gobernador hizo fue «convocar un ramo de las milicias de pardos a trabajar sin salario, ni ración; los que siendo tan pobres, que sólo tienen para subsistir el trabaxo del día, se vieron obligados a pedir por un memorial alimentos» (12). Súbitamente se acortan las distancias entre los pardos y las habaneras, víctimas todos del Gobernador, que tanto a unos como a otras los ha privado de sus bienes; a ellos, de la venta de su fuerza de trabajo, «que sólo tienen para subsistir el trabaxo del día»; a ellas, de mucho más, pero que es también lo que tienen, lo que, como le van a decir inmediatamente al Rey, no quieren abandonar. Y para recuperar esos bienes, ambos, los pardos y las mujeres realizan el mismo gesto, un gesto tremendamente transgresor: *escriben* un memorial.

Tales audacias imponen una estrategia discursiva en la cual se manifesta un inteligente aprovechamiento del arsenal de cualidades y defectos tradicionalmente atribuidos a las mujeres. Para captar la benevolencia de Carlos III apelan, en primer lugar, a la fragilidad femenina: «Adónde recurrirán nuestros corazones, penetrados del más vivo y tierno dolor sino a los pies de V.M.» (8); y a la sensibilidad y devoción puestas a prueba por los acontecimientos: «el valor que tuviéramos para ver correr la sangre de todos nuestros inmediatos en sacrificio de Dios» (8). Por otra parte, para desarticular cualquier sospecha de engaño, dan fe de la rectitud de su actuación: «Sabe Dios que deseamos dar a V.M. un informe *ageno de artificio* de cuanto ha deducido esta desgracia» (8) y del injusto proceder de los gobernadores de esta parte del mundo «en donde a cualquiera vasallo que toma el legítimo recurso de quexarse a V.M. o noticiarle algún aviso importante lo atropellan, cerrándole esta puerta con la palabra *sedición* [énfasis de las autoras], a cuya farsa vivimos expuestos (sin más arbitrio que padecer) los que lexos de la sombra de V.M. veneramos rendidos sus más pequeños preceptos» (11).

Las veinticuatro décimas de la *Dolorosa métrica expresión*[4] también están dedicadas al rey y desarrollan poéticamente las mismas ideas, las mismas quejas que encontramos en el *Memorial*. Éste ha sido el argumento más sólido, entre otros, para atribuirlas a la marquesa de Jústiz. Sus tres primeras estrofas cantan a La Habana, *patria amada*, a los que *se sacrificaron* por ella y a ese *Paysanage* que, como ha nacido en esta tierra, estaba dispuesto a morir defendiéndola. Por lo demás, resulta evidente que la autora de estos versos tiene un oficio, una cultura y un sentido de la dignidad, de la justicia, de lo que puede y no puede hacerse, que denotan una personalidad fuerte no por azar entregada a la poesía de ocasión. Son los versos de una poeta con experiencia, versos que publicados o no, podían divulgar más ampliamente que el *Memorial*, su contenido polémico, crítico, en franca confrontación con las autoridades coloniales.

Así pues, como era de esperar, los que simpatizan con las autoridades coloniales, los que de un modo u otro, entonces o más tarde, representan a los funcionarios que se ocupan del gobierno de Madrid en la Isla, responden al *Memorial* y a las décimas. Estas respuestas varían de acuerdo con el momento en que se producen y con quienes las emiten. Ya en 1762 y 1763 hay dos tipos de respuestas. Una inmediata, multiplicada en formas y ritmos distintos, con acentos diferentes, con obscenidades y dobles sentidos, machista *ante diem*, como corresponde a las tropas de la guarnición de La

Habana. La otra, más distante, irónicamente mesurada, severa y burlona a un tiempo, como la del jesuita que la propina.

La respuesta de la marinería y la soldadesca se expresa en dos series, una de coplas y otra de seguidillas, contra «las Señoritas de La Habana», a las que se acusa, cómo iba a ser de otro modo, de tener *trato* con los ingleses y de haber abjurado de su fe. De la serie de coplas sólo se ha conservado una:

> Las muchachas de La Habana
> no tienen temor de Dios
> y se van con los ingleses
> con los bocoyes de arroz. (Plasencia 132)

La serie de seguidillas es abundantísima y mucho más variada e injuriosa:

> Havaneros, alerta
> porque las Damas
> han tomado por moda
> ser Anglicanas
>   Con tal tesón
> que por Modistas mudan
> la Religión.

Se alude también, abiertamente, a las de más alta posición social, a «las de más porte»:

> De chistosas se precian,
> y de saladas,

> y no temen salir
> embarricadas.
>   Las de más porte
> entre Barriles, se hacen
> Carne del Norte.

Otro flagelo se dirigía a las familias que recibían la visita de los ingleses:

> Aunque sea Judio
> quien las ba a ver,
> dicen que las visita
> un Coronel.
>   Y esta grandeza
> carga el Pobre Marido
> en la Caveza.
>
> Veremos los Bermejos
> que irán naciendo,
> cuando ya los Yngleses
> vayan saliendo.
>   Y en estas danzas
> harán los Españóles
> dos mil mudanzas.

Por último, las seguidillas que remedan la fonética inglesa son realmente obscenas:

> Ya los Gefes les dicen
> que Bereguel,

> por el Sanaviche,
> y el Catefel.
> Y ay en el toque
> mucho de pequinín
> y guanti foqui. (Plasencia 133-135)

No hay por qué asombrarse de que la carta del jesuita, fechada en La Habana el 12 de diciembre de 1763, en una sección dedicada expresamente al comportamiento de las habaneras, diga más o menos lo mismo que las coplas y las seguidillas:

> ...en este corto tiempo no dejamos de llorar el desorden de algunas mujeres que abandonando su religión, su honor, sus hijos y su patria se han embarcado con ellos, y dos que contrajeron matrimonio según el rito protestante. También ha sido represible el haber dado lugar a sus Oficiales para la familiaridad y trato en muchas casas aun de alguna distinción, y no sabemos en que hubiera parado a haberse diferido por algunos años el cautiverio.[5]

Esta animadversión contra las habaneras más o menos evidente en las coplas y en la carta del jesuita, puede o no deberse a los textos atribuidos a la marquesa, pero la inquina manifiesta en el pasaje de las memorias de José Antonio Armona correspondientes a 1764, no deja lugar a dudas: se origina en ellos.

> Acuérdome de que estando de visita en casa de una de estas damas, que a más de ser *dama rica* era marquesa, *poetisa*, latina, crítica, y siem-

pre engreída de haber escrito directamente al rey una gran carta, cuando se perdió La Habana, informando a S.M. y descubriéndole muchas cosas. Esta dama Musa, viendo que movían la tal conversación algunas personas que estaban de visita, explicó al instante su sentimiento sin reserva, y más la desazón que la movían con el recuerdo. Y aunque yo no había dicho una palabra, se encaró a mí esclamando con toda su energía y con el piadoso Eneas: «Quis talia fando, temperet a lacrimis?» Este escogido regalo de los mejores énfasis de Virgilio, me le hizo la marqueza[sic], porque yo había sido en el caso, un asistente celoso del circunspecto Gobernador, y en todo aquel amarguísimo lamentable suceso que se recordaba. Se acabó la conversación, y muy pronto después, la infanda dolorosa visita. (Armona 145)

El antiguo asistente de Prado no puede ocultar su disgusto, yo diría, su odio, ante esta mujer y trata de ridiculizarla: «poetisa, latina, crítica, engreída de haber escrito directamente al rey una gran carta, dama Musa»: es decir, mujer de letras, ¡qué espanto! Sin embargo, hay algo interesante en lo que él dice: la desazón que le produce a la marquesa el recuerdo de lo ocurrido, que más parece ocasionada por las resonancias posteriores a los hechos que por estos mismos. Lo que concuerda con algo observado en su carta por el jesuita:

> El Milord conde de Albemarle dispuso a poco tiempo de su entrada tener en su casa un sarao para el que convidó por medio de sus primeros oficiales a las Sras. de carácter; pero respondieron las más a S.E. no haber enjugado las lágrimas

para entretenerse en diversiones, y asistieron pocas. Reiteró S.E. el convite para segunda noche pasando en persona a cumplimentarlas en sus casas, y no pudiendo ya escusarse fueron muchas; pero se les leía en el semblante el interior disgusto, y se desistió de estos convites. (Véase nota 5)

Cien años más tarde, por los sesenta del siglo XIX, Jacobo de la Pezuela, militar e historiador muy docto en cuestiones cubanas, dice:

...muchas señoras de La Habana, por la influencia de la marqueza Jústiz de Santa Ana, a cuyo esposo, el contador de ese apellido, había premiado el Rey con aquel título, representaron a la reina madre doña Isabel Farnesio, que la pérdida de su ciudad natal era debida a los desdenes de Prado por las ideas y ofrecimientos de los naturales. (Pezuela 538, Plasencia 7)

Aquí se le reconoce alguna autoría a Beatriz de Jústiz, pero este reconocimiento está viciado de falsedades, insinuaciones malévolas y menguas de toda índole. En primer lugar, se quiere hacer ver que el marquesado lo recibe su esposo como recompensa. Pero, ¿como recompensa de qué? ¿De lo que hizo su mujer siguiendo sus consejos? Y esto es falso desde el principio, porque el título a quien se lo otorgó el rey fue a un tío materno de Manuel José de Manzano, del cual éste era heredero, y como el tío murió antes de recibir el marquesado, el sobrino fue considerado primer marqués de Jústiz (Weiss 103). Por otra parte, no se habla para nada del *Memo-*

rial al rey, sino de algún tipo de documento, que ni siquiera se nombra, enviado por muchas señoras de La Habana a la reina madre. De ese documento no da noticias ningún otro historiador, sin embargo, sí conocen y publican el *Memorial* varios historiadores. Y, por último, se presenta a la marquesa Jústiz de Santa Ana como una especie de agitadora, de instigadora seguramente al servicio de las ambiciones de su marido, con lo que, al tiempo que se denigra su personalidad, se disminuye la responsabilidad de las restantes mujeres de La Habana.

En fin, que nos hallamos con las reacciones previsibles ante las inusitadas relaciones de género sexual y de género de discurso que se producen en esta ocasión tan especial.

El *Memorial* y la *Dolorosa métrica expresión* representan géneros de discurso eminentemente masculinos, tanto por la tradición elocutiva en que se inscriben y el contenido político-militar que vehiculan, como por el receptor al que se destinan: el rey. Sólo el emisor es femenino, y en ello hay obviamente una flagrante transgresión que puede explicar muchas cosas relativas a la conservación y transmisión del nombre de la autora: su exclusión del espacio público que tan osadamente había ocupado, su reducción al ámbito del comadreo, su condena al anonimato, que es lo que hace Armona. O, lo que resulta mucho más interesante, la tranquilizadora reorganización propuesta por Pezuela para todo el proceso comunicativo: el receptor no será el rey, sino la reina madre doña Isabel Farnesio; el *Memorial* no será tal, sino una representación; los objetivos no son político-militares, sino debidos a las ambiciones personales del marido de la marquesa Jústiz, quien la utiliza para que influya en muchas señoras de La Habana; las autoras no son ellas, ni lo es la marquesa, sino él, su marido.

Con esto, todo vuelve a la paz, al equilibrio: cada cosa a su lugar, aunque para ello haya habido que reformar la historia de la adquisición del marquesado por Manuel José de Manzano y que inventar la existencia de un documento, enviado a la reina madre, el cual nadie ha visto jamás.

¿Qué se hizo después de Beatriz de Jústiz? ¿Qué pasó con esta mujer que a los veintinueve años había armado tal revuelo, que era tan osada, que poseía un indiscutible oficio poético, que era decidida, animosa, movilizadora de las demás mujeres? Su vida se apaga, no volvemos a saber nada de ella durante años y años, pero cuando nos la encontramos nuevamente en su casa de La Habana está protagonizando otra vez, a su modo, una página inaugural de la literatura cubana.

A la marquesa Jústiz de Santa Ana que he tratado de presentar no la conoce nadie, a lo mejor no existe. La he ido armando, rescatándola de los chismorreos de Armona y las falsas insinuaciones de Pezuela, buscándola en los asientos bibliógrafos, en sus textos, en la ira de sus contemporáneos, en sus atrevimientos, he tratado de encontrar el *paysanage* de sus versos, los pardos y los negros del *Memorial* en los grabados de Elías Durnford, los desastres de su guerra en los aguafuertes de Dominique Serres. He buscado sus ideas en las ideas de su clase, de su tiempo, un tiempo que volaba hacia el futuro y que parece haberla dejado atrás. La otra marquesa Jústiz de Santa Ana, la anciana que mece en sus brazos a un negrito que la llama *mamá mía*, la que en una época en que los esclavos se compran, no se crían y, además, no se compran hembras, trae cada cierto tiempo de su hacienda de Matanzas tres o cuatro criollitas de diez, once años para educarlas y casarlas y seguir ayudándolas cuando ya no vivan con ella; esta marquesa Jústiz de Santa Ana es la que conocemos en las primeras páginas de uno de los libros más estremecedores que se hayan escrito en nuestro mundo americano, la *Autobiografía* (1835) del poeta esclavo Juan Francisco Manzano (1797-1854), nacido en esa casa, criado en el amor y, tal vez, en los versos de la vieja señora que cuando muere en *El Molino*, el 5 de junio de 1803, lo deja en un abandono que también nos alcanza.

Por eso, aunque corra el riesgo de naufragar en un archifemenino océano de sentimentalismo, me gusta pensar que es Manzano, el primer negro escritor cubano, quien nos devuelve a la marquesa Jústiz de Santa Ana, la primera mujer escritora cubana.

NOTAS

[1] Moreno Fragináls. *El ingenio*. La Habana: Editorial de Ciencias Sociales, 1978, *passim*. Todos los datos sobre la producción azucarera cubana y antillana los tomamos de esta fuente.

[2] Todos estos textos se recogieron en Plasencia.

[3] Cf. Enrique Saínz, donde con más detenimiento y rigor se estudian las décimas y su atribución a la marquesa Jústiz de Santa Ana.

[4] *Dolorosa métrica expresión del Sitio, y entrega de la Havana, dirigida a N.C. Monarca el Sr. Dn. Carlos Tercero* (Plasencia 45-53 y 71-75).

[5] *Carta que en 12 de diciembre de 1763 escribió un padre jesuita de La Habana al prefecto Javier Bonilla, de Sevilla, dándole cuenta circunstanciada de la toma de esta plaza por los ingleses* (Plasencia 19).

Bibliografía

ARMONA Y MURGA, José Antonio. *Materiales para la historia de la isla de Cuba. Viage a la América en 1764.* Apud. Enrique Saínz, 145.

• *Documentos inéditos sobre la toma de La Habana por los ingleses en 1762.* Intr., notas y cartografía por Juan Pérez de la Riva. La Habana, 1963.

FRANCO, Jean. «Si me permiten hablar: la lucha por el poder interpretativo». *Casa de las Américas* 171 (1988): 88-94.

MORENO FRAGINÁLS, Manuel. *El ingenio.* La Habana, 1978.
• «Claves de una cultura de servicios». *La Gaceta de Cuba,* julio (1990): 2-5.

PEZUELA, Jacobo de la. *Historia de la isla de Cuba.* Tomo 2, Madrid 1868-78.

PLASENCIA, Aleida. *La dominación inglesa vista por el pueblo de La Habana.* La Habana, 1965.

SAÍNZ, Joaquín E. *La arquitectura colonial cubana.* La Habana, 1972.

La Saénz fue la mujer-hombre.
Ricardo Palma.

GENIO, FIGURA Y OCASO DE MANUELA SÁENZ

LUCÍA ORTIZ

En marzo de 1988 la editorial Tusquets publicó en España la novela *La esposa del Dr. Thorne* del venezolano Denzil Romero. La novela fue premiada en la X convocatoria de la colección «La sonrisa vertical», dedicada a literatura erótica. La obra generó una agitada polémica entre historiadores y críticos literarios de Hispanoamérica y la acusaron de ofensiva por tratarse de una mera recreación de la vida sexual de la quiteña Manuela Sáenz, amante del libertador Simón Bolívar. En *La esposa del Dr. Thorne* encontramos, página tras página, minuciosas descripciones de la actividad erótica de la protagonista. Sus aventuras sexuales incluyen innumerables encuentros con oficiales, frailes, pajes y monjas. El insaciable frenesí erótico de Manuela la lleva a prácticas como el masoquismo, el incesto y el *voyerismo*. Manuela misma se siente orgullosa de su comportamiento y se autodenomina *puta* en varias ocasiones. El narrador justifica el comportamiento de la protagonista por medio de la descripción de la época en que vivía cuando,

> ...el escándalo, a fuerza de ser público y común, ya no escandalizaba a nadie. La exageración sentimental, el amor libre, el matrimonio a prueba, la separación y el divorcio de hecho, las relaciones extraconyugales, el concubinato, la promiscuidad cortesana, los bailes y mojigangas, los jolgorios de tres y cuatro días con sus noches, y la perversidad sexual en todas sus manifestaciones, eran tales que teníanse como timbre de orgullo y preponderancia social más que como motivo de infamia. (Romero 30-31)

En un estilo de constante enumeración el narrador también dispone como causa de la vida que lleva Manuela, el haber nacido de un matrimonio adulterino, lo cual ella misma reafirma cuando dice «puta, nací puta, soy una puta» (185). Se sugiere a su vez que la protagonista podía llevar esa intensa vida de experiencias sexuales gracias a que «era infecunda» o *machorra*, como llamaban a las mujeres estériles en Quito (Romero 49). El narrador admite como fuente de sus especulaciones el libro de Juan Bautista Boussingault, quien dedicó parte de sus *Memorias* (1903) a Manuela Sáenz. En *La esposa del Dr. Thorne*, la Sáenz le confiesa al biógrafo francés sus más íntimas aventuras sexuales, incluyendo los detalles de los juegos y peripecias que practicaba con sus amantes favoritos, Rosita Campuzano y el general Simón Bolívar (133 y 179).

La novela de Romero ofendió de tal manera a los biógrafos de Manuela Sáenz que ese mismo año apareció en Ecuador la obra *En defensa de Manuela Sáenz: la*

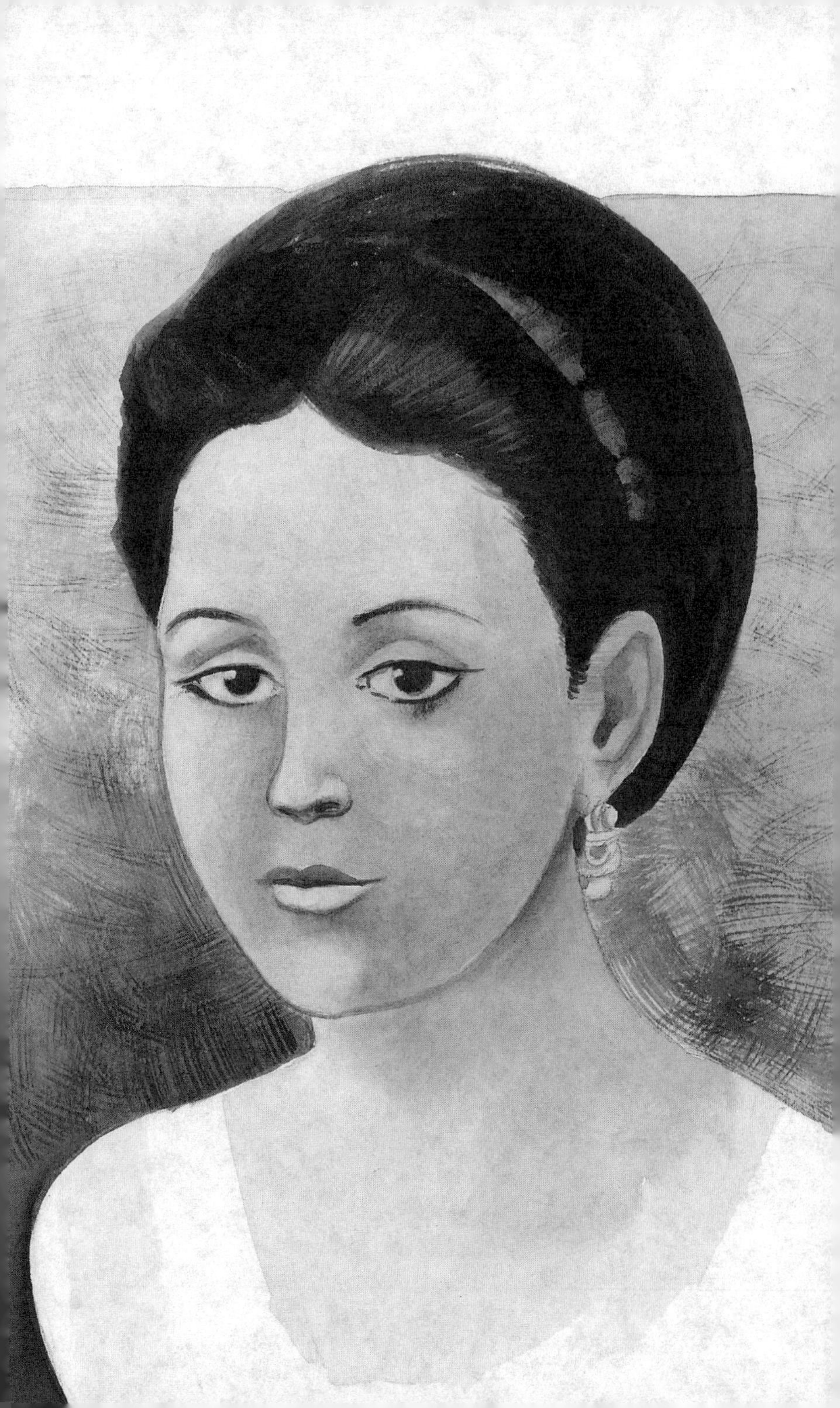

Libertadora del Libertador, obra editada por Arturo Valero Martínez que incluye una selección de ensayos extraídos de varias de las biografías de la quiteña. Esta obra se publica en respuesta a la novela de Romero y Valero que acusa directamente al venezolano de haber ofendido infamemente a la *heroica quiteña* y de haber destruido a Manuela Sáenz «desde el punto de vista histórico» (12). Según el biógrafo Alfonso Rumazo González, que incluye su comentario en *En defensa*..., los episodios de la vida de Manuela encontrados en las *Memorias* de Boussingault están basados en los chismes de Bogotá, que enfatizaban «las supuestas veleidades de la quiteña», y culpa a Romero de apoderarse de esas suposiciones para exagerar escenas vulgares y convertirlas en *pornografía* (Valero 52). Cecilia Ansaldo Briones ofrece como prólogo a *En defensa*... un breve análisis de la novela de Romero, en el que parte de la raíz de la polémica que ésta causó y hace un repaso de cómo se califican *los criterios historicistas, éticos* y *literarios*. En su *Ligero análisis* de la obra concluye que ésta cae en un tipo de literatura que califica de *oportunista* y *falaz* (Valero 25). De acuerdo con ella, la conformación del personaje es descuidada y superficial y enfatiza una visión sexista «que responde a una concepción patriarcal de la mujer» (Valero 23). Sobre el estilo del lenguaje afirma que la «opción expresiva de la novela es irregular, un nivel híbrido de las combinaciones más disímiles, cuya intención experimental es evidente en afán de entregar algo novedoso» (24). El propósito de la publicación de *En defensa*... es dejar testimonio de la grandeza de Manuela Sáenz y de su contribución a la historia. Con esta obra Valero quiere limpiar el nombre de la *inmortal mujer* que luchó por «la libertad y la confraternidad latinoamericana» (13).

La polémica causada por la obra de Romero presenta una vez más la controversia que se crea cuando el novelista, el poeta o el dramaturgo deciden llevar a la ficción hechos históricos y manipular en su obra la imagen mitificada que se tiene de los protagonistas del pasado americano.[1] Por ejemplo, algo similar a la reacción producida ante la obra de Romero ocurrió en 1959, cuando G.H. Mata decidió publicar *Refutación a «Las cuatro estaciones de Manuela. Los amores de Manuela Sáenz y Simón Bolívar». Biografía por Victor von Hagen*. Aquí Mata acusa a von Hagen de *piratería* y de destruir lo que escritores reverenciados constataban que era «verdad histórica» (7). Mata considera que su deber como patriota quiteño consiste en «defender a Manuelita Sáenz y no permitir que cualquier renegado europeo, oficiosamente, se vacíe en necedades contra la Mujer-Gloria Americana» (3). En los años ochenta, de una manera mucho más abierta y explícita, Romero opta por hacer lo mismo que otros escritores ya habían hecho con el personaje histórico de Manuela Sáenz: partir de aquellos momentos «íntimos» y silenciados de su historia para dar rienda suelta a la imaginación y así indagar en los misterios de su vida.[2]

No es el propósito de este artículo acusar a Romero o a otros escritores por sus inexactitudes históricas o explicar por qué el venezolano crea una representación sexista y machista de la mujer, o entrar en detalles concernientes al flojo estilo narrativo de su novela. Más bien, queremos dar a conocer, una vez más, los episodios de la vida de una mujer que decidió seguir un camino diferente al esperado por su sociedad y que, por perseguir sus ideales, topó con el hombre más reverenciado en la historia americana. Fue el hecho de haberse unido al Libertador lo que le dio un puesto en la historia a esta mujer, y por esto muchos han dedicado sus páginas a indagar su pasado. Pero además de sus actividades patrióticas y su relación con el Libertador, Manuela Sáenz tuvo otra vida. Los momentos desconocidos de su pasado son revividos en la novela, la poesía, el teatro y el ensayo, en el afán de ofrecer a la historia una imagen completa de esta heroína. En este artículo veremos cómo diferentes historiadores, novelistas, dramaturgos y poetas se han acercado a distintos momentos de la vida de Manuela Sáenz, para tratar de entender el espíritu subversivo que la llevó a dedicar los mejores años de su vida a la causa de la libertad americana.

Dentro de los pocos documentos que se salvaron de ser destruidos, perdidos o quemados, se conservan algunas cartas que sirven como testimonio de los años maduros de Manuela Sáenz. Biógrafos, novelistas, poetas y dramaturgos combinan datos históricos e imaginación para representar a una mujer de muchas caras, recordada algunas veces como *fascinante*, *interesante*, *apasionante*, *inteligente* y *audaz*, y otras como *amazona*, *libidinosa*, *loca* y *prostituta*. Debido a que la mayoría de las cartas que se conservaron pertenecen a los años en que Manuela conoció a Simón Bolívar y a un período posterior a la muerte de éste, es más fácil relacionar la memoria de esta mujer con el gran héroe de la historia. Poco se puede asegurar sobre los años de silencio de Manuela, su infancia, adolescencia y sus últimos días en Paita. Por eso en la mente de todos vive *La Libertadora del Libertador*, *La divina loca*, *La amable loca*, y la atracción hacia ella se debe a la memoria romántica que se ha fijado sobre el famoso romance de estos dos personajes de la historia.

Manuela Sáenz y Aispuru nació en diciembre de 1795 en las afueras de Quito. Su madre era María de Aispuru, nacida en Quito de padres españoles y de origen noble (Villalba 204). Ésta quedó embarazada de Manuela después de llevar una relación con don Simón Sáenz de Vergara, español de nacimiento, casado con Juana María Campo Larrahondo y Valencia, de origen vizcaíno. Don Simón y doña María tenían tres hijos y pertenecían a la aristocracia quiteña.[3] Como muchos años más tarde lo haría Romero en *La esposa del Dr. Thorne*, Rumazo cita varios textos que narran los *secretos* de la época, los cuales incluían una libertad absoluta de comportamiento en donde «el adulterio y otras concupiscencias son lo normal, lo elegante, lo muy bien perdonado entre la aristocracia y entre los criollos de todas clases» (11). Según el historiador, se trataba de copiar en América el modelo francés y se deseaba imitar prácticas como el divorcio y el concubinato. Aparentemente era una época en que ya ni el comportamiento de los frailes y las monjas era escandaloso, y «se llegó a estimar como timbre de honra para las familias lo que en cualquiera otra parte del mundo las hubiera infamado necesariamente» (Rumazo 13). De esta manera el escritor justifica el romance extramarital de don Simón Sáenz, ya que la aristocracia más bien se enorgullecía de estos hábitos. A pesar de estas costumbres, María de Aispuru viajó a las afueras de Quito donde nació y creció la niña Manuela.[4] María J. Alvarado y Raquel Verdesoto de Romo Dávila son dos de los escritores que recrean en sus obras los años de infancia de Manuela. Coinciden al afirmar que la madre se vio obligada a viajar al campo para tener a su hija ya que se tenía que tratar de «ocultar el origen adulterino de la niña» (Alvarado 5). Cuando era mayor, el padre separó a Manuela de su madre y la llevó a vivir con él y su familia legítima a la capital. Las dos escritoras recrean los años infantiles de Manuela, y representan una infancia difícil ya que se veía sometida al rechazo de la esposa de su padre y al repudio de sus hermanos, con la excepción de uno de ellos, José María, con quien aparentemente mantuvo una buena relación toda la vida (Verdesoto 25). Alvarado explica que, como resultado de una vida llena de dificultades y tropiezos, Manuela fue desarrollando un carácter independiente y fuerte, y anota:

> I estas primeras impresiones que tan hondamente conmovieron su sensible cerebro, sus sutiles observaciones i atisbos en los secretos de los mayores, crearon su conciencia independiente, despreciativa de los convencionalismos i valientemente responsable de sus actos, por dolorosas que fuesen las consecuencias de ellos. (Alvarado 6)

Para Rumazo, en el comportamiento de la niña ya se veía la personalidad de su padre, «la sensualidad, capricho, aventura, audacia» (25). Para Verdesoto el hecho de que Manuela fuera criolla, significaba aún más exponerse a los rechazos de sus hermanos y de su ilegítima madre, ya que ellos se enorgullecían de su herencia española y nobilaria. Son similares las interpretaciones que hacen los biógrafos sobre la niñez y la adolescencia de Manuela, y así se comienzan a explicar los fundamentos de la personalidad agresiva y fuerte que más tarde revelaría en sus propias palabras.

En un ambiente político donde se preveía ya la emancipación y el deseo de revolución, se nos presenta la imagen de una adolescente elegante, graciosa, de bello rostro, de grandes ojos negros, que en las fiestas se convertía en el centro de atención por saber interpretar perfectamente las danzas populares (Verdesoto 42). En su carácter reflejaba ya «la fuerza de voluntad que había de impulsar sus actos a través de su dramática i agitada vida» (Alvarado 7). Desde jovencita aparece como una mujer que no iba a seguir los pasos del *buen comportamiento*. Por el contrario, es retratada como una rebelde, indisciplinada, apasionada y aficionada a vestir como hombre (Alvarado 7), que gustaba demasiado de las conquistas amorosas. Su personalidad sumaba características que la «habían de impulsar a saltar las vallas sociales para satisfacer su alma ardiente» (Alvarado 11). Este temperamento es reafirmado por sus biógrafos cuando se detienen a recrear los años en que Manuela fue enviada al convento de Santa Catalina, hacia el año 1813 (Villalba 204). Cuentan que, estando internada en el convento, decidió escapar con el oficial Fausto d'Ehuyar quien, después de haberle prometido matrimonio, robó su honor y el de su padre. Escribe Alvarado que el oficial después de haber seducido a Manuela desapareció de la ciudad, y más tarde Manuela supo que la madre de d'Ehuyar desde hacía tiempo tenía pactado el matrimonio de su hijo con otra mujer, de *mejor clase*. En este tono se recrea el comportamiento de esta *amante de la libertad* y opositora a toda convención social durante su juventud. En una ocasión Manuela es descrita como la «hija de la pasión adúltera, impulsada por la sexualidad ardiente e impetuosa que heredara de sus progenitores...» (Verdesoto 27). La escapada con d'Ehuyar se ofrece como la primera prueba que demuestra, para la historia, que Manuela era una mujer «bella y libidinosa» (Rumazo 15) y una «aguilucha atrevida» que había desobedecido las reglas sociales.

Al parecer, es a raíz de la seducción de d'Ehuyar, cuando su padre arregló el matrimonio de Manuela con el médico inglés Jaime Thorne en el año de 1817 (Villalba 204). Verdesoto recrea la vida conyugal entre el inglés y Manuela para concluir que vivían en desarmonía debido a las diferencias de edad y de personalidad.[5] Fue entonces cuando resolvieron irse a vivir a Lima, donde Manuela y el doctor se instalaron en una hermosa y amplia casa. Aseguran sus biógrafos que su carácter ameno, su inteligencia, su belleza y su cultura atrajeron a personajes muy importantes de la sociedad limeña. Asistía a todas las fiestas e invitaba a tertulias y agasajos a mucha gente de elevada alcurnia (Briceño 35-63). Entre sus amigas en Lima figuraba Rosa Campuzano, famosa por sus relaciones con el general José de San Martín, libertador de la Argentina y de Chile. Apuntan Alvarado, Verdesoto y Briceño que fue así como comenzó su interés por las luchas de la independencia y empezó a colaborar con los conspiradores peruanos. Este fervor aumentó por la relación con su hermano José María Sáenz, quien se había incorporado al batallón Numancia de los realistas que defendían la patria (Villalba 201). La insurrección venía operando en el Perú desde hacía mucho tiempo, y se cuenta que las limeñas organizaban fiestas y reuniones donde se planeaba la campaña emancipadora para no despertar así las sospechas del gobierno (Alvarado 40).

Poco a poco Manuela fue aprendiendo que los criollos ya no querían obedecer a los españoles y que no se detendrían hasta rebelarse contra todo obstáculo a su libertad. La aristocracia criolla deseaba gobernarse por su cuenta. Se vivía un sentimiento «patrio», un «sentimiento de la tierra propia», que despertaba las «ambiciones revolucionarias» y «la sublevación a mano armada» (Rumazo 27). El pensamiento de los rebeldes se alimentaba cada vez más de las ideas francesas y, desde la circulación de «los derechos del hombre», que habían sido traducidos por Antonio Nariño, venían aumentando los ideales de emancipación. América era un continente donde ardía el espíritu de libertad. Esta atmósfera invitaba a los europeos que aprendían de las lecciones de la Revolución Francesa a solidarizarse con aquellos americanos que luchaban, a pesar de las barreras políticas que imponía el régimen español y los obstáculos geográficos que representaban los largos viajes de la campaña. El mismo Bolívar expresaría en una ocasión este sentimiento a su maestro, Simón Rodríguez, y lo invitaría a participar del fervor patriótico:

> Venga; sus ojos no se cansarán de ver los cuadros maravillosos de esta tierra; los prodigios i tesoros sagrados que encierra esta grandiosa Colombia nuestra, como el Chimborazo. Deje usted que sus plantas audaces asciendan la escala del Titán, la corona del mundo, la inexpugnable fortaleza del nuevo universo!... (Alvarado 163)

La Manuela que asistía al tipo de reuniones donde se organizaba la revolución comienza a ser retratada como una *amazona perfecta*, vestida de una manera que se acercaba más a la de un hombre. Para Alvarado, la quiteña causaba sensación en los círculos sociales por sus atuendos que incluían, a veces, «pantalón blanco, chaqueta azul con bordados de oro, i un turbantito que aprisiona su negra cabellera» (128). Se afirma que tampoco le agradaban las joyas, no la halagaban como al resto de las mujeres de la época porque se oponía a llevar artificios. Esta imagen, de mujer poco femenina, se repite en las descripciones de Ricardo Palma. Según él, era más bien *hombruna* y no acostumbraba a leer los libros prohibidos por el registro secreto del Santo Oficio de Lima, que tanto gustaban a las jóvenes de la época, sino que era aficionada a Tácito, Plutarco, Cervantes, Cienfuegos, Quintana y Olmedo (Palma 181). Esta imagen es exagerada en la comparación que hace el escritor peruano entre Manuela y Rosita Campuzano:

> Decididamente Rosa Campusano era toda una mujer, y sin escrúpulo, a haber sido yo joven en sus días de gentileza, me habría inscrito en la lista de sus enamorados... platónicos. La Sáenz, aun en los tiempos en que era una hermosura, no me habría inspirado sino el respetuoso sentimiento de amistad que le profesé en su vejez.
>
> La Campusano fué la mujer-mujer.
>
> La Sáenz fué la mujer-hombre. (181)

El que Manuela se vistiera de hombre para presentarse ante el ejército de Bolívar sirve a estos escritores para crear la imagen de una mujer cuyo físico y personalidad no podían ser iguales al común de las mujeres, ya que ella demostraba ser arriesgada, agresiva, determinada y con un espíritu libre que no obedecía el código social de la época. Estos atributos de su personalidad siempre han sido relacionados más bien con el hombre. Por esto, la historia y sus biógrafos han mitificado a esta mujer como una *amazona,* para distinguirla del resto de las mujeres y así justificar su comportamiento y sus acciones. Sin embargo, sus retratos revelan una hermosa dama, de alhajas y elegantes vestidos, como seguramente se acostumbraba en el siglo XIX.[6]

Después de que San Martín declarara la independencia del Perú, empapada del fervor patriótico, Manuela Sáenz presenció la entrada del héroe en Lima y compartió el júbilo con sus compañeros y compañeras de la campaña de emancipación (Alvarado 44). En este punto podemos observar que el papel de la mujer en el proceso de la independencia fue importantísimo. Algunos biógrafos reconocieron este aspecto de la historia americana, como lo hizo, por ejemplo, el padre Jorge Villalba (24). La labor de las mujeres en la independencia del Perú fue reconocida por el mismo San Martín, quien otorgó a Manuela, junto con otras 111 mujeres, la Orden del Sol u Orden de la Divisa, el 23 de enero de 1822. Después de este reconocimiento Manuela volvió a Quito donde también celebró el grito de la libertad el 24 de mayo de 1822, después de que el general Sucre venciera al ejército español de Aymerich (Alvarado 46). Su generosidad y espíritu de colaboración se demuestran en su asistencia a los soldados heridos en los centros de auxilio (Alvarado 46).

Mientras se celebraba la independencia, todos en Quito oían hablar del gran Simón Bolívar, héroe de la independencia del Norte, quien de paso para el Perú entraría en Quito para celebrar la liberación del yugo español. El 16 de junio de 1822, hizo el general su triunfal entrada a Quito. Esa célebre tarde Manuela Sáenz le arrojó una corona de laureles al héroe, evento repetidamente dramatizado en los textos sobre la quiteña y donde, según se escribe, se encontraron las miradas definitivas de los dos (Rumazo 97). Aquella noche se ofreció una fiesta en honor al Libertador y fue allí donde se llevó a cabo el famoso encuentro entre los dos amantes, quienes a partir de ese momento unieron sus vidas por el amor y la libertad.

Son muchos los que han utilizado este momento para recrearlo y darle el tono romántico con que ha pasado a la historia. Para algunos, sin embargo, Manuela ya estaba determinada a conquistar al gran héroe y escriben que utilizó todas sus cualidades de mujer *coqueta* y *pícara* para seducir al general. Un ejemplo de esta visión la encontramos en la novela *La ceniza del Libertador* del escritor colombiano Fernando Cruz Kronfly. En ésta, el narrador recrea el momento de la fiesta y presenta a una Manuela que: «Sonríe, hace descender el párpado azul de su ojo izquierdo, pica la mueca, la picardía, muerde su labio inferior, suspira como atragantada de flores» (156). Sin embargo, en otras recreaciones del conocido encuentro no se percibe en ella esta *coqueta* actitud. Citando a Emil Ludwig, Rumazo presenta a un Bolívar impresionado por la belleza, el orgullo, la frescura y la audacia de la esposa del Dr. Thorne (97). En las diferentes versiones de la famosa fiesta, se afirma que fue a partir de este momento cuando Manuela Sáenz consagró su vida entera a Bolívar, «siendo su eficiente colaboradora, su guardadora leal, i su salvadora heroica en las asechanzas criminales que sus enemigos políticos fraguaron contra él» (Alvarado 49). Pero la determinación de Manuela de unirse al Libertador ha sido celebrada por unos y cuestionada por otros, ya que era una mujer casada y no estaba cumpliendo con las exigencias de la unión conyugal. Una vez más se usa su pasado para justificar su comportamiento y se hace alusión a que ese camino era el normal para ella, ya que era «hija bastarda» e «hija del vicio i la traición» (Alvarado 51).

Las cartas entre los dos amantes son el testimonio del *prohibido idilio* y del amor sincero que se tenían. Se conserva la primera carta conocida que Manuela le envió a Bolívar. En ella le escribe: «Demasiado considero a usted lo aburrido que debe estar usted en ese pueblo; pero, por desesperado que usted se halle, no ha de estar tanto como lo está la mejor de sus amigas, que es... Manuela» (Rumazo 106). En ésta revela la quiteña el respeto que tenía por su amante y se muestra cautelosa al expresar sus sentimientos y sus deseos de estar con él. Las cartas de Bolívar son mucho más abiertas y explícitas, y demuestran su agilidad con el lenguaje, colmado de un apasionado romanticismo. Dice, por ejemplo: «Tú quieres verme, siquiera con los ojos. Yo también quiero verte, y reverte y tocarte y sentirte y saborearte y unirte a mí por todos los contactos» (Villalba 1988, 50). Según Victor von Hagen, fue el general Daniel F. O'Leary, edecán de Bolívar, uno de los que sirvió de testigo de este amor. En una carta escribe O'Leary que tenía en su posesión «un cofre revestido de cuero que contiene muchos cientos de cartas que envió a Doña Manuela su ilustre amante, algunas escritas de puño y letra» (Valero 72). El edecán confiesa haber ojeado algunas de estas cartas y señala que en ellas el general aparecía como «amante más fervoroso y apasionado» (72). Dicho cofre fue enviado por O'Leary a Manuela, pero sólo algunas de las cartas sobrevivieron ya que la mayoría fueron quemadas cuando Manuela murió. Las que se salvaron de las llamas han sido citadas innumerables veces y han servido como fuente para la dramatización y poetización del célebre romance.[7] En ellas se expresa el profundo afecto y la entrega espiritual y física que vivirían los amantes. Escribió Bolívar a Manuela:

> El yelo de mis años se reanima con tus bondades i gracias. Tu amor da una vida que está expirando. Yo no puedo estar sin ti; no puedo volun-

tariamente privarme de mi Manuela. No tengo
tanta fuerza como tú para no verte, apenas basta
una inmensa distancia. Te veo, aunque lejos de
ti. Ven, ven, ven luego. Tuyo del alma. Bolívar.
(Valero 77)

A estas famosas palabras se unen muchas más que revelan la pasión y veneración del héroe por la quiteña, a quien pone en un pedestal al escribirle: «El altar que tú habitas no será profanado por otro ídolo ni otra imagen, aunque fuera la de Dios mismo. Tú me has hecho idólatra de la humanidad hermosa o de Manuela» (Valero 86)[8]. En otras cartas, Bolívar le expresa su preocupación por el romance prohibido: «Deseo verte libre pero inocente juntamente; porque no puedo soportar la idea de ser el robador de un corazón que fue virtuoso, y no lo es por mi culpa». Sin embargo, el intenso afecto es capaz de superar la culpabilidad, como lo expresa al decir: «...se trata de amor puro y de amor culpable: de deber y de falta: de mi amor en fin, con Manuela la bella» (Villalba 1988, 48). Escriben algunos que estas palabras de Bolívar, y los testimonos de algunos de sus generales, demuestran que el héroe americano no amó a otra mujer como a Manuela (Rumazo 99-100). Bien es sabido que de las varias compañeras de su vida, fue Manuela la que estuvo más tiempo a su lado y la única que no sólo fue su compañera en el amor sino también en su campaña política. Según Rumazo, el carácter fuerte y orgulloso de Manuela, su temperamento de amazona, desprendida de convenciones como el matrimonio, el marido, la seguridad, hicieron que no fuera «la emoción corporal» lo que uniera a estos dos personajes históricos, sino la potencia espiritual de ambos. Los mismos anhelos de gloria, las mismas ambiciones desmesuradas de libertad, una misma fe en la obra, un mismo sentido del sacrificio integral, una misma desconfianza de todos a pesar de la urgencia de contar con todos, y la misma triste experiencia sentimental. (99)

A medida que avanzaba el idilio, avanzaba la campaña libertadora y Manuela se iba involucrando cada vez más en todo el proceso. Empezó a ser consultada por los generales del Libertador, entre ellos por el General Antonio José de Sucre y por su edecán O'Leary. Al parecer, era tratada por ellos como la legítima esposa de Bolívar. Es conocida la decisión de Bolívar, hacia 1823, de encargarle la responsabilidad de organizar su archivo personal (Alvarado 65 y Villalba 205). En junio de 1824, los generales O'Leary y Juan Santana recomendaron al Libertador que Manuela fuera «elevada a la categoría de Coronel, orden que a poco fue dada para entrar a tomar parte en el Estado Mayor» (Echeverri 140). Entre las cartas conservadas, se hace constante alusión a una que Manuela escribió a su esposo Jaime Thorne respondiéndole a su insistente petición de que regresara junto a él. En esta carta, la quiteña rechaza rotundamente a su esposo y escribe: «Y usted cree que yo, después de ser la predilecta de Bolívar, y con la seguridad de poseer su corazón, preferiría ser la mujer de otro, ni del Padre, ni del Hijo, ni del Espíritu Santo, o sea de la Santísima Trinidad?» (Valero 63). En la misma reconoce que no puede unirse a Bolívar siguiendo las reglas del honor y cuestiona a su marido: «Me cree Ud. menos honrada por ser él mi amante y no mi marido? ¡Ah!, yo no vivo de las preocupaciones sociales» (Valero 63). Finalmente, pasa a destacar las diferencias culturales entre los dos para concluir que: «me río de mí misma, de usted y de todas las seriedades inglesas, no me cuadra vivir sobre la tierra condenada a Inglaterra perpetua» (Valero 64). Palabras como éstas le merecieron a Manuela la fama de mujer liberada y escandalosa, cuyas ambiciones iban más allá de las convenciones sociales que exigían de la mujer sumisión y pasividad dentro de la vida conyugal. Lo único que la salvó de ser condenada al olvido, como las otras muchas amantes del Libertador, fue que el gran héroe de la historia americana la consideraba no solamente su compañera en amores sino también su aliada en sus ideales de liberación y unión de América.

Divorciada de su marido, Manuela apoyaba a Bolívar contra viento y marea mientras que éste se iba ganando gradualmente enemigos que se oponían a su ideal de unificación de las nuevas repúblicas. Dice la historia que la quiteña llegó personalmente a involucrarse en las luchas y a enfrentarse a los opositores. Cuenta Ricardo Palma que después de estar los amantes en el Perú y partir Bolívar para Colombia a enfrentarse a la revolución de Bustamante, Manuela siguió su campaña de apoyo al Libertador hasta llegar un día a vestirse de hombre y penetrar en los cuarteles «con el propósito de reaccionar un batallón» (178 y Villalba 205). Por este acto se la encarceló en el convento de las Nazarenas y después tuvo que abandonar el Perú para permanecer en Quito hasta que Bolívar le pidió que se reuniera con él en Bogotá (Villalba 205). En este punto se presenta en algunos casos una imagen burlona de la quiteña. En tono sarcástico y ridiculizante, Cruz Kronfly recrea la entrada de Manuela en Santafé de Bogotá y anota que sus aspiraciones eran ocupar el puesto de *primera dama* de la nueva nación. Para reforzar esta imagen anota:

> Ha llegado a Santafé la liviana, la loca, la coqueta Madama du Berry. Viene a hacer su vida al lado de su Excelencia. Ella, la mujer del pobre cornudo de Thorne que pretende coronarse de emperatriz, la gran meretriz de América, ella, la que no sabe ocupar su sitio, la que ha vuelto al lado de su ciego amante el Emperador de América. Ella, la puta loca. (Cruz 262)

Sin embargo, otros optan por no construir un retrato negativo de la Sáenz y más bien se concentran en representarla como una mujer valiente cuyo interés era proteger a su amado de los traidores que lo rodeaban. En su novela *El general en su laberinto*, Gabriel García Márquez muestra una Manuela protectora, inteligente y conocedora fiel de la personalidad del general, en quien éste depositaba su absoluta confianza; por eso escribe: «Sólo Manuela sabía que su desinterés no era inconsciencia ni fatalismo, sino la certidumbre melancólica de que había de morir en su cama, pobre y desnudo, y sin el consuelo de la gratitud pública» (16).

Es en Bogotá donde se llevaron a cabo los hechos famosísimos en la historia bolivariana, que harían que Manuela Sáenz adquiriera un lugar entre los grandes héroes americanos. El reconocimiento que le debe la historia se basa, más que en otros momentos de su vida, en haber sido la que salvó a la patria de la pérdida del Libertador. De acuerdo con Villalba, una de estas ocasiones fue en el Teatro Coliseo de Bogotá y la otra en la famosa noche de septiembre de 1828 (205).[9] Gracias a una carta que Manuela envió al general O'Leary desde Paita[10] y que fechó el 10 de agosto de 1850, se conocen con detalles los hechos ocurridos esa noche de septiembre. Algunos biógrafos y novelistas optan por ofrecer esta carta directamente y otros por revivir el célebre momento. Cuenta Manuela en ella que, estando con Bolívar en Bogotá en el Palacio, unos hombres entraron con el objetivo de asesinarlo. Manuela aconsejó a Bolívar que saltara por una ventana que daba a la calle. Ella ya sospechaba que se planeaba un atentado contra el general. Al llegar los presuntos asesinos a buscarlo, Bolívar ya había huido gracias a la recomendación de su compañera. Así se salvó de que lo mataran, pero en el proceso del atentado estos hombres hirieron al general Ibarra y mataron al general Fergusson. Manuela nunca reveló a los conspiradores el paradero de Bolívar.

Sobre esta escena cita Ricardo Palma una carta de uno de los jefes de la conjuración: «Nos salió al encuentro una hermosa señora, con una espada en la mano, y con admirable presencia de ánimo nos preguntó qué queríamos. Uno de los nuestros profirió algunas amenazas contra aquella señora, y yo me opuse a que las realizara» (178). Con esta reacción demostró Manuela su valentía y amor por el Libertador, y no le importó arriesgar su propia vida. El valor y coraje de Manuela en este famoso incidente, conocido como «La conspiración del 25 de septiembre», ha sido valorado por muchos historiadores, como Rafael Gómez Hoyos, quien concluye: «Fue esta decisión de Manuela Sáenz la que salvó su vida» (294). A partir de este momento la historia reconoce a Manuela Sáenz como *La Libertadora del Libertador*, nombre dado por el mismo Bolívar después del atentado. Según Alvarado, Manuela no revela en su carta a O'Leary el maltrato físico que recibió aquella noche de septiembre. La escritora señala cómo el no entrar en detalles sobre el trato a su persona por los conspiradores revela su dignidad y calidad humana. Aparentemente, la única defensa que tuvo Manuela aquella noche fueron sus palabras, que utilizó para acusar a sus atacantes de cobardes (126). Entre los muchos comentarios sobre la actitud de Manuela, podemos destacar el de Rumazo, quien reflexiona sobre la quiteña de la siguiente manera:

> Manuela llegó esta noche i en los días sucesivos al pináculo de la grandeza. Salvó al Libertador. Pero a la Nueva Granada i a Bogotá, también, ante la historia. La conspiración ha tratado de explicarse; el asesinato, habría sido imposible perdonar. (Citado por Alvarado 127)

Después del famoso episodio, reinó la incertidumbre alrededor del general. Ya los que parecían fieles servidores del Libertador, como los generales Urdaneta, Córdoba, Herrán y París, se convirtieron en sospechosos. Es éste quizá el momento en que se hace más palpable el rechazo de los colombianos hacia la idea de Bolívar de unificar las nuevas repúblicas (García Márquez 20-21).

La valentía de Manuela Sáenz aparece una vez más cuando se despidió del General, quien se vio obligado a abandonar el país. Era acusado de traidor, de querer imponer una monarquía con un presidente vitalicio mientras que los santanderistas querían ver las patrias divididas y regidas por gobiernos independientes. La tristeza de la despedida es recordada por varios escritores, en diferentes tonos. Al recrear el ambiente patético del momento, García Márquez anota: «Las paredes públicas estaban tapizadas de papeluchas que era el nombre popular de los pasquines de injurias que se imprimían contra él» y entre los letreros había uno escrito con carbón que decía: «'Ni se va ni se muere'» (21). El General es insultado y llamado «longanizo», y sólo a la salida de la sabana de Bogotá es cuando ve a Manuela por última vez: «Manuela Sáenz esperó el paso de la comitiva, sola y a caballo, y le hizo al general desde lejos un último adiós con la mano. Él le correspondió de igual modo, y prosiguió la marcha. Nunca más se vieron» (47).

Al partir su amante, nos encontramos con una Manuela determinada a reconquistar el poder para Bolívar y así comenzar una serie de quejas y acusaciones contra el nuevo presidente, Don Joaquín Mosquera. Varios historiadores y biógrafos citan la carta donde Bolívar le advierte a Manuela que proceda con mucha cautela. Escribe Bolívar: «Amor mío: mucho te amo, pero más te amaré si tienes ahora más que nunca mucho juicio. Cuidado con lo que haces, pues si no, nos pierdes a ambos, perdiéndote tú» (Alvarado 133). Después de la partida de Bolívar, éste y Manuela se vieron burlados e insultados por sus opositores. En una ocasión se hicieron caricaturas de los dos, una con el General, que decía «Despotismo», la de Manuela con la inscripción «Tiranía». Manuela, junto con sus esclavas, salió a enfrentarse a los burladores para retirar la imagen del General (Alvarado 135). De allí en adelante, Manuela Sáenz se unió aún más a los aliados de Bolívar y participó en la campaña de los insurrectos en Bogotá. En una carta al General expresa sus sentimientos sobre la situación al decir: «Dios quiere que mueran todos estos malvados que se llaman Paula, Padilla, Páez» (Villalba 1988, 63). Según una carta de Enrique Campos Menéndez citada por Villalba, la dignidad de esta mujer se basaba en que tenía la capacidad de «ofenderse, enconarse y odiar, no por lo que digan o por lo que la pueda injuriar a ella como mujer, sino en aquello que llegara a amargar siquiera el prestigio, la lealtad o la devoción a Simón Bolívar» (207). Y es sobre todo por su valentía y defensa del Libertador por lo que la historia recuerda más a Manuela Sáenz. Pero sus rebeldes acciones fueron castigadas cuando se le ordenó abandonar el país. Mientras tanto, la salud del general empeoraba, el viaje al destierro se iba llevando también las últimas fuerzas que le quedaban. Fue después, el 4 de junio de 1830, cuando el gran mariscal de Ayacucho, Antonio José de Sucre, gran amigo del Libertador, fue asesinado. La noticia hundió aún más a Bolívar en la enfermedad, la tristeza y el dolor.

Por medio de Luis Perú de Lacroix Manuela conoce la noticia de la muerte del General en Santa Marta, en la Quinta de San Pedro Alejandrino. En una carta muy emotiva, le anuncia la fatal noticia y hace hincapié en la grandeza del Libertador, «matado por la perversidad y por la ingratitud de los que todo le debían, que todo habían recibido de su generosidad» (Villalba 185). El escritor venezolano Rafael Pineda edita, por primera vez, en 1970, un poema escrito por Manuela a Bolívar justo después de conocer la fatal noticia. Dice así:

> Una víbora cruel quiso matarme
> introduciendo en mí su atroz veneno
> yo no pensé morir, pero al salvarme
> sólo pensé en un bien, que en todo es bueno
> la imagen de Bolívar a curarme.
> Ocurrió, y su recuerdo siempre tierno
> una vida me dio que es toda suya
> porque, Simón, Manuela siempre es tuya. (121) [11]

En estas palabras se advierte el optimismo de quien la memoria del amado es suficiente remedio para su herida. Pero la reacción de Manuela ante la noticia es recreada de diferentes formas. En Alvarado la percibimos destruida emocionalmente pensando que su vida ya no tenía objetivo. La Sáenz apenas tenía treinta y tres años y conservaba su belleza y buena salud. Cuentan algunos que fue la desolación y la tristeza lo que la llevó a dejarse morder por una serpiente. Ya en estos momentos no tenía dinero, y se dice que en Bogotá tuvo que vender las pocas joyas que tenía. Con Santander en el poder, se ordenó a Manuela dejar el país. Al negarse, fue forzada a salir por el alcalde y sus soldados y puesta en la cárcel de mujeres llamada «Divorcio», junto con sus sirvientes. Después fue conducida al puerto de Cartagena donde tomó un barco a Jamaica.

En Jamaica, sin recursos para su subsistencia, escribió al general Juan José Flores, presidente del Ecuador y anterior amigo suyo, para que le explicara lo que había sucedido con el dinero que tenía invertido en Quito. Había dejado arrendada su hacienda en seiscientos pesos y no había recibido nada hasta el momento. Manuela se defiende de la acusaciones que se le hacen, entre éstas la de haber reunido en su casa a todos los «descontentos». Se hace referencia a una reunión en la que se había hecho burla de Santander, y se le había acusado de traidor. En respuesta a las acusaciones, Manuela escribe a Juan José Flores para confesarle que de lo único que ella era culpable era de haber amado al Libertador y de haber quitado del palacio el retrato de Bolívar que había sido objeto de burlas y acusaciones. Escribe Manuela: «¿Qué tengo que hacer yo en política? Yo amé al Libertador; muerto, lo venero y por esto estoy desterrada por Santander» (Villalba 96). Esta carta es importante ya que, además, hace alusión a tener en propiedad la correspondencia de Santander al Libertador y advierte que: «Para no dejar duda a los acontecimientos de atrás, yo invoco a usted mismo en mi favor. Usted sabe mi modo de conducirme y esta marcha llevaré hasta el sepulcro, por más que me haya zaherido la calumnia. El tiempo me justificará» (Villalba 96). Palabras como éstas fueron las que hicieron pensar a los opositores de Bolívar que Manuela representaba una amenaza para las nuevas repúblicas. Por ello la condenaron al destierro de su patria.

Pasó más de un año en Jamaica. En septiembre de 1835 salió para el Ecuador con el propósito de radicarse en Quito, su lugar de nacimiento (Alvarado 154). Cuando descansaba en Guaranda, un enviado del gobierno de Guayaquil le llevó la notificación de que se le prohibía la entrada a la ciudad de Quito. Se le acusaba de que el objetivo de su regreso a Quito era vengar la muerte de su hermano, José María Sáenz, quien había sido asesinado combatiendo contra el gobierno.[12] Rocafuerte, ahora al mando del gobierno ecuatoriano, dio esta razón también al general Santander en una carta donde acusa a Manuela de querer «hacerse declarar la libertadora del Ecuador» y se refiere a ella como «una verdadera loca» (Villalba 25). Manuela debía presentarse en Guayaquil para ser desterrada por el gobernador de esa provincia. Fue Rocafuerte quien dictó su destierro, pero Flores, ahora al comando del ejército y a quien Manuela consideraba su amigo, también había contribuido a la decisión. Se cita enero de 1834 como fecha cuando se debía cumplir el destierro (Villalba 82).[13] En una comunicación de Rocafuerte a Flores, trata de justificar la condena de Manuela Sáenz de la siguiente forma:

> ...el convencimiento que me acompaña de que las señoras principales son enemigas declaradas

> de todo orden y que tienen tanto influjo sobre las almas débiles de sus hermanos, maridos y parientes; al ver que aún existen todos los elementos de la pasada revolución; y que sólo necesitan una mano que sepa combinarlos para darles nueva acción; y por el conocimiento práctico que tengo del carácter, talentos, vicios, ambición y prostitución de Manuela Sáenz, ella es la llamada a reanimar la llama revolucionaria; en favor de la tranquilidad pública, me he visto en la dura necesidad de mandarle un edecán para hacerla salir de nuestro territorio, hasta tanto que la paz esté bien consolidada... (Villalba 100)

Según el mandatario y sus aliados, Manuela volvería a fomentar «el espíritu de anarquía en estos países» (Villalba 100). Su amigo, el general Flores, la había traicionado. Muerto el general, sus opositores tenían ahora el poder de marginar a *la loca* y condenarla a una vida solitaria y en la miseria económica.

Al llegar a Guayaquil, Manuela escogió para su forzado exilio a Paita, un puerto del Perú, humilde y árido. Allí fue bien recibida por la gente sencilla y tranquila del pueblo. Debido a su situación económica, se dedicó a laborar encajes, a preparar dulces, pastas, confituras y figuras de almendras.[14] Anotan sus biógrafos que sus esclavas Jonatás y Natán no quisieron abandonarla, a pesar de su situación económica y de su derecho legal a la libertad. Se dice de las fieles esclavas que dedicaron el resto de sus vidas a cuidarla y a ayudarla en el trabajo que las mantenía apenas sobreviviendo a todas (Alvarado 158-159). Pasó dos años así en Paita, cuando recibió una carta del general Flores, informándole que el congreso autorizaba su regreso al Ecuador. En una irónica respuesta, le escribe que no desea volver. Teme por su futuro y escribe: «¿A qué atenerme pues, sabiendo su oposición?; no estoy yo deseosa de estrellarme con Rocas; si acaso vivo, y ellos no son vitalicios, volveré al país» (Villalba 107). Años después, supo que su esposo Jaime Thorne había sido asesinado en Pativilca, tenía setenta años. En su testamento le dejaba toda su fortuna a Manuela. Sorprendentemente, ésta no aceptó la herencia que legalmente le correspondía. Su respuesta demuestra su dignidad, su integridad y su falta de ambición por los bienes materiales que le hubieran cambiado su condición económica para el resto de sus días. Escribió: «I, ahora que muere i me deja su fortuna, ¿sería digno que la reciba i usufructe? No; no la merezco: abandoné al marido, debo renunciar a su herencia» (Alvarado 161).

Existen diferentes recreaciones de los últimos días de Manuela. Alvarado incluye una anécdota que cuenta que había recogido varios perros callejeros a los que les daba los nombres de los generales que habían sido desleales a Bolívar, entre ellos, Santander, Páez y Córdoba (Alvarado 161). También se menciona que era llamada en Paita por su título de *La Libertadora* y la nombraban madrina de muchos de los niños del puerto y se les daba los nombres de Simón, Simoncita o Libertad (Echeverri 207). En sus últimos días, recibió visitas de diferentes amigos suyos y del Libertador. Entre ellos, Garibaldi, héroe de la liberación y unidad de Italia y Don Simón Rodríguez, maestro del general. Con él compartió los recuerdos del Libertador por varios días hasta que el maestro murió. Después de esto, la salud de Manuela empeoró. Sufrió de reumatismo, de desnutrición y sus piernas se paralizaron. En estas condiciones la encontró el escritor Ricardo Palma, quien en sus *Tradiciones peruanas* la describe como: «...una señora abundante de carnes, ojos negros y animadísimos, en los que parecía reconcentrado el resto del fuego vital que aún le quedara, cara redonda y mano aristocrática» (176). Según Palma, todo personaje ilustre que pasaba por el puerto deseaba visitar a la quiteña, pero poco a poco ella se fue dando cuenta de que el propósito de aquellas visitas era mera curiosidad. Así fue quedando sola acompañada de los pocos amigos que de vez en cuando la visitaban.

Los últimos días de Manuela Sáenz también han sido dramatizados en dos obras teatrales; *Manuela Sáenz* (1960) del venezolano Luis Peraza y *Las tardes de Manuela* (1989) del colombiano José Manuel Freidel.[15] En las dos obras se representa a Manuela ya vieja y postrada en su casa de Paita. En *Manuela Sáenz* por medio de sus conversaciones con Garibaldi la vieja regresa al pasado para revivir los momentos más célebres al lado de Bolívar, como la noche septembrina cuando intentaron matarlo. En *Las tardes de Manuela,* el pasado vuelve al presente de la escena por medio de tres representaciones de la protagonista; la Manuela vieja, la amante y la guerrera. Las tres muestran tres etapas de su personalidad y de su vida, la revolucionaria, la apasionada y la vieja postrada por la tristeza y la soledad. Las tres Manuelas se convierten en una al final y a su llamado acude Simón con quien la Manuela muerta se une para protegerlo, una vez más, en el más allá. Termina la obra con una evocación de las palabras del general tomadas de una de sus cartas que dicen: «Ven, ven, ven, luego te amaré» (801). La soledad, la enfermedad y la tristeza a que fue condenada Manuela Sáenz en sus días finales le sirven a Freidel para revindicar, en un tono nostálgico, la imagen de esta heroína triste y olvidada para colocarla en «el pedestal escenográfico consagrado a los héroes» (774).

De acuerdo con los historiadores se ignora la fecha exacta de su muerte. De acuerdo con el padre Villalba murió a los 61 años, el 23 de noviembre de 1856, postrada por el reumatismo y atacada por la difteria (207). Apunta von Hagen que el cuerpo de sanidad de Paita retiró el cadáver de Manuela y fue arrojado a una fosa común junto con otros anónimos cádaveres que habían sido infectados. Para impedir el contagio de la epidemia todas sus pertenencias fueron amontonadas en la calle y quemadas. Entre sus cosas se hallaban muchas de las cartas del general Bolívar y otros documentos importantes (Valero 77).

En un viaje que hizo el poeta Pablo Neruda por el Pacífico tuvo que detenerse en Paita «un pequeño puerto desolado y caliente». Al preguntar por la famosa quiteña y su sepultura nadie le supo dar razón. Preguntó, «al niño», «al hombre», «al anciano,/ y no sabían nada» (Valero 34). Así fue como después de su visita escribió *La insepulta de Paita. Elegía dedicada a la memoria de Manuela Sáenz, amante de Simón Bolívar*. En el poema, Neruda rinde un homenaje a la memoria de Manuela Sáenz para que su nombre no sea olvidado como lo fue en Paita. A través de estos poemas el poeta reconoce la belleza física y espiritual de esta mujer. Además, rememora los obstáculos, exilios y dolores a que fue sometida por el solo hecho de haber amado a Bolívar. El poeta desea que sus palabras acompañen a la insepulta en su eternidad, y que por medio de la poesía resucite su imagen para invocarla y darle el lugar merecido entre los antiguos muertos que sí merecieron sepultura y no fueron víctimas del olvido. En su «Epitafio», Neruda quiere dejar labradas las siguientes palabras que celebran la valentía de *La Libertadora del Libertador*:

> Esta fue la mujer herida:
> en la noche de los caminos
> tuvo por sueño una victoria,
> tuvo por abrazo el dolor.
> Tuvo por amante una espada. (Valero 39)

El dramático final de su vida imprimió a la Sáenz el sello de la soledad, el sufrimiento y la tristeza, y la historia manipularía esta trágica imagen para recordarla casi como a una mártir o para marginarla y condenarla al olvido. Su significación histórica fue reconocida recientemente con la creación de la cátedra «Manuelita Sáenz» en la Universidad Central de Venezuela, en la escuela de Psicología de la Facultad de Humanidades. El objetivo de dicha cátedra es el estudio de la condición de la mujer. Entre los temas de estudio se encuentran: «Las disposiciones del Código Civil en referencia a la mujer; la 'Productividad del trabajo femenino' y 'El papel femenino: unidad y multiplicidad'» (Valero 48).

El origen «adulterino» de la Sáenz, sus aventuras amorosas, el abandono de su marido por Bolívar, el apasionado romance con el Libertador y el trágico final de su vida, se convierten en elementos apasionantes para aquellos que desean acercarse al pasado americano. La imagen que la historia desea recordar y eternizar no es la de una mujer cuya vida giraba alrededor de sus intrigas sexuales como lo sugiere Romero en su novela. El pasado americano no es transparente como para descubrir la verdad en sus hechos. Sin embargo, Manuela Sáenz merece un lugar privilegiado entre los muchos hombres y mujeres cuyos ideales contribuyeron a construir unos países colmados de esperanza.

Notas

[1] Véanse las diferentes reseñas sobre la obra de Gabriel García Márquez, *El general en su laberinto* (1989). Esta obra generó varias polémicas y fue acusada de no ser totalmente acertada en su presentación de la historia bolivariana.

[2] Son numerosas las obras que recrean la vida de la quiteña. Entre las biografías noveladas podemos citar los dos tomos de Raquel Verdesoto de Romo Dávila, *Manuela Sáenz*. Ecuador: Editorial Casa de la Cultura Ecuatoriana, Colección Popular, 1963, y Olga Briceño, *Manuela Sáenz: La divina loca. Biografía Novelada*. Río de Janeiro: Livraria H. Antunes, Editora, s. d. María J. Alvarado Rivera también publica una «novela histórica» titulada, *Amor y gloria: el romance de Manuela Sáenz y el Libertador Simón Bolívar*. Lima: Imprenta Colegio Militar Leoncio Prado, 1952. Para una bibliografía sobre Manuela Sáenz se puede consultar *En defensa de Manuela Sáenz* (189-208).

[3] Rumazo González repasa con detalle la ascendencia de los padres de Manuela en *Manuela Sáenz: La Libertadora del Libertador*. 6a. ed., Caracas: Ediciones EDIME (1962): 21-22.

[4] Sobre estos datos se puede consultar el epistolario compilado por el padre Jorge Villalba, que, además de cartas, incluye varios documentos importantes relacionados con el nacimiento de Manuela y su ascendencia. Véase *Manuela Sáenz. Epistolario*. Ecuador: Banco Central del Ecuador (1986): 24-25.

[5] Véase el capítulo titulado «Umbría estancia» en Raquel Verdesoto de Romo Dávila. *Manuela Sáenz*. T.I., Quito: Editorial Casa de la Cultura Ecuatoriana (1963): 57-62.

[6] Las obras de Pineda, Villalba y Echeverri incluyen varios de los retratos que se hicieron de Manuela Sáenz.

[7] Es el caso de Rafael Pineda en *Amores de Bolívar y Manuela. Poema* (Caracas, s.l. 1970).

[8] Las cartas de amor de Bolívar y de Manuelita fueron también recopiladas por el padre Jorge Villalba en: *Manuela Sáenz en la leyenda y en la historia*. Caracas: Biblioteca de la Sociedad Bolivariana de Venezuela (1988): 45-64.

[9] La primera vez que le salva la vida es también recreada por el venezolano Luis Peraza en su obra teatral *Manuela Sáenz*. Caracas: Cuadernos Literarios de la «Asociación de Escritores Venezolanos» (1960): 48-55.

[10] La carta es citada en su totalidad por Villalba (1986): 180-184.

[11] Pérez atribuye la publicación de este poema a «Luis Fernando Bolívar, sobrino en cuarto grado del Libertador» (119).

[12] Esta información también se encuentra en las cartas de Vicente Rocafuerte y de Juan José Flores citadas por Jorge Villalba en *Manuela Sáenz. Epistolario*. Ecuador: Banco Central del Ecuador (1986): 24-25.

[13] En el epistolario compilado por el padre Villalba se ofrecen citas y transcripciones de documentos y escrituras sobre los bienes de Manuela Sáenz.

[14] En sus cartas al general Juan José Flores, Manuela le ruega que le envíe el dinero que le pertenece legalmente. Sólo recibe evasivas y nunca llegar a ver la totalidad de lo que era suyo. Véase por ejemplo Villalba (1986): 155-157.

[15] Ambas obras fueron representadas en escena. *Manuela Sáenz* fue estrenada en el Teatro Nacional de Caracas en 1960 por el Teatro Ateneo. *Las tardes de Manuela* fue estrenada en 1989 por la Corporación Artística La Fanfarria en 1989, en Medellín, y después participó en el festival Bolivariano en Ecuador, en 1990 (Adela Donadia 773).

BIBLIOGRAFÍA

ALVARADO RIVERA, María J. *Amor y gloria: el romance de Manuela Sáenz y el Libertador Simón Bolívar.* Lima: Imprenta Colegio Militar Leoncio Prado, 1952.

ARCINIEGAS, Germán. *Bolívar, de San Jacinto a Santa Marta: Juventud y muerte del Libertador.* Bogotá: Planeta Colombiana Editorial S.A., 1988.

BRICEÑO, Olga. *Manuela Sáenz: La divina loca. Biografía Novelada.* Río de Janeiro: Livraria H. Antunes, Editora, s. d.

CRUZ KRONFLY, Fernando. *La ceniza del Libertador, Los días perdidos del Libertador Simón Bolívar en su último viaje, por el río Magdalena, desde Honda hasta Santa Marta.* Bogotá: Planeta Colombiana Editorial, S.A., Autores Colombianos, 1987.

ECHEVERRI M., Aquiles. *Bolívar y sus treinta y cinco y más mujeres.* Medellín: Editorial Eafit, s. d.

FREIDEL, José Manuel. «Las tardes de Manuela» *Teatro colombiano contemporáneo. Antología.* Ed. Centro de Documentación Teatral. Madrid: Fondo de Cultura Económica, Sucursal España, (1992):767-801.

GARCÍA MÁRQUEZ, Gabriel. *El general en su laberinto.* Bogotá: Editorial Oveja Negra, 1989.

GÓMEZ HOYOS, Rafael. *La Independencia de Colombia.* Madrid: Editorial Mapfre (Colección Independencia de Iberoamérica), 1992.

MATA, G. Humberto. *Refutación a «Las cuatro estaciones de Manuela. Los amores de Manuela Sáenz y Simón Bolívar». Biografía por Víctor W. von Hagen.* Cuenca, Ecuador, Imp. D. Toral L., 1959.

PALMA, Ricardo. *Las tradiciones peruanas.* Tomo IV. 2a. ed. Lima: Librería Nacional del Perú S.A., 1959.

PERAZA, Luis. *Manuela Sáenz. Teatro.* Caracas: Cuadernos Literarios de la «Asociación de Escritores Venezolanos», 1960.

PINEDA, Rafael. *Amores de Bolívar y Manuela: Poema. Con un poema inédito de Manuela al Libertador.* Caracas: Cromotip, 1970.

ROMERO, Denzil. *La esposa del Dr. Thorne.* Barcelona. Tusquets Editores (Col. de Erótica), 1988.

RUMAZO GONZÁLEZ, Alfonso. *Manuela Sáenz: La Libertadora del Libertador.* 6a. ed. Caracas: Ediciones EDIME, 1962.

VALERO MARTÍNEZ, Arturo, ed. *En defensa de Manuela Sáenz: La Libertadora del Libertador.* Guayaquil, Ecuador: Editorial del Pacífico S.A., 1988.

VERDESOTO DE ROMO DÁVILA, Raquel. *Manuela Sáenz.* T.I Quito: Editorial Casa de la Cultura Ecuatoriana (Colección Popular), 1963.

• *Manuela Sáenz.* T. II Quito: Editorial Casa de la Cultura Ecuatoriana (Colección Popular), 1963.

VILLALBA FREIRE, Jorge, S. J. *Manuela Sáenz: Epistolario.* Quito: Ediciones del Banco Central del Ecuador (Centro de Investigación y Cultura), 1986.

• *Manuela Sáenz en la leyenda y en la historia.* Caracas: Biblioteca de la Sociedad Bolivariana de Venezuela, 1988.

Eso lo harán cobardes como ustedes: una mujer patriota, jamás...
                            Policarpa Salavarrieta.

Las madres de la patria:
Antonia Santos
y
Policarpa Salavarrieta

Mercedes Guhl

En la época de la Colonia, la mujer de la Nueva Granada, al igual que la del resto de la América española, estaba circunscrita al ámbito doméstico. Su educación giraba alrededor de una «formación integral de la mujer como cristiana que la preparara a la vez para 'regir la casa' y actuar en esa sociedad de la que formaba parte... lo cual les abría el camino para realizar sus vidas en el convento o en el hogar» (Muriel 243). De cualquier manera la vida de la mujer acababa en matrimonio, ya fuera con un hombre o con Dios (Mendelson 198).

A finales del siglo XVIII, los vientos de la Ilustración llegaron hasta la Nueva Granada a través de las reformas borbónicas y, sobre todo, a través del contrabando de información. En Europa las discusiones alrededor de la mujer cambiaron de tema: ya no importaba concluir si las mujeres tenían alma o no, más bien había que definir el papel de la mujer en la sociedad, en la casa, en la familia, y ayudarle a mejorar su desempeño. El hombre empezó a preguntarse si el único lugar apropiado para la mujer era el hogar o si se estarían desperdiciando sus talentos al no educarlas para que le sirvieran al marido como ayuda para tomar decisiones, o si simplemente era necesario educarlas con formalidad para hacerlas mejores madres y amas de casa (Bermúdez).

Pero los grandes efectos de las reformas borbónicas no estuvieron en el campo educativo, sino en el económico. La prosperidad de muchos hogares fue afectada, y los nuevos impuestos fueron la causa de protestas y revueltas en todo el continente. Las mujeres, encargadas de administrar el hogar, sintieron este impacto y se dice que éste fue uno de los motivos para despertar en ellas el deseo de independencia. También se dice que abrazaron la causa independentista para encauzar su rebeldía personal contra la sociedad (Cherpak 220). Pero lo cierto es que la condición femenina en sí no era un motivo de lucha, y no se sabe de ninguna de estas mujeres que buscara la emancipación o el cambio de roles sociales o de condiciones legales.

Las mujeres, recluidas en sus entornos domésticos, sólo concibieron la idea de la independencia cuando la política, arte masculina del mundo exterior, se coló en sus hogares y los hizo tambalear. Como la hembra que busca defender su cría, estas mujeres luchadoras trataron de asegurar un futuro para su patria. La situación política se agravó cuando el futuro de España se volvió incierto. La abdicación de Carlos IV en favor de Pepe Botellas (José Bonaparte), la huida de Fernando VII y la conformación de la Junta de Cádiz, que se encargaría de España y sus colonias, echaron por tierra la idea de que el derecho monárquico descendía de Dios. Las colonias americanas quedaron a la deriva pues España se concentró en sus problemas internos. Esto creó el clima necesario para que la semilla de la independencia se difundiera y dejara a algunas mujeres fecundadas con la idea de un nuevo país. La idea creció en sus vientres fértiles, y decidieron ellas también ponerse a luchar por la existencia de esa nueva patria.

La independencia de la Nueva Granada se inició en 1810, pero no duró mucho tiempo. En 1815 el *Pacificador* Morillo puso fin a la llamada Patria Boba al comandar la Reconquista de los españoles. Esto determinó que entre 1816 y 1819, cuando finalmente se alcanza la independencia, hubiera mucho movimiento de guerrillas que se resistían a la vuelta del dominio español. Es en esta etapa cuando las mujeres figuran más en todo el proceso de independencia. La nueva patria, el país libre, que ya había nacido, tenía que existir y crecer, y para eso se necesitaba la resolución de la madre que defiende a su cría de los depredadores.

Sin embargo estas mujeres tenían pocas formas de luchar. Hay casos excepcionales, como Evangelina Tamayo que participó directamente en batallas de independencia. La gran mayoría de ellas tiene un papel maternal hacia la independencia: la alimentan, la cuidan, la protegen. Lucharon a su manera, con medios femeninos: auspiciaron la formación de tertulias para difundir y discutir las ideas de la Ilustración, sirvieron de espías y contribuyeron con su dinero a la causa insurgente (Cherpak 220). Como ejemplo de estas luchas subrepticias durante el proceso de independencia de la Nueva Granada hay dos mujeres legendarias: Policarpa Salavarrieta, la Pola, la más importante de las espías, y

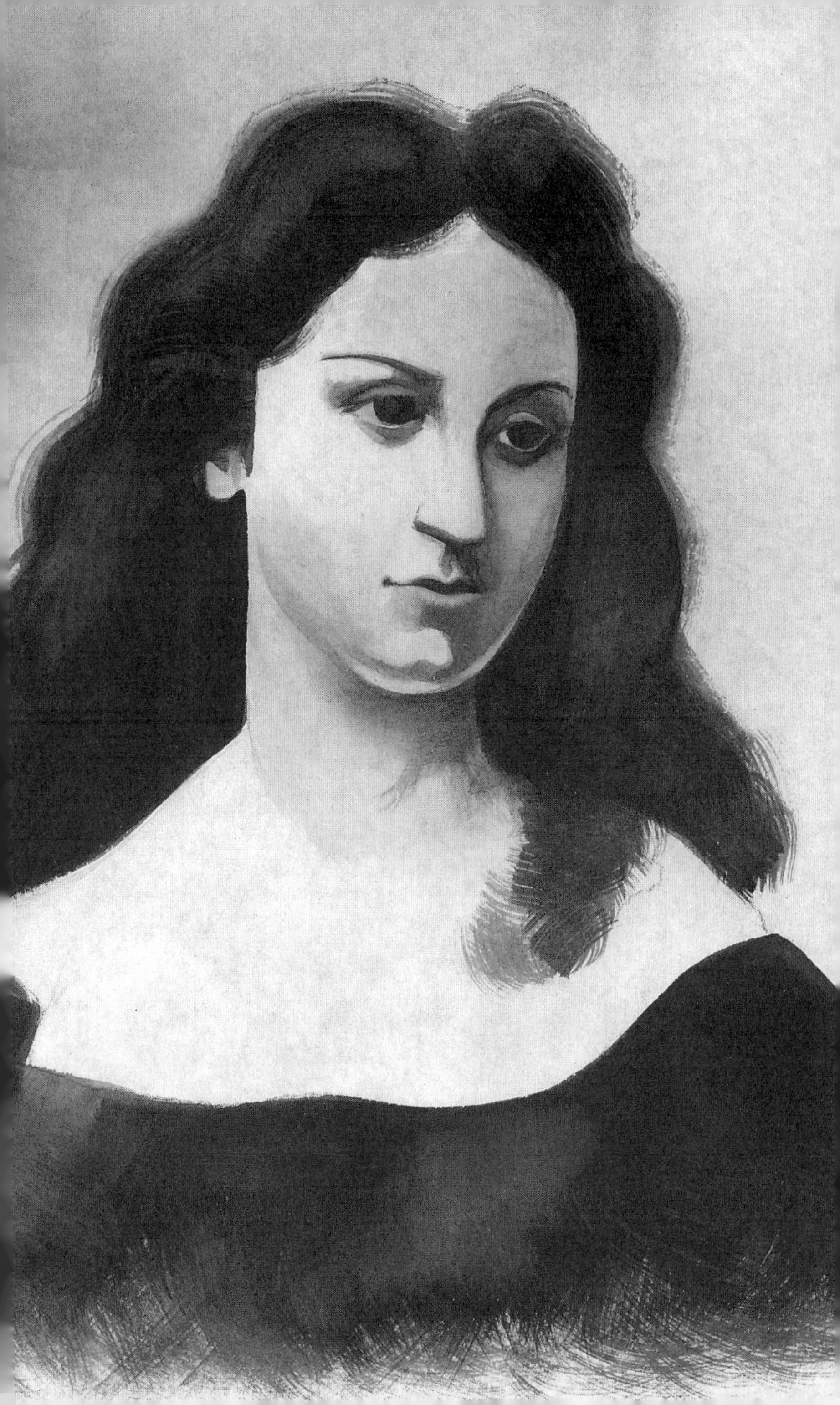

Antonia Santos, la más importante de las patrocinadoras de las guerrillas.

La Pola y Antonia

Podría pensarse que las mujeres que lucharon por la independencia tenían un perfil similar: origen y educación similares, influencias semejantes. O que el deseo independentista fue una especie de moda entre las mujeres de determinado sector social. Sin embargo la historia demuestra lo contrario, y lo único que comparten estas mujeres, tomadas en conjunto, ha sido el hecho mismo de luchar por la independencia. Hay ricas y pobres, casadas y solteras, analfabetas y educadas, mujeres campesinas y de ciudad, jóvenes y adultas... Los casos de la Pola y de Antonia Santos muestran estas grandes diferencias.

Vale la pena anotar que cuando uno intenta comparar la vida de estas mujeres se enfrenta al problema de la falta de información sobre ellas. Algo se sabe de sus orígenes, sus aportes al proceso de independencia y lo que más se recuerda es su trágico final. Además hay que tener en cuenta que esta información nos llega magnificada y distorsionada por la visión de los historiadores que las convirtieron en figuras legendarias, despojándolas un poco de su carácter esencialmente femenino para dejarlas como heroínas asexuadas. La siguiente comparación se basa en los pocos datos obtenidos y en las especulaciones que se pueden hacer a partir del momento histórico que vivieron. Considero que el trabajo de reconstruir sus vidas paso a paso no es el de un historiador, sino más bien el de un novelista.

Los orígenes

Policarpa Salavarrieta nació en la población de Guaduas, Cundinamarca, en 1796. En 1798, su familia se trasladó a Bogotá. Allí trabajó como costurera y eso le dio libre acceso a las casas de las damas de la ciudad, tanto de las patriotas como de las realistas, así que vio las dos caras de la moneda. Volvió por unos años a Guaduas donde trabajó como maestra, y allí se fermentaron sus ideas patrióticas pues éste era un lugar donde confluían los caminos hacia el Magdalena y hacia el occidente del país. Por allí pasaban los miembros del gobierno en sus idas y venidas de España. Parece ser que allí conoció a algunos patriotas y se dedicó a su causa.

Antonia Santos nació en Pinchote, Santander, en 1782. Provenía de una familia distinguida, dueña de haciendas. Recibió la escasa educación que se les impartía a las mujeres en la época. Tal vez por tener familia criolla vivió en carne propia el descontento que se creó cuando España cayó en manos de Napoleón, en 1808, y los españoles rebeldes organizaron una junta de gobierno, a la cual cada provincia española enviaría sus diputados, mientras que las colonias sólo tenían derecho a un diputado por cada virreinato o capitanía general. Los españoles estaban demasiado preocupados por su situación interna para ocuparse cabalmente en las colonias. Los americanos consideraron que su participación en la Junta de Cádiz era apenas un símbolo, pero los símbolos no servían para calmar la necesidad de justicia de un continente entero. La temprana independencia de 1810, seguida de la Reconquista, debió decidir a Antonia a tomar parte en el proceso de independencia.

Hay algo que estas dos mujeres tienen en común: los historiadores las describen con adjetivos que no se usaban con frecuencia para las mujeres, y que no hubieran atraído a un hombre que buscara esposa. La Pola era arrogante y decidida (Arciniegas 83) y Antonia era una mujer resuelta, valerosa y de buen criterio (Gómez 250). Estas características no encajaban con la definición prototípica de la mujer, ni con la mujer idealizada de la época. Los historiadores les otorgan rasgos *masculinos* para no destruir la imagen femenina, la pasividad, la dulzura, la ternura. Pero desde otra perspectiva, la resolución, la valentía, la arrogancia, son las características de la madre que lucha por su hijo.

El trabajo por la causa independentista

Cuando la Pola volvió a Bogotá, en 1817, se estableció en la casa de Andrea Ricaurte de Lozano, gracias a cartas de recomendación de patriotas. Esta casa era un centro de comunicaciones, y en sus salones también se reunía una tertulia. De allí salía la información de las juntas patriotas de la ciudad para las guerrillas del Norte y el Sur. Como la Pola no era conocida en la ciudad podía andar con libertad facilitando la comunicación, y esto aceleró los trabajos. Los patriotas confiaron en ella porque «no pensaba ni hablaba de otra cosa que de venganza y del restablecimiento de la patria» (José Hilario López citado por Gómez 227).

En 1816, Antonia Santos motivó a un grupo de granadinos para que se decidieran a morir o derrocar el gobierno español. Con este fin organizó la guerrilla de Coromoro, a la cual aprovisionó con los bienes de su hacienda. Y para apoyarlos desde el punto de vista logístico, también formó un cuerpo de espionaje que les transmitía a los patriotas los movimientos de los realistas.

El desenlace

A las dos las denuncian a cambio de una recompensa, pues a ambas las autoridades españolas les seguían los pasos. A Antonia Santos la buscaban porque la guerrilla de Coromoro hostigaba a la guarnición española de el Socorro. A la Pola, porque era sospechosa de recoger información para los patriotas.

El final de ambas es bastante similar, o los historiadores se han encargado de crear un ideal de mujer luchadora. Las arrestan las autoridades y las juzgan. En el juicio los historiadores coinciden en mostrarlas altivas y desdeñosas. Se les ofrece el perdón si delatan a sus compañeros. Antonia se niega y la Pola agrega: «Eso lo harán cobardes como ustedes: una mujer patriota, jamás: todo lo sé, lo sé todo: pero ésta es la causa de la patria, y no la traiciono» (Arciniegas 85). Se dice que a la Pola le oyeron palabrotas mientras la prendían. Y que tal era su pasión en el juicio que el escribano no alcanzaba a escribir lo que decía por la velocidad con la que hablaba. «Escribid, escribid, que no se pierda en el papel ninguna de las palabras que estoy diciendo: fijaos en una mujer que no tiene el miedo que tenéis vosotros» (Arciniegas 85).

La Pola fue fusilada el 14 de noviembre de 1817, junto con otros nueve condenados, entre los cuales estaba su novio, Alejo Zabaraín. Mientras marchaban hacia el patíbulo «la muchedumbre miró únicamente a Policarpa. Marchaba mejor que un soldado. Era toda firmeza. Levantaba la frente... Para unos resultaría la imagen del valor, para otros la de la altanería y la soberbia (Arciniegas 87). Se negó a que le vendaran los ojos como era usual en las ejecuciones. Desde el patíbulo exhortó al pueblo a luchar por la patria, diciendo: «Sepan todos que muero por defender los derechos de mi patria» (Arciniegas 87). Es el grito de la madre herida que clama porque alguien acoja y críe a su hijo, la mujer libertadora que busca que su patria libre no se muera de olvido.

A Antonia Santos la fusilaron en el Socorro, el 28 de julio de 1819. Marchó a su ejecución «sin abatimiento y con frente serena» (Gutiérrez Isaza 223). En el patíbulo se quitó las joyas y se las entregó a su hermano junto con su testamento. Con el pañuelo que le entregaron para que se vendara los ojos se ató el vestido a los tobillos, para que después de muerta no se viera ninguna parte de su cuerpo. Antes del disparo lloró de ira.

A raíz del fusilamiento, los socorranos deciden vengarla. Se armaron de palos y azadones y atacaron a los españoles que tuvieron que huir a la población de Oiba. El 7 de agosto de ese año, 10 días después de la muerte de Antonia, Bolívar libró la batalla de Boyacá que le dio la independencia a la Nueva Granada.

Las dos lloran su impotencia en el patíbulo, las dos se niegan a cerrar los ojos ante la muerte. No le temen porque consideran que mueren por una buena causa, por defender su patria libre. Esta actitud debía chocar fuertemente con la imagen prototípica de las mujeres, que se desmayaban ante cualquier emoción fuerte. Y el énfasis de la Pola en la cobardía de los que la enjuiciaban y ejecutaban debió sorprender; el papel de la mujer no era señalarle a los hombres sus errores, y mucho menos su falta de compromiso con un ideal político. Pero ninguna de las dos estaba juzgando a los hombres como género, sino a aquellos que preferían seguir bajo el yugo español, por comodidad o por costumbre, y no se arriesgaban a dar la lucha por la nueva patria, para dejar atrás el régimen colonial en el que los americanos, e incluso los españoles nacidos en América, eran tratados como ciudadanos de segunda categoría.

La perspectiva de la época y la de los historiadores nos hacen ver en estas mujeres algo poco usual: un arrojo y una resolución que parece no pertenecer a la esencia femenina. Efectivamente no hacen parte de lo que se considera que debe ser una mujer en el siglo XIX, pero eso no quiere decir que la Pola y Antonia sean menos mujeres que las que no lucharon por la independencia. Los rasgos que resaltaban la imagen femenina de la época eran sólo una faceta de la mujer: la mujer-hija, sumisa, obediente, dulce, que tenía este rol tanto en casa de sus padres como frente a su esposo. La faceta de mujer-madre, con toda la fuerza, la vitalidad y la capacidad de lucha que implica, es la que hace falta considerar bajo esta perspectiva. La mujer del siglo XIX, especialmente la mujer urbana, tenía olvidada esta parte de su ser, porque no le era útil a la sociedad, no se le concedía ningún valor. Pero en el momento en el que el papel de mujer-madre fue necesario, como en este caso del proceso de independencia, las características de esta faceta afloraron a la superficie e hicieron de estas mujeres unas heroínas.

Lo importante es pensar que esas características no les venían de fuera, que ellas no criticaban la ineficacia de la actividad insurgente de los hombres, sino que veían su propia insurgencia como un complemento, como *su* forma de combatir, y para eso recurrieron a lo más profundo de su esencia femenina. Es necesario tener en cuenta, además, que estas mujeres, como madres comprometidas con la supervivencia de su cría, no luchaban por sí mismas, sino por un fin externo a ellas, la necesidad de una sociedad libre y justa bajo un gobierno propio. Los varones habían llevado la Patria Boba al fracaso, por desavenencias internas, y eso posibilitó la Reconquista de Morillo. Pero estas mujeres no asumieron roles masculinos al darse cuenta de que los varones no estaban triunfando fácilmente en el proceso independentista, sino que encontraron un espacio para la dimensión maternal de la guerrilla patriota, se atrincheraron en él, y desde allí lucharon.

BIBLIOGRAFÍA

ARCINIEGAS, Germán. *Las mujeres y las horas, América Mágica*. T. 2, Buenos Aires:

• *Análisis de trabajos históricos escritos sobre la mujer durante los períodos de la Conquista y de la Colonia*. Bogotá: Universidad de los Andes, Departamento de Historia. Documentos de trabajo, Serie historiografía, Nº 1.

CHERPAK, Evelyn. «The Participation of Women in the Independence Movement in Gran Colombia, 1790-1830». *Latin American Women*. Asunción Lavrín, ed. Westport, CT.: Greenwood, 1978.

FORERO BENAVIDES, Abelardo. *Momentos y perfiles de la historia de Colombia*. T. 1, Bogotá: Ediciones Uniandes, 1993.

GÓMEZ GÓMEZ, Amanda. *Mujeres heroínas en Colombia y hechos guerreros*. Medellín: Interpres, 1979.

GUTIÉRREZ ISAZA, Elvia. *Historia heroica de las mujeres próceres de Colombia*. Medellín: Imprenta Municipal, 1972.

MARTÍNEZ CARREÑO, Aída. «Opciones femeninas en la Colombia del siglo XIX». *Gaceta*, Nº 6, Bogotá, 1990.

MENDELSON, Johanna S. R. «The Feminine Press: the View of Women in the Colonial Journals of Spanish America, 1790-1810». *Latin American Women*. Asunción Lavrín, ed., Westport, CT.: Greenwood, 1978.

MURIEL, Josefina. *Las mujeres en Hispanoamérica. Época colonial*. Madrid: Editorial Mapfre, 1992.

Parece que Gorriti nació rebelde...
          Mary G. Berg.

Juana Manuela Gorriti:
narradora de su época

Mary G. Berg

Juana Manuela Gorriti, una de las novelistas más renombradas del siglo XIX, famosa por sus tertulias literarias convocadas durante décadas en Lima y Buenos Aires y por sus más de setenta novelas, memorias, biografías y colecciones de cuentos, todavía representa una figura ejemplar de liberación femenina. Su vida aventurera ha sido el enfoque en el siglo XX de una serie de novelizaciones, la más reciente la exitosa *Juanamanuela mucha mujer* de Martha Mercader (Buenos Aires 1980). Parece que Gorriti nació rebelde y prosiguió durante toda su vida el camino —literalmente, por ser viajera casi constante— de desafío al conformismo.

Juana Manuela Gorriti nació en Horcones, hacienda situada en la provincia de Salta, Argentina, el 15 de junio de 1818, en plena época revolucionaria, en el seno de una familia dedicada a la causa de la independencia. Su padre, José Ignacio Gorriti, combatió al lado del General Belgrano en las batallas de Tucumán (1812) y Salta (1813), fue delegado al Congreso de Tucumán en 1816 y también gobernador de Salta en dos ocasiones.

Juana Manuela Gorriti fue la séptima de ocho hijos. Pasó sus primeros años en el rancho de Horcones, donde su padre era comandante de una fuerza armada, primero como coronel y después en calidad de general. Allí la pequeña Gorriti conoció al General Güemes, el famoso líder de las tropas gauchas de Salta. Existen varios relatos que describen a Juana Manuela Gorriti como una niña excepcionalmente despierta y bonita, con rizos dorados y ojos vivaces, temeraria y aventurera. Cuando tenía unos seis años, una de sus tías se la llevó a Salta para estudiar en una escuela de convento, pero como la niña no pudo tolerar que la encerraran, se enfermó y poco depués volvió a su casa, acabando así su educación formal. Se convirtió en una lectora ávida de cualquier libro que cayera en sus manos, y escribía cuentos desde muy joven. El 13 de noviembre de 1831, después de varios años de guerra civil, el General Gorriti, quien combatía en el lado unitario, fue derrotado por el federalista Juan Facundo Quiroga, el temido *Tigre de los Llanos*. El General Gorriti huyó a Bolivia, donde se estableció en Tarija, cerca de la frontera, y después en Chuquisaca, donde estaba exiliado su hermano, el canónigo Juan Ignacio Gorriti, célebre activista del movimiento de independencia. José Ignacio Gorriti fue acompañado en su exilio por toda su familia, y también por los generales Puch y Arenales y otras dos mil personas que cruzaron la frontera de Bolivia con él. José Ignacio Gorriti murió en Chuquisaca en 1835.

En 1832, la joven Juana Manuela Gorriti conoció a Manuel Isidoro Belzú, oficial del ejército boliviano, y se casó con él en 1833, a los catorce años. Al parecer, Gorriti

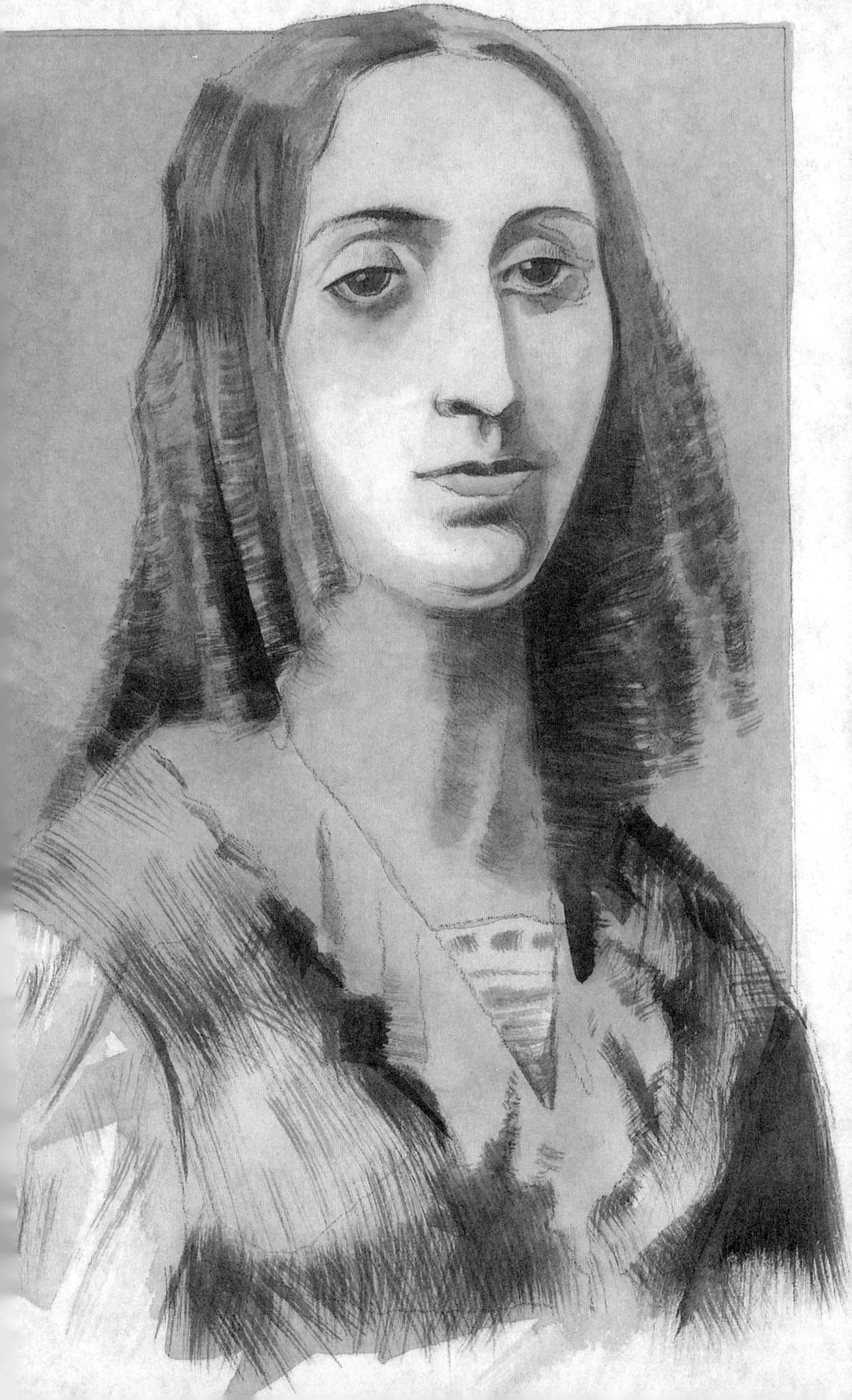

tuvo tantos problemas para adaptarse a su vida de casada como los tuvo para ser pupila dócil en el convento. Muchos años después, incluyó una serie de memorias de estos días en su colección *Misceláneas;* recuerda cómo era vivir en pueblitos bolivianos donde los soldados jóvenes y sus mujeres se divertían (escandalosamente, se decía) con fiestas, apuestas, charadas y juegos. En los altos círculos sociales bolivianos se hablaba mucho de la conducta poco decorosa de los cónyuges: se decía que Belzú tenía muchísimas amantes, y que su esposa se comportaba con poca seriedad y que era muy amiga del entonces presidente Ballivián. Pero el sumamente ambicioso Belzú avanzó rápidamente en su carrera. Nacieron de esta unión dos hijas, Edelmira y Mercedes. Se dice que Gorriti hizo un viaje a Horcones en 1842, pero que después de una breve visita retornó a La Paz, donde se dedicó a sus hijas y a escribir.

Cuando Belzú fue desterrado por conspirar contra el gobierno, su mujer y sus hijas lo acompañaron al Perú. *La quena*, una novela juvenil de Gorriti, una historia de amor entre una princesa incaica y un español, quizás escrita cuando la autora tenía dieciocho años, fue publicada por entregas en *La Revista de Lima* en 1845, la primera de muchas novelas, artículos y cuentos que publicaría rápidamente uno detrás del otro. Más adelante, Belzú volvió a Bolivia solo y fue ministro bajo el mando del General Velasco, quien subió a la presidencia en 1847. Belzú encabezó un golpe militar que derrocó a Velasco en diciembre de 1848. Gobernó como dictador hasta 1850 y como presidente constitucional de 1850 a 1855. Gorriti permaneció en Lima con sus hijas, y para mantenerse abrió una escuela primaria y también un colegio para señoritas. Inició una serie de veladas literarias que atrajo a los escritores más destacados de la época como Ricardo Palma, Carolina Freire de Jaimes, Abelardo Gamarra, Juana Manuela Lazo de Eléspuro, y muchos otros. Años después Ricardo Palma la recordaría con cariño: «La Gorriti, sin escribir versos, era una organización altamente poética. Los bohemios la tratábamos con la misma llaneza que a un compañero, y su casa era para nosotros un centro de reunión» (*La bohemia de mi tiempo* 30). Palma comentó también sobre el escándalo —una verdadera tormenta, dice él con regocijo— que ocasionó la publicación de la primera novela de Gorriti, *La Quena*, «producción inmoralísima a juicio de los mojigatos; pero al nuestro, después de ese idilio de Jorge Isaacs que se llama *María*, la más bella novela que se ha escrito en América Latina» (30). Su hija Edelmira volvió a Bolivia y se casó con el General Jorge Córdoba, quien sucedió a Belzú en la presidencia en 1855.

Gorriti tuvo otros dos hijos en Lima: Julio Sandoval y Clorinda Puch. Aunque nunca reveló quiénes eran los padres (por lo menos en sus escritos publicados —se puede soñar que algún día se encuentren cartas suyas), Clorinda y Julio vivieron muy abiertamente con su madre. Clorinda murió en la adolescencia, pero Julio seguía siendo el compañero fiel de su madre hasta que ésta murió. Durante todos estos años juveniles en Lima, ella siguió escribiendo y publicando prolíficamente en revistas peruanas como *El Liberal*, *Iris* y *La Revista de Lima*, y en argentinas como la *Revista del Paraná* y *La Revista de Buenos Aires*. Los diarios de Lima publicaron sus novelas por entregas en los suplementos y éstas eran reproducidas en muchos diarios y revistas de Chile, Colombia, Ecuador, Argentina (después de la caída de Rosas) e incluso en Madrid y París.

En 1863 se anunció en Buenos Aires la publicación de una edición de dos volúmenes, por suscripción, de novelas cortas y ensayos de Juana Manuela Gorriti, con el título de *Sueños y realidades*. En tres ocasiones se perdieron los manuscritos cuando transitaban hacia Buenos Aires, y Gorriti los tuvo que volver a escribir a partir de sus apuntes. Los volúmenes por fin fueron publicados en 1865, recibieron críticas muy favorables, y Gorriti fue aclamada como escritora argentina, a pesar de que llevaba tantos años viviendo en el extranjero.

Bolivia había padecido golpes militares en 1857, 1860 y 1864, el último cuando Melgarejo derrocó a Achá. Justo cuando Melgarejo estaba consolidando su poder, Belzú retornó de Europa, reunió a sus tropas y marchó hacia La Paz, donde fue aclamado por las multitudes. Su hija Edelmira encabezó los combates callejeros contra Melgarejo. En el momento de proclamar su triunfo el 28 de marzo de 1865, Belzú fue asesinado por el propio Melgarejo, quien simuló abrazarle y le apuñaló. En esa misma época Juana Manuela Gorriti estaba en La Paz, para visitar a sus hijas; como en Lima, había abierto una escuela para señoritas y escribía prolíficamente. Aunque nunca se había reconciliado con su esposo, y que se sepa, no tuvieron contacto directo en los veinte años desde su separación, cuando le comunicaron la muerte de Belzú, era evidente la confusión general y la necesidad de alguien que se encargara de reestablecer el orden. Como viuda ejemplar, Gorriti exigió que le entregaran el cuerpo de Belzú y, apoyada por sus hijas, organizó un velorio al que asistió muchísima gente. Más de ocho mil personas, principalmente mujeres, se reunieron en las exequias de Belzú para escuchar la oración de Gorriti, que rendía un elocuente tributo a la gran popularidad pública de su marido. Gorriti se convirtió en la figura que encabezaba un movimiento que exigía venganza por la muerte de Belzú y, por este motivo, al poco tiempo tuvo que salir de Bolivia. Volvió a establecerse en Lima.

Escribió una biografía sumamente discreta de Belzú, publicada en *Panoramas de la vida* de 1876, en la cual sólo dice de sus problemas matrimoniales que «demasiado jóvenes ambos esposos, no supieron comprender sus cualidades ni soportar sus defectos, y aquellas dos existencias se separaron para no volver a reunirse sino en la hora suprema al borde del sepulcro» («Belzú», *Panoramas* T.II, 91-92).

Cuando los españoles sitiaron Callao, Perú, en 1866, Juana Manuela Gorriti se convirtió en una heroína de la resistencia peruana, arriesgando su vida una y otra vez para rescatar heridos. Luego le fue concedida la condecoración más importante otorgada por el gobierno peruano al valor militar: la Estrella del 2 de mayo. Publicó varias versiones de sus memorias de esta invasión.

Gorriti siguió publicando novelas y ensayos; una serie de sus novelas cortas apareció en 1874 en *El Álbum de Lima*, fundado por su amiga, la escritora peruana Carolina Freyre de Jaimes. En 1874, Gorriti y el poeta Numa Pompilio Yona fundaron el periódico *La Alborada de Lima*. En febrero de 1875 Gorriti salió de Lima, pasando por Valparaíso y Montevideo en camino a la Argentina. Estaba en Buenos Aires en 1875, cuando el Senado y la Cámara de Diputados aprobaron una ley especial mediante la cual el gobierno argentino le proporcionó una pensión por ser hija del general Juan Ignacio Gorriti. Se anunció la publicación en dos tomos de obras suyas, bajo el título *Panoramas de la vida*, y Gorriti se apresuró para terminar su nueva novela *Peregrinaciones de una [sic] alma triste* para poder incluirla en la colección. La novela relata las aventuras de una viajera peruana muy observadora que recorre altiplanos andinos y selvas amazónicas, zonas rurales y ciudades, pasando por Chile, Paraguay y Argentina, hasta el Brasil. Gorriti dedicó *Peregrinaciones* a las mujeres de Buenos Aires y los volúmenes se publicaron en 1876. Un grupo de admiradores de la autora reunió un álbum con unas sesenta composiciones escritas en su honor, y se lo ofreció en una reunión pública el 18 de septiembre de 1875. Las damas de Buenos Aires también organizaron una ceremonia en honor de Gorriti, el 24 de septiembre de 1875, y ahí le ofrecieron una estrella de oro grabada. En noviembre de 1875 Gorriti retornó a Lima, donde fue recibida con entusiastas ceremonias. Volvió a abrir su escuela, y su salón literario era de nuevo el más prestigioso de Lima. Allí se reunían narradores como Ricardo Palma, Clorinda Matto, Mercedes Cabello, y otros artistas y escritores. Los miércoles por la noche, un grupo de treinta a cuarenta mujeres y hombres solía reunirse durante unas seis a ocho horas para escuchar presentaciones de música, recitaciones de poesía y narrativa, conferencias y discusiones sobre temas de actualidad. Muchas de las conferencias estaban relacionadas con la educación de las mujeres y con el papel de éstas en la sociedad contemporánea. Se exhibían cuadros y dibujos. Las actas de diez de estas veladas (del 19 de julio al 21 de septiembre de 1876) se publicaron en 1892, en un tomo proyectado como el primero de una serie. Estas actas y los muchos comentarios periodísticos sobre estas reuniones ofrecen un fascinante panorama de la intensidad de la vida intelectual de Lima en aquella época. En estas veladas, Juana Manuela Gorriti presentó una serie de textos originales, al igual que su hija, Mercedes Belzú de Dorada, poeta muy admirada.

Al expirar su visa peruana Gorriti retornó por mar a Buenos Aires, a finales de 1877. Viajó por el norte de la

Argentina en enero de 1878, pero durante dos meses fue detenida en Tucumán por inundaciones y no pudo llegar a Salta, lugar que habría querido volver a visitar. Los siguientes meses de 1878 los dedicó a preparar una nueva colección de relatos, discursos, recuerdos de viajes y otros ensayos, la cual fue publicada a finales del año bajo el título de *Misceláneas*. En aquellos días inició su amistad con la escritora Josefina Pelliza. En julio de 1878 recibió noticias de que su hija Mercedes estaba enferma en el Perú. Cuando Mercedes murió, en abril de 1879, Gorriti quiso volver a Buenos Aires pero no pudo hacerlo por la guerra entre Chile y la alianza de Perú y Bolivia. Presenció los asaltos de Lima en 1881 y escribió sobre la devastación ocasionada por la guerra. No fue sino hasta fines de 1882 que pudo regresar a Buenos Aires, después de una estadía en La Paz, pero pronto solicitó otra visa para salir, la cual le fue concedida el 28 de agosto de 1883.

Gorriti regresó por mar al Perú y llegó a Lima a principios de 1884, pero, siempre anhelante de cambio y de aventura, volvió a partir para Buenos Aires a finales de ese mismo año. En agosto de 1886 visitó Salta, viajando por ferrocarril hasta donde era posible. *La tierra natal*, publicada en 1889, describe el regocijo por este viaje al lugar donde había pasado su niñez. Al volver a Buenos Aires estuvo rodeada de buenos amigos y siguió escribiendo novelas y comentarios sobre la vida contemporánea. Fundó *La Alborada Argentina*, donde publicó elocuentes artículos sobre la capacidad, los derechos y la educación de las mujeres. Josefina Pelliza, Eduarda Mansilla y muchas otras escritoras se unieron a ella en esta investigación y exploración del papel de la mujer en la vida pública nacional. En 1886 Gorriti publicó *El mundo de los recuerdos*, otra colección de cuentos, leyendas, artículos y memorias.

Oasis en la vida, una novela corta, apareció en 1888, un libro de recetas culinarias en 1890, y una serie de biografías breves (*Perfiles*) en 1892. Trabajó en una nueva serie de memorias que serían publicadas bajo el título de *Lo íntimo* en 1893. Padeció de neuralgias durante varios años y murió de pulmonía el 6 de noviembre de 1892, a los setenta y cinco años, en Buenos Aires. Su funeral fue una ocasión pública donde el poeta Carlos Guido y Spano y otras personalidades pronunciaron oraciones. Varios diarios de Buenos Aires, Lima y La Paz dedicaron números a artículos sobre Juana Manuela Gorriti y su obra. Clorinda Matto de Turner, el 19 de noviembre de 1892, en *Los Andes* de Lima, escribió un resumen de la vida de su amiga que incluía una larga lista de los libros más conocidos de Gorriti, y recordaba a sus lectores que «ninguna otra escritora americana y aun europea puede ofrecer al mundo de las letras un legado más rico».

La gran originalidad de Juana Manuela Gorriti consiste no solamente en su producción de una inmensa cantidad de relatos cuyo interés perdura hasta hoy, sino en la fusión extraordinaria de su propia voz personal con los temas históricos de sus narraciones; combinó sus propias memorias con la ficción, su autobiografía con sus invenciones. Durante las primeras décadas del siglo XX, como los escritos de Gorriti no cabían bien dentro de las fórmulas y definiciones convencionales que la historia literaria establecía para la novela y el cuento, sus obras se leían menos. Pero ahora, con nuevo interés en las formas híbridas de la expresión narrativa, y con más admiración por las mujeres transgresoras y desobedientes, sus libros se editan de nuevo y se comentan con gran entusiasmo. Cristina Iglesia, en su prólogo a *El ajuar de la patria: Ensayos críticos sobre*

Juana Manuela Gorriti (1993), observa que «sin duda la mayor audacia de Gorriti consiste en postularse como *escritora patriota* y narrar desde allí la leyenda nacional. Escribe sobre *cuestiones de hombres* y, al hacerlo, entabla con los escritores una disputa. Toda su obra puede leerse como la voluntad de sostener este desafío».

Bibliografía

ALAMPRESE, R. E. *Juana Manuela Gorriti*. Buenos Aires: n.p., 1935.

BERG, Mary G. «Juana Manuela Gorriti (1818-1892)». *Escritoras de Hispanoamérica*. Ed. Diane E. Marting, Pról. Montserrat Ordóñez. Bogotá: Siglo XXI, (1992):231-245.

• «Viajeros y exiliados en la narrativa de Juana Manuela Gorriti». *Mujeres y cultura en la Argentina del siglo XIX*. Lea Fletcher, ed. Buenos Aires: Feminaria Editora (1994):69-79.

CHACA, Dionisio. *Historia de Juana Manuela Gorriti*. Buenos Aires: Imprenta «El Centenario» de Bruno Laria, 1940.

CONDE, Alfredo O. *Ideas de Juana Manuela Gorriti*. Buenos Aires: Instituto Cultural Joaquín V. González, 1945.

• *Juana Manuela Gorriti*. Buenos Aires: Biblioteca Popular del C. E. XX «Juana Manuela Gorriti», 1939.

DOMÍNGUEZ, María Alicia. *Juana Manuela Gorriti*. Buenos Aires: n.p., 1937.

ESTRADA, Santiago. «Juana Manuela Gorriti». *Misceláneas*. Barcelona: Henrich y Cía., 1889. También como prólogo a *La tierra natal*, por Juana Manuela Gorriti. Apareció primero en *El Diario*. Buenos Aires, nov. 5, 1888.

GAMARRA, Abelardo M. «Prólogo». *Lo íntimo*, por Juana Manuela Gorriti. Buenos Aires: Ramón Espasa (1893):i-viii.

GATICA DE MONTIVEROS, María Delia. *Juana Manuela Gorriti: Aspectos de su obra literaria*. Santa Fe (Argentina): Imprenta de la Universidad, 1942.

GORRITI, Juana Manuela Gorriti. *Un año en California*. Buenos Aires: El Nacional, 1864. Revisado y reimpreso en *Panoramas de la vida* como «Un viaje al país del oro».

• *Sueños y realidades*. Ed. Vicente G. Quesada. Int. de José María Torres Caicedo. Epílogo y selección de reseñas periodísticas de Vicente G. Quesada. 2 vols. Buenos Aires: Casavalle, 1865. 2a ed. pról. de José María Torres Caicedo. 2 vols. Buenos Aires: Biblioteca de «La Nación», 1907.

• *Biografía del general Don Dionisio de Puch*. París: n.p., 1868. *Vida militar y política del general Don Dionisio de Puch*. 2a ed. corregida y aumentada. París: Imprenta Hispanoamericana de Rouge Hermanos y Comp., 1869.

• *El pozo del Yocci*. París: n.p., 1869. Ed. & pról. Arturo Giménez Pastor. Buenos Aires: Universidad de Buenos Aires, Instituto de Literatura Argentina, Sección de documentos, Serie 4, Novela, vol. 1, 5, 1929.

• *Panoramas de la vida; colección de novelas, fantasías, leyendas y descripciones americanas*. Pról. Mariano Pelliza. 2 vols. Buenos Aires: Casavalle, 1876.

• *Misceláneas; colección de leyendas, juicios, pensamientos, discursos, impresiones de viaje y descripciones americanas*. Intro. y Biog. Pastor S. Obligado. Buenos Aires: Imprenta de M. Biedma, 1878.

• *El mundo de los recuerdos*. Buenos Aires: Félix Lajouane, editor, 1886.

• *Oasis en la vida*. Buenos Aires: Félix Lajouane, editor, 1888.

- *La tierra natal*. Pról. Santiago Estrada. Buenos Aires: Félix Lajouane, ed., 1889.

- *Cocina ecléctica*. Buenos Aires: Félix Lajouane, ed., 1892. 2a. ed. Buenos Aires: Librería Sarmiento, 1977. Pról. y ed. de Miguel Brascó.

- *Perfiles (Primera parte)*. Buenos Aires: Félix Lajouane, ed., 1892.

- *Veladas literarias de Lima, 1876-1877; tomo primero, veladas I a X 77*. Buenos Aires: Imprenta Europea, 1892.

- *Lo íntimo de Juana Manuela Gorriti*. Pról. Abelardo M. Gamarra. Buenos Aires: Ramón Espasa, 1893. 2a. ed. *Juana Manuela Gorriti y Lo íntimo*. Pról. de Alicia Martorell. Salta: Fundación del Banco del Noroeste, 1992.

- *El tesoro de los incas (leyenda histórica)*. Int. José María Monner Sans. Buenos Aires: Universidad de Buenos Aires, Instituto de Literatura Argentina, Sección de documentos, Serie 4, Novela, vol. 1, 6, 1929.

- *Páginas literarias: leyendas, cuentos, narraciones*. Pról. Antonio Sagarna. Buenos Aires: El Ateneo, 1930.

- *Narraciones*. Ed. y Pról. W.G. Weyland (Silverio Boj). Buenos Aires: Ediciones Estrada, 1946.

- *Relatos*. Ed. y Pról. Antonio Pagés Larraya. Buenos Aires: Editorial Universitaria de Buenos Aires, 1962.

- *Obras completas*. Salta, Fundación del Banco del Noroeste, 6 tomos, 1992.

GUERRA CUNNINGHAM, Lucía. «Visión marginal de la historia en la narrativa de Juana Manuela Gorriti». *Ideologies and Literature*. New Series 2.2 (Fall, 1987):59-76.

GUTIÉRREZ, Juan María. «Nota». *Revista del Río de La Plata*. Buenos Aires 6.24 (1873):499-501.

IGLESIA, Cristina, compiladora. *El Ajuar de la patria: Ensayos críticos sobre Juana Manuela Gorriti*. Buenos Aires: Feminaria

Editora, 1993. Contiene ensayos de Graciela Batticuore, Cristina Iglesia, Josefina Iriarte y Claudia Torre, Francine Masiello, Isabel Quintana y Liliana Zuccotti.

MASIELLO, Francine. *Between Civilization and Barbarism: Women, Nation, and Literary Culture in Modern Argentina*. Lincoln, NE: Univ. of Nebraska Press, 1992.

• *La mujer y el espacio público: El periodismo femenino en la Argentina del siglo XIX*. Buenos Aires Feminaria Editora, 1994.

MEEHAN, Thomas C. «Una olvidada precursora de la literatura fantástica: Juana Manuela Gorriti». *Chasqui* 10.2-3 (feb.-mayo 1981):3-19.

MERCADER, Martha. *Juanamanuela, mucha mujer*. Buenos Aires: Editorial Sudamericana, 1980. Muchas ediciones.

PAGÉS LARRAYA, Antonio. «Juana Manuela Gorriti». *Relatos*, por Juana Manuela Gorriti. Buenos Aires: Editorial Universitaria de Buenos Aires, (1962):5-11.

• *Palma literaria y artística de la escritora argentina Juana M. Gorriti*. Buenos Aires: Carlos Casavalle, 1875.

PALMA, Ricardo. «Carta a don Julio G. Sandoval». *Veladas literarias de Lima*, por Juana Manuela Gorriti. Buenos Aires: Imprenta Europea, (1892):v-vii.

• *La Bohemia de mi tiempo*. 1a ed. Lima: Imprenta «La industria», 1899. Lima: Hora del Hombre, 1948. Lima: Edición Distribuidora Bendezú, 1971.

PORTUGAL, Ana María. «El Centenario de Juana Manuela Gorriti». *Mujeres en Acción; Isis International*. Abril (1992): 58-60.

REGAZZONI, Susanna. «Juana Manuela Gorriti: Notas sobre la disolución del exotismo». *Romanticismo 2: Atti del III Congresso sul romanticismo spagnolo e ispanoamericano (12-14 Aprile 1974)*. Intr. Ermanno Caldera. Genoa, Italia: Biblioteca di Lett. (1984):100-106.

SCOTT, Nina M. «Juana Manuela Gorriti's *Cocina ecléctica*: Recipes as Feminine Discourse», *Hispania*, Mayo (1992): 310-314.

SOSA, Francisco. «Juana Manuela Gorriti». *Escritores y poetas sudamericanos*. México: Oficina Tip. de la Secretaría de Fomento (1890):53-68.

...fue quemada en efigie y excoriada, sufrió la excomunión de la Iglesia...
            Mary G. Berg.

CLORINDA MATTO DE TURNER:
PERIODISTA Y CRÍTICA

MARY G. BERG

Por su desafío a la Iglesia Católica, al gobierno en el poder, al ejército, y a los preceptos de la alta sociedad limeña, Clorinda Matto de Turner pagó un precio bien alto. Fue el enfoque de denuncia pública en varias ciudades peruanas, fue quemada en efigie y excoriada, sufrió la excomunión de la Iglesia, el saqueo y la destrucción de su hogar y de su taller de imprenta feminista, y a los cuarenta y dos años se tuvo que exiliar abruptamente para nunca más volver al Perú. Ni el entierro de sus huesos en un cementerio de su patria le fue permitido hasta 1924, quince años después de su muerte en Buenos Aires. Pero si el precio era alto, también lo eran sus logros: Clorinda Matto fue la primera mujer en las Américas que editó un periódico diario; muchos de sus centenares de ensayos editoriales en favor de la educación de la mujer y de los derechos humanos y legales para los marginados (los indios y las mujeres) de la sociedad, sí lograron posibilitar cambios importantes; y su primera novela, *Aves sin nido* (1889), que hace una denuncia fuerte del mal uso del poder, todavía hoy después de más de cien años es una de las novelas más leídas de la literatura latinoamericana, y sigue siendo vigente y conmovedora en su crítica acerba de la injusticia social.

Grimanesa Martina Matto Usandivaras, quien después se llamaría Clorinda Matto, nació en Cusco, Perú, el 11 de noviembre de 1852. Fue hija de Grimanesa Usandivaras y de Ramón Matto, dueños de una pequeña hacienda llamada Paullo Chico, donde Matto y sus dos hermanos, David y Daniel, pasaron la mayor parte de su infancia. Más adelante, en sus escritos, Matto describiría muchas veces la belleza de la vida rural, recurriendo a recuerdos concretos de hechos y personas. Su eterno interés por el bienestar de la población india, así como su dominio de la lengua quechua, también están enraizados en aquellas experiencias tempranas cuando jugaba con los otros niños de la hacienda. Obtuvo su educación formal en Cusco, en el Colegio Nacional de Educandas, escuela que llegaría a ser famosa por ser una de las primeras y por ser uno de los mejores centros de educación femenina. A los catorce años ya editaba un periódico estudiantil y también escribía obras de teatro que eran representadas por sus amigas.

En 1862 murió su madre, y en 1868 Matto abandonó la escuela para ayudar con el manejo de la casa y para cuidar a su padre y a sus dos hermanos. El 27 de julio de 1871 se casó con José Turner, médico y empresario inglés, y se fueron a vivir a Tinta, no lejos de Cusco. Matto ya empezaba a escribir poesía y prosa y, con la aprobación y el apoyo de su esposo y de su padre, al poco tiempo estaba publicando artículos bajo varios seudónimos («Lucrecia», «Betsabé», «Rosario») en perió-

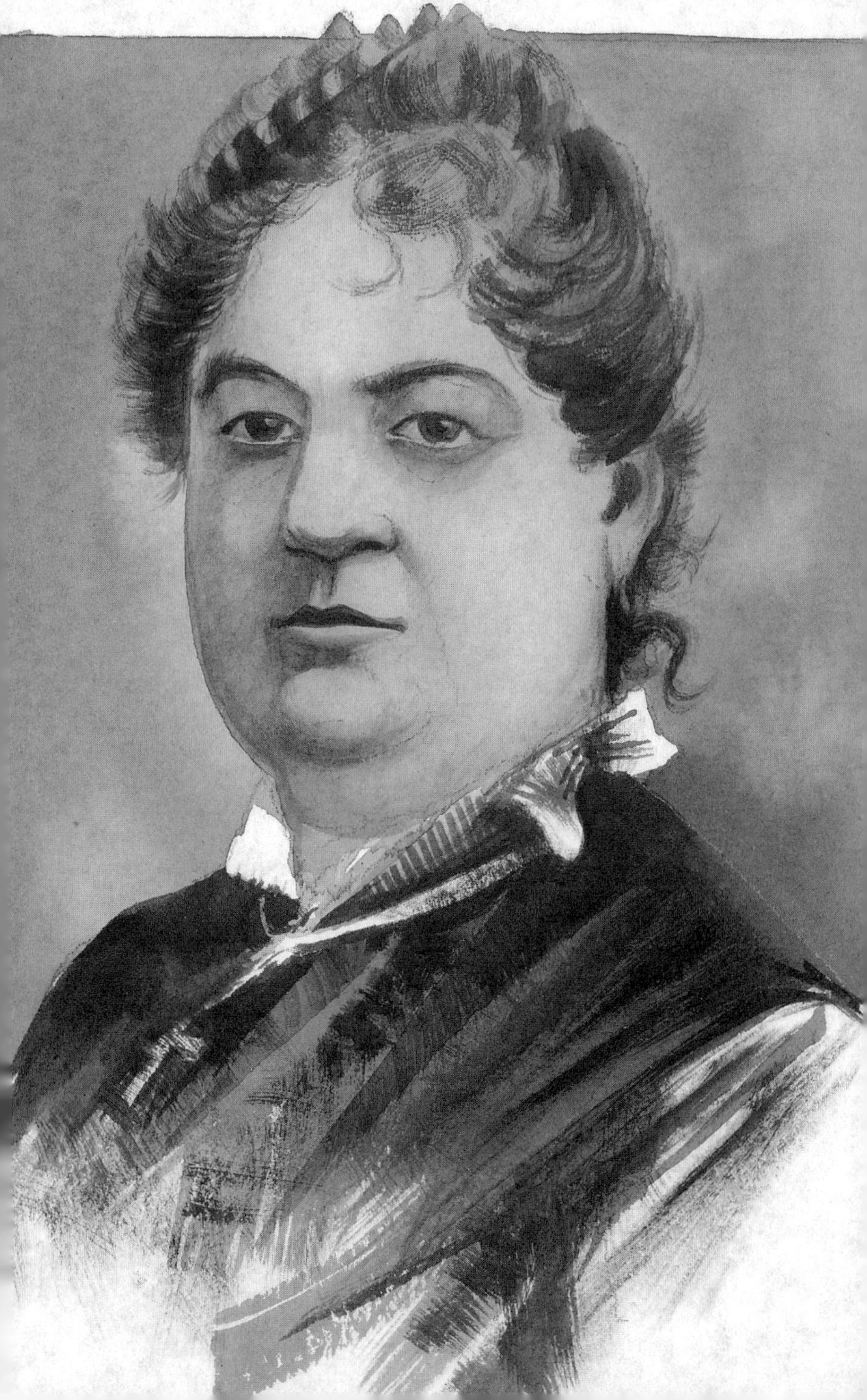

dicos como *El Heraldo, El Mercurio, El Ferrocarril* y *El Eco de los Andes*. Al principio, su interés principal se centraba en la emancipación y educación de las mujeres, y en las condiciones en las cuales vivía la población india, pero pronto empezó a escribir leyendas y bosquejos históricos, tradiciones cusqueñas en el estilo de las piezas cortas, ya bien conocidas, de Ricardo Palma. Matto organizó un círculo literario y, en febrero de 1876, empezó a publicar *El Recreo de Cuzco*, una revista semanal de literatura, ciencia, artes y educación, la cual incluyó muchos artículos suyos.

En 1877, cuando Matto se fue de visita a Lima, fue objeto de una cordial acogida e invitada a una serie de reuniones y festejos literarios, entre ellos al renombrado salón de Juana Manuela Gorriti, escritora argentina muy conocida —y muy admirada por Matto— quien a la sazón vivía en el Perú. Gorriti organizó una reunión literaria en honor de Matto, y entre los que leyeron sus composiciones estaban la propia Gorriti, Mercedes Cabello de Carbonera y Ricardo Palma; todos ellos llegarían a ser buenos amigos. En 1879, cuando Matto volvió a Tinta, en los primeros años de la guerra con Chile, respaldó activamente la causa de Andrés Cáceres quien, con soldados indios, defendía la región andina peruana. La casa de los Turner fue usada como hospital de guerra y Matto organizó un sistema de ambulancias, además de reunir fondos para la guerra.

José Turner murió en marzo de 1881, cuando el desorden de la guerra estaba en su apogeo, dejando a su viuda en una situación económica sumamente difícil. Matto trató de pagar sus deudas y de alcanzar el triunfo, o por lo menos la sobrevivencia, por medio de varias empresas comerciales. En 1883 se mudó a Arequipa, como jefe de redacción del diario *La Bolsa*. Gran número de sus primeros artículos y editoriales en *La Bolsa* son exhortaciones patrióticas dirigidas a todos los peruanos, pidiendo la unión y la solución de sus problemas. Matto también escribió sobre comercio y agricultura, inmigración, problemas indígenas y educativos, con interés particular y apasionado en la educación de las mujeres. En 1884, publicó un libro de texto de selecciones de literatura para mujeres.

La primera serie de ensayos y bosquejos históricos de Matto, *Perú: Tradiciones cuzqueñas* (1884), se publicó en Arequipa en 1884, con prólogo de Ricardo Palma. *Hima-Sumac* (1892), su única obra teatral, fue estrenada en Arequipa el 16 de octubre de 1884 y después en Lima, en 1888. Es un melodrama conmovedor de amor y traición, lleno de simpatía por los indios, que son oprimidos y torturados por los españoles obsesionados por el oro.

En 1886 Matto se fue a vivir a Lima, donde se había establecido su hermano David, quien había obtenido título de médico cirujano en 1885 y ejercía la presidencia de la Unión Fernandina. Matto se incorporó a las reuniones literarias del Ateneo y el Círculo Literario, salón al que asistía Manuel González Prada, orador y escritor cuyas ideas sobre el progreso, el espíritu nacional, la educación de los indios y el anticlericalismo interesarían mucho a Matto, influyéndola profundamente. Continuó escribiendo artículos y narraciones, y en 1889 asumió la dirección de *El Perú Ilustrado*, la revista literaria más importante de Lima en su época. En 1889 publicó dos libros, uno de ellos una serie de descripciones histórico-biográficas, *Bocetos al lápiz de americanos célebres*, y la otra una novela explosiva de candente crítica contra la corrupción existente en un pueblecito andino, *Aves sin nido,* que casi inmediatamente logró grandes aclamaciones y mucha notoriedad.

Aves sin nido relata la historia de una mujer joven, recién casada, que se establece con su marido, por razones del trabajo de él, en un remoto pueblito andino. Lucía se va horrorizando ante la corrupción que se revela: explotación cruel y sistemática de los indios por los poderosos del pueblo (los gobernadores, el cura, los terratenientes, los cobradores de impuestos) que tienen el apoyo y el consentimiento de las instituciones nacionales que deberían alentar la justicia: los legisladores, la Iglesia, los militares, y el sistema jurídico. Lucía y otros reformadores lidian por el mejoramiento de la situación tan injusta e inmoral, pero con poco éxito. La novela es una denuncia fuerte de la corrupción nacional. Presenta también una serie de esbozos de mujeres del pueblo (indias, blancas, ricas, pobres) y discute las posibilidades de educación y de acción efectiva abiertas a las mujeres reformistas de la época.

Matto publicó la obra de muchos escritores importantes en la revista limeña que dirigió, *El Perú Ilustrado*. En ella contribuyeron autores como Rubén Darío y Manuel González Prada, y varios de los miembros del grupo literario que se reunía en su casa regularmente. El 23 de agosto de 1890, *El Perú Ilustrado* publicó (sin autorización de Matto, según aclaró posteriormente, pues ese día había estado enferma) un cuento basado en la vida de Cristo, escrito por el brasileño Henrique Maximiano Coelho Netto, que enfureció a muchos lectores quienes opinaron que se había difamado a Cristo pues se decía que sentía una atracción sexual por María Magdalena. El arzobispo de Lima, bajo amenaza de cometer un pecado mortal, prohibió que se leyera, vendiera o hablara de la revista. Se acusó a la revista y luego también a *Aves sin nido* de haber difamado a la Iglesia. La controversia fue creciendo. El arzobispo excomulgó a Matto, empezaron las demostraciones públicas a su favor y en su contra, en Cusco y Arequipa fue quemada su efigie, y *Aves sin nido* quedó incluido en la lista de libros prohibidos por la Iglesia católica. Pero Matto y *El Perú Ilustrado* tenían muchos defensores y el 7 de julio de 1891, la prohibición que el arzobispo había impuesto con relación al periódico fue retirada ante las múltiples promesas de Pedro Bacigalupi, dueño de la revista, comprometiéndose a vigilar más estrechamente el material que se publicara. Cuatro días después, Matto renunció a su cargo de editora y directora de *El Perú Ilustrado*.

Al año siguiente, Matto publicó *Índole*, su segunda novela, donde se describe un sacerdote corrupto y malo, y donde diversas prácticas de la Iglesia, el Ejército y el Gobierno son objeto de crítica. Matto, con el apoyo de su hermano David, fundó una imprenta feminista y repartió avisos a los posibles clientes: *Muestrario de la imprenta «La Equitativa», servida por señoras, fundada en febrero de 1892 por Clorinda Matto de Turner*. En esas instalaciones Matto imprimió *Los Andes*, su nueva publicación quincenal; su próximo libro, *Leyendas y recortes* (1893), y también obras de otras escritoras. Matto tomó parte muy activa en la política, atacando a Nicolás de Piérola y defendiendo a Andrés Avelino Cáceres, su amigo y admirador de toda la vida. Su tercera novela, *Herencia*, una crítica acerba a la desintegración moral de la sociedad limeña, apareció a principios de 1895 y, en marzo de ese mismo año, Piérola tomó poder del gobierno. Más adelante, Matto describiría los horrores vividos aquellos días. Su casa fue destruida, su imprenta saqueada y sus manuscritos extraviados. El 25 de abril de 1895 Matto huyó a Chile, donde fue recibida con gran cariño. Después se dirigió a la Argentina, estableciéndose en Buenos Aires. Allí dio clases en la Escuela Comercial de Mujeres y en la Escuela Normal de Profesoras, tradujo libros del Nuevo Testamento al quechua para uso de misioneros y evangelistas, y continuó escribiendo artículos para diversas publicaciones. Colaboró en diarios porteños como *La Nación*, *La Prensa*, *La Razón* y *El Tiempo* y en varias revistas distinguidas. Fundó y editó *El Búcaro Americano*, revista general con interés especial en temas sociales y literarios que apareció desde 1896 hasta 1909. En 1904 se publicó *Aves sin nido*, traducida al inglés por J.H. Hudson, y en esta versión el pesimismo del final en cuanto a la posibilidad de reforma social aparece modificado, ofreciendo una visión más optimista, con el propósito de atraer inversiones y misioneros al Perú.

En 1908 Matto recorrió gran parte de Europa y escribió un diario de las impresiones de su viaje por Italia, donde tuvo audiencia con el Papa, Suiza, Alemania, Inglaterra, Francia y España, país donde dictó conferencias sobre Argentina y Perú. A finales de ese mismo año regresó a Buenos Aires, y aunque bastante enferma terminó el libro de comentarios sobre sus impresiones de Europa, *Viaje de recreo* (1909), justo antes de morir de pulmonía, en una clínica de Buenos Aires, el 25 de octubre de 1909. Legó parte de sus bienes al Hospital de Mujeres de Cusco y donó su biblioteca al Concejo [sic] de Educación de Buenos Aires.

A petición del presidente y del Congreso del Perú, los restos de Clorinda Matto de Turner fueron llevados al Perú en 1924 y están enterrados en Lima. Es recordada y estimada no solamente como denunciadora de la corrupción y como autora de novelas y tradiciones que todavía se leen con gran interés, sino también por ser modelo admirable de luchadora infatigable en favor de la educación y de derechos humanos iguales y legales para todo ciudadano.

Bibliografía

BERG, Mary G. «Clorinda Matto de Turner (1852-1909)». *Escritoras de Hispanoamérica*. Comp. Diane E. Marting, Pról. Montserrat Ordóñez. Bogotá: Siglo XXI, (1992): 309-322.

• «Feminism and Representation of the Feminine in the Novels of Clorinda Matto de Turner (Perú, 1852-1909)». *Phoebe: An Interdisciplinary Journal of Feminist Scholarship, Theory and Aesthetics* 1.3 (1990).

• «Writing for her Life: The Essays of Clorinda Matto de Turner». *Reinterpreting the Spanish American Essay. Women Writers of the 19th and 20th Centuries*. Doris Meyer ed., Austin: University of Texas Press, (1995): 80-89.

BRUSHWOOD, John. «The Popular-Ethnic Sensitivity: Clorinda Matto de Turner's *Aves sin nido*». *Genteel Barbarism: Experiments in Analysis of Nineteenth-Century Spanish- American Novels*. Lincoln: Univ. of Nebraska Press, (1981): 139-157.

CAMPBELL, Margaret V. «The *Tradiciones cuzqueñas* of Clorinda Matto de Turner». *Hispania* 42 (1959): 492-97.

CARRILLO, Francisco. *Clorinda Matto de Turner y su indigenismo literario*. Lima: Biblioteca Nacional, 1967.

CASTRO ARENAS, Mario. «Clorinda Matto de Turner y la novela indigenista». *La novela peruana y la evolución social*. Lima: Cultura y Libertad, (1965):105-112.

CORNEJO POLAR, Antonio. *Clorinda Matto de Turner, novelista*. Lima: Lluvia Editores, 1992.

CUADROS ESCOBEDO, Manuel E. *Paisaje i obra. Mujer e historia: Clorinda Matto de Turner, estudio crítico-biográfico.* Cusco: H. G. Rozas Sucesores, 1949.

FOX-LOCKERT, Lucía. «Clorinda Matto de Turner: Aves sin nido (1889)». *Women Novelists of Spain and Spanish America.* Metuchen, N.J.: Scarecrow Press, (1979): 25-32.

• «Contexto político, situación del indio y crítica a la iglesia de Clorinda Matto de Turner». *Texto/Contexto en la Literatura Iberoamericana: Memoria del XIX Congreso, Instituto Internacional de Literatura Iberoamericana.* Madrid: XIX Congreso IILI, (1981): 89-93.

KRISTAL, Efraín. «The Political Dimension of Clorinda Matto de Turner's Indigenismo». *The Andes Viewed From the City: Literary and Political Discourse on the Indian in Peru 1848-1930.* New York: Peter Lang, (1987): 127-161.

KUPPERS, Gabrielle. *Peruanische Autorinnen von der Jahrhunderstwende: Literatur und Publizistik als Emanzipationsprojekt bei Clorinda Matto de Turner.* Frankfurt am Main: Peter Lang, 1989.

MATTO DE TURNER, Clorinda. *Perú: Tradiciones cuzqueñas.* Arequipa: Imp. de «La Bolsa», 1884.

• *Tradiciones cuzqueñas.* Tomo II. Lima: Imp. de Torres Aguirre, 1886. Hay muchas ediciones subsiguientes que contienen selecciones diferentes.

• *Aves sin nido.* Buenos Aires: Félix Lajouane, 1889. Hay muchas ediciones subsiguientes.

• *Bocetos al lápiz de americanos célebres.* Lima: Peter Bacigalupi y Ca., 1889.

• *Elementos de Literatura según el Reglamento de Instrucción Pública para uso del bello sexo.* Arequipa: Imp. «La Bolsa», 1889.

• *Índole (Novela peruana).* Lima: Tipo Litografía Bacigalupi, 1891. 2a ed. Lima, Instituto Nacional de Cultura, 1974.

- *Hima-Sumac. Drama en tres actos y en prosa.* Lima: Imp. «La Equitativa», 1892. 2a ed.: Lima, Servicio de Publicaciones del Teatro Universitario, 1959.

- *Leyendas y recortes.* Lima: Imp. «La Equitativa», 1893.

- *Herencia (Novela peruana).* Lima: Imp. Masías, 1895. 2a ed.: Lima, Instituto Nacional de Cultura, 1974.

- *Analogía. Segundo año de gramática castellana en las escuelas normales, según el programa oficial.* Buenos Aires: n.p., 1897.

- *Apostolcunae ruraskancuna pananchis Clorinda Matto de Turnerpa castellanomanta runa simiman tticrasccan. Traducción al quechua del Evangelio de San Lucas y los Hechos de los Apóstoles.* Buenos Aires: n.p., 1901. Tomos siguientes rindieron al quechua los evangelios de San Juan, San Pablo, San Marcos y San Mateo. Se publicaron en muchas ediciones en Buenos Aires, Nueva York y Lima.

- *Boreales, miniaturas y porcelanas.* Buenos Aires: Imp. de Juan A. Alsina, 1902.

- *Cuatro conferencias sobre América del Sur.* Buenos Aires: Imp. de Juan A. Alsina, 1909.

- *Viaje de Recreo. España, Francia, Inglaterra, Italia, Suiza, Alemania.* Valencia: F. Sempere y Compañía, 1909.

MELÉNDEZ, Concha. «*Aves sin nido,* por Clorinda Matto de Turner». *La novela indianista en Hispanoamérica, 1832-1889.* Río Piedras: University of Puerto Rico, (1961): 177-84. Primera edición Madrid: Imprenta de la Librería y Casa Editorial Hernando, 1934.

RODRÍGUEZ-LUIS, Julio. «Clorinda Matto». *Hermenéutica y praxis del indigenismo: La novela indigenista de Clorinda Matto a José María Arguedas.* México: Fondo de Cultura Económica, (1980): 17-55.

SANDOVAL, Julio F. «La señora Clorinda Matto de Turner: Apuntes para su biografía». Clorinda Matto de Turner, *Perú: Tradiciones cusqueñas*. Arequipa: Imp de «La Bolsa», (1884): vii-xiv.

SWAIN, Joye R. «An Analysis of *Aves sin nido*». *Neohelicon*. Budapest, Hungary 2.1-2 (1974): 217-225.

TAMAYO VARGAS, Augusto. *Guía para un estudio de Clorinda Matto*. Lima: Colección Turismo, 1945.

TAURO, Alberto. *Clorinda Matto de Turner y la novela indigenista*. Lima: Universidad Nacional Mayor de San Marcos, 1976.

TORRES-POU, Joan. «Clorinda Matto de Turner y el ángel del hogar». *Revista Hispánica Moderna*. Nueva época 43.1 (1990): 3-15.

VALENZUELA, Víctor M. «Clorinda Matto de Turner: *Aves sin nido*». *Grandes escritoras hispanoamericanas: Poetisas y novelistas*. Bethlehem, Pa.: Lehigh University Press, (1974): 71-82.

YÉPEZ MIRANDA, Alfredo. «Clorinda Matto de Turner: En el 90° aniversario de su nacimiento». *Revista Universitaria (Universidad Nacional del Cuzco)* 33.86 (1944): 156-174.

Ciertamente fue una mujer la primera en salir con la más sagrada idea de hablar a los trabajadores.

Flora Tristán.

FLORA TRISTÁN: «LA PARIA»

NORA EIDELBERG

Por ser hija de un peruano y por haberse identificado con la patria de su padre durante su permanencia en el Perú, 1833-34, Flora Tristán ha sido adoptada como peruana y acogida como inspiradora y modelo del movimiento feminista peruano. Debido a su condición de mujer, y por su utopismo mesiánico, su labor como feminista y pionera del movimiento obrero en Francia en el siglo pasado ha quedado olvidada hasta ser descubierta, reconocida y estudiada en este siglo. Después de la muerte de Flora en 1844, su discípula y acompañante Éléonore Blanc publicó en 1845 una biografía. Desde esa fecha, no se encuentra referencia bibliográfica de Flora hasta 1925, con la publicación de una biografía documentada por Jules L. Puech. En 1935 Margaret L. Goldsmith la incluye en su libro *Seven Women Against the World*, junto con Charlotte Corday, Emma Goldman y Rosa Luxemburgo, entre otras.

Mariano Tristán fue un criollo peruano de la alta alcurnia de Arequipa, la segunda ciudad en importancia del Perú, quien, a principios del siglo XIX, mientras se hallaba en España como coronel bajo el servicio del rey, conoció a la francesa Teresa Laisnay con quien se casó en ceremonia religosa. Mariano disponía de muchos recursos económicos y puso una elegante casa en París donde acudían importantes personajes como von Humboldt, Simón Rodríguez y Simón Bolívar. Flora nació en 1803 y luego nació un hermano que murió siendo niño. Mariano Tristán murió en 1808, y dejó a la familia sin recursos. La casa fue decomisada por el gobierno de Napoleón por ser Tristán español (Francia estaba en guerra con España). Como no había ningún certificado legal, el matrimonio no fue reconocido por la ley, y Teresa se halló completamente desposeída, sin medios de subsistencia. Por un tiempo vivió en el campo con sus hijos por ser más fácil la vida allí. Después de unos años regresaron a París y vivieron en el barrio más pobre de la ciudad, lleno de desempleados y criminales. La falta de documentación que probara la legitimidad como hija de Mariano, habría de acarrearle a Flora una cantidad de problemas en el futuro.

Para ganarse la vida Flora se empleó como ilustradora de libros con un grabador llamado André Chazal, con quien se casó a los diecisiete años. Flora fue muy infeliz en el matrimonio y después de tener dos hijos con él, lo abandonó al saberse embarazada por tercera vez. Entre los años 1825-1833 se empleó como niñera e institutriz, oficio que la llevó varias veces a Londres y Suiza. Fue entonces cuando se despertó su conciencia social al observar en Londres las precarias condiciones en que trabajaban y vivían los obreros, las mujeres y niños en particular, reducidos a las demandas de productividad de la revolución industrial.

En 1829 Flora reestableció el contacto, que su madre había perdido, con su familia en el Perú. En abril de

1833 se embarcó para el Perú con el propósito de conocer a su familia paterna y reclamar su herencia. Fue un viaje muy largo que duró cinco meses. En el barco tuvo un romance con el capitán, Zacarías Chabrié, quien quiso casarse con ella y llevarla a la remota California. Flora no le dijo que era casada y que tenía hijos para no predisponerlo contra ella. Éste es el único encuentro amoroso que se sabe que tuvo después de su separación de Chazal; como el divorcio no era permitido en Francia, Flora careció de la oportunidad de ser feliz con otro hombre. Tampoco les dijo a sus familiares en el Perú que era casada. Cuando por fin llegó a Arequipa, su abuela acababa de morir y sólo quedaba su tío Pío Tristán, hermano menor de su padre, sus hijos y otros familiares. La familia Tristán era la más distinguida y acaudalada de Arequipa, lo que por un lado fue una ventaja, porque le permitió conocer la clase dirigente de la sociedad peruana, y por otro, una desventaja porque se hizo ilusiones de llegar a ser burguesa acomodada e influyente, ilusiones que pronto tuvo que abandonar debido a la truculencia de su tío, quien le negó la herencia.

A bordo del barco «Mexicain» inicia un diario que continúa en el Perú y que luego será su libro *Peregrinaciones de una paria* que publica al volver a Francia.

En Arequipa, en su condición de francesa bella, inteligente e ilustrada, conquista el cariño y la admiración de los que la rodean. No sólo anota en su libro sus relaciones con su familia y sus sentimientos personales, sino que con perspicacia atinada de reportera investigadora, Flora describe detalladamente las condiciones políticas, económicas y sociales en las que se encontraba el Perú doce años después de haber proclamado su independencia de España. Allí examina con especial atención las condiciones de dependencia de la mujer peruana del hombre, en todos los niveles sociales. En las clases alta y media, es esposa y madre o relegada a un convento de monjas, dos instituciones que aprisionan a la mujer. En la clase trabajadora es criada, esclava, esposa y madre. La autora queda impresionada al enterarse de la vida de las rabonas, mujeres en su mayoría indias, extremadamente leales, que se adelantan a los ejércitos en combate y establecen los campamentos y las provisiones; se hacen cargo de los hijos y de los heridos en batalla y, con frecuencia, toman en sus manos la espada o el fusil para ayudar a los soldados. Es la misma labor que emprenden las soldaderas durante la Revolución Mexicana, cien años más tarde.

En los diez meses que vivió en el Perú, Flora se compenetró e intervino en la vida política como consejera de su tío y de sus partidarios, quienes se dedicaban a intrigas para disputarse la influencia con los caudillos que surgían esporádicamente. En varias ocasiones Flora contempla la idea de obtener poder político y vencer al odiado monje Valdivia, quien apoyaba al general Nieto, uno de los caudillos. Como modelo, Flora tenía a la señora Pancha Gamarra, la esposa del presidente, quien manejaba todos los asuntos de gobierno, por ser el Mariscal Gamarra un hombre débil y cobarde. La señora Gamarra, a quien llamaban Mariscala, era muy respetada y temida. Flora escribe con franqueza:

> Me resolví también a entrar en la lucha social y después de haber sido largo tiempo víctima de la sociedad y de sus perjuicios, ensayar de explotarla a mi vez, vivir de la vida de los demás y ser como ellos codiciosa, ambiciosa, implacable.
> (*Peregrinaciones* 350)

Pero Flora desiste de este proyecto al no encontrar un militar que pudiera secundarla y, al fracasar su intento de obtener la herencia de su padre, decide volver a Francia. Pío Tristán era un avaro contundente, quien, al enterarse que Flora no poseía ningún documento legal del matrimonio de su hermano con Teresa Laisnay, le niega su parte de la herencia. Sólo le asigna una módica pensión que suspende cuando Flora publica su libro, donde lo critica duramente. Cuando el libro llega a Arequipa, don Pío, enfurecido, hace quemar los volúmenes en la Plaza de Armas en un Auto de Fe digno de la Inquisición.

Antes de embarcarse para Francia Flora visita Lima. Sus descripciones de la ciudad, la vida de las limeñas de la clase alta, los conventos, la condición de los esclavos que trabajan en los ingenios de azúcar, y las idiosincrasias de los peruanos constituyen un legado importante de la historia de aquella época, mostrando Flora sus excelentes cualidades de investigadora social.

La estadía de Flora Tristán en el Perú tuvo una influencia decisiva tanto en su maduración afectiva como intelectual. Después de ver los abusos que la gente en el poder cometía con los pobres y esclavos, su conciencia social se fortifica. Magda Portal, admiradora y seguidora de Flora, (véase ensayo sobre Magda en este volumen), sostiene que «[l]a estadía de Flora en el Perú —Arequipa y Lima— deja una honda huella en su espíritu, que enrumbará sus posteriores acciones a su regreso a París y sin duda, durante el resto de su vida» (Portal 47). Denys Couche dice que el Perú, para Flora, «constituye antes que nada la toma de la palabra» (55). Flora descubre su capacidad de escritora y en el futuro utilizará la palabra escrita para moldear y definir su ideología, así como su propia persona. En el Prefacio a *Peregrinaciones...* (41-52) asume el riesgo de contar su vida privada. Revela su desdichado matrimonio, su lucha por mantenerse, y se rebela contra el orden social que oprime a las mujeres. Flora construye su imagen con deseos de servir de modelo a otras mujeres que como ella sufren las injusticias sociales y legales. Sus libros toman forma de crítica social, crónicas de viajes, novela autobiográfica, todos imbuidos con el espíritu romántico de la época.

A su vuelta a Francia, Flora se dedica a escribir sobre sus experiencias y a conectarse con los movimientos socialistas de la época. Conoce a Saint-Simon, a Fourier y a su discípulo Victor Considerant, los que propugnan un socialismo utópico de quienes Flora obtiene la idea de construir falansterios o *palacios* para los obreros, como los llamará ella. También conoce a Robert Owen en una de sus visitas a Francia.

Flora trata de establecerse como mujer independiente, viviendo de sus publicaciones, y llega a ser tomada en serio como escritora. Chazal, su marido, demanda la posesión de los hijos, Ernesto y Aline. Aline se escapa de la casa del padre a quien acusa de querer violarla. Sin embargo, las leyes dan la razón al padre. Después de escaparse nuevamente Aline, Flora lo denuncia a la policía y Chazal va a la cárcel por dos meses. Flora envía a las Cámaras su opúsculo «Petición para el restablecimiento del divorcio». Al salir de la cárcel, Chazal la acosa y armado con una pistola le dispara y la hiere gravemente. Antes del juicio, Flora escribe y publica su «Petición por la abolición de la pena de muerte» que evita la condena a muerte de Chazal, quien, en cambio, es condenado a veinte años de prisión.

Mientras se recuperaba de su herida, Flora termina de escribir su única novela, *Méphis, o el proletario,* que se publicó en 1838. Flora se autodefine en sus escritos y en la trayectoria de su vida y de sus actividades por el proletariado francés, hechos que aparecen nítidamente en sus libros. Los dos personajes principales, Méphis y su compañera Maréquita, representan dos facetas de una sola persona, es decir, Flora. Méphis representa el lado intelectual, cosmopolita del personaje y Maréquita es su lado emocional y provinciano. Sandra Dijkstra en «*Flora Tristan's Vision of Social Change*» (22-24), analiza la alegoría contenida en los nombres: las primeras sílabas, *Me* y *Ma*, de los nombres de los protagonistas se refieren al pronombre singular de la primera persona, yo, que confirma la intención autobiográfica de la novela, y la última sílaba, *phis*, suena como *ris* de París, y *quita*, suena como las dos últimas sílabas de Arequipa, las dos ciudades que más influyeron en la vida de Flora. Además, *Méphis* es una abreviación de Mefistófeles, el arquetipo del tentador y transformador; por último, *Maré* evoca a la virgen María que simboliza la constancia y la tradición, y con quien Flora se identificará en su transformación en *mujer mesiánica* con la divina misión de salvar al proletariado de su miseria. En la novela, Méphis imagina a la mujer ideal como *la Mujer Guía* que cambiará el mundo.

Después de esta novela, que no tuvo éxito por ser demasiado melodramática, sin profundización de los personajes, Flora decidió no seguir escribiendo ficción y, en cambio, dedicarse por entero a la lucha por la integración de la mujer dentro del movimiento obrero y su adquisición de igualdad con el hombre.

Su siguiente libro, *Paseos en Londres,* fue publicado en 1840 después de su cuarta visita a esa ciudad. El título hace pensar en un libro de viajes y probablemente lo usó para estimular su venta. La segunda edición apareció con el título de *La ciudad monstruo*, un título más apropiado para las descripciones de la extrema pobreza del proletariado inglés. Flora visita las fábricas que manufacturan artículos de hierro y madera, de cerveza y de gas, y describe elocuente y minuciosamente las condiciones de trabajo de los obreros a los que se les niega hasta un lugar protegido de la intemperie para descansar por unas horas, antes de reasumir el trabajo. También describe la prostitución en Londres y una visita a las Cámaras del Parlamento donde entra disfrazada de turco, ya que entonces no permitían el ingreso de mujeres a ninguna de las dos Cámaras. Flora conoce y asiste a sesiones de los cartistas, una organización en pro de los obreros. Conoce a O'Connor y a Robert Owen, líderes de este movimiento, y recoge de este último los conceptos de la «urgente necesidad de asociación de los proletarios de Europa» y de la «importancia de la educación» (*Paseos...* 207), que utilizará posteriormente en su *Unión Obrera*. Según Dijkstra, es en Londres donde Flora comprende lo que significa la lucha de clases y el concepto de la plusvalía, antes de que Marx lo definiera como tal en su *Manifiesto comunista*. Engels basó su libro *La condición de la clase trabajadora en Inglaterra* en este libro de Flora («FT's Vision...» 26 y 28). En el estudio preliminar a la edición en castellano, Estuardo Núñez indica que aunque Marx y Engels ubican a Flora Tristán dentro del socialismo utópico al que critican severamente por sus generalidades abstractas «en contradicción con la realidad social» (XIV), no se le debe quitar el mérito a Flora por su rol de «adelantada en la lucha por lograr la justicia social» (XV).

A su vuelta a París, abandona sus pretensiones de ser novelista así como su interés en el arte y en las memorias de viajes, y se dedica exclusivamente a promover la causa del proletariado en Francia. Con miras a convertir el movimiento obrero en una unión universal, se dio cuenta de que era inútil convencer a la burguesía de cambiar de actitud hacia los trabajadores y que los cambios debían de emanar de los mismos obreros. Por lo tanto, decide escribir *Union ouvrière*, dirigida directamente a los obreros para exhortarlos a la «unión universal de hombres y mujeres trabajadores». Flora tiene dificultades en encontrar editor para su libro por lo que decide publicarlo por subscripción, yendo de casa en casa para obtener las subscripciones. Logra publicar dos ediciones en París y la tercera en Lyon, costeada por los obreros de aquella ciudad. Obtiene cartas de apoyo y de crítica, entre las primeras está Gustave de Beaumont, diputado de La Sarthe y el escritor Eugène Sue. Victor Considerant, discípulo de Fourier y editor de *La Democratie Pacifique*, lo critica por considerar utópicas sus ideas. Incluso George Sand, quien no simpatizaba con Flora, pues ésta la criticó por usar seudónimo masculino y vestirse como hombre, se subscribió a la primera edición por considerar loable el proyecto de *la paria*.

Los postulados principales de *La Unión Obrera* son: 1) la consolidación de la clase obrera en una unión sólida, estrecha e indisoluble; 2) representación de la clase obrera ante la nación mendiante un defensor, para ser reconocida por las otras clases; 3) derecho de los hombres y mujeres trabajadores a organizarse; 4) reconocer la necesidad de la educación moral, intelectual y vocacional de todos los hombres, mujeres, niños y niñas; 5) reconocer el principio de derechos iguales de los hombres y de las mujeres como la única forma de unir a la humanidad; 6) construcción de palacios para los miembros de *La Unión Obrera* en cada departamento, con fondos recolectados de los mismos obreros, donde los hijos de la clase trabajadora recibirían instrucción y donde los enfermos y ancianos y los lesionados en el trabajo tendrían derecho de ser admitidos (*The Workers Union* 128. La traducción es mía).

Las primeras dos ediciones se vendieron rápidamente, pero reconociendo el hecho de que a mediados del siglo XIX pocos obreros, y menos aun las mujeres e hijas de aquéllos, sabían leer, Flora se inspira en la costumbre de los *Compagnons* o trabajadores de cofradías de recorrer el país como parte de su aprendizaje y decide hacer lo mismo para educar a los trabajadores y hacerlos tomar conciencia de su importancia como clase social.

Al mismo tiempo que promueve la publicación y la distribución de *La Unión Obrera*, Flora lleva un diario que titula *Le Tour de France, journal inédit 1843-1844* que fue publicado póstumamente en 1973. En el diario la autora comenta sobre la recepción de su libro y sus experiencias con los obreros, con las autoridades que la vigilan por considerarla sediciosa y con los sacerdotes de la Iglesia. Como dice Eileen Boyd Sivert, *Le Tour...* «es un libro sobre un libro o ensayos sobre la recepción de ensayos» (60). Sivert cita a Laura Strumingher, quien en su libro *The Odyssey of Flora Tristán* analiza el estilo y la intención de la autora de *La Unión Obrera* y los compara con el enfoque que usaron las feministas de los años recientes, los ochenta. Flora no usó una distancia objetiva entre el observador (la autora) y los observados, o los lectores. Al contrario, «intentó reducir esa distancia e inmiscuir a los individuos en el proceso de indagación del libro para que se beneficien de los resultados» (60). En *Le Tour...*, Flora expande el diálogo iniciado en *La Unión...* al encontrarse cara a cara con las personas a quienes este *librito* (así lo llamó la autora por su brevedad) va dirigido.

Como *Le Tour*... es un diario íntimo sin miras a ser publicado, Flora vierte en él todas sus frustraciones de los encuentros con los obreros quienes son perfilados como ignorantes, indiferentes y en ocasiones hostiles hacia ella. Se conmisera de sí misma y se queja de los sacrificios que está haciendo por la causa. Vive en hoteles miserables donde la comida es pésima, y sufre de disentería y agotamiento. En momentos difíciles se compara con Teresa de Ávila y con Jesús. Se considera una mártir «en la noble misión para la que Dios... me ha escogido» (*Le Tour* 40). Estas privaciones y la adoración que algunos de sus discípulos que comprenden su mensaje le profesan, y de su fiel compañera, Eleanore Blanc, hacen que se considere la *Mujer mesiánica*, y la *Mujer Guía*, conceptos que ya habían aparecido en *Méphis*... Cuando las cosas marchan bien, Flora se exalta y se explaya en comentarios congratulatorios: «Lo que estoy haciendo ahora... hablan de la superioridad de la mujer... Ciertamente fue una mujer la primera en salir con la más sagrada idea de hablar a los trabajadores» (*Le Tour* 71-72). Algunos de sus biógrafos, como Silvina Bullrich, consideran que estaba desequilibrada mentalmente por asumir semejante actitud. Esta razón hizo que Flora no fuera tomada en serio por los socialistas que la siguieron, quienes postularon el materialismo dialéctico.

Después de ocho meses (abril-noviembre de 1844) de recorrer muchas ciudades y de sufrir numerosas privaciones, Flora cae gravemente enferma de fiebre tifoidea en Burdeos y muere el 14 de noviembre del mismo año. Los obreros, por subscripción, le levantan un monumento conmemorativo. Posteriormente, su labor fue olvidada y sus libros enterrados en bibliotecas hasta casi cien años después de su muerte, tal como ella lo había predicho. Hacia 1994, en el sesquicentenario de su muerte, el nombre de Flora era reconocido en Francia, Inglaterra, Estados Unidos y Latinoamérica, y es tema de libros y artículos críticos. Hay también varias biografías sobre ella. En el Perú, Flora ha inspirado al movimiento feminista y existe el Centro Flora Tristán que ayuda a las mujeres en aspectos legales y laborales y tiene una editorial que publica libros feministas. Varias otras organizaciones y ciertas calles de la ciudad llevan su nombre.

Los legados más importantes que dejó la *Mujer Guía* son ser la precursora de una unión universal del proletariado y de insistir en la «Igualdad absoluta entre la mujer y el hombre» (*The Workers Union* 88) ante la ley. Sandra Dijkstra cita al historiador G.D.H. Cole quien sostiene que *Union Ouvrière* es «*the first published project of a world-wide Workers' International... she was the first person to put forward a definite plan for an all-inclusive Proletarian International/* es el primer proyecto publicado de una internacional mundial de trabajadores... ella fue la primera persona que expuso un plan definido para una Internacional Proletaria inclusiva» (Dijsktra, FT, *Feminism* 187). Otro legado, no previsto por la autora pero no menos importante, fue el ser abuela del pintor impresionista Paul Gauguin, quien heredó mucho del espíritu combativo y aventurero de la abuela pero, como la mayoría de las generaciones inmediatas, no la supo apreciar.

Bibliografía

BAELEN, Jean. *La Vie de Flora Tristán: socialisme et féminisme au XIX siecle*. París: Seuil, 1972.

BLANC, Eléonore. *Biographie de Flora Tristán*. Lyon, 1845.

BULLRICH, Silvina. *Flora Tristán, la visionaria*. Buenos Aires: RIESA ediciones, 1982.

COUCHE, Denys. «El Perú de Flora Tristán: del sueño a la realidad». *Flora Tristán: una reserva de utopía*. Lima: Tarea, Centro de la Mujer Peruana Flora Tristán, (1985): 29-64.

DESANTI, Dominique. *A Woman in Revolt: A Biography of Flora Tristán*. Trad. Elizabeth Zelvin. New York: Crown, 1976.

DIJKSTRA, Sandra. «The City as a Catalyst for Flora Tristán's Vision of Social Change». *Women Writers and the City, Essays in Feminist Literary Criticism*. Ed. Susan Merrill Squier. Knoxville: The University of Tennessee Press, (1984): 13-34.

• *Flora Tristán: Feminism in the Age of George Sand*. Londres: Pluto Press, 1991.

GATTEY, Charles N. *Gauguin's Astonishing Grandmother; Biography of Flora Tristán*. London: Femina Books, 1970.

GOLDSMITH, Margaret. *Seven Women Against the World*. Londres: Methuen, 1935, Humanities Research Center.

PORTAL, Magda. *Flora Tristán, Precursora*. Lima: Editorial La Equidad, 1983.

PUECH, Jules-L. *La Vie et l'ouvre de Flora Tristán, 1803-1844*. París: Marcel Rivière, 1925.

SÁNCHEZ, Luis Alberto. *Una mujer sola contra el mundo: Flora Tristán, la paria*. Lima: Ediciones Nuevo Mundo, 1961, primera edición 1942.

SIVERT, Eileen Boyd. «The Joining of Essay, Journal, Autobiography». *The Politics of the Essay. Feminist Perspectives*. Eds. Ruth-Ellen Boetcher Joeres & Elizabeth Mittman. Bloomington & Indianapolis: Indiana University Press, (1993): 57-72.

TRISTÁN, Flora. *Nécessité de faire bon accueil aux femmes étrangeres*. París: Delaunay, 1835.

- «Lettres a un architecte anglais». *Revue de Paris*. 1837.
- «Pétition pour le rétablissement du divorce». Chambre des Députés, N° 133, Pét. 71 (20 de diciembre de 1837). Folleto, *Archives Nationales*, París.
- *Pérégrinations d'une paria (1833-1834)*. París: A. Bertrand, 1838, 2 vols.
- *Peregrinaciones de una paria*. Trad. Emilia Romero. Lima: Moncloa Campodónico, 1971, 2a. ed. La primera edición se publicó en 1946 por la editorial Cultura Antártica de Lima.
- *Peregrinations of a Pariah 1833-1834*. Trad. & Int. Jean Hawkes. Boston: Virago/Beacon Press, 1986.
- *Méphis, ou le prolétaire*. París: Ladvocat, 1838.
- «Pétition pour l'abolition de la peine de mort». *Journal du Peuple* (Dic., 1838). *Archives nationales, section moderne, Archives de la Chambre des Députés*, Pét. 139, N°. 70.
- *Promenades dans Londres*. París: Raymond Bocquet, 1842.
- *Paseos en Londres*. Estudio preliminar de Estuardo Núñez. Lima: Biblioteca Nacional del Perú, 1972.
- *The Workers' Union*. Trad. & Intr. Beverly Livingston. Urbana, Chicago, Londres: The University of Illinois Press, 1983.
- *Union ouvrière*. París: Prévot, 1843.
- *Unión obrera*. Intr. Yolanda Marco. Barcelona: Ed. Fontamara, 1977.
- *Lettres*. Ed. Stéphan Michaud, Ed. de Seuil, 1980.
- «L'Emancipation de la femme ou le testament de la paria». Atribuida a Flora Tristán y publicada por A. Constant después de su muerte, 1845.
- *Le Tour de France: Journal inédit 1843-1844*. Prefacio de Michel Collinet, con notas de Jules L. Puech. París: Ed. Tête de Feuilles, 1973.

ZIZOLD, Catalina Recavarren de. *La mujer mesiánica*. Lima: Edición Hora del Hombre, 1946.

En el pecho del vestido, bajo el corsé, ocultaban revólveres; alrededor de la cintura, cartuchos.

Samuel Kaplan/Enrique Flores Magón.

Soldaderas con fusil, pluma o bandera de huelga, Generalas olvidadas de la Revolución Mexicana

Marcela Del-Río

La historia oficial y la participación de la mujer

Es sabido que la historia de una batalla la escriben los vencedores, sólo que los vencedores no son únicamente los partidarios de uno de los bandos en lucha, sino también el *hombre*, esto es, el género masculino. Por eso, en la historia oficial, el papel jugado por las mujeres se minimiza hasta dimensiones microscópicas.

En la Revolución Mexicana, las *desobedientes* combatieron en todos los planos: lo mismo con el fusil en la mano y las cananas cruzadas al pecho, que con la pluma dirigiendo periódicos subversivos o escribiendo proclamas, cartas o artículos en los que explicaban las injusticias o incitaban a la lucha. Lo mismo servían de correo en la conspiración clandestina que tomaban la aguja para coser banderas, o el bisturí para amputar miembros heridos, en las filas de combate. Para ellas, era igual cocinar para alimentar a los revolucionarios, que fabricar o contrabandear armas para alimentar a la revolución misma.

Sin embargo, para saber de su lucha hay que escarbar en archivos polvorientos, preguntar verbalmente a los sobrevivientes, deducir de frases perdidas entre los libros de historia escritos sobre la Revolución, en la que parece que los hombres fueron los únicos que combatieron. Sólo un movimiento revolucionario dio su lugar a la mujer: el magonismo. Los hermanos Ricardo y Enrique Flores Magón, fundadores del partido liberal, comprendieron la igualdad de los dos sexos y dispusieron puestos directivos de acuerdo con los méritos y no con el sexo de los combatientes. Como, lamentablemente, los hermanos Magón también fueron vencidos en la lucha, el propio papel del magonismo ha sido tan disminuido en la historia oficial de la Revolución, como lo ha sido el de las mujeres.

En la entrevista que hizo Samuel Kaplan a Enrique Flores Magón, éste narra algunas conversaciones entre él y su hermano Ricardo:

> —Ahora mira, Enrique —dijo Ricardo— la capacidad para servir debe ser la primera condición para la dirección. ¡Sin importar el sexo!
>
> —La subordinación de las mujeres a los hombres en México —dije a Ricardo—, es una humillante herencia de los siglos. Debe ser suprimida.

> Movió su cabeza.
> —¿Por qué no? Disgusta ver a maridos que tratan a sus mujeres como si fueran ellas de un orden inferior en la creación. (Kaplan 1958, 168)[1]

Así, durante la primera década del siglo XX, en la que se luchaba contra el régimen del dictador Porfirio Díaz, Silvina Rembao y su hermano Manuel sostuvieron el movimiento rebelde magonista en Chihuahua y en casi toda la región de La Laguna. En la ciudad de México y en parte del estado de México, fue Modesta Abascal quien lo dirigió. Su oficina era el cuartel general de recibo para transmitir correspondencia a otros jefes. En el estado de Veracruz, la delegada de los magonistas era Donaciana Salas. Ella no mantenía residencia fija: iba de un lugar a otro, tanto para no llamar la atención de la policía secreta como para servir de contacto entre los liberales. Igual que los dirigentes masculinos, ellas usaban seudónimos para no ser identificadas. La lucha clandestina era tan peligrosa para el hombre como para la mujer. La propia esposa de Enrique Flores Magón, Teresa Arteaga, fue una de las activistas del movimiento magonista, aun desde antes de casarse con él. Ella viajaba por varios estados de la República llevando instrucciones. De acuerdo con el relato de Enrique, las misiones que ella desempeñó fueron muy delicadas y peligrosas. En reconocimiento, los partidarios del partido liberal del estado de Veracruz la fueron ascendiendo de un grado militar a otro, hasta que alcanzó el de capitán primero. En 1908 fue delegada general de la Junta organizadora del partido liberal, y en esa calidad entregó instrucciones de la Junta a todos los delegados que asistieron. El partido recibió auxilio de las mujeres en muchas formas, inclusive trasladando armas de los Estados Unidos a México.

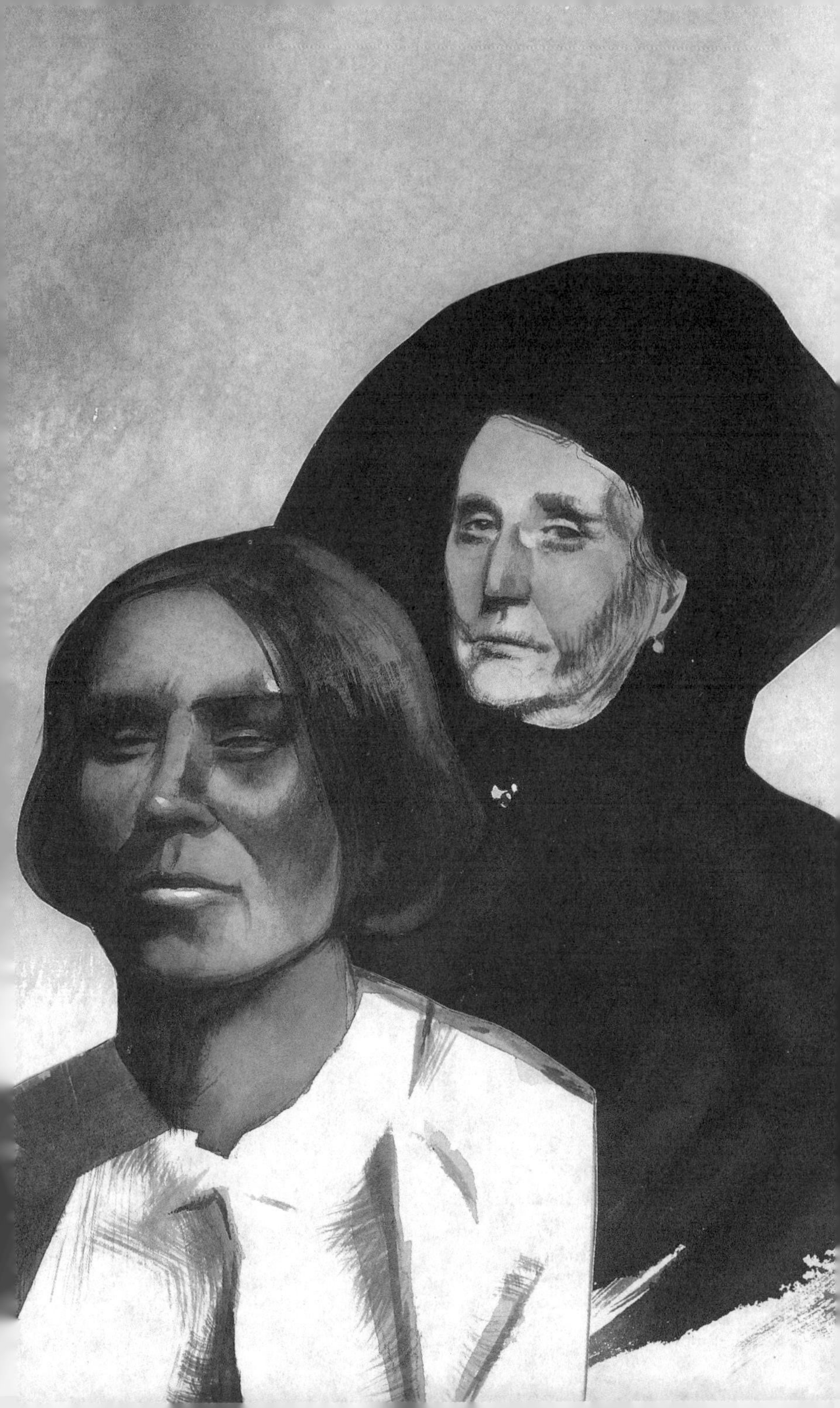

Enrique explica a Kaplan cómo pasaban las armas de Estados Unidos a México:

> Nuestras camaradas femeninas las contrabandeaban (las armas) de El Paso. En el pecho del vestido, bajo el corsé, ocultaban revólveres; alrededor de la cintura, cartuchos. Otras llevaban entre las piernas un Winchester, desarmado en mitades, suspendido de una cuerda fuerte alrededor de la cintura. El método de las jóvenes para vencer la oposición era directo y devastador. Al acercarse primero a los hombres de la aduana americana, y luego a los mexicanos, abrían las baterías de sus negros y grandes ojos, la coqueta curvatura de sus sonrientes y rojos labios, el encanto de sus esbeltos cuerpos. Ofuscados hasta la impotencia, los hipnotizados oficiales les permitían pasar sin registro físico. Las mujeres a quienes la atolondrada Naturaleza les había concedido un pecho plano, se ponían bombas de dinamita en el corsé, lo cual, por el momento, corregía las distracciones de la Naturaleza. Y capacitaba a estas valientes camaradas a servir noblemente a la causa. (Kaplan 1958, 206-07)

En 1959, la desaparecida escritora Ángeles Mendieta Alatorre, entonces investigadora del Instituto Nacional de Estudios Históricos de la Revolución Mexicana, se dedicó a buscar datos sobre la participación de la mujer en el movimiento rebelde, publicando un valioso libro: *La mujer en la Revolución Mexicana,* que vino a ser el primer paso serio para el reconocimiento de las actividades patrióticas de la mujer en la Revolución.

Un psicoanalista, Santiago Ramírez, habrá de reconocer que es en el movimiento revolucionario cuando, por primera vez en la historia de México, la mujer puede participar codo con codo con el hombre en su lucha por derrocar la dictadura:

> ...durante la Revolución, época en la cual podemos expresar socioculturalmente que se lucha contra el padre, el mexicano se vincula a la mujer otorgándole una jerarquía de compañera. Por primera vez en la historia de México, la mujer desarrolla sus posibilidades al lado del hombre, en una lucha social, separándose de la cuna del hijo. En la lírica revolucionaria, «La Adelita», «La Valentina», etc., son cantos a la compañera. La posibilidad de un contacto entre el hombre y la mujer, adquirió su máxima expresión durante la Revolución. (Ramírez 1959, 124)[2]

Pero si bien la documentación fotográfica de la Revolución ha mostrado a las soldaderas luchando con el fusil en la mano, haciendo imposible el negar su participación, la historia oficial ha tratado de crear una idea folclórica y romántica de esa participación de la mujer en la Revolución, llamándola con frases como *compañera de los Juanes* u otras parecidas, para ocultar así su papel de luchadora consciente y cuántas veces heroica, a nivel igualitario con el hombre. En las novelas de la Revolución suelen aparecer fugazmente las mujeres, como enfermeras o combatientes en los campos de batalla, y como ejemplo puede citarse este diálogo entre dos soldados federales huertistas en *Tropa vieja*:

—¿Qué *quere*? no me jale, que voy de prisa.

> —¡Quién se ocupa de usted! ¿Dónde están las demás mujeres?
> —Por *ai* vienen atrás, todas regadas. Suélteme, que voy a buscar a mi viejo.
> —¿Oíste? —me dijo Carmona— las mujeres también se salieron; ¡qué *machas* son! (Urquizo 1971, 450)

Distintas formas de heroísmo de la mujer, desde las precursoras clandestinas y las periodistas, hasta las combatientes que perdieron la vida en los campos de batalla o que fueron golpeadas, torturadas o violadas.

Tanto en las luchas clandestinas que precedieron al estallido revolucionario, como en el campo de batalla, o en el combate político que siguió, una vez que llegó al poder el primer caudillo revolucionario, la mujer cumplió misiones delicadas y heroicas, muchas veces con sacrificio de su vida. Imposible hablar de todas, porque además la historia ha olvidado la mayoría de sus nombres, sin embargo; pueden señalarse ejemplos de algunos de los campos en los que la mujer dejó el mullido bienestar de la inconsciencia, para luchar con las posibilidades a su alcance en la lucha revolucionaria en contra de la dictadura.

Las precursoras: Carmen Serdán y las hermanas Narváez Bautista

Un estudio sobre la participación de la mujer en la Revolución Mexicana no puede estar completo sin el nombre de la figura relevante de Carmen Serdán, hermana de Aquiles Serdán, cuyo asesinato fue el detonador que prendió la mecha que hizo estallar la Revolución en todo el país. Y junto a Carmen, el nombre de dos de las activistas más destacadas de la Revolución, las hermanas Guadalupe y Rosa Narváez Bautista. Desde que su hermano Aquiles vivía, Carmen Serdán fue una trabajadora incansable en la campaña antirreeleccionista de Francisco I. Madero. Su seudónimo en las actividades clandestinas era masculino, la llamaban *Marcos Serrato*. Cuando su hermano salió del país, en 1910, ella viajó a San Antonio, Texas para llevarle fondos. Al regreso de los hermanos a la ciudad de Puebla, se encontraba con Aquiles cuando la casa de la familia Serdán fue atacada por el ejército federal porfirista y por la policía del propio estado de Puebla. Llevando el rifle en la mano, ella salió al balcón de la casa para lanzar una arenga a la voz de «¡Viva la no reelección!». Fue allí cuando recibió una bala y así, herida, fue conducida junto con su madre y la esposa de Aquiles a la cárcel de La Merced, pasando de allí al hospital municipal de San Pedro. Muerto Aquiles, aliviada de su herida y de regreso en su casa, continuó su labor en las filas antirreeleccionistas. Dentro del ejército constitucionalista, en las filas de Carranza, se dedicó a la enfermería.

En los documentos conservados en los archivos de la Secretaría de la Defensa de México se consignan hechos que la historia se ha cuidado muy bien de ocultar, ha ocultado, por ejemplo, la actividad revolucionaria de las hermanas Narváez Bautista. Estas mujeres coordinaban operaciones estratégicas de enlace entre el Centro Antirreeleccionista de Puebla y la línea de fuego de la ciudad de México, además fabricaban armas y las enviaban a los combatientes.

>...hay una tarjeta fechada por el correo el 5 de agosto de 1914 dirigida a «María Gómez», seudónimo de Guadalupe Narváez Bautista (D/112/213, Sría. de la Defensa), que dice textualmente; «México, agosto 5 de 1914. Señorita María Gómez. Puebla. Mucho agradeceré mande hacer inmediatamente 200 bombas dobles «impermeables» y las remita por *express*, pues urgen mucho. Sin más por ahora, deseando estén bien, se despide su amiga que las estima. *Soledad P. de Vizcaíno*. (Mendieta 1961, 54-55) ·

De acuerdo con la información testimonial de su hermana Guadalupe, el mecanismo clandestino de enlace se hacía a través de la Iglesia. Rosa Narváez Bautista se dirigía a un confesionario de la Catedral con un paquete que contenía pólvora, melenita y dinamita que les proporcionaba un tío de los hermanos Aquiles y Carmen Serdán, su nombre era Miguel Rosales, y era dueño de una tlapalería llamada *El Candado*. Una mensajera tomaba el paquete y lo llevaba a la sierra de Puebla y de allí volvían las bombas ya preparadas en un tren de entrega de carbón. La fabricación era completamente rústica. Estaban hechas con perillas de cama de latón, o con barro. Las armas y bombas eran escondidas entre alfileres, botones, pasadores para el cabello y otras mercancías inofensivas. La contraseña de identificación, para reconocer al contacto, era que la persona que pidiera la mercancía se pusiera un fistol en la boca. Esa actividad revolucionaria fue desarrollada por las hermanas Narváez desde 1909, esto es, desde antes de iniciarse la lucha armada. En otra acta inédita, encontrada por Ángeles Mendieta en los archivos de la Secretaría de la Defensa Nacional, figura la siguiente información:

> En la ciudad de Puebla, el día veinticinco de diciembre del año de mil novecientos diez, a las once horas de la noche, presentes en el Instituto de las señoritas profesoras Rosa y Guadalupe Narváez Bautista, ubicado en las calles de Iglesias número nueve, se procedió a la organización de una Junta con el fin de seguir la lucha revolucionaria para ponerse de acuerdo con el señor Francisco I. Madero por haber caído asesinado el valiente y patriota Aquiles Serdán, quien dirigió todos los trabajos de la conspiración para el derrocamiento de la dictadura porfiriana. No teniendo otro asunto que tratar se procedió a firmar el acta respectiva. *Guadalupe Narváez B., Gilberto Carrillo, Celsa Magno, Luz Mejía, Juan Cuamatzi, Andrés Campos.* (Mendieta 1961, 55)

Un manuscrito original de Carmen Serdán se encuentra en el mismo archivo (Exp. D/112/314) y ella es la primera en reconocer la actividad revolucionaria de las hermanas Narváez:

> Certifico que la señorita profesora Guadalupe Narváez Bautista viene desempeñando trabajos revolucionarios desde el año de 1909, de acuerdo con el farmacéutico, Diódoro Suárez, correligionario de Aquiles... uno de sus primeros trabajos que se llevaron a efecto, fue la unificación del movimiento de algunos correligionarios que se quedaron dispersos con motivo del asesinato de mi hermano Aquiles. *Carmen Serdán.* (Mendieta 1961, 55-56)

La documentación demuestra que Carmen Serdán y las hermanas Narváez fueron de las primeras colaboradoras del movimiento maderista y que ante la dispersión y desorientación originadas por el asesinato de Aquiles Serdán, ellas no sólo conservaron su sangre fría sino que fueron capaces de reorganizar el trabajo clandestino y la distribución de armas, correos de noticias y órdenes. Como verdaderas conspiradoras, tenían sus seudónimos. Así como Carmen Serdán era *Marcos Serrato*, Guadalupe Narváez era *María Gómez* y Rosa Narváez se hacía llamar *Rosa Nervo*. También realizaron trabajo de imprenta, imprimiendo proclamas. Una de éstas fue redactada por Carmen Serdán mientras ella se encontraba prisionera en la cárcel de Puebla. Otra fue publicada en el periódico *El independiente*, con fecha 11 de julio de 1913, por ella se sabe del cateo que se hizo a la casa de Carmen por orden de Huerta. Se conoce otra proclama posterior, fechada el 21 de abril de 1914, que fue repartida en los campos revolucionarios cuando la invasión norteamericana.

Venustiano Carranza llegó a comisionar a Guadalupe Narváez para transportar a los familiares de algunos revolucionarios y para gestionar la posibilidad de hablar personalmente con el general Emiliano Zapata.

Todas estas actividades prueban que las mujeres no sólo fueron *compañeras de los Juanes*, que es el papel al que la historia quiere reducir a las soldaderas, sino que también tomaban parte directa en la lucha armada. En la Junta Revolucionaria presidida por Carmen Serdán figuraban numerosas mujeres, entre ellas Isabel Cuamatzi, Victoria J. Zelén y María Velasco de Cañas, que era la secretaria. En un artículo de *El Universal*, los autores Enrique y Jesús Flores Magón nombran, además de Carmen Serdán, a Margarita Ortega y a Rosaura Gortari, que fueron arrastradas por el desierto a cabeza de silla en Mexicali y fusiladas en el Paso del Púlpito por no haber revelado los secretos de la Junta Organizadora del partido liberal mexicano. Nombra también a Lucrecia Toriz, a Silvina Rembao de Trejo, a Modesta G. Abascal, a Donaciana Salas y a Teresa Arteaga de Flores Magón, entre otras.

Las periodistas: Juana Belén Gutiérrez de Mendoza y Dolores Jiménez y Muro

En el periodismo, la mujer desarrolló un papel tan importante como heroico. El periódico liberal *Regeneración*, fundado por los hermanos Flores Magón, publica una nota el 23 de agosto de 1901 en la que saluda la reaparición del periódico *Vésper* de Guanajuato que dirige una mujer: Juana Belén Gutiérrez de Mendoza, añadiendo que ha vuelto a la lucha con más bríos que antes.

Ella nació en Durango y murió el 13 de julio de 1942.[3] Fue poeta y periodista de combate. Por la pintora y poeta Aurora Reyes que escribió sobre esta precursora de la Revolución,[4] se sabe que Juana fue hija de una india entregada en esclavitud al caporal de una hacienda de Santiago Papasquiaro, la cual en un viaje, quedó desamparada. Su abuelo paterno, don Justo Gutiérrez, descendiente de chinacos, fue fusilado a causa de sus ideas y actividades liberales. El periódico *Regeneración* destaca el valor de esta rebelde:

> Ahora que muchos hombres flaquean y por cobardía se retiran de la lucha, por considerarse sin fuerzas para la reivindicación de nuestras libertades; ahora que muchos hombres sin vigor

retroceden espantados ante el fantasma de la tiranía, y llenos de terror abandonan la bandera liberal para evitarse las fatigas de una lucha levantada y noble, aparece la mujer animosa y valiente, dispuesta a luchar por nuestros principios, que la debilidad de muchos hombres ha permitido que se pisoteen y se les escupa. La señora Juana B. Gutiérrez de Mendoza acaba de fundar en Guanajuato un periódico liberal, *Vésper,* destinado a la defensa de las instituciones liberales y democráticas». (*Regeneración*, citado por Mendieta 1961, 32)

Un artículo titulado «Dos Ilustres Mexicanas», publicado en *El Regidor* de San Antonio, Texas, el 17 de diciembre de 1903, hace un elogio de la obra audaz de Juana llamándola el puntal femenino de más arraigo en la Revolución Mexicana.

«Un apasionado amor a la justicia y a la libertad fue el más tenso resorte de su emoción» (Aurora Reyes citada por Mendieta Alatorre 33). «La tierra, que ella había conocido en Guanajuato, en Chihuahua y en la propia ciudad de México, la identificaron con Emiliano Zapata, con quien siguió incansablemente su lucha tenaz». (Mendieta 1961, 33)

Puede deducirse así que Juana Belén fue una connotada antiporfirista, pero hay que destacar que ella no fue la única periodista rebelde, ni su periódico fue el único que apareció lanzado por mujeres; otras periodistas también se lanzaron a la lucha a través del periodismo: Elisa Acuña y Rossetti, Sara Estela Ramírez, Aurora y Elvira Colín, de Zitácuaro; Adelina Figueroa del pueblo de Odiozola, María López del pueblo de Cuicatlán, entre otras.

Pero en forma destacada y heroica figura el nombre de Dolores Jiménez y Muro. Nacida en Aguascalientes, el 7 de junio de 1848, se convierte en escritora y periodista, firmaba con diferentes seudónimos, frecuentemente masculinos. Cuando en 1911 el dictador Porfirio Díaz suspende las garantías constitucionales, surgieron grupos rebeldes de obreros. Uno de ellos fue integrado por Dolores Jiménez y Muro. Redactó el texto del «Plan Político-Social» que sería proclamado por los estados de Guerrero, Michoacán, Tlaxcala, Puebla y el Distrito Federal. Fue firmado por representantes de cada estado y por ella misma. Y fue ella la encargada de reproducirlo y distribuirlo. Imprimió así diez mil ejemplares en la imprenta de Antonio Navarrete, situada en una plaza que hoy lleva el nombre de Aquiles Serdán. Cuando Emiliano Zapata leyó la proclama exclamó que eso era por lo que estaban peleando, «porque se devuelvan las tierras que nos han robado».[5] Zapata escribe entonces una carta a Dolores Jiménez y Muro, invitándola a ella y a su grupo a incorporarse a sus filas revolucionarias. Sin embargo, la carta llega tardíamente pues Dolores, encabezando una agrupación a la que titularon *Hijas de Cuauhtémoc,* se había enfrentado al régimen de Huerta por lo que ya había sido encarcelada cuando llegó la carta y no pudo recibirla. Incluso en la propia prisión había sido aislada e incomunicada, en vista de las desafiantes arengas que lanzaba a sus compañeras de prisión.

En el periódico *El Correo de las Señoras,* publicado por José Adrián M. Rico desde 1881, aparece una lista de las colaboradoras, entre las que se encuentran, junto a Dolores Jiménez y Muro, las periodistas Isaura V. del Castillo, Aurora Vallejo, Alicia Palacio y Octavia Obregón; sin embargo, en la colección que se conserva en la Hemeroteca Nacional no se puede encontrar ningún artículo firmado por ellas. Esto demuestra que las mujeres utilizaban seudónimos masculinos para conseguir ser leídas y tomadas en serio.

LAS OBRERAS: ISABEL DÍAZ DE PENSAMIENTO, DOLORES LARIOS, CARMEN CRUZ, LUCRECIA TORIZ

Es sabido que una de las rebeliones que preludiaron la revolución fue la huelga de los mineros de Cananea, en 1906, que fue sofocada por Porfirio Díaz y seguida por los obreros textiles de Puebla y Tlaxcala, quienes fueron salvajemente asesinados. El laudo presidencial había fijado la fecha del 7 de enero de 1907 para que se reiniciaran las labores en los estados de Puebla, Tlaxcala, Veracruz, Jalisco, Oaxaca, Querétaro y en el Distrito Federal, hasta donde la huelga se había extendido. José Mancisidor, al narrar los hechos, da detalles en los que se destaca el valor y heroísmo de las mujeres obreras y de las esposas, hijas o madres de obreros:

> En Río Blanco, un grupo de mujeres, encabezadas por la colectora Isabel Díaz de Pensamiento, y en el que figuraban las obreras Dolores Larios, Carmen Cruz y otras, desde el día anterior habían formado una brigada de combate que se encargó de reunir pedazos de pan viejo, tortillas duras, con lo que llenaron sus rebozos y desde temprana hora se instalaron en la puerta de la fábrica, esperando que alguno se atreviera a romper el movimiento de protesta, para lapidarlo con aquellos despojos simbólicos y crueles. No hubo necesidad de hacer uso de los proyectiles, puesto

> que ninguno de los que componían el numeroso conjunto plantado frente a la puerta intentó rendirse a los amos y cuando el último llamado de la fábrica sonó, la multitud levantó un enorme grito de desafío. (Mancisidor 1973, 71)

Los resultados de una huelga tan prolongada eran visibles. Las familias obreras estaban hambrientas y enfermas. Las manifestaciones de protesta se dirigieron a las tiendas de raya, que les negaban los alimentos.

> Detrás del mostrador los dependientes extranjeros, miraban a los grupos rebeldes y, adivinando su hambre, se burlaban groseramente de ellos. Una mujer, de rostro macilento, llegó hasta la tienda en solicitud de un préstamo y recibió como respuesta soez injuria. De entre los obreros, alguien reclamó al majadero, y el dependiente, sacando con rapidez la pistola, hizo un disparo, matando al trabajador...[6]

Como se verá después por el relato de la obrera Lucrecia Toriz, aquella fue como la señal. Los trabajadores, llevados por la ira, desahogaron su sed de justicia prendiendo fuego a la tienda de raya que era como el símbolo de la tiranía: su rencor de tantos años brotó incontenible.

Por supuesto, pronto hicieron acto de presencia las fuerzas gobiernistas. El jefe político de Orizaba, Carlos Herrera, llegó acompañado de un cuerpo de rurales. Los trabajadores se encontraron frente a los fusiles; sin embargo, no retrocedieron. José Mancisidor retrata el momento:

> Iba a sonar la orden de matanza, cuando de entre la turba, desgreñada, haraposa, en el rostro el gesto de la rabia, el puño tendido hacia los sicarios y levantando en alto una bandera roja, una mujer se adelantó, increpando a los soldados. Era la imagen misma de la miseria: Lucrecia Toriz, la hija del pueblo, hija, esposa y madre de obreros, cuyo hogar no conocía sino el dolor, surgía de la tragedia como la viva encarnación de aquella hora y avanzaba fatal contra los defensores del privilegio. La turba misma conmovida, sintiendo la grandeza de aquella mujer, calló inmensamente, y el oficial que mandaba el grupo de soldados, como deslumbrado, como herido por la verdad que resplandecía en aquel reto, retrocedió gritando ¡Viva México! y frente al batallón asombrado, frente a aquellos hombres, duros como sus armas, que se sentían dominados por la mujer grandiosa, pasó la turba, erizada de puños, sacudida de gritos, llevando al frente a la heroína.
> (Mancisidor 1973, 71-72)

La propia Lucrecia cuenta su versión sobre aquella rebelión, cuando a la edad de setenta y siete años publica un artículo en el *magazine La República*:

> Cuando llegamos frente a la fábrica de San Lorenzo tropecé con el cuerpo de un trabajador. Lo habían matado las balas de los serviles de los dueños de la fábrica. Las calles estaban desiertas, a excepción de un velador, que limpiaba las lámparas de la calle. Nos dijo, saltándosele los ojos, que los trabajadores aprehendidos por el jefe político eran tantos que ya no podían retacar uno más en la cárcel.

> Me volví a la multitud. Colérica los llamé a libertar a sus camaradas. ¡Y lo hicieron! Pero es un acto que nos costó caro.
>
> Cuando nosotros y nuestros compañeros liberados abandonábamos la cárcel, se presentó el 13 Batallón. Nos rodeó. Nos impidió escapar. Un oficial cuyo grado nunca averigüé pero cuyo nombre era Ignacio Dorado, gritó: «¡Péguenle a esa mujer, pero duro!». Luego, no satisfechos de que yo estuviera siendo suficientemente golpeada, sacó su espada de la vaina. Con lo plano de ella me hirió en la frente, y la cicatriz me dura hasta ahora. En ese momento, envuelta en la bandera tricolor que llevaba, caí al suelo, y permanecí inconsciente por la golpiza...[7]

Como es sabido, aquella rebelión de obreros y obreras textiles de Río Blanco tuvo como trágico desenlace una masacre generalizada y si Lucrecia logró sobrevivir, muchas otras de esas heroicas y anónimas mujeres fueron algunas de las primeras víctimas de la revolución en ciernes. Se dio como número aproximado el de cuatrocientos asesinados, entre los que había obreras y obreros, adultos y niños. (Kaplan 1958, 189)

Las combatientes: la Coronela Alaniz, la Sargento Encarnación Mares y Petra [Pedro] Ruiz

Son los hermanos Magón los primeros en reconocer el valor de las mujeres rebeldes que combatieron en los campos de batalla:

> Hubo algunas que empuñaron las armas en las guerrillas, como María García de la Cadena, Carmen Parra viuda de Alaniz y otras muchas mujeres atrevidas que dieron su tranquilidad, bienestar y hasta la vida.[8]

Una de esas mujeres, Carmen Parra viuda de Alaniz, militó en las filas de varios revolucionarios. En el expediente que hay sobre ella en la «Relación del Personal Femenino del Archivo de Veteranos de la Revolución», en la Secretaría de la Defensa Nacional, se asienta que era originaria de Casas Grandes, Chihuahua, que militó en las filas de diferentes jefes revolucionarios, entre ellos: Antonio I. Villarreal, Lázaro Alaniz, Marcelo Caraveo, el general de División Ávila Sánchez y que combatió contra orozquistas y huertistas; era conocida bajo el nombre de la Coronela Alaniz. En la documentación familiar conservada por su hija hay certificados de diferentes generales revolucionarios. El del general de Brigada del Ejército Nacional, Juan B. Vargas Arreola, a la letra dice:

> Me consta que en mi presencia llevaba comunicaciones del señor Madero en la Junta de Bustillos, Chih., y en Casas Grandes, del mismo estado, así como con el Gral. Francisco Villa y don Abraham González en el avance de Ciudad Juárez, relacionado con informaciones y pertrechos de guerra. Me consta también que al estallar la asonada de Pascual Orozco en Chihuahua, la señora Alaniz anduvo activa con los elementos del Gral. Villa en la retirada de Parral y en la incorporación de nuestros elementos a las fuerzas leales del señor Madero, para los combates de Conejo, Rellano, La Cruz y Ba-

chimba, el citado año de 1912... Recuerdo que vi a dicha señora viuda de Alaniz, en los combates de Ciudad Juárez del 8 al 10 de mayo de 1911, en la segunda toma del 15 de noviembre de 1913; en la batalla de Chihuahua el 8 de diciembre del mismo año; en la toma de Ojinaga el 10 de enero de 1914, y en el avance sobre Torreón la vi prestando sus servicios en las cruces azules de los servicios sanitarios de las líneas de fuego de la División del Norte, y otros hechos que sería largo enumerar que le creó simpatías entre los revolucionarios. Se distinguió por sus actos de valentía con las armas en la mano. (Exp: D/112/1105)

Si bien las fotografías de las soldaderas, vestidas con falda y cruzado el pecho con cananas son las que han quedado para la posteridad, no todas vistieron así. Muchas de ellas se vistieron de hombre, con pantalones, y el pelo cortado al modo masculino que acostumbraban los revolucionarios, para no distinguirse de ellos. Algunas incluso no sólo no eran seguidoras de su *Juan*, sino que fueron ellas las que tomaron la iniciativa de unirse a las filas revolucionarias y los esposos, para no hacer un mal papel, siguiendo su ejemplo se alistaron también. Uno de esos casos, para servir de ejemplo, fue el de Encarnación Mares que se vestía de hombre y engrosaba la voz al hablar. Cuando ella se dio de alta en el décimo regimiento de caballería de Jesús Carranza, hermano de don Venustiano, su marido, siguiendo su ejemplo se alistó también, llegando a ser capitán primero. En la batalla de Lampazos ella recibió un balazo, y por su heroísmo se le nombró *abanderado* ya que andaba de pelo corto y vestida de hombre. Después fue ascendida de cabo a sargento segundo y luego a sargento primero.

Y el suyo no fue el único caso. Mendieta cita el caso de Petra Ruiz, quien después de combatir en el ejército constitucionalista bajo el nombre de Pedro Ruiz, al pacificarse la contienda, mientras el presidente Carranza pasaba revista, le dijo: «Señor presidente, como ya no hay pelea, quiero pedirle mi baja del ejército; pero antes quiero que sepa usted que una mujer le ha servido como soldado». (Mendieta 1961, 91)

Al comprobarse que efectivamente era mujer, Pedro, como se hacía llamar, volvió a ser Petra, y después de explicarle personalmente al presidente que se dio de alta en las filas revolucionarias porque deseaba enfrentarse a los federales que tanto daño le habían causado a su pueblo, regresó al estado de Guerrero, que era su lugar de origen.

Las profesoras: Julia Nava de Ruiz Sánchez, Rosaura Flores viuda de Prado, Elisa Acuña y Rossetti y Aurora Ursúa de Escobar

Muchas fueron las profesoras y escritoras que se unieron a diferentes grupos revolucionarios; de entre los muchos nombres pueden citarse la escritora Julia Nava de Ruiz Sánchez, redactora y directora de la revista *Vida*. La profesora Rosaura Flores viuda de Prado fue condecorada, y en el archivo de la Defensa Nacional se dice que inició sus actividades revolucionarias como propagandista del movimiento maderista. Se le reconocen sus servicios en la educación, en la atención a los heridos en los hospitales y en los campos del estado de Coahuila y en la ciudad de México. (Exp. D/112/193 de la Secretaría de la Defensa Nacional)

De entre los testigos que reconocen las actividades revolucionarias de las profesoras pueden citarse nuevamente las palabras de Enrique Flores Magón, quien narra cómo se unió Elisa Acuña y Rossetti, al partido liberal:

> Una vez se nos presentó —afirma Enrique Flores Magón— en las oficinas de *El Hijo del Ahuizote* para identificarse como liberal y ofrecer su colaboración por las libertades del pueblo mexicano, la profesora Elisa Acuña y Rossetti, recién salida de las aulas, entusiasta y patriota, escritora de combate y de poesía exquisita. La invitamos a formar parte del Centro Director de la Confederación de Clubes Liberales de la República, «Ponciano Arriaga» y así fue como figuró a nuestro lado en la mesa directiva de dicho centro y como firmó nuestro manifiesto expedido en esta ciudad de México en febrero 27 de 1903. Supo de los horrores de la cárcel de Belén en sus actividades rebeldes. El despotismo reinaba, al grado de prohibírseles a los impresores dar publicidad a nuestros escritos so pena de sufrir dos años de prisión, cinco mil pesos de multa y el decomiso de sus imprentas. A los que transgredimos dicha orden se nos obligó a exiliarnos y ella, Santiago de la Hoz, Juan Sarabia, y otros más, nos siguieron al exilio, a sufrir hambres, miserias, espionajes y persecuciones, pero Elisa siempre estuvo dispuesta a llevar adelante nuestros ideales en la lucha tensa, atrevida e inflexible por conquistar las libertades de nuestro pueblo. Los azares de la lucha nos

> separaron, marchando ella al sur y nosotros al
> norte. Cuando Zapata entró al combate y tomó
> parte de nuestra bandera agraria, Elisa se unió al
> zapatismo y ahí luchó hasta que el caudillo
> suriano fue villanamente asesinado. (E. Flores
> Magón, *El Nacional* 1946)

Ángeles Mendieta cita también el caso de la profesora Aurora Ursúa de Escobar, quien actuó como agente confidencial de la revolución constitucionalista, haciendo llegar armas a las fuerzas revolucionarias del general Andrés y Rómulo Figueroa.

> Ocultó en su domicilio, durante la decena trágica,
> al C. Francisco I. Madero, Sr. Al segregarse la Di-
> visión del Norte del Ejército Constitucionalista,
> pasó a prestar sus servicios como taquígrafa de
> la brigada de Ángeles, resultando herida en un
> hombro al desempeñar una comisión que se le
> confió. (Mendieta 1961, 110)

Las escritoras: Nellie Campobello, María Luisa Ocampo y Magdalena Mondragón

Si los casos de las profesoras son abundantes, los de las escritoras también lo son, aunque generalmente la revolución las hizo dedicarse bien al periodismo, como Luz Vera, bien a la militancia política como María Efraína Rocha. Están también las escritoras que por ser niñas aún no podían ir a la lucha, pero que al contemplar las injusticias, sus observaciones las hicieron compartir los ideales de los revolucionarios y escribir después sobre la revolución. Ellas han sido o fueron combatientes con la pluma, pueden citarse como ejemplos: María Luisa Ocampo, Nellie Campobello y Magdalena Mondragón.

María Luisa Ocampo nace en el año de 1905 y es la única escritora a la que puede incluirse dentro del estudio del «Teatro de la Revolución».[9] Perteneció al Ateneo de Mujeres Mexicanas. En su comedia *El corrido de Juan Saavedra*, cuyo protagonista es un retrato ahistórico de Emiliano Zapata, la autora se adelanta al teatro brechtiano, al introducir innovaciones de arte poética en su estructura dramática.

Nellie Campobello, nacida en 1913 es, igualmente, la única escritora que se considera dentro del estudio de la «Novela de la Revolución», específicamente por sus textos *Cartucho* y *Las manos de mamá*, en los que hace retratos de los revolucionarios, especialmente de la División del Norte, encabezada por Francisco Villa.

Magdalena Mondragón, nacida en el mismo año de 1913, además de haber sido la primera mujer en Hispanoamérica que dirigió un periódico diario, el vespertino *Prensa gráfica* (1950), perteneció al igual que María Luisa Ocampo al Ateneo de Mujeres Mexicanas que premió su novela *Puede que'l otro año*, y se destacó especialmente en el teatro. Su biografía sobre el general revolucionario Francisco J. Mujica, titulada *Cuando la revolución se cortó las alas*, fue publicada en 1967.

Las compañeras y consejeras: Margarita Magón de Flores y Mercedes González de Madero, madre del presidente revolucionario Francisco I. Madero.

Un ejemplo de la compañera revolucionaria lo fue la

propia madre de los hermanos Ricardo, Enrique y Jesús Flores Magón, desde una época anterior a la Revolución. La historia de esta mujer ejemplar la relata Kaplan en su *Historia de la tiranía,* donde cuenta cómo, durante el sitio de Puebla realizado por los franceses en 1893, Teodoro Flores, entonces aún soltero, se hallaba entre los defensores de la ciudad. Un día, escuchó gritos de una mujer en la retaguardia:

—¡Valientes paisanos, adelante! ¡Salvadores de México, arrojen a los invasores!

Se volvió Teodoro alrededor. Sobre el techo de una casa directamente detrás de la línea extrema de parapetos se hallaba de pie una muchacha. Se la quedó viendo asombrado. Agitando las manos, gritaba ella animando a sus hombres. Precisamente entonces, enviaron los franceses una lluvia de balas, que silbaron alrededor de la cabeza de la joven.

—¡Bájese! —rugió Teodoro—. ¡Póngase a cubierto, idiota!

Pero ella no prestó atención a sus coléricas admoniciones. Riéndose de exaltación y fervor patriótico, le saludó y siguió incitando a sus hombres. Ellos, asombrados ante su valor, la miraban con admiración.

En la primera oportunidad cuando estuvo fuera de guardia, fue Teodoro a verla. —Mire, señorita —le dijo—, no debe usted hacer eso otra vez, yo se lo prohibo.

Ella se irguió colérica. —Ya que no puedo servir como soldado —gritó—, lo menos que puedo hacer es animar a nuestros heroicos defensores —dijo—; usted siempre guía a sus hombres a las trincheras. No los dirige desde la retaguardia como lo hacen algunos comandantes. Bueno, entonces ¿por qué no puedo yo exponerme un poco por la sagrada causa de la libertad? (Kaplan 1958, 13)

La joven, de veintidós años, se llamaba Margarita Magón y era hija de padre español y madre norteamericana. Después de aquel encuentro y atraídos el uno por el otro, al terminar la guerra contra los franceses la semiforastera se casa con Teodoro, descendiente directo de un guerrero azteca, y se va a vivir con él a su pueblo: San Antonio Eloxochitlán, donde nace Ricardo Flores Magón. La influencia materna en Ricardo y sus hermanos, es definitiva para la formación de sus ideas revolucionarias. Estando Teodoro en la ciudad de México, en calidad de teniente coronel, Margarita, que había quedado en Oaxaca con sus hijos, toma la decisión de reunirse con él. El momento lo cuenta Enrique:

(Mi madre) Puso a Jesús en una canasta grande, sin asas, de carrizo. Bien amarrada a su alrededor estaba una soga; sus cabos, en gaza, se los colgó de los hombros. De su muñeca pendía otra canasta. En ésta anidaba Ricardo. Yo, el pequeñito, me hallaba en sus brazos. Así equipada abrió la puerta y se quedó paralizada de asombro.

Toda la tribu estaba allí. Miles de gentes, de los pueblos circunvecinos. Levantaron un grito, mezcla de alegría y tristeza. Presurosos echaron a andar hacia adelante, con los brazos extendidos. —No nos dejes, doña Margarita —gemían las mujeres. —¡*A callar!* —gritaban los hombres.

Habían abandonado los campos para escoltar a mi madre al tren. —¡*A callar!* —gritaron de nuevo—. ¡Doña Margarita va a reunirse con nuestro amado *tata*!

Había lágrimas en los ojos de mi madre. —Ay hermanos y hermanas! —decía—. Yo no quiero dejarlos. Muy queridos son ustedes para mí. Estos mis hijos —señalando a las canastas—, van para adquirir educación. Ya dije a ustedes por qué. Para que puedan volver aquí y servir a ustedes. ¿No lo aprueban?

—¡Sí, sí! —contestaron las mujeres—. ¡Pero es penoso ver que te vayas! Tú que consuelas al enfermo y nos alegras con tu presencia. Los hombres dijeron: —Es una buena idea que se vaya doña Margarita. Ella sabe lo que es mejor para la tribu. El *tata* lo aprobará, eso es bastante para nosotros. (Kaplan 1958, 13)

La influencia de ella en los hijos se pone de manifiesto en los relatos que hace Enrique a Kaplan. Por ejemplo, Enrique cuenta que, al principio, el periódico *Regeneración* llevaba como lema en su encabezado, la siguiente frase: *Contra la mala administración de justicia*. Fue Margarita quien propuso el cambio de lema:

—Permítanme, queridos hijos, ofrecerles esta línea para sustituir a la actual: *Periódico independiente de combate*.

—¡Magnífico! —gritó Ricardo.

—¿Puedo también sugerir otra cosa? —dijo mi madre—. Escriban un artículo que explique el cruel carácter del hombre. (Kaplan 1958, 48)

A no dudar, los hermanos Flores Magón no habrían sido los luchadores radicales que fueron, sin la educación revolucionaria que propiciaron su padre y su madre, Margarita Magón, quien a la muerte de Teodoro se hizo cargo de la familia.

Otro ejemplo de su conducta revolucionaria fue cuando el todavía presidente Díaz le mandó un emisario para decirle que influyera en sus hijos para que dejaran de atacarlo en sus periódicos. Ella, según el relato de Enrique, respondió con voz tranquila al mensajero:

> —Diga usted al Presidente Díaz que prefiero morir sin ver a mis hijos.
>
> El emisario se puso violentamente de pie, mirándola confuso. Sin detenerse, continuó mi madre:
>
> —Lo que es más, dígale usted esto: prefiero verlos colgados de un árbol o en la horca, y no que se retracten, o se arrepientan, de cualquier cosa que hayan dicho o hecho. (Kaplan 1958, 56-57)

Es imposible extenderse explicando todo el apoyo que los revolucionarios recibieron de las madres, esposas o hermanas. El propio Ricardo recibió siempre consejos y apoyo de su compañera en los ideales y en la vida, María Talavera Brouse. Y el caudillo, Emiliano Zapata, quien tuvo a su lado a Inés Alfaro, una mujer que abandonó a su familia de buena posición en la sociedad de Cuautla para compartir la azarosa vida de Emiliano, con quien procreó un varón y dos niñas.[10]

Si bien los caudillos fueron los conductores del movimiento revolucionario, es justo también señalar que muchas veces sus compañeras, madres o hermanas tuvieron una visión tanto o más aguda que ellos mismos. La historia ha comprobado que en algunas ocasiones ellas tenían una visión más clara de los acontecimientos. Un ejemplo de esto se pone de manifiesto en la carta que Mercedes González de Madero le envió a su hijo Francisco, el 18 de agosto de 1911:

> Amado hijo: Acabamos de recibir el telegrama de García de la Cadena; por la prensa sabemos que has sido recibido con entusiasmo en todas partes y que van muy bien (tus trabajos). El objeto de ésta era decirte que hagas, o más bien que *quites las fuerzas federales*, [mi énfasis] no te andes con contemplaciones, imponte un poquito al mismo De la Barra porque si no *tendremos* que batallar, ya vez que, con modito, pero pon a los científicos y a los reyistas como lo has hecho con los cónsules, en las fronteras. E. Fernández no consiguió nada a pesar de la recomendación, *hay que quitar a Huerta*, Villaseñor y dejar bajo el cuidado de Figueroa[11] el Estado de Morelos, que sabemos de buena fuente que quieren los científicos posesionarse de él para estar listos, no transijas en esto. El telegrama de Figueroa está precioso, o de Zapata, se me confunden estos generales, dile que lo felicito que él también se empeñe en quedarse ofreciendo la pacificación, esto desconcertará al enemigo, que casi contaba con eso, por eso han mandado las fuerzas de Huerta. Tal vez no será con la aprobación de De la Barra, pero sí con la influencia de sus hermanos que a todo trance quieren sacarlo presidente; los científicos lo apoyan, no lo dudes; a Blanquet haz por mandarlo lejos. *Estos están haciendo la contrarrevolución...*[12]

Esa carta demuestra la agudeza de juicio político de la madre del caudillo, que si le daba consejos sobre la política a seguir era porque él atendía a sus palabras. Sin embargo, Madero desoyó los consejos de esa carta. La historia ha comentado abundantemente que si al llegar Madero al poder hubiera licenciado al ejército federal y encarcelado a Huerta por su primera traición, éste no habría tenido oportunidad de asesinarlo y los acontecimientos trágicos que sufrió el país, después del asesinato, no habrían ocurrido. Y eso es precisamente lo que su madre quería evitar al aconsejarle, en 1911, que licenciara a las tropas federales y a Huerta.

Las extranjeras: Elena White, Erma Barsky, Irene Benton, Winnie E. Blackwell

No todas estas mujeres luchadoras fueron mexicanas, también las hubo extranjeras. Dentro del Partido Liberal, participaron también mujeres norteamericanas que apoyaron el movimiento magonista desde los Estados Unidos. La correspondencia de Ricardo Flores Magón, desde la Penitenciaría Federal de Leavenworth, en Kansas, donde murió ciego, demuestra la participación activa de algunas de estas mujeres, a quienes se dirige Ricardo llamándolas camaradas. Muchas de las cartas del líder liberal-anarquista fueron dirigidas a Elena White y Erma Barsky quienes se radicaban en Nueva York; a Irene Benton, de Granada, Minnesota; y a Winnie E. Blackwell de Boston. A esta última Ricardo Flores Magón le dice que ha sido informado de la *Conferencia Panamericana de Mujeres* que se verificó en Baltimore, y le agradece que haya hablado de él con las delegadas mexicanas. (R. Flores Magón, *Epistolario* 1983, 195)

Elena White, especialmente, mantuvo al líder informado, tratando de sostener su moral, durante los últimos años de su vida en la cárcel.

Las anónimas

Cuando Emiliano Zapata es asesinado, son mujeres las que lo rodean, mujeres que se encontraban en las filas de los rebeldes revolucionarios. Y J. Mora escribió sus nombres en la fotografía, el 10 de abril de 1919. Pero no todas las fotografías tuvieron una mano que anotara sus nombres. Muchas imágenes muestran a las mujeres acompañando a los caudillos en los momentos culminantes; sin embargo, sus rostros son anónimos. Se ignora por qué estaban estas mujeres en esos sitios y qué papel estaban desempeñando en los acontecimientos. Existe una fotografía que muestra el momento en que Francisco Villa y Emiliano Zapata llegan a Palacio y uno al otro se invitan a sentarse en la silla presidencial, Zapata rehúsa y Francisco Villa se sienta en ella para saber qué se siente. En esta fotografía se ve detrás de ellos, al centro, el rostro de una mujer, ¿quién era? ¿por qué se encontraba con ellos? La historia no lo dice.

Los expedientes de la Secretaría de la Defensa recogen algunos datos sobre las actividades de las mujeres que ocuparon puestos de mando, lo mismo que de las periodistas, y de aquellas que se ocuparon en actividades diferentes, dentro o fuera de las líneas de fuego. Estas actividades, como se ha visto, eran lo mismo de fabricación de bombas que de correos, de radio telegrafistas que de contrabandistas, de enfermeras que de cargadoras, de costureras de banderas y estandartes que de cocineras y lavanderas.

La relación de veteranas de la Revolución que se conserva en los archivos de la Secretaría de la Defensa Nacional, contiene expedientes que consignan *solamente* las actividades revolucionarias de *395 mujeres*. Algunas de ellas lucharon durante el primer período revolucionario, otras en el segundo, otras en dos de los períodos y algunas en los tres períodos en los que la Secretaría ha dividido la lucha revolucionaria. Algunas fueron condecoradas, otras son rostros para siempre anónimos en las fotografías, o nombres olvidados en la historia.

NOTAS

[1] El volumen *Combatimos la tiranía*, de Samuel Kaplan, lleva como subtítulo: Un pionero revolucionario mexicano cuenta su historia a Samuel Kaplan. Ese pionero es Enrique, el más joven de los tres hermanos: Jesús, Ricardo y Enrique Flores Magón.

[2] Texto también citado por Ángeles Mendieta Alatorre (1961): 26-27.

[3] Por una conferencia dada por Dolores Eduán, magistrada del Tribunal Fiscal de la Federación que tuvo lugar en el Anfiteatro Bolívar para honrar la memoria de la periodista, se conocen algunos de los datos biográficos sobre Juana Belén. La ponente incluyó en su conferencia la lectura de un «Encomio a Juana B. de Gutiérrez de Mendoza», escrito por Santiago R. de la Vega. La conferencia se publicó en *El Universal* de la Ciudad de México, el 1º de febrero de 1950.

[4] Puede consultarse a Aurora Reyes en «La poesía en la vida de una mujer».

[5] Ángeles Mendieta cita a Morales Jiménez, quien en la página 70 de su *Historia de la Revolución Mexicana* cita a su vez los *Anales Históricos de la Revolución* de Jesús Romero Flores. (Mendieta 1971, 100)

[6] Mancisidor cita a Germán y Armando List Arzubide, autores de *La huelga de Río Blanco*, sin dar dato bibliográfico de ciudad, editorial, ni año de publicación. *Historia de la Revolución Mexicana*, 24 ed. México: Editores Mexicanos Unidos 1973 (1957): 70-71.

[7] Lucrecia Toriz, *Magazine La República*, junio 15, 1949. El artículo lo cita Enrique Flores Magón en el relato de los acontecimientos que le hace a Samuel Kaplan en *Combatimos la tiranía*, texto ya citado, pp. 187-89.

[8] Enrique y Jesús Flores Magón en «Nuestras revolucionarias». *El Universal*, ag. 20, 1954.

[9] En mi libro *Perfil del teatro de la Revolución Mexicana*, incluyo un estudio sobre su comedia «El corrido de Juan Saavedra». Nueva York: Peter Lang, 1993.

[10] Se puede consultar *El amor a la tierra. Emiliano Zapata.* de Enrique Krauze, Serie Biografía del poder. México: Fondo de Cultura Económica 3 (1987): 59-60.

[11] Al decir «Figueroa» se está refiriendo a Emiliano Zapata.

[12] Carta de Mercedes González de Madero reproducida por Mendieta Alatorre (1961): 66-67.

BIBLIOGRAFÍA

BARTRA, Armando. Prólogo, selección y notas. *Regeneración 1900-1919*. México: Era, 1985 [1977].

Diccionario Porrúa de Historia, Biografía y Geografía de México. México: Editorial Porrúa, 1964.

FLORES MAGÓN, Enrique. «Añoranzas». *El Nacional*. México, nov. 27, 1964.

• & Jesús. «Nuestras revolucionarias». *El Universal*. México, ag. 20, 1954.

FLORES MAGÓN, Ricardo. *Epistolario revolucionario e íntimo*. 4a ed. México: Antorcha, 1983.

KAPLAN, Samuel. *Combatimos la tiranía*. Trad. Jesús Amaya Topete. México: Biblioteca Nacional de Estudios Históricos de la Revolución Mexicana, 1958.

MANCISIDOR, José. *Historia de la Revolución Mexicana*. 24a ed. México: Editores mexicanos unidos, 1973.

MENDIETA ALATORRE, Ángeles. *La mujer en la Revolución Mexicana*. México: Biblioteca Nacional de Estudios Históricos de la Revolución Mexicana, 1961.

RAMÍREZ, Santiago. *El mexicano, psicología de sus motivaciones*. México: Asociación Psicoanalítica Mexicana, Editorial Pax, 1959.

REYES, Aurora. *La poesía en la vida de una mujer. El Nacional*. Suplemento literario, vol. 3. México, nov. 12, 1950.

URQUIZO, Francisco L. «Tropa vieja». *La novela de la Revolución Mexicana*. Edición de Antonio Castro Leal, México: Aguilar 2 (1971): 371-386.

Es inteligente, pero fea.

Una niña nacida Amanda Pinto: La pionera feminista chilena Amanda Labarca Huberston

Patricia Pinto V.

Amanda Labarca, quién nació en Santiago de Chile el 5 de diciembre de 1886 en un típico hogar de clase media capitalina con vinculaciones agrarias, no nació, sin embargo, llamándose así. La historia de su nombre no es un episodio vanal. Verdad es que no reviste la sobrenatural trascendencia de la conocida transformación de Saulo en Pablo, pero sí comparte con ella la de constituirse en un hito que afirma un modo de ser y un compromiso con una causa a la que se dedica la vida toda, causa que se defiende, que se predica y —muy importante—, se practica. Ésta es, en el caso de Amanda Labarca, la de la Educación y del Feminismo.

Esta Amanda, cuyo padre Onofre y cuya madre Sabina, desde sus respectivos nombres de inconfundible sabor decimonónico, la bautizaron como Amanda Pinto Sepúlveda, se enamoró a temprana edad de un hombre mayor que ella, estudiante de historia, escritor más que en ciernes, político y *demasiado bohemio* para el gusto familiar. La joven había decidido seguir una carrera universitaria e ingresó al Instituto Pedagógico de la Universidad de Chile, en donde obtuvo el título de profesora de castellano y profundizó la relación con Guillermo Labarca Huberston.

Debido a la tensa situación familiar, provocada en parte por la obstinada resistencia de la familia a sus relaciones con Labarca, se va interna al colegio Santiago College, de Santiago, ejerciendo labores de docencia y secretariado.

Pronto se casa con el que iba a ser su compañero de toda la vida y, como un acto de libre elección y de amor por su esposo, y como un acto de ruptura con un vínculo familiar que le resulta no sólo opresivo sino también contrario a sus más íntimas convicciones, rechaza sus apellidos de soltera y adopta los de su marido, contraviniendo la norma legal chilena. Así nace el nombre de Amanda Labarca Huberston con el cual será nacional e internacionalmente conocida, nombre con el que signará innumerables escritos y actos dedicados al estudio, defensa, perfeccionamiento y teorización de su «oficio de ser mujer» (Labarca, *Feminismo Contemporáneo* 226) y a la reflexión, difusión y ejecución de proyectos pedagógicos.

En algunas ocasiones, Amanda Labarca parece haber querido suavizar un poco el significado de su acto de cambio de nombre: «Fue un acto de chica que no tiene mayor importancia», le dice a Raúl Silva Castro («Una hora con Amanda Labarca». *Repertorio Americano* 300-301); sin embargo, el carácter de ruptura con la familia es reconocido y ratificado en la misma entrevista: «...Yo

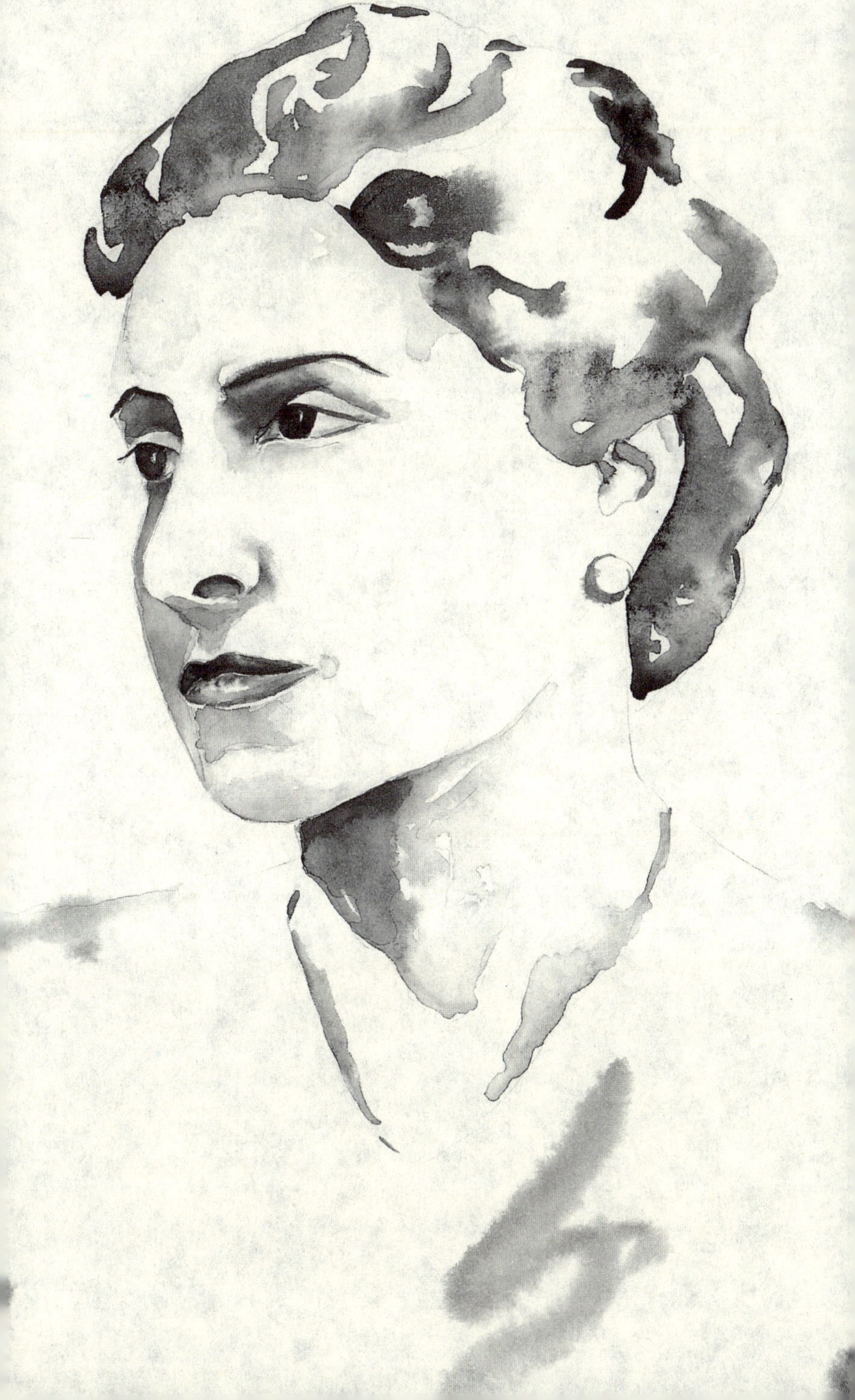

un día me sentí disgustada con mi familia... y para significar que no quería nada con ella, comencé a firmar con el apellido de mi marido».

Desde muy joven había mostrado ya la independencia de pensamiento que constituye uno de los rasgos más relevantes de su personalidad y había puesto en entredicho los convencionales perfiles que la sociedad patriarcal traza para el ser y el hacer de las mujeres.

Recibió, según ella misma afirma, «la mejor educación que podría tener una niña en aquel tiempo».[1] Su padre la alentaba a leer y a cultivarse, pero no gustaba ni aceptaba los «arrebatos de libertad» (Sehlinger 1975, 3) de su hija. Convergía en la figura paterna el más acendrado patriarcalismo, el libre pensamiento en materias religiosas y una actitud liberal respecto al acceso de las mujeres al conocimiento y la cultura. Doña Sabina, por su parte, era una mujer dulce y muy católica que no pudo suavizar las rígidas imposiciones sexistas emanadas principalmente de su marido. Así, en casa se imponía la superioridad de los varones por el mero hecho de ser tales. Las mujeres debían obediencia y respeto a los hermanos, aunque éstos fueran menores o tuvieran conductas violentas e irracionales. Algunos episodios especialmente injustos y humillantes para la joven Amanda van haciéndola palpar la dura realidad de la discriminación.

Un día un hermano menor con el cual va al colegio le exige caminar unos pasos detrás de él para demostrar acatamiento a la *inherente* supremacía del hombre concretizada en él; otro día es golpeada por otro hermano que ha ido a buscarla, porque tarda unos minutos en salir de la escuela.[2] En casa, el padre apoya la reacción de ambos muchachos.

No es difícil imaginar la confusión de sentimientos que debía alzarse en esta niña inteligente, culta, de enorme espíritu crítico, ante mensajes tan contradictorios. Por ejemplo, era práctica familiar leer y comentar la Biblia. Las discusiones eran interesantes y profundas. Don Onofre y doña Sabina pensaban y sentían distinto. Amanda analizaba ambos puntos de vista, aprendía que existen opiniones divergentes, era estimulada a expresar sus ideas; pero, tratándose de la vida cotidiana, de la interacción socio-familiar, era obligada a abandonar todo este bagaje y a comportarse como una pasiva y acrítica jovencita que acepta sin chistar las absurdas reglas que avalan la también absurda premisa de la superioridad innata del varón.

Tal vez su diagnóstico de que el gran mal en nuestras sociedades latinoamericanas es la incomunicación entre hombres y mujeres, porque hasta las palabras que usan adquieren distintos sentidos para unos y otras, se haya gestado en esos tempranos tiempos en que sus intentos de diálogo con el padre terminaban en la imposición y el dogmatismo. También entonces pudo haber empezado a germinar su convencimiento de que vivimos en un mundo unilateral, donde sólo tenemos los puntos de vista, sentimientos y conocimientos de un sector, mientras más de la mitad de la humanidad permanece muda, inexistente. Allí se gestaría también su compromiso con la lucha por superar la unilateralidad, por incorporar las voces de las mujeres, por buscar con voluntad incesante el diálogo verdadero con los varones.

El matrimonio de Amanda y Guillermo es un ejemplo del modo cómo, a través del diálogo y la comunicación, es posible sustentar un vínculo profundo, en el que ambos participantes pueden desarrollar sus talentos y sus inclinaciones, en el que reina la mutua cooperación, respeto, comprensión y admiración.

Amanda recuerda que en un principio el matrimonio no fue fácil, Guillermo tendía a ser un poco como don Onofre, quería dirigirla, manejarla. Pronto se dio cuenta de que ése era un rumbo equivocado, que la relación tenía que ser horizontal.

Los esposos hicieron muchas cosas juntos: obtuvieron becas y viajaron a estudiar a Estados Unidos y Europa, compartieron las mismas ideas políticas —ambos eran miembros del Partido Radical, un partido de centro izquierda laico—, ambos sufrieron las consecuencias de la persecución política, ambos desempeñaron importantes cargos en distintos gobiernos chilenos.

Rosita Enríquez, nieta de ambos, recuerda así a su abuelo y la relación de la pareja: «Era el hombre más feminista que yo he conocido. Era muy culto, mayor que ella y siempre la apoyó en sus inquietudes. El suyo fue un matrimonio culturalmente paralelo. Yo nunca puedo separar la obra de Amandita de su matrimonio con Guillermo. No sé si ella hubiese podido hacer todo lo que hizo de no haber estado casada con él» (Con Kohan 23).

La unión de ambos refleja el tipo de feminismo de Amanda Labarca, su convicción de que el hombre y la mujer son diferentes, pero complementarios y equivalentes, necesarios de igual manera para el desarrollo de la humanidad, para la comprensión y construcción del mundo. También ilustra su creencia de que el matrimonio por amor es el tipo de vínculo ideal porque nunca el ser humano es más positivo, productivo y bueno que cuando es feliz, y nada hace más feliz que el amar y ser amado.

Veintiún años sobrevive Amanda a Guillermo, la muerte de él no detiene sus múltiples actividades. El recuerdo del esposo y compañero está en ella; en todas las entrevistas que concede puede advertirse la presencia de esa ausencia atemperando la vida de esta mujer, que hizo y se atrevió a tanto.

En efecto, la vida de Amanda Labarca es absolutamente coherente con uno de los derechos que más defendió para la mujer: el de «expresar y ejercitar el yo auténtico en actos tangibles que respondan a genuinos impulsos» (Pinto «El paradigma femenino/masculino» 61). Expresión del ser y desarrollo de él en la acción van indisolublemente unidos en su pensamiento educacional, feminista y existencial.

Y como la vida se desarrolla en el tiempo, debemos aprender a convivir con él sabiamente. «Nunca seremos lo que fuimos ayer» (Labarca 1945, 54) escribe, y se exhorta a sí misma: «Aprende a entregarte plenamente, con toda tu alma, a este minuto, a reflejarte en él con tanta intensidad como si éste fuera el único y último momento de tu vida» (48). *La fervorosa*, la llama Enrique Lafourcade; también es la incansable, la pionera, la visionaria.

> Para que la vida sea fecunda, hay que vivirla alerta, sabiendo que somos todos exploradores de los años; aspirar el perfume de la novedad en cada instante —no importa si con los cabellos grises y las coyunturas anquilosadas. Aceptar el pasado como un tesoro de experiencias, pero sin tratar de revivir ninguna, siempre nuevos ante el mundo, siempre atentos a lo que ha de venir, *exploradores y adelantados en la inmensa trayectoria del futuro*». (Labarca 1945, 55. El subrayado es mío)

Como dije antes, el Feminismo y la Educación son las dos grandes vocaciones de Amanda Labarca, vertientes que se retroalimentan con una coherencia que hace más palpable la mutilación que la academia oficial ha hecho de su pensamiento y de su praxis, convirtiéndola en una *educadora* (al fin y al cabo, cosas de mujeres), silenciando tercamente y/o caricaturizando su feminismo[3] y minimizando su importancia como ensayista. Ella es, sin duda, la ensayista chilena más relevante de la primera mitad del siglo XX, sobre todo si se sitúa en el ámbito del pensamiento feminista y pedagógico. Sus aportes en ambos campos continúan vigentes dado el valor seminal y adelantado que tienen. Algunas intelectuales feministas chilenas hemos ido rescatando sus textos del olvido y de la invisibilidad; otro tanto hacen los movimientos de mujeres respecto al legado de acción social y política que ella dejó.

Muy importante fue para Amanda Labarca su contacto con el mundo estadounidense; éste empezó tempranamente en los tiempos en que se fue a vivir al Santiago College, colegio metodista alternativo para las familias que no deseaban que sus hijas se educaran en colegios católicos. Allí Amanda pudo apreciar nuevas y más dinámicas maneras de enseñar y aprender, observó el comportamiento de las profesoras provenientes de EE.UU. y por supuesto, lo juzgó más libre y atractivo que el de las mujeres chilenas; así como también la comunicación que aquéllas tenían con los varones le pareció más auténtica y carente de los melindres y coqueterías que tanto le molestaban en las mujeres latinoamericanas. Cuando posteriormente viaja a EE.UU. becada para hacer estudios, toma clases con John Dewey y se convence de las bondades del pragmatismo y de las ideas de lo que se conoce como la escuela nueva o escuela renovada. Su feminismo también se enriquece y, como fruto de este viaje, publica en 1914 *Actividades femeninas en los Estados Unidos*.

Los principios de la escuela activa[4] cuyo núcleo es el de enseñar para la independencia, le ayuda a aclarar, por contraste, su conciencia de las limitaciones que sufrimos las mujeres al ser objetos de una educación y de una socialización que intenta mantenernos como seres eternamente dependientes.

Por su parte, el principio que valora la experiencia personal como el mejor modo de aprender y de entender nuestro entorno, le evidencia la mutilación genérica de que somos víctimas al estar sometidas a la glosa del mundo por otros, a que nos cuenten cómo son las cosas, incluyéndonos a nosotras mismas. Esto la llevará a defender apasionadamente el derecho de las mujeres a experimentar, a actuar, a relacionarnos de primera mano con el mundo.

Así también el énfasis que debe poner la educación en ayudar al ser humano a descubrir sus propios intereses, a desarrollar sus propios talentos, sin forzarlo a seguir rumbos fijados por factores externos, está en la base de su rechazo a los prejuicios genéricos que supone talentos e intereses *a priori* en virtud de meras convenciones sociales.

El carácter altamente disidente de su postura pedagógica y feminista —no hay que olvidar que, además, como si fuera poco, ella militaba en un partido progresista laico— causaron un verdadero escándalo político cuando fue nombrada, en 1916, Directora del Liceo Rosario Orrego de Santiago. Los sectores conservadores chilenos levantaron su voz para oponerse tenazmente a que semejante peligrosa mujer fuera a ejercer un cargo desde el cual deformaría —qué duda podría caber— el inocente corazón de las educandas. Como consecuencia de la ratificación del nombramiento hubo crisis ministerial y casi cayó el gabinete del gobierno de la época. Es digno de destacar que ni los ataques conservadores ni la crisis política hicieron desistir a Amanda de su postulación al cargo, el que ejerció con gran éxito hasta 1931, cuando fue designada Directora General de Educación Secundaria, siendo la única mujer en la historia de Chile que ha ocupado dicho puesto.

El benéfico influjo que ejerció sobre quienes fueron sus alumnas se resume en las palabras de una de ellas, pronunciadas en los funerales de Amanda: «Siempre la veíamos como la mujer que queríamos llegar a ser».

Su oficio de educadora lo cumplió tanto en el aula como en la escritura de textos escolares y de reflexión pedagógica, en la fundación y/o dirección de instituciones, —tales como los institutos binacionales y el Liceo Experimental Manuel de Salas de Santiago (el primero coeducacional del país)— y en la creación de las escuelas de temporada de la Universidad de Chile (1936). Estas últimas las dirigió con tanto acierto y tan visionariamente que por ellas dicha universidad pasa a ser conocida en esa época con el nombre de **Universidad de América**. Dentro de este ámbito académico universitario se había ganado el derecho a ser nombrada profesora titular de una cátedra en Educación, constituyéndose en la primera mujer chilena poseedora de tal investidura. Dirigió el Departamento de Extensión Cultural de la citada universidad hasta la fecha de su jubilación (1955); fue miembro del Consejo Universitario durante 20 años, recibió honores y condecoraciones de universidades y organismos latinoamericanos y la Academia Chilena de la Historia la incorporó a su seno el 7 de diciembre de 1970.

Idéntica laboriosidad y espíritu pionero manifiesta en el ámbito feminista. Está convencida de que las mujeres somos plenamente personas y reclama para nosotras los siguientes atributos y derechos: «tener voluntad, ser dueñas de nuestras vidas, asumir la responsabilidad de nuestra conciencia humana, tener y ejercer plenamente el albedrío, ser feliz, expresar el yo en actos, desarrollar las facultades, valorizar el único tesoro que en verdad poseemos: nuestro caudal de experiencias» (Labarca 1934:14-15).

Poniendo en práctica sus convicciones, funda en 1915 el Círculo Femenino de Lectura —primera organización secular de mujeres en Chile—, del cual es secretaria general hasta 1919, año en que se fusiona con el *Club de Mujeres* originando el *Consejo Nacional de la Mujer*, que preside hasta 1925. Es líder en la larga y ardua lucha en pro de la obtención de los derechos civiles y políticos de las mujeres chilenas: preside la *FECHIF* (*Federación Chilena de Instituciones Femeninas*) que agrupa a las organizaciones cuyos esfuerzos logran el reconocimiento de los derechos civiles de las mujeres (1925), del derecho al voto municipal (1934) y que culminan en 1949 al concedérsenos el derecho a voto pleno.

Sus talentos y su sabiduría la hacen merecedora de nombramientos internacionales. Así, en 1934 representó a la Universidad de Chile en la *Segunda Conferencia Interamericana de Educación,* realizada en Santiago. En 1946 y 1949 actúa como delegada de Chile ante la Asamblea General de las Naciones Unidas. En este último año participan en calidad de representantes plenipotenciarias de sus respectivos países Eleanor Roosevelt, por EE.UU., F.R. McIntosch, por Nueva Zelanda, Minerva Bernardino, por la República Dominicana y Amanda Labarca, por Chile en la *Reunión de la Comisión*

Internacional de Mujeres, evento fundamental para la historia de la lucha en contra de la discriminación femenina en el mundo y del compromiso de las mujeres con la causa de la paz. En 1948, Amanda Labarca había sido nombrada Jefa de la Comisión Jurídica y Social de la Mujer en las Naciones Unidas.

A propósito de la trayectoria cívica de Labarca, Carlos Martínez Sotomayor afirma que compartió desde su juventud:

> las dos constantes de su acción creadora: el desarrollo y expansión de la educación chilena, para hacerla más justa, democrática y renovada; y su lucha visionaria por la emancipación de la mujer, para incorporarla activa y participativamente al desarrollo nacional. Ambas políticas y renovadas propuestas, insinuadas antes de la Constitución de 1925, junto con ser visionarias evidencian de que [sic] Chile encontraba en Amanda Labarca a la que sería su primera mujer estadista». (Martínez 1988, 24)

«Es inteligente, pero fea», comenta la gente. El propio don Onofre en tono cariñoso (¡vaya manera de amar!) le hacía bromas : «¿De dónde habrá salido esta niña tan feecita? ¿Dónde se puso tan negrita?... Nunca me ha gustado mi cara» confiesa Amanda en una entrevista a Germán Ewart (31 de diciembre de 1961). «No hay sitio en el mundo para las mujeres feas, y todas lo somos cuando se nos agota la lumbre de la juventud» (Labarca 1945, 109-110) escribe en páginas personales.

Así la retrata el escritor González Vera: «...es moderadamente alta, de rostro moreno, cabellera muy negra, ojos negros también, pero llenos de risa; nariz recta y breve y boca grande de la que fluye una voz nerviosa, cordial, animadora. Es muy erguida, sin arrogancia, tiene ágil el paso».[5] Ciertamente no era fea, pero sintió la presión del medio que mide por rígidos cánones de belleza y que decide *a priori* que si una mujer es inteligente y exitosa en el campo público profesional **tiene que ser fea**.

Normalmente medimos la grandeza de las personas por los logros que emanan de sus virtudes, no está mal, dice Amanda, pero «Lo que importa saber precisamente... (es) cómo pudieron realizar su obra en medio de debilidades, desventajas y de los propios obstáculos que les creaba su naturaleza...» (Labarca 1945, 70-71). Aunque de índole optimista, Amanda también tenía su lado oscuro, su lado triste. Algunos fragmentos de *Desvelos en el alba* nos permiten asomarnos a esa intimidad que no se vertía en los otros escritos; nos deja ver a la mujer frágil, la que muestra a veces signos inequívocos de depresión —«¿Qué es lo que se ha desarticulado en mi yo interior? ¿Por qué antes de emprender obra alguna me siento desalentada? ¿Por qué hay una voz que repite melancólicamente: nada, nada vale la pena...?» (Labarca 1945, 117)— la que es capaz de un juicio implacable consigo misma —«ingenio escaso; intuición roma, dificultad para el hallazgo de la palabra emotiva, imaginación cobarde, vocabulario mísero» (Labarca 1945, 125-126).

También vemos cómo se levanta y sobrepone —«¿Qué me levanta? No lo sé. Acaso sea una energía subconsciente. Se yergue cuando más inerte me siento». «El trabajo me reconcilia conmigo misma. No he nacido para la comodidad del ocio. Hay una fuerza dentro de mí que me impulsa imperativamente al servicio de mis semejantes. Si fuese creyente, diría que había nacido predestinada». «Me siento de nuevo joven, porque otra vez miro ilimitados los campos de la esperanza» (Labarca 1945, 114-124).

Luz y sombras como en todo ser humano. Ella misma lo metaforiza de este modo: «...un Quijote de las letras que llevara en su mismo espíritu su crítica, su Sancho, que le advirtiese a cada instante la futilidad y la vacuidad de su esfuerzo y que, no obstante, no pudiera resistir al empuje de su sino. En pequeña escala, yo» (Labarca 1945, 125).

Amanda no sólo está alerta al mundo exterior, también está volcada hacia su propio ser, se analiza, no por egotismo sino porque, como dice Rosario Castellanos, tomar conciencia de aquello que sólo se experimenta como malestar es el primer gran paso para superarlo. En 1933, Amanda traza un perfil de sí misma:

> Tengo la impresión de que íntimamente soy un ser sin riberas; equivale a decir, sin un cauce profundo. Me atraen minuto a minuto tentaciones heterogéneas: la belleza que siento y su emoción que no acierto a expresar; el amor que no he correspondido y aquel otro que no he podido inspirar en medida tan ancha, tan colmada y tan pertinaz como yo lo he sentido, y el servicio a mis semejantes: publicaciones, pedagogía, política. También, pero en menor grado, me atraen el bienestar apacible, los viajes, la amistad y la consideración de los que yo aprecio... Y toda mi vida he estado luchando íntimamente entre la dispersión y la continuidad, entre mi naturaleza que rehúye linderos y mi inteligencia que me obliga a comprender que si no me especializo, si no cavo un cauce, mis energías se dispersarán en el viento. (Labarca 1945, 127-8)

El 2 de enero de 1975 falleció Amanda —la que vivió toda su vida anhelosamente empeñada en causas justas—, en Santiago de Chile. Se acaba así su vida física, pero no su valioso legado de magnificación de sus oficios, de disidencia constructiva, de conciencia de sí misma y de sus circunstancias sociales y culturales, de lucha incansable por conseguir la implantación de altos valores en un mundo anhelado como justo, igualitario, libre, democrático, pacífico y solidario.

«Es inteligente, pero fea», comentaba la gente. Sin embargo, cuando fallece —en plena dictadura militar— nadie parece recordar ese doble *estigma*. Así, en los discursos **ad hoc** dice Juvenal Hernández: «fue la primera mujer que dio una batalla abierta, coordinada y valiente por el reconocimiento de estos derechos (de las mujeres)... logra agrupar a sus congéneres para formar con ellas una gran fuerza consciente y actuante»; Eugenio Pereira Salas recuerda: «sin estridencias, sin elevar el tono mesurado del que dialoga y no impone, defendió la causa del feminismo y tuvo la valentía de hablar de problemas marcados como tabú en esa época» (*El Mercurio*, enero de 1975). Ambas afirmaciones son ciertas, pero tienden a olvidarse. En círculos intelectuales hegemónicos y oficiales, cuando se habla de ella, se la considera sólo como educadora, *señora que escribía tratados sobre pedagogía*.

El movimiento feminista chileno, que tan poderosa y valientemente se desarrolla bajo la dictadura de Pinochet (1973-1989), comienza a reconstruir la historia invisible de las mujeres y esta niña, nacida Amanda Pinto y transformada en Amanda Labarca por propia voluntad, comienza a hacérsenos visible emergiendo de las oscuridades del silencio y del encubrimiento tradicionales.

Notas

[1] Peter J. Sehlinger. «Amanda Labarca. Educadora de las mujeres de Chile». (Inédito. Universidad de Indiana, EE.UU.). Contiene dos entrevistas grabadas en Santiago el 7 y 8 de septiembre de 1970. El texto mecanografiado parece haberse escrito en 1975, por esa razón utilizaré esta fecha en las citas dentro del cuerpo textual del ensayo.

[2] Mi abuelo paterno, Héctor Pinto Sepúlveda, fue el más intransigente de los hermanos. Con el correr de los años, Amanda fue reconciliándose con los demás, pero mi abuelo nunca le *perdonó* el haberse opuesto a las normas familiares y el haber abandonado sus apellidos. Cuando él murió, Amanda asistió a sus funerales y fue para mí la primera vez que vi y abracé a esa tía abuela un poco mítica, cuya ternura, junto con la bondad y placidez de sus ojos, me impresionaron enormemente. En verdad, esa encantadora mujer nada tenía que ver con la imagen un tanto feroz que de ella corría en la familia de Héctor. El hecho de haber asistido a los funerales y el cariño con que fue saludando una a una a las personas de esa rama de los Pinto, evidenció la estatura espiritual y humana de Amanda.

[3] Cuando me refiero a la crítica académica estoy pensando, por ejemplo, en la que se ejerce desde los ámbitos universitarios; también en los autores que han escrito historias de la literatura chilena en donde la obra de Amanda Labarca, si aparece mencionada, no es en absoluto tomada con la seriedad que merece, sobre todo sus aportes a la reflexión genérica. En las universidades chilenas, hasta donde mis conocimientos y experiencia me permiten asegurarlo, a la hora de estudiar el ensayismo chileno o latinoamericano, jamás se ha incluido a Labarca. Esta situación está siendo remediada por la labor de las intelectuales feministas.

[4] Con este nombre alude Labarca al pensamiento pedagógico de Kerschenteiner, Dewey, Decroy, María Montessori, entre otros.

[5] G[onzález] V[era], «Amanda Labarca», prólogo al libro de Amanda Labarca *Desvelos en el alba*. Santiago: Cruz del Sur, (1945): 9-10.

BIBLIOGRAFÍA

CON KOHAN, Deborah. «Feminismo y libertad. Amanda Labarca, historia de una pionera». *Revista de Educación*. Santiago 141 (1986): 20-24.

DELGADO ORDÓÑEZ, Florencio. *Amanda Labarca H*. Quito: Editorial Quito, Ecuador, 1946.

DONAHUE, Francis. «Feminists in Latin America». *Arizona Quarterly*. 41.1(1985):38-60. [Breve estudio sobre 4 feministas líderes y anticipatorias en el continente: Sor Juana Inés de la Cruz, Amanda Labarca H., Eva Perón y Rosario Castellanos].

GEEL, María Carolina. *Siete escritoras chilenas*. (Ensayo). Santiago: Editorial Rapa Nui, S.A., 1950.

GONZÁLEZ VERA. *Algunos*. Santiago: Nascimento, 1959. [Apareció como prólogo a *Desvelos en el alba*, 1945].

HERNÁNDEZ, Juvenal. «La luminosa trayectoria de Amanda Labarca» [Reproduce discurso de recepción a la Academia de Ciencias Sociales, Políticas y Morales, pronunciado el 7 de diciembre de 1970]. *El Mercurio*. Santiago, 5 de enero (1975): 28 y 32.

LABARCA, Amanda. *Impresiones de juventud (La novela y la poesía castellana de hoy)*. Santiago: Imp. Cervantes, 1909.

• *Actividades femeninas en los Estados Unidos*. Santiago: Imprenta Universitaria, 1914.

- *En tierras extrañas*. [Novela] Santiago: Imprenta Universitaria, 1915.

- *La escuela secundaria en los Estados Unidos*. Santiago: Soc. Imp. y Lit. Universo, 1919.

- *La lámpara maravillosa*. [Novela, y *Cuentos a mi señor*]. Santiago: Casa Editorial «Minerva», M. Guzmán Maturana, 1921.

- *Nuevas orientaciones de la enseñanza*. Santiago: Imprenta Universitaria, 1927.

- *¿A dónde va la mujer?* Santiago: Ediciones Extra, 1934.

- *Historia de la enseñanza en Chile*. Santiago: Imprenta Universitaria, 1939.

- «Chile». *Educational Yearbook of the International Institute of Teacher's College*. Nueva York: Columbia University, 1939.

- «La educación en Chile». *Cursos y Conferencias*, número dedicado a *Chile*. Buenos Aires, año XI, vol. XXII, Núms. 127-128-129 (1942): 3-55. 2a. ed. Varios Autores. *Chile*. Buenos Aires: Editorial Losada, 1946.

- *Bases para una política educacional*. Buenos Aires: Editorial Losada, 1944. Otra ed. Santiago: Biblioteca de Alta Cultura, 1944.

- *Desvelos en el alba*. Recopilación de José S. González Vera. Santiago: Cruz del Sur, 1945.

- *Feminismo contemporáneo*. Santiago: Zig-Zag, 1947.

- *Realidades y problemas de nuestra enseñanza*. Santiago: Editorial Universitaria S.A., 1953.

- «Women and Education in Chile». *La femme et l'education*. París: UNESCO, (1953): 9-84.

- *El arte y la ciencia de ser maestro*. Separata de rev. *Mapocho*, Biblioteca Nacional 2.1(1964): 39-50.

- *Una mujer enjuicia el tiempo*. Santiago: Editorial Andrés Bello, 1970.

LAFOURCADE, Enrique. «Al margen. Doña Amanda». *Las Últimas Noticias*, Santiago, 4 de enero (1975):3.

LATCHAM, Ricardo A. «El ensayo en Chile en el siglo XX». *Desarrollo de Chile en la primera mitad del siglo XX*. Vol.II. Santiago: Ediciones de la Universidad de Chile, (1951): 355-356.

MARTÍNEZ SOTOMAYOR, Carlos. *Juvenal Hernández. Amanda Labarca. Juan Gómez Millas. Irma Salas*. Santiago: Editorial Universitaria, 1988.

MAZA, Piedad. «Amanda Labarca: síntesis y ejemplo». *Atenea* 13.35 (1936): 386-389.

MIRANDA, Marta Elba. *Mujeres chilenas*. Santiago: Editorial Nascimento, 1940.

MUNIZAGA AGUIRRE, Roberto. *José Abelardo Núñez o una lucha por la dignificación del maestro. Amanda Labarca o una lucha por la reforma de la educación y de la vida*. Santiago: Editorial Universitaria, 1988.

MUSSA BATTAL, Moisés. «Amanda Labarca. La mujer, la educadora, la pedagoga». *Occidente*. Santiago, marzo-abril-mayo (1956):45-49.

PEREIRA SALAS, Eugenio. *Amanda Labarca, maestra*. Separata rev. *Mapocho*. Santiago 2.1 (1964): 51-56.

PINTO VILLARROEL, Patricia. «La literatura chilena y la mujer: el legado de Gabriela Mistral y Amanda Labarca». Inédito. Concepción, 1987.

• «Mirada y voz femeninas en la ensayística de Amanda Labarca. Historia de una anticipación chilena». *Nuevo Texto Crítico*. Stanford University 2.4 (1989): 57-67.

• «El paradigma masculino/femenino en el discurso narrativo de Amanda Labarca». *Letras Femeninas* 16.1-2 (1990): 59-72.

SALAS, Emma. «El centenario de una educadora». *Revista de Educación*. Santiago 141(1986): 25-27.

Varios Autores. *Homenaje de la Universidad de Chile a Amanda Labarca H.* Santiago: Editorial Universitaria, 1956.

YÁÑEZ, Eliodoro. «Prefacio» en Amanda Labarca. *Actividades femeninas...*, 1914.

Subvirtiendo las reglas del padre.
Isabel Rodríguez-Vergara.

María de los Ángeles Cano Márquez:
del sindicalismo al socialismo subvirtiendo las reglas del padre

Isabel Rodríguez-Vergara

Soy mujer y en mi entraña tiembla el dolor al pensar que pudiera concebir un hijo que sería esclavo.

María Cano

No existe aún una interpretación del significado de María Cano en la historia social y política de Colombia. Ni por el lado de la historiografía dominante, ni tampoco por el lado de la historia escrita del pensamiento de izquierda. Hasta ahora nos estamos aproximando a una apropiación de lo que significa en la historia social y política de Colombia (Sandoval 35). El papel de esta rebelde mujer todavía queda por reconstruirse armando las fragmentarias piezas del viejo rompecabezas con una nueva lectura que dinamice el papel femenino en el quehacer histórico. Mientras este proceso se lleva a cabo, les presento hoy imágenes de las versiones escritas hasta el momento sobre una de las mujeres más célebres que ha dado Colombia.

El nombre de María Cano se inscribe en el grupo de mujeres rebeldes y transgresoras del poder oficial en que se agrupan personalidades tales como Manuela Beltrán, Policarpa Salavarrieta, Manuela Sáenz y Antonia Santos. Su contexto biográfico se enmarca principalmente bajo el estímulo de su combatividad política en la década de los años veinte en Colombia.

María Cano nació en Medellín el 12 de agosto de 1887,[1] la más joven de la familia de don Rodolfo Cano y doña Amelia Márquez C. y quinta superviviente de los ocho hermanos (de los cuales cuatro fueron varones). El señor Cano, junto con su primo don Fidel Cano, los editores del periódico *El Espectador*, pertenecían a una clase idealista, culta y aficionada a las letras. Don Rodolfo se dedicó a la docencia y al cultivo de la doctrina espiritualista, practicada en recintos privados familiares en Medellín;[2] en estos predios de vivienda y escuela, María Cano recibió su educación hasta el nivel de bachillerato.

Como lo perciben Gilberto Mejía Valderrama y Miguel Escobar Calle, la vida de María Cano se puede dividir en tres etapas: la primera, desde su nacimiento a 1922 (cuando empieza a escribir prosas literarias); la segunda, desde 1922 a 1930 (de agitadora política) y la tercera, desde 1930 en adelante (en retiro de la vida pública política) (Mejía 48 y Escobar, Prólogo. *Escritos*).

Además de la influencia política de la Revolución Socialista en la Rusia zarista (1917), en la segunda década del siglo tomó impulso en América Latina un vigoroso movimiento literario en el que se destacan distinguidas mujeres que tendrían una fuerte influencia sobre María Cano: Gabriela Mistral, Delmira Agustini, Alfonsina Storni y Juana de Ibarbourou. Es así como la futura líder sindical se dedicó a escribir poesía y prosa; participó en tertulias literarias organizadas en su casa donde se reunían escritores y poetas, algunos ya formados y otros novatos. Entre ellos, el escritor Efe Gómez, los poetas Abel Farina y Miguel Agudelo, el periodista Horacio Franco, el dibujante José Posada y el periodista y poeta Antonio J. Cano (Torres 16-17). María Cano fundó la revista *Cyrano* y comenzó a publicar su producción literaria bajo el seudónimo de *Helena Castillo* que luego, animada por Benjamín Tejada, cambió por su nombre de pila. En 1922 Cano ya figuraba como escritora antioqueña en *El Correo Liberal*, periódico progresista y democrático (Torres 17).

Cano entró en la fila del movimiento revolucionario de los trabajadores después de que la Junta Nacional Socialista en Bogotá anunciara, el 23 de enero de 1924, la muerte de Vladimir Ilich Lenin y cuando Luis Tejada publicó su «Oración para que no muera Lenin» (Torres 18-19). Según Torres Giraldo[3] —compañero de lucha, amigo de muchos años de la familia Cano y biógrafo de María Cano— ella leyó junto a estudiantes pobres no sólo *Ariel* y *Motivos de Proteo* de José Enrique Rodó, *Ulises criollo* y *Sonata mágica* del ensayista José Vasconcelos, sino también *Germinal* de Emilio Zolá y las grandes novelas de León Tolstoi y Honorato de Balzac. Además, visitó, invitada por obreros, sus humildes habitaciones que impresionaron su sensibilidad ante el numeroso grupo de niños desnutridos y de madres que se peleaban en la miseria. María Cano escribió sobre los niños y el anhelo de maternidad después de leer *Rondas*

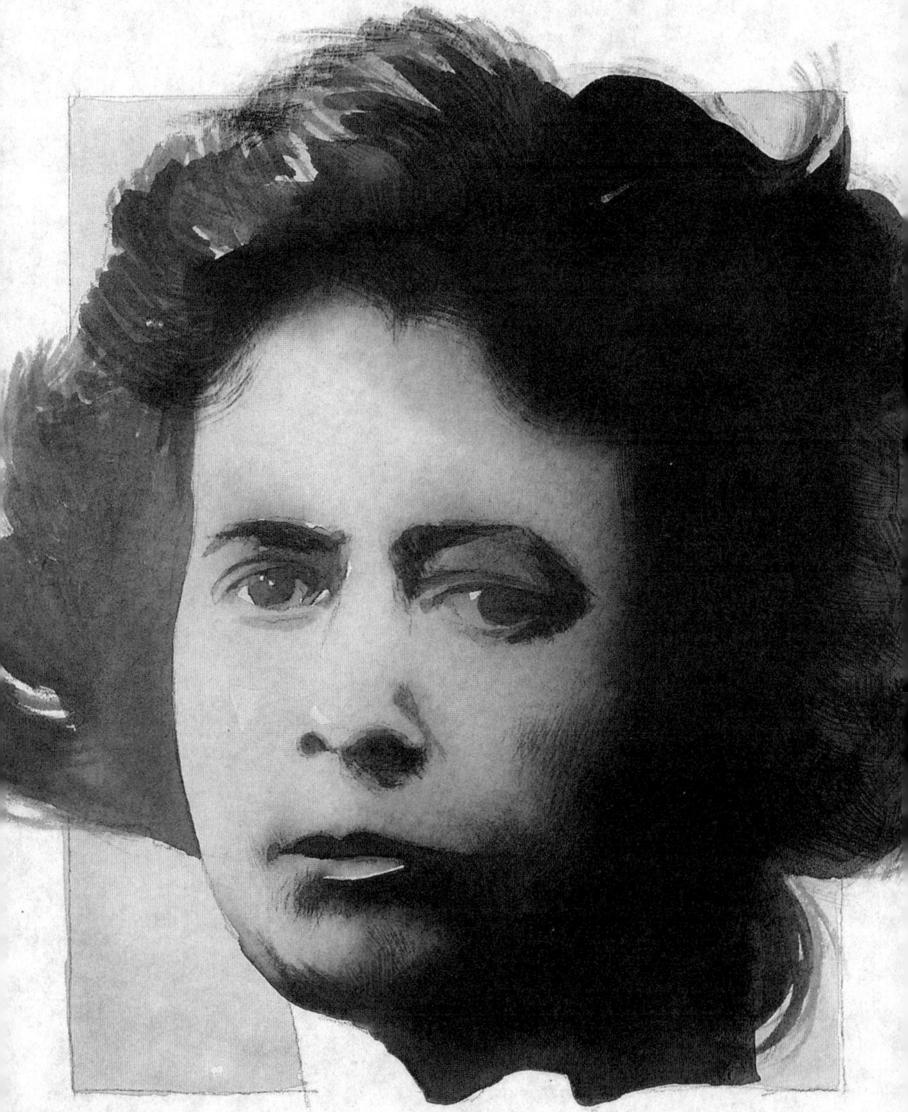

de niños, *Ternura* y *Nubes blancas* de Gabriela Mistral; practicó un *feminismo* que se limitaba a un reclamo de libertades y costumbres sociales, pero no llegó a cuestionar los derechos jurídicos para la mujer. Se dedicó a una labor benéfica por los niños pobres y las madres expectantes: confección de ropa para bebés, regalos a las madres, que entregaba en sus viviendas, trabajo que llevó a cabo apoyada por sus amistades. Todas estas actividades sociales, complementadas con sus lecturas con los obreros, le fueron ganando popularidad entre los pobres (Torres 20-21).

Hernán Darío Correa hizo una excelente síntesis sobre la década de los años veinte, a propósito de la conmemoración del centenario del nacimiento de María Cano; allí discute

> [el] «espíritu de la época», definido por los cambios sociales, por la creación de valores políticos y culturales, por el planteamiento del socialismo como problema y por la atmósfera de un espíritu de individualidad, hechos que aclaran los años de lucha de María Cano. Los años veinte se caracterizaron como un proceso de transición de la sociedad colombiana en la cual la economía y la vida se modernizaron y abordaron los dos ejes de lo que fue la sociedad moderna en el mundo entero: la urbanización y la industrialización que conllevaron antagonismos y contradicciones en todos los ámbitos de la vida. (Correa 10)

Se expresaron cambios en las formas vigentes de la palabra oral y escrita que trajo la generalización del uso de las cartas. «Se carteaban, por ejemplo, los socialistas, el grupo de María Cano con trabajadores y artesanos de todo el país; o intelectuales de varias ciudades en el exterior. Hubo una efusión de la carta y el correo como forma de comunicación entre las gentes» (*Jornadas*, Correa 11). En los años veinte se comenzó a hablar de la higiene, de la educación moderna, de la urbanidad y de temas que tenían que ver con el orden del capital (Correa 11); se estructuraron vías de comunicación e industrias. El gobierno de Alfonso López Pumarejo (1886-1959), Presidente de la República desde 1934 a 1938 y desde 1942 a 1945, dejó atrás el siglo XIX y conformó el orden fundamental del capitalismo, a partir de la derrota de los movimientos sociales de la década de los años veinte. Durante su primer gobierno se sepultaron movimientos de luchas que se llevaron a cabo, por ejemplo, en 1928 y 1929 (Masacre de las Bananeras, Levantamientos de 1929), lo que contribuyó a dejarlos en el olvido. Hasta hoy se están recuperando a María Cano, a Raúl Mahecha, a Ignacio Torres Giraldo y a Tomás Uribe Márquez, y se empieza a saber quiénes fueron las mujeres que lucharon en esos años, como Elvira Medina y Enriqueta Jiménez (Correa 12). «El objetivo de los socialistas no era la lucha contra los conservadores, sino que sus luchas iban dirigidas hacia una reorganización del trabajo en la sociedad y de ésta misma, lo cual está expresado desigual pero claramente en sus programas» (Correa 12).

Al evocar la crónica de moda femenina del año 22, «Los teólogos dedicados a la modistería, he aquí una sorpresa que nos reservan nuestros tiempos» de Armando Solano, Correa analiza cómo ha cambiado la posición de la mujer en ese tiempo. Al pasar la falda en los años 20 del tobillo a la rodilla y el escote, de la garganta al pecho, los curas, que tradicionalmente reglamentaron la moda de una manera pasiva, porque la censura al respecto estaba interiorizada, tuvieron que salir al púlpito y hablar de la moda. Esto evidencia, por lo menos, un cambio en el control tradicional eclesiástico sobre la vida cotidiana y sobre la mujer, ya que el cura está a la defensiva desde el púlpito, contradiciendo de hecho su tradicional ofensiva en el confesionario. Siguiendo el planteamiento de Correa, María Cano, a su vez, en una carta dirigida a Hernández Rodríguez (Secretario general del partido comunista colombiano), dice lo siguiente: «Usted acusa de conspiradores a mis compañeros del partido socialista revolucionario, y me quiere excluir a mí de tal responsabilidad porque supuestamente estoy llevada y convencida por ellos, o sea, no me otorga la posibilidad de criterio personal. En este país donde la mujer habla es a través del cura, del marido o del padre, hay esa costumbre, pero ese debate ya no se lo voy a hacer. La gente sabe quién soy yo y cuál es mi criterio». Como bien lo apunta Correa, «Algo ha cambiado en el país y en la posición de la mujer en esos años» (13-14).

El carácter contradictorio de la época de activismo de María Cano se resume muy bien en las palabras de Armando Solano, citadas por Correa:

> Todo aquí es aluvión: poseemos flamantes facultades universitarias, pero carecemos de escuelas primarias; tenemos numerosos artistas de la palabra escrita y hablada, pero el porcentaje de nuestro analfabetismo es aterrador. Somos dueños del servicio aéreo —Colombia fue el primer país que tuvo correo aéreo— quizás más eficiente del mundo, pero hay unas comarcas que no tienen carreteras ni ferrocarriles. La prensa diaria toma vuelo mayor cada día, pero las mul-

titudes ignoran por completo lo que dice la prensa. (14)

Los medios de comunicación (el correo, la prensa y la radio después) significaron, en el plano de los movimientos sociales, el origen de las concentraciones públicas y de manifestaciones callejeras como nunca antes se habían dado en el país. Los periódicos locales y regionales (de obreros, artesanos y campesinos) expresaron la diversidad de movimientos; se escribieron un gran número de crónicas sobre la vida y los valores cotidianos, la industria, la técnica, la educación y los mendigos. La palabra pública, directa, oral, que por un lado hizo surgir a líderes políticos, como María Cano y Jorge Eliécer Gaitán, por otro, en el púlpito, también jugó un papel muy importante, especialmente durante la violencia. Surgieron ensayistas como Luis López de Mesa, Baldomero Sanín Cano y Armando Solano, entre otros. La década de los años veinte fue, según Correa, «la caldera donde se cocinaron los valores y categorías políticas y culturales vigentes prácticamente hasta hoy» (18). Se expresó el individualismo en el Derecho, se fundamentó la primera reglamentación de la huelga no como derecho colectivo sino como afirmación de la libertad personal, y se dio la base jurídica y política al sindicalismo.

En la esfera artística se publicó *La Vorágine* (1924), novela romántica de la selva, que denuncia la explotación del hombre; en Fernando González, se encontró el *yo* en su vida teórica y existencial. Dicho fenómeno de la individualidad llegó a la política desde la literatura. Otro sentido de la individualidad se dio en el destino de María Cano, Ignacio Torres, Raúl Mahecha, Tomás Uribe y los dirigentes de los movimientos sociales populares de los años veinte. «Ellos fueron sencillos, radicales, discretos, marginales a ese orden social que se impuso a pesar de y en contra de sus propias luchas» (Correa 22).

El primero de mayo de 1925, en medio de la agitación que traía la conmemoración de esta festividad, obreros, pequeños artesanos y contratistas postularon la candidatura de María Cano como *Flor del Trabajo* de Medellín, título que recibió en esa memorable fecha con todo el mérito de abanderada de combate del pueblo colombiano. Sin grandes bases teóricas y en medio de cierta confusión ideológica, María Cano entró en una etapa de intenso trabajo de lucha por los intereses de los trabajadores. Las juntas seccionales obreras y el *Centro Fraternidad y Rebeldía*, que tenía un grupo popular de izquierda en Medellín, la nombró dirigente de un comando con un mayor radio de acción y de apoyo popular. María Cano ingresó al comité de lucha por las libertades públicas y los derechos humanos —después del encarcelamiento bajo el gobierno de Pedro Nel Ospina de los dirigentes de la huelga petrolera de Barrancabermeja en 1925— para desarrollar una campaña nacional contra la pena de muerte. Su trabajo como oradora en los barrios obreros y como encargada de conseguir fondos para organizaciones obreras continuó; a la vez que sus artículos, donde expresaba su rebeldía y su defensa de la justicia, siguieron apareciendo en los periódicos (Torres 23-5).

En su libro sobre María Cano, Ignacio Torres Giraldo transcribe las actas del trabajo práctico que llevaron a cabo la *Flor del Trabajo* y su comando durante las reuniones, en el año de 1925, en la casa de ésta (31-51). Entre las múltiples tareas en que esta rebelde mujer trabajó, se cuentan la organización de juntas seccionales de barrio, condecoraciones a obreros/as, convocación de manifestaciones, actividades en torno a la unión de los obreros, análisis de la situación política regional, visitas a fábricas, organización de bazares con fines de financiación, revisión de quejas por mal trato a los empleados en las fábricas y acciones de protesta efectuadas. Cano participó en la organización del periódico *El Rebelde*, y redactó la defensa contra cargos de la prensa; colaboró en el diseño y financiación de la Bandera del Obrero y en la recolección de fondos para trabajadores damnificados a causa de catástrofes naturales. Fomentó campañas para organización del obrero, para nombramientos dentro de la junta, para formación de un sindicato y para hacer exigencias a diferentes sectores del gobierno.

Según Torres Giraldo, las actas aun cuando son de gran importancia, no reflejan ni siquiera a nivel regional, la dimensión de la lucha de clases. Este biógrafo hace énfasis en el aislamiento de María Cano y su comando del resto del movimiento sindical y de la *Confederación Obrera Nacional*, cuya importancia radicaba en ser filial de la *Internacional Sindical Roja*. También comenta el atraso antioqueño en la organización proletaria en relación a otras ciudades del país, tales como Cali, Bogotá y Barranquilla, y señala la mentalidad de artesanos que prevalecía en el comando que analizaba los problemas nacionales a nivel de barrio. Sin embargo, María Cano no trabajaba sólo en lo que describen las actas sino que, además, escribía para la prensa, actuaba en el *Comité Pro-presos*, y sobre todo, en el *Comité Departamental de lucha contra el proyecto de pena de muerte* y en defensa de las libertades públicas y de los derechos humanos —campaña de la clase obrera con liberales del centro y de izquierda (Torres 53-54).

María Cano, la mujer culta de familia patriarcal antioqueña, prima de los Cano de *El Espectador*, pronunció en 1925 un célebre discurso en una manifestación ante el gobernador de Antioquia, y fue precedida en la tribuna por el expresidente Carlos E. Restrepo y seguida por el representante del liberalismo Pedro Claver Aguirre; este evento la consagró no sólo como figura nacional, sino que a la vez marcó su compromiso como agitadora social que conmovía a las masas (Torres 54-55). Esta menuda mujer tenía los ojos y los cabellos castaños, no usaba maquillaje e ignoraba las modas en el vestir, poseía una extraordinaria facilidad de palabra, era excelente conversadora, de gran lucidez mental y algo arrogante; sin embargo, se emocionaba ante los aplausos del público. Hechizaba y dejaba a toda la muchedumbre pendiente de ella, que era una sin par agitadora (Regueros 53). Sus discursos insistían en el derecho del trabajador a vivir humanamente; en ellos recreaba cuadros de lucha y de miseria, interpretaba aspiraciones del pueblo y planteaba medios de redención. Fue bajo esta tónica retórica que María Cano emprendió sus seis giras políticas de agitación obrera en el país, descritas en detalle por Torres Giraldo.

Después de recibir el título de *Flor del Trabajo* de Medellín, el primero de mayo de 1925, María Cano emprendió su primera gira en la que visitó durante quince días el área minera de Segovia (Antioquia) invitada por la Federación Obrera de esta región; fue acompañada por su hermano Alfonso para prevenir prejuicios sociales. Dio discursos sobre ideas redentoras del pueblo trabajador, visitó hogares obreros, asistió a concentraciones, asambleas e instituciones de asistencia social. Después de visitar la zona minera, María Cano ganó experiencia como oradora y representante de la clase obrera a la que sintió como parte de su familia; comprendió además, de manera clara, sus anhelos y necesidades.

Antes de retomar su segunda gira en 1926, María Cano dedicó los primeros meses de ese año a trabajar para el *Comité Pro-presos sociales* en la preparación para la defensa —con tres abogados— de los compañeros que habían dirigido la primera huelga petrolera de Barrancabermeja (Torres 63-65). En su segunda gira (noviembre de 1926) María Cano visitó el Magdalena medio, Tolima y Cundinamarca, hasta llegar a Bogotá para asistir al Tercer Congreso Obrero que la eligió en su directiva y la aclamó *Flor Nacional del Trabajo*. En Honda se reunió con obreros de las trilladoras de café; en Mariquita acudió a ver a los obreros del Ferrocarril de La Dorada y del Cable Aéreo a Manizales, y habló con grupos de mujeres obreras. Vale la pena referir aquí una anécdota ocurrida en Ibagué, mencionada por Torres Giraldo, para mostrar el carácter y la convicción política de María Cano. En la capital del Tolima la aclamaron con una gran recepción popular, mientras el Cabildo, por halagarla, le ofreció una copa de champaña en sus salones, María Cano se irritó ante el discurso lírico y demagógico del oferente y respondió arrojando la copa con violencia al suelo y salió enseguida a hablarle al pueblo (68). Se habló sobre esta actitud desafiante durante mucho tiempo. La gira culminó en Venadillo, Piedras, Doima y Coello.

Al llegar a Bogotá el 21 de noviembre de 1926, en el teatro de Bogotá, colmado de trabajadores, se instaló el III Congreso Obrero Nacional y se eligieron en la Mesa Directiva como Presidente a Ignacio Torres Giraldo y como Vicepresidente a María Cano (Torres 70). El mismo día, María Cano presidió la comisión ante el Ministro de Gobierno para la libertad de presos sociales y políticos; pronunció un discurso contra la represión sistemática patronal y del Estado, contra las compañías extranjeras y contra los grupos de oposición de los derechos de los obreros. Exigió que se pusiera fin a la detención arbitraria de trabajadores, campesinos e indígenas y que se devolvieran las libertades al pueblo amenazando que de otra manera, éste se las tomaría. En la misma manifestación, el 21 de noviembre de 1926, en el Teatro Bogotá, María Cano fue oficialmente proclamada *Flor del Trabajo de Colombia*.

La tercera gira política de Cano entre Bogotá y Tunja, en el mismo año de 1926, comenzó con una gran recepción multitudinaria y con aplausos a sus discursos, y terminó con el cerco policial al hotel donde se hospedaban María Cano e Ignacio Torres Giraldo, entre otros, y con la petición de salir inmediatamente del Departamento de Boyacá. Torres Giraldo fue condenado a un mes de prisión por sus *actividades subversivas* y María Cano fue obligada a viajar a pie desde Tunja hasta Ventaquemada, en el límite con Cundinamarca, donde llegó con los pies sangrantes.

A fines de diciembre de 1926, en su cuarta gira, María Cano partió de Girardot a Barrancabermeja con el líder sindical Raúl Eduardo Mahecha e Ignacio Torres Giraldo, entre otros. En la región de la Tropical Oil Company, María Cano fue aclamada por la población obrera. Sus discursos y su actividad con dirigentes socialistas definieron la segunda gran huelga petrolera de Barranca que se efectuó el 5 de enero de 1927, cinco días después de haber dejado María Cano a Barrancabermeja vía Medellín. Esta huelga al comienzo movilizó a mil quinientos trabajadores de la Tropical Oil Company y contó con el apoyo de la población de Barranca; poco a poco creció, al sumarse otras poblaciones y entidades obreras. Se declararon huelgas de solidaridad en varios sitios de

Barranca, Neiva (braceros y navegantes) y en Barranquilla, lo que desató choques con la policía en Barranca donde resultaron dos obreros muertos y tres heridos. Se declaró huelga general no sólo en Girardot, sino en Bucaramanga y Bogotá, en Beltrán, La Dorada y Puerto Berrío. El 26, el gobierno extendió el estado de sitio a todos los puertos del río. Se declaró paro de los trabajadores del ferrocarril y el puerto de Cartagena, mientras a María Cano, bajo custodia, se le impidió que hablara en Medellín, bajo multa de quinientos pesos (Torres 89-91).

María Cano inició su quinta gira a mediados de 1927 en la región norte de Caldas, bajo intimidación oficial. Dirigió el periódico *La Justicia*, órgano seccional del *Partido Socialista Revolucionario*. La Federación de Mineros de Carbón del Valle la invitó a los frentes de trabajo; los ferroviarios del Pacífico la exaltaron en manifestaciones; los braceros de Buenaventura la llevaron al puerto y «[sembraron] de banderas rojas el horizonte del mar» (Torres 191). Visitó Popayán, Cali, Quindío, Ibagué, Honda, La Dorada y regresó a Medellín. Ese mismo año María Cano asistió a la *Primera Convención Nacional del Partido Socialista Revolucionario* (*PSR*), que fue tomada más tarde por la fuerza pública y sus miembros reducidos a prisión.

Al salir de la cárcel, María Cano emprendió su sexta gira política en Santander y los departamentos de la Costa Atlántica. A comienzos de 1928, hostilizada por la policía, entró en el territorio de la Zona Bananera del Magdalena donde operaba la United Fruit Company, y allí conoció los problemas que llevarían a la explosión de la sangrienta huelga a finales del mismo año. La masacre de las Bananeras estancó el auge de la ideas socialistas y las reivindicaciones de los obreros. El 25 de diciembre se reunió en Bogotá una *Conferencia Socialista,* para examinar la situación que confirmó la dispersión de los líderes y la postración del movimiento obrero, pero se decidió participar en el debate electoral de 1929 (Rojas 125).

María Cano, y la mayoría de dirigentes socialistas, pasaron la primera mitad del año de 1929 en prisión. El movimiento revolucionario popular entró en crisis mientras se impusieron las fuerzas políticas liberales. El 12 de mayo se eligió representante a Felipe Lleras C., mientras María Cano siguió encarcelada. Se desataron paros generales en protesta por la masacre de Ciénaga. El gobierno conservador decidió compartir el poder con los liberales para poder continuar en el mando. El 28 de julio de 1929 se produjeron levantamientos en varios departamentos del país (Santander, Tolima, Boyacá, Cundinamarca, Caldas y Valle del Cauca). Liberaron a María Cano y a otros dirigentes y el 19 de septiembre, con la intervención de Jorge Eliécer Gaitán, se aprobó la amnistía para los presos de las huelgas de las Bananeras, a pesar de la cual se desbandó la mayor parte del *PSR,* y los que quedaron se adhirieron a la candidatura de la Concentración Nacional que acaudillaba Enrique Olaya Herrera. El Pleno ampliado del *PSR,* que se reunió el 17 de julio de 1930, consideró a María Cano traidora a la causa por haber pertenecido al Comité Central Conspiratorio Colombiano y por haber recomendado el abstencionismo; la nombraron suplente y la invitaron a rectificar los errores. Ella aceptó los hechos y se acogió a la dirección de la Internacional Comunista. En medio de una atmósfera de desengaño, María Cano fue víctima de difamaciones que seguramente afectaron su ánimo: «En Medellín, en 1930, la ciudadanía se alarmó mucho con el chisme levantado por los conservadores, de que

María Cano había envenenado las aguas de la misma planta del acueducto. Durante dos días la gente parecía morir de sed y de hambre por la sicosis de miedo» (Enrique Posada 118).

Según Heliodoro Rojas Olarte, los dos años siguientes fueron de enfrentamientos de grupos dentro del nuevo partido, que terminó marginando a la propia María Cano. Ella intentó retomar un papel organizativo y se lanzó a presidir una manifestación de ferroviarios de Antioquia en 1934, en Bogotá, luego de la cual, aparentemente decepcionada, decidió regresar a Medellín y vincularse a la Imprenta Departamental y a su modesto empleo en la biblioteca que frecuentara en 1924, donde se desempeñó hasta 1947. Permaneció dos años en Bogotá y se recluyó luego en el hogar, para leer y recibir obreros de todo el país (125-26). Al reconstruirse la lucha de masas, María Cano ya se había extinguido políticamente. Los últimos veinte años de su vida los vivió «como una flor marchita», hasta que murió el 26 de abril de 1967, a pocas cuadras de donde había nacido (Torres 193).

Escritos

La mayor parte de los escritos literarios y políticos de María Cano han sido recopilados por Miguel Escobar Calle.[4] Como comenta Escobar en su prólogo, el ambiente familiar de María Cano, en sus dos vertientes, los Cano, en su mayoría periodistas, educadores y artistas, y los Márquez, músicos, poetas y escritores, propiciaron su afición literaria. También, el ambiente de Medellín, impregnado por la presencia de los Panidas, jóvenes bohemios e irreverentes, crearon inquietudes entre la nueva generación. Fue un clima de tertulias y también época donde surgieron grandes escritoras latinoamericanas: Gabriela Mistral, Alfonsina Storni, Juana de Ibarbourou y Delmira Agustini, quienes sirvieron de modelo e impulso a las jóvenes escritoras colombianas. María Cano encabezó, en el Medellín de 1920, todo un movimiento de literatura escrita por mujeres (seguido por María Eastman, Enriqueta Angulo, Fita Uribe, Adelfa Jaramillo, Sofía Ospina y Uva Jaramillo, entre otras) el cual consiguió que la revista *Sábado* —dirigida por Quico Villa y Ciro Mendía— fomentara en 1921 el primer concurso de Literatura Femenina a nivel nacional (V-VI). Las primeras prosas escritas por María Cano fueron publicadas en la revista *Cyrano*, en 1921.[5] Al desaparecer *Cyrano* en 1923, María Cano siguió publicando en *El Correo Liberal* de Medellín (1923-1925) y en ocasiones, el Suplemento Literario Ilustrado de *El Espectador* publicó sus textos.[6]

De 1922 a 1924, María Cano se aproximó a tópicos *femeninos* en la línea de Gabriela Mistral (maternidad, canto a los niños, la naturaleza) en un estilo lírico modernista. Los escritos de los años 1924 y 1925 —crónicas y artículos— tomaron un tono socio-político. Hacia finales de 1925 María Cano escribió como una rebelde social que llamó a los obreros a la plaza pública: «¡Compañeros, en pie! Listos a defendernos. Seamos un solo corazón, un solo brazo. ¡Cerremos filas y, adelante! Un momento de vacilación, de indolencia dará cabida a una opresión más, a nuevos yugos» («¡Obreros en pie!» 122).

Al aproximarse a una valoración de María Cano, Moncayo centra su análisis en la oradora que logra la pretensión de darle una entidad nacional al movimiento obrero en su conjunto. Agrega que sus giras por Segovia, Remedios, La Dorada, Caldas, Tolima, Cundinamarca,

Magdalena y la Costa Atlántica, se entienden como una pretensión deliberada de los dirigentes revolucionarios y de los trabajadores para darle existencia nacional a la clase obrera en un momento en que no existían los medios de comunicación con la gran cobertura que tienen hoy. No podemos ignorar la inexistencia de la televisión, la deficiencia de la radio y la limitación de circulación de los periódicos (27).

En cuanto al significado del proceso sindical en la década de los años veinte en la que participó María Cano, sobre todo del 24 al 30, Sandoval comenta que Colombia vivía un proceso sindical de masas constitucional, que logró avances puntuales muy importantes como la jornada de trabajo, las facilidades para la educación y las condiciones de salubridad laboral (43). Sandoval agrega que María Cano apareció como la gran voz en el panorama de esos años, capaz de interpretar a la gente, de llevar esas ideas y de movilizar una dinámica colectiva y no como un elemento aislado, sino articulado a un gran proyecto social, político, organizativo, en el cual se destacaba como una gran oradora y educadora política en un discurso que llevaba a las gentes a la movilización.

María Cano tiene la dimensión de los grandes líderes de masas, como lo fueron Rafael Uribe Uribe, luego Jorge Eliécer Gaitán, y mucho más recientemente Camilo Torres Restrepo. «María Cano sabía como nadie ganarse la conciencia y el corazón de la base obrera y popular» (Sandoval 44). A. López parece estar de acuerdo con el sentir de Sandoval, y declara que María Cano es:

> una mujer llena de coraje y de decisión, asume tareas políticas, organiza grupos de estudio y de

> concientización, propugna por la formación de Centros Obreros en todo el país, habla fervorosamente en las plazas públicas, arenga a los mineros en las minas, a los artesanos en sus talleres, se desplaza con soltura e independencia de una ciudad a otra, padece la cárcel, enfrenta la persecución, fascina a las multitudes que se agolpan y se estrujan para escucharla. (101)

En ella se conjugan, pues, la fuerza y vitalidad de una mujer que estructuró sus propios criterios. Los escritos, los discursos y los testimonios así nos la presentan. En ellos encontramos una clara demostración de independencia en ideas y convicciones; sostuvo una posición autónoma y una reflexión propia en torno a los problemas económicos, políticos y sociales del momento.

Hacia la década de los años sesenta «María era una anciana vencida» que no reconocía a sus amigos, según el testimonio de Jorge Regueros Peralta (54), compartido por varios de sus amigos. Se dice que el silencio que adoptó María Cano en la década de los años treinta se debió, en parte, a las instrucciones que trajo Guillermo Hernández Rodríguez de Moscú. En un análisis detallado de Colombia que habría llevado a cabo la Internacional Comunista, comunicado a Guillermo Hernández Rodríguez (militante del *Partido Social Revolucionario, PRS*) se sanciona la labor de los socialistas en Colombia. Este gesto político de censura devastó a María Cano, además de su visible deterioro físico (Regueros 50-57).

Regueros Peralta considera a María Cano primordialmente como una agitadora de masas, pero no como una mujer para la organización ni para la conducción burocrática de un partido (58). Y Aníbal Grisales afirma:

A mí me tocó conocer a María Cano, oír comentarios que se hacían aquí en Medellín, en las cantinas, yo trabajaba en el Café Minerva, tenía nueve años, María Cano era motivo de discusión en todos los mentideros... Gaitán también entraba a la lucha siendo incapaz de superarla en prestigio nacional... Yo vi marchar a María Cano en muchas manifestaciones y el pueblo la oía con todo entusiasmo. Jamás rechazaba una palabra de ella en las masas que iban a las manifestaciones». (67)

Su silencio, sin embargo, no debe leerse como una derrota.

Notas

[1] Aníbal Grisales, en su testimonio, pone en duda la fecha de nacimiento de María Cano, la cual fija el 5 de enero de 1884 (*María Cano y su época*, 71).

[2] La doctrina espiritualista fue practicada como especie de *Jesuísmo*, reflejo de «Los Evangelios», visión que les acerca a los protestantes, según lo expone Ignacio Torres Giraldo en *María Cano, mujer rebelde*.

[3] Ignacio Torres Giraldo, en el año 1927, era un obrero sastre y en su sastrería funcionaba la *Sociedad de la Aguja*, entidad gremial de los obreros sastres, que realizaba programas culturales y reuniones de lectura sobre Vargas Vila, Víctor Hugo, la revista *Le Monde* de Henri Barbusse, editada en París, la revista *América*, editada en Nueva York por un grupo de intelectuales latinoamericanos. Torres entra al *PSR* muy joven, y organiza el primer sindicato que surgió en el Valle del Cauca. Trabajaba de día, y de noche escribía para el periódico *La Humanidad* del *PSR*; los sábados y domingos los

dedicaba al trabajo sindical. Fue designado Secretario General del *Partido Socialista Revolucionario de Colombia,* por lo cual tiene que trasladarse a Bogotá. En 1930, al extinguirse el *PSR*, con el triunfo del partido liberal, Ignacio Torres se integra al partido comunista y es nombrado Secretario General. Viaja a la Unión Soviética donde permanece tres años. A su regreso ecuentra como secretario a Gilberto Vieira y Torres Giraldo se va a vivir a Palmira (Valle), en donde instala una pequeña librería con los textos de su propiedad, tratando de subsistir inútilmente. Murió allí en 1968, y fue sepultado en Cali, abandonado no sólo por sus amigos personales y políticos sino también por el mismo movimiento sindical (Grisales 68-9).

[4] En *María Cano: Escritos*. Comp. Miguel Escobar Calle, Medellín: Extensión Cultural Departamental, 1985.

[5] María Cano le canta a la naturaleza, al amor y a los niños en estas primeras prosas. Sus títulos son: «Farina», «La carreta», «Amor y Psiquis», «De Navidad», «Azahares», «Palpitaciones», «Luz viva», «Caricia perdida», «La muerte de las ilusiones», «Tú», «Juventud eterna», «Humano», «Sonrisa», «Julio Flores», «Cyrano», «Sed» y «Vivir».

[6] Allí publica el cuento «Feminidad» (sobre el papel de las madres), «Carne», «El nido» y «El poeta y mi alma», que tienen que ver con el amor y la maternidad. «A su majestad Inés I, reina de los estudiantes» (en homenaje a una reina de la Casa de Menores en Medellín, en 1923), «En el bosque», «De ti», «Rosas», «Norka Rouskaya», «Amo esa espina», «Fascinación», «Tus venas», «Los forzados» (de tema político-social), «Acuarela», «El solitario», «Pan espiritual» (dedicada al pueblo humilde y a su necesidad de educarse), «Por los obreros» (de tono social), «Inquietud», «Tu hijo», «Plenitud», «Ruego», «La ciega» (cuento de tono social), «La madre», «Hombre» y «Carta a Ciro Mendía». Los últimos escritos recopilados en esta edición se relacionan con la actividad política y de agitadora de María Cano: «Una visita a la Colombiana de Tabaco», «El día de la manifestación obrera pro-Presos de Barrancabermeja», «Servicio militar obligatorio»,

«Palabras en la manifestación contra la pena de muerte», «El bendito impuesto sobre la renta» y «¡Obreros en pie!».

BIBLIOGRAFÍA

CANO, María. *María Cano. Escritos*. Miguel Escobar Calle, Editor, Medellín: Extensión Cultural Departamental, 1985. Incluye un «Prólogo» de Miguel Escobar Calle; «Escritos» 1921-1925:15-120. «María Cano escritora. Tres ensayos»: Luis Tejada, José Restrepo Jaramillo y Martín Guerra (130-132).

• «Cien años. Homenaje». *El Espectador*. Magazín Dominical 228 (1987): 320; 67 (1984): 8-11; 68 (1984): 14-16.

TORRES GIRALDO, Ignacio. *María Cano, Mujer Rebelde*. Bogotá: La Rosca, 1972.

ZULETA RUIZ, León. Compilador, *María Cano y su Época. Memorias*. Medellín: Instituto María Cano, 1988. Este libro contiene artículos conmemorativos del Centenario del natalicio de María Cano. Incluyo el índice de artículos de las tres secciones y del anexo. índice: León Zuleta Ruiz, «Presentación» (4). Mauricio Archila, «Prólogo» (5-7). Primera parte: María Cano y su época (1910-1935). Hernán Darío Correa, «La cotidianidad cultural y política de los años 20» (10-23). Héctor Moncayo, «El renacer de un espíritu» (24-34). Luis Sandoval, «María Cano y el Socialismo Popular en los años 20» (35-45). Segunda Parte: Testimonios vivos sobre María Cano Márquez. Gilberto Mejía Valderrama (48-57), Jorge Regueros Peralta (58-62), María Villa (62), Oscar Valverde (62-67), Aníbal Grisales (67-69), Alfonso Acosta Restrepo (69-80), Vicente Osorio (81-84). Tercera Parte: Tertulia sobre María Cano, la mujer. Catalina Patiño (86-90), Magdala Velásquez (91-97), A. López (98-102), Gloria Tobón (103-106), Miriam Echavarría (107-109), Laura Libia Villegas (110-112). Anexo:

María Cano la pasionaria colombiana en 1926. «Crónica» de Enrique Posada (113-119), «Semblanza de María Cano» de Heliodoro Rojas Olarte (120-127), «Textos escritos por María Cano Márquez» de Helena Castillo (128-137).

Nunca fui ambiciosa, ni pedí peras al olmo.
Lydia Cabrera.

LYDIA CABRERA:
AUTORA DE CUENTOS NEGROS[1]

MARIELA GUTIÉRREZ

Lydia Cabrera, reconocida escritora y antropóloga cubana, demuestra ser rebelde, y por lo tanto desobediente, desde su tierna infancia. No exageramos al decir que la vida de Lydia Cabrera está coronada por la *virtud* de ser diferente, y que todo comienza en la niñez, en la cual, por su salud enfermiza, la educación recibida carece de orden o dirección; ella misma se considera autodidacta. Por otra parte, en una época —a principios de siglo— en la que las mujeres en su mayoría aspiran a ser esposas y madres, la joven Lydia no da signos de querer casarse, al contrario, parte a Europa, donde, andariega, después de visitar España e Italia, permanece en París por dieciséis años, estudiando pintura y las civilizaciones orientales, y por ende mezclándose con el naciente grupo literario de vanguardia.

Sin embargo, la osadía mayor de Lydia Cabrera es la de penetrar en el universo afrocubano, vedado por completo al blanco; y así, sin temor, jamás pensando que es blanca y mujer, va ganándose poco a poco la confianza de hombres y mujeres que aún no han cortado el cordón umbilical con su pasado ancestral africano. Logra descubrir y ahondar en el, hasta entonces, impenetrable mundo de los negros cubanos, para así perpetuarlos en una obra antropológica, social y literaria, que toma su forma en el transcurso de cincuenta y cinco años de constante producción, y que se consagra en 1954. En este año la autora escribe un compendio antropológico-social afrocubano de más de seiscientas páginas, *El Monte*, con el cual, como el mismo Guillermo Cabrera Infante nos dice: «Lydia Cabrera ha reafirmado su cubanidad con esa obra maestra... que es quizás el mejor libro que se ha escrito en Cuba en todos los tiempos» (Sánchez, Homenaje 16).

Lydia Cabrera es una investigadora, una artista, una intelectual que ha sabido erigir un sólido puente entre la ciencia y el arte, y ha sido una gran cubana, que en cada página de su obra plasma su amor a la patria. Pero, para coronar lo que he expresado anteriormente, cabe aquí decir que Lydia Cabrera está considerada hoy día, fuera y dentro de su patria, como la más reconocida pionera de los estudios afrocubanos. El camino que abre a comienzos de este siglo su propio cuñado, el eminente antropólogo cubano Fernando Ortiz, en lo relacionado al estudio científico de lo afrocubano,[2] lo continúa arando Cabrera durante más de medio siglo de incesante labor. En este período publicó, como nadie más lo ha logrado hasta la fecha, más de un centenar de obras[3] —entre tratados de antropología y religión, ensayos científicos y literarios, colecciones de cuentos y artículos eruditos— sobre lo afrocubano, los cuales la han consagrado como la más alta autoridad en la materia.

Lydia Cabrera nace en La Habana el 20 de mayo de 1900 (según algunas fuentes en 1899), en la Calzada de Galiano, número 79; lugar que existe aún hoy día. Son sus padres el gran abogado cubano Raimundo Cabrera y Bosch y Elisa Marcaida y Casanova, también cubana. Su padre es miembro de la célebre generación cubana del 68, la cual es prestigiosa por su labor durante los años de lucha que llevan a Cuba a su independencia de España. Don Raimundo funda en Nueva York, en 1897, el órgano de la causa separatista: *Cuba y América*, cuya publicación sigue vigente en La Habana hasta 1915. El padre de Lydia Cabrera es un hombre de activa vida política y cultural, su lucha por la educación en Cuba es ardua y por ello es nombrado presidente de la *Sociedad Económica de Amigos del País* y miembro de la *Academia Cubana de la Historia*. Si les cuento todo esto es porque *de tal palo tal astilla*, y Lydia Cabrera tiene ante sí el mejor espejo que una hija pueda tener para mirarse; ella misma ha dicho: «Mi padre fue un hombre generoso, de ideas liberales, influyó mucho en mi vida. Mi madre fue una mujer muy de su época, dedicada a su marido y a sus hijos, de personalidad un poco secreta, con un callado sentido del humor. Me atrajo siempre la personalidad de mi madre» (Hiriart 18). Lydia Cabrera es la menor de ocho hermanos, por lo que siempre se la consiente, sin olvidar que es una niña muy enfermiza, lo que contribuye a que todos en la familia la mimen en extremo. Por otra parte, debido a esta naturaleza enfermiza, durante su niñez no asiste a la escuela casi nunca, sino que más bien estudia principalmente con tutores en su propia casa, lo que hace que su aprendizaje sea en cierta forma caprichoso y no siga el rigor didáctico.

Sin embargo, Don Raimundo, quien cree que la escuela pública hace bien a los niños, hace que Lydia, a sus ocho o nueve años, asista por algún tiempo; sin embargo, la experiencia no dura mucho, y es en la casa paterna donde continúa recibiendo clases privadas. Lydia Cabrera lee con avidez, y los autores favoritos de su infancia son Núñez de Arce, Bécquer, el duque de Rivas, Campoamor y Espronceda. Pero ella misma ha dicho: «mi autor era Alejandro Dumas... Todas aquellas historias de D'Artagnan, Athos, Portos y Aramis se me subieron a la cabeza como a Don Quijote los libros de caballería... convirtiéndome yo en D'Artagnan... ¡en el duque D'Artagnan! —no en duquesa—, que no hubiera sido lo mismo» (Hiriart 123-124).

Como podemos ver, la niña Lydia es muy imaginativa, con un gran espíritu indagador. Y aunque hemos dicho que su padre contribuye decisivamente a su formación cultural, es su hermana mayor, Emma, a la cual Cabrera ve casi como a una madre, quien se convierte en su guía y le da todo el apoyo necesario para que el ingenio vivo de la futura autora, y su imaginación sin límites, se desarrollen libremente.

Emma acepta sin dudar todos los cuentos que la pequeña Lydia inventa, no como productos de ficción sino como una realidad que emana de otro nivel del pensamiento. Otra fuente de contribución, la mayor, son las *tatas* negras, que formaban parte de todo hogar blanco cubano en aquella época, no sólo como domésticas, sino como casi un familiar más para los miembros de la casa. Los relatos de un mundo tan maravilloso como el africano penetran indeleblemente en la mente de Cabrera, y crean el primer puente que años más tarde acercará a la autora a todo lo relacionado con el mundo negro. En ese mundo blanquinegro del hogar criollo cubano, ella aprende el modo de vida de los afrocubanos, sus dichos, sus mágicas historias que parecen ser tan reales, los dolores y las alegrías de esa raza, y sin buscarlo, penetra en la psicología del mundo negro por el mero convivir diario. Sin embargo, sólo es años más tarde cuando Lydia Cabrera regresa con todo su ser a ese mundo de su niñez, primero a través del arte y luego a través del intelecto.

Lydia Cabrera hace su bachillerato por sí misma, lo que ya no debe extrañarnos; para presentar sus exámenes estudia sola, sin tutores, y una a una cada materia es aprobada con éxito. Luego hace cursos de posgrado, sólo por entretenerse, no queriendo que se le llame *doctora*; de esos años dice la autora:

> [Los cursos de bachillerato los] hice muy bien y seriamente porque fue una especie de reto personal, quería estar preparada... jamás se me pasó por la cabeza hacer una carrera literaria... Estudié años... sin el afán de doctorarme, nada más porque me entretenía, porque hallaba placer en los libros. (Hiriart 125-127)

Sin embargo, la gran vocación de la primera juventud de Cabrera es la pintura. Pinta de niña, pinta de adolescente; su hermana Emma la lleva escondida, en 1914, a sus clases en la Academia de Pintura de San Alejandro y allí dibuja, sin matricularse, del natural al lienzo. Un día las idas clandestinas a la Academia de San Alejandro se interrumpen, su padre al saberlo se niega a que continúe. Ella no comprende entonces, y no comprende aún, 64 años más tarde, la decisión de su padre, al decir en 1978: «Lo que no consentía mi padre era que fuese a academias, a institutos o a universidades. ¡Qué raro! Un hombre que animaba a todo el mundo a estudiar y que dio carreras a cuantos pudo» (Hiriart 129).

Los años de la infancia que acercaron a Lydia Cabrera al mundo afrocubano van a quedar rezagados durante los años veinte. En ese período ella se aleja de lo negro para dedicarse principalmente a su primer amor, la pintura. Su padre ha muerto en 1923, y en 1925 ella va a Santander, España, y sigue viaje a París con su hermana Emma. Allí, decide que volverá a Cuba a hacer *dinero propio* para poder regresar a la *Ville Lumière* a estudiar pintura.

Y vuelve; a principios de 1927, regresa a París con su madre y allí se queda. Se instala en Montmartre, en el número 11 de la Avenue Junot, y pasa dos años pintando, como estudiante de L'Ècole du Louvre, de la cual se gradúa en 1930. También, en París, estudia las culturas y religiones orientales, y pasa los veranos en Italia. En 1932 muere su madre.

Es en París, al descubrir las civilizaciones orientales, donde el interés por el mundo afrocubano vuelve al espíritu de Cabrera. Sigue en París hasta 1938, pero en 1928, durante una visita de dos meses a Cuba, «[siente] ya una gran inquietud por acercarse a *lo negro*; había descubierto a Cuba a orillas del Sena» (Hiriart 22).

En sus cortos regresos a Cuba, Lydia Cabrera comienza a hacer sus primeros contactos con los afrocubanos que van a convertirse en los futuros *informantes* de su obra. Este paso que la autora da en muchos otros casos no hubiera tenido éxito, ya que el hombre blanco no es normalmente aceptado en los umbrales de la tradición negra; pero ella tiene la continua ayuda de sus antiguas *tatas*, ya negras viejas, las cuales, conociéndola bien y poniendo su confianza en la *mundele* (mujer blanca) Lydia, saben que ella jamás les ocasionaría mal alguno, y la *inician* en sus creencias.

En esos meses en Cuba, Lydia Cabrera constata la fuerte fusión cultural blanquinegra del pueblo cubano, y sobre todo la persistencia de la tradición africana en el afrocubano, aun cuando se le ha impuesto una cultura y una tradición blancas, tan diferentes a la suya. Sus descubrimientos son la entrada mágica a lo que años más tarde se convertirá en el mundo de los cuentos negros de Cabrera.

Regresa a París después de esos meses en Cuba, y es allí donde comienza a escribir cuentos negros, con el solo fin de proporcionarle un poco de gozo y distracción a su amiga, la escritora Teresa de la Parra, que se muere en Suiza de tuberculosis.

Sus primeros cuentos negros, que no forman ningún volumen aún, son leídos en tertulias y finalmente aparecen publicados en *Cahiers du Sud*, *Revue de Paris*, y *Les Nouvelles Littéraires*; más tarde Francis de Miomandre lee sus cuentos y encantado los traduce al francés. La editora Gallimard los publica en París, en 1936, bajo el nombre de *Contes nègres de Cuba*.

Transcurren los años anteriores a la Segunda Guerra Mundial, Lydia Cabrera regresa a Cuba en 1938 por la inminencia de la guerra, pero ahora regresa con una sólida formación y una idea definitiva: «A partir de mi regreso en 1938 comencé mis investigaciones sobre la cultura y religiones negras, investigaciones que he continuado en el transcurso de toda mi vida» (Hiriart 24). La autora regresa llena de las influencias francesas del momento, lo cual se ve en su estilo literario, fuertemente impresionada por las ideas de André Breton. Una vez en su patria comienza a trabajar sin respiro en sus indagaciones sobre lo negro, con una conciencia de la necesidad prevalente de salvar para la posteridad el legado de la civilización afrocubana, en una forma humanística más que antropológica; trabajo que la llevará hasta los confines de la poesía que encierra ese mundo de la musicalidad, y de la visión del universo africano.

    La primera edición en español de *Cuentos negros de Cuba* aparece en 1940, en La Habana, en la imprenta La Verónica. En 1948 aparece su segundo libro de ficción *Por qué, cuentos negros de Cuba*, Colección del Chicherekú, creada por la misma Lydia Cabrera y su gran amiga María Teresa de Rojas. Años más tarde, en 1971, ya viviendo en La Florida, las Ediciones Universal publica su tercera colección de cuentos *Ayapá, cuentos de Jicotea*. En estos tres volúmenes la autora inmortaliza la poesía, la música y el concepto vital de las manifestaciones primitivas de la civilización afrocubana, en aparentes vías de desaparición. Quizá debemos detenernos aquí para ahondar un poco en la temática y en la estructura de los cuentos de Lydia Cabrera.

    Sus cuentos abarcan desde los relatos míticos hasta las anécdotas humorísticas (ella posee un gran sentido del humor), los cuales podemos dividir en cuatro categorías temáticas: el universo africano y sus comienzos; los animales personificados y su mundo; el africano y su relación con los dioses, los animales y la naturaleza; y el universo africano, su destino y sus porqués.

    La estructura de los mismos puede ser de inspiración africana o afrocubana, según los factores que modelen cada relato. Por ejemplo, en el caso de los cuentos de inspiración africana hay relatos que hablan del mito de la creación, las creencias ancestrales, los cultos y los rituales, y de la sensibilidad africana en la música y el sexo; por otro lado, en los cuentos de inspiración afrocubana se encuentra el escenario cubano, con sus negros cubanos, con la sensual mulata cubana, y hasta con algunos blancos típicos de la isla. Aún más, hay un tercer tipo de estructura que brota de la imaginación de la autora; ésta se encuentra en sus relatos fantásticos, o de fantasía, que aunque son cuentos negros poseen la universalidad que transpira de toda obra de arte que puede pertenecer a cualquier contexto o lugar.

En cuanto a los personajes de los cuentos de Lydia Cabrera, hay un verdadero cosmos en el cual habitan dioses, animales, seres humanos, objetos, espíritus, unidos todos por el poder de lo ancestral y lo divino.

Los párrafos anteriores confirman que parte de la producción de Lydia Cabrera, la cual emana de sus investigaciones científicas, concluye en el cuento y la leyenda. Sus relatos son religión, magia, poesía y música, afrocubanos y africanos, y a su vez, son también producto de la fantasía de la autora y del pasado histórico africano.

Es imposible, en el caso de Cabrera, separar el arte de la ciencia. Su obra es realidad y fantasía entrelazadas de la poesía subterránea que lleva su creación, con la gracia afrocubana que sólo puede nacer de la palpitante realidad de la mulatez cubana, y de la justicia que brota del sincretismo de los dioses africanos con los cristianos, unificados en el nuevo ambiente escénico que ofrece América.

También los cuentos de Lydia Cabrera son literatura fantástica para entretener el espíritu, y algo más, mucho más profundo, son literatura social para hacernos pensar. El mestizaje social es llevado hasta el mestizaje verbal de las diferentes lenguas africanas y del español mismo, lo que ofrece una lectura llena de intercambio cultural, ya que su literatura nace de un fondo socio-histórico.

Volvamos ahora un poco atrás, a los años cincuenta; por ese entonces Cabrera viaja por toda la isla, sus principales centros de investigación son La Habana, Matanzas y Trinidad, en la provincia de Las Villas. Como resultado de años de paciente labor aparece publicado un libro, del cual hemos hablado al comienzo de este trabajo, *El Monte*, de 1954. De ese libro se dice y se ha dicho tanto, se le ha llamado la biblia de las religiones y liturgia afrocubanas. Lydia Cabrera, por su parte, insiste en que su valor intrínseco consiste «en la parte tan directa que han tomado en él los mismos negros» (*El Monte* 10). Y acto seguido agrega: «Hago constar que por principio, no escribo ni empleo el nombre de negro en el sentido peyorativo que pretende darle una corriente demagógica e interesada, empeñada en borrarlo del lenguaje y de la estadística como una humillación para los hombres de color» (10). Cabrera continúa su labor constante como investigadora, para ella lo importante es desentrañar «la huella profunda y viva que dejaron en esta isla —Cuba—, los conceptos mágicos y religiosos, las creencias y prácticas de los negros importados de África durante varios siglos de trata ininterrumpida» (Hiriart 25). En 1955, publica *Refranes de negros viejos*, porque conoce la lengua lucumí (Yoruba) que se habla en Cuba; porque sabe penetrar el lenguaje sagrado de los *orishas* (dioses), en 1957 aparece su libro *Anagó, vocabulario lucumí*; luego en 1958, se publica *La sociedad secreta Abakuá*, en el cual se reflejan los dos legados culturales de la patria cubana: el español y el africano. Sobre esto último Cabrera hace hincapié en que «la cultura no es el grado máximo de instrucción y refinamiento que logra alcanzar un pueblo —sino el conjunto de sus tradiciones sociales» (Hiriart 26). En todos estos libros, publicados desde 1954 a 1958, comenzando con el inmortal *El Monte*, y en otros que aparecen más adelante, la autora recoge los importantísimos fundamentos antropológicos, religiosos y culturales del legado afrocubano.

Cabe aquí decir que aunque Lydia Cabrera ha sido influenciada por las corrientes vanguardistas y surrealistas de su época, más bien pertenece a un grupo de escritores que utiliza el afán surrealista de encontrar un plano de la realidad en el cual converjan la realidad y el sueño, para crear en sus escritos un enfoque diferente de la realidad de los indios y de los negros de América. A este grupo también pertenecen Alejo Carpentier y Miguel Ángel Asturias —ambos residentes como ella, en ese período de 1920 al 30, en París. Vale decir que la concepción mágico-mítica de la realidad de los negros y de los indios de América proviene de una tradición viva y no científica; su interpretación del mundo es vital.

Es en ese ambiente de exaltación de lo negro que predomina en Cuba después de la Segunda Guerra Mundial, donde Lydia Cabrera emprende la ardua labor de ganarse la confianza de los afrocubanos, los cuales guardan celosamente el secreto de sus rituales, mitos y costumbres. Ella es paciente y sagaz, parece que no hay otra alternativa si se quiere recoger intacto el legado de toda una raza que, por lo tanto que ha sufrido, prefiere esconder, callar, aunque con ello se pierda todo un glorioso pasado. La autora misma nos dice:

> Ponen a prueba la paciencia del investigador, le toman un tiempo considerable... Hay que someterse a sus caprichos y resabios, a sus estados de ánimo, adaptarse a sus horas, deshoras y demoras desesperantes; hacer méritos, emplear la astucia en ciertas ocasiones, y esperar sin prisa.
> (*El Monte* 8)

Tampoco debe ya sorprendernos el que la temeraria autora, en ningún momento se deje amedrentar por las fuerzas divinas de la cultura afrocubana y las creencias de sus adeptos, las cuales a veces se presentan como tenebrosas e inflexibles ante el ojo irreverente del blanco no iniciado. En su obra *El Monte* aparece una serie de fotografías que ningún antropólogo o investigador ha podido darse el lujo de publicar, porque sin la ayuda de los *informantes* y la venia y permiso de sus dioses —en este caso los *orishas* afrocubanos— el publicarlas hubiera sido una verdadera e imperdonable profanación. Cabrera comenta al respecto:

> Esta serie de fotografías [la] debo considerar como una muestra del favor de una *nganga* (recipiente mágico) muy temible y de la obediencia del brujo a sus mandatos... Las *ngangas*, los *orishas* «montados», las piedras en que se les adora, las ceremonias, no deben retratarse bajo ningún concepto. En este punto, y hasta la fecha, santeros y paleros son inflexibles. Ya había olvidado la rotunda negativa de Baró al pedirle hacía tres o cuatro años que me permitiese retratar su *nganga*, cuando un día llegó de improviso trayendo nada menos que el sacromágico y terrible caldero escondido dentro de un saco negro. El espíritu que en éste moraba le había manifestado que quería retratarse y que estaba bien que la *moana mundele* (mujer blanca) guardase su retrato. El viejo se apresuraba a cumplir aquel capricho inesperado de su *nganga*, y tranquilo, me autorizaba —«con licencia de la prenda»— a publicar la fotografía si tal era mi deseo. Es la única *nganga* que se ha retratado en Cuba. (*El Monte* 11-12)

En 1960 Lydia Cabrera abandona Cuba porque no está de acuerdo con las ideas socialistas del régimen castrista que acaba de tomar el poder un año antes. Su tristeza al abandonar la patria amada se refleja en un largo período de silencio, diez años, durante los cuales la autora no escribe, no puede escribir. Finalmente se rompe el silencio en 1970, cuando publica desde el exilio su libro *Otán Iyebiyé, las piedras preciosas*. En 1971 aparece su hermosa colección de cuentos negros, *Ayapá: cuentos de Jicotea*, para mí su obra más lograda, quizá debido a la profunda madurez intelectual y científica y a la maestría técnica que Cabrera ha alcanzado para esta fecha.

Mientras, Lydia Cabrera, a quien no le agrada vivir en los Estados Unidos, decide abandonar Miami junto con su amiga María Teresa de Rojas, para vivir en España: «Fui a vivir a España... Pensé quedarme allá pero me enfermé, estuve muy grave y tuvimos que regresar a este desierto de cemento» (Hiriart 28). De vuelta en Miami sigue publicando, y se siguen reeditando sus obras anteriores.[4]

La dinamo Lydia Cabrera parece no tener para cuando acabar, cuando una pequeña gripe se complica tornándose en pulmonía, y la autora cubana deja de existir el 19 de septiembre de 1991, a los noventa y un años de edad.[5] Pero su legado inmortal queda con nosotros, en su obra de trabajadora incansable nos deja el regalo de sus cincuenta y cinco años de investigación y acercamiento a la riqueza folclórica del universo afrocubano. Dejémosle entonces a ella, autora de cuentos negros, la última palabra:

> Si el mismo Creador me preguntara ¿quieres volver a vivir tu vida? Le contestaría: —¡Sí señor, de cabo a rabo!, y le daría las gracias por todos

los años que viví, hasta por los malos. Satisfecha no es la palabra: Agradecida. La vida me trató muy bien, quizá demasiado, pero es posible que lo que para mí representa la felicidad —la relativa felicidad a la que podemos aspirar—, no lo sea para otros. Nunca fui ambiciosa, ni pedí peras al olmo. Por lo vivido y por todo, hasta por la experiencia de haberlo perdido todo —menos el humor—, le doy gracias a Dios... [La muerte] me intriga... No sé si la temo. Si es un sueño... quizá no... En los muertos pienso siempre. Los míos no han muerto... digo, para mí. (Hiriart 179)

NOTAS

[1] Conocí a Lydia Cabrera en 1980, año en que comenzaban mis estudios de doctorado; un amigo mutuo, quien sabía que yo deseaba escribir mi tesis sobre los cuentos de la autora, nos presentó. Desde aquel bendito día Lydia siempre tuvo tiempo para mí, principalmente durante los años de la tesis, tanto en nuestras entrevistas en su apartamento de Coral Gables, como hablándome y escuchándome generosa en mis llamadas telefónicas desde el Canadá, durante las cuales, ya casi completamente ciega, trataba de leerme un párrafo u otro que yo necesitaba, cuando la casualidad hacía que su fiel amiga y colaboradora de toda una vida, María Teresa de Rojas, no estuviese allí a su lado para evitarle el esfuerzo. Por eso me es hoy un honor y un placer contarles sobre esta singular mujer, compatriota mía, sobre quien escribo desde hace quince años.

[2] Fernando Ortiz (1881-1969) inicia la interpretación científica de la raza negra cubana publicando en Madrid, en 1906, su libro *Los negros brujos*, al que siguen otros estudios de importancia en 1910, 1916, 1921 y 1924.

³ Para una bibliografía completa de la obra de la autora, véase mi libro *El cosmos de Lydia Cabrera: Dioses, animales y hombres*.

⁴ En 1973 se publica *La laguna sagrada de San Joaquín*; en 1974 *Yemayá y Ochún*, sobre las dos diosas de las aguas; *Anaforuana* en 1975; *Francisco y Francisca* en 1976; *Reglas de Congo, Mayombe y Palo Monte* en 1979; *Regla Kimbisa del Santo Cristo del Buen Viaje* en 1977; *Cuentos para adultos, niños y retrasados mentales* en 1983; *La medicina popular en Cuba* en 1984; *Supersticiones y buenos consejos* en 1987; *La lengua sagrada de los ñáñigos* en 1988; *Los animales y el folklore en Cuba* también se publica en 1988.

⁵ Lydia Cabrera vive sus últimos años, desde la muerte de María Teresa de Rojas en 1987, en la casa miameña de su fiel amiga y estudiosa de su obra, Isabel Castellanos. Ella junto con su padre, el historiador Jorge Castellanos, son reconocidos investigadores cubanos de la cultura afrocubana, autores de una eminente colección en cuatro volúmenes titulada *Cultura afrocubana* (Universal 1988-1994).

Bibliografía

CABRERA, Lydia. *Anaforuana: ritual y símbolos de la iniciación en la sociedad secreta Abakuá*. Madrid: Ediciones C.R., 1975.

• *Anagó: vocabulario lucumí* (El yoruba que se habla en Cuba). Prólogo de Roger Bastide. La Habana: Ediciones C.R., Col. del Chicherekú, 1957. 2a ed., Miami: Ediciones Cabrera y Rojas, Col. del Chicherekú en el exilio, 1970. Miami: Ediciones Universal, 1986.

• *Ayapá: cuentos de Jicotea*. Zaragoza: Ediciones Universal, 1971.

• *Consejos, pensamientos y notas de Lydia E. Pinbán*. Miami: Ediciones Universal, 1993.

- *Contes nègres de Cuba.* Traducido al francés por Francis de Miomandre. París, Gallimard, 1936.

- *Cuentos negros de Cuba.* Prólogo de Fernando Ortiz. La Habana: Imprenta La Verónica, 1940. La Habana: Ediciones Nuevo Mundo, 1961. Madrid: Ediciones C.R., Col. del Chicherekú en el exilio, 1972. Miami: Ediciones Universal, 1993.

- *Cuentos para adultos, niños y retrasados mentales.* Miami: Ultra Graphic Corp., Col. del Chicherekú en el exilio, 1983.

- *El monte: igbo finda, ewe orisha, vititinfinda (Notas sobre las religiones, la magia, las supersticiones y el folklore de los negros criollos y del pueblo de Cuba).* La Habana: Ediciones C.R., 1954. 2a ed., Miami: Rema Press, 1968. 3a ed., Miami: Ediciones C.R., Col. del Chicherekú en el exilio, 1971. 4a ed., Miami: Ediciones Universal, 1975. 5a ed., Miami: Ediciones C.R., 1983. 6a ed., Miami: Ediciones C.R., 1986. 7a ed., Miami: Ediciones Universal, 1992.

- *El monte. Piante e Magia: Religioni, medicina, e folklore delle culture afrocubane.* Traducción y prólogo de Laura González. Milano: Rizzoli editore, Col. L'Ornitorinco, 1984.

- *El monte.* Traducido al inglés por Morton Marks. Introducción de John Szwed y Robert Thompson. Nueva York: 1984.

- *Francisco y Francisca: chascarrillos de negros viejos.* Miami: Peninsular Printing Inc., 1976.

- *Itinerarios del insomnio, Trinidad de Cuba.* Miami: Ediciones C.R., Peninsular Printing Inc., 1977.

- *Koeko iyawó, aprende novicia: pequeño tratado de regla lucumí.* Miami: Ultra Graphics Corp., 1980.

- *La laguna sagrada de San Joaquín.* (Fotografías de Josefina Tarafa). Madrid: Ediciones Erre, 1973. 2a ed., Miami: Ediciones Universal, 1993.

- *La lengua sagrada de los ñáñigos*. Miami: Ediciones Universal, 1988.
- *La medicina popular en Cuba*. Miami: Ediciones Universal 1984.
- *La Regla Kimbisa del Santo Cristo del Buen Viaje*. Miami: Peninsular Printing Inc., Col. del Chicherekú en el exilio, 1977 Miami: Ediciones Universal, 1986.
- *La sociedad secreta Abakuá, narrada por viejos adeptos*. La Habana: Ediciones C.R., 1958. Miami: Ediciones C.R., Col. del Chicherekú en el exilio, 1970.
- *Los animales y el folklore de Cuba*. Miami: Ediciones Universal, Colección del Chicherekú, 1988.
- *Otán Iyebiyé: las piedras preciosas*. Miami: Ediciones Universal, 1970. Miami: Ediciones C.R., Col. del Chicherekú en el exilio, 1970. Miami: Ediciones Universal, 1986.
- *Páginas sueltas*. Edición de Isabel Castellanos. Miami: Ediciones Universal, Col. del Chicherekú en el exilio, 1994.
- *¿Por qué? Cuentos negros de Cuba*. La Habana: Ediciones C.R., Col. del Chicherekú, 1948. Madrid: Ediciones C.R., Col. del Chicherekú, 1972.
- *Pourquoi: nouveaux contes nègres de Cuba*. Traducido al francés por Francis de Miomandre. París: Gallimard, Col. La Croix du Sud, 1954.
- *Refranes de negros viejos*. La Habana: Ediciones C.R., 1955. Miami; Ediciones C.R., Col. del Chicherekú en el exilio, 1970.
- *Reglas de Congo: Palo Monte Mayombe*. Miami: Peninsular Printing Inc., Col. del Chicherekú en el exilio, 1979. Miami: Ediciones Universal, 1986.
- *Supersticiones y buenos consejos*. Miami: Ediciones Universal, Col. del Chicherekú, 1987.

- *Vocabulario congo: el Bantú que se habla en Cuba*. Miami: Ediciones C.R., Col. del Chicherekú en el exilio, 1984.

- *Yemayá y Ochún: Kariocha, Iyalorichas y Olorichas*. Madrid: ediciones C.R., 1974. 2a ed., New York: Ediciones C.R., Distribución exclusiva E. Torres, Eastchester, 1980.

CASTELLANOS, Isabel Mercedes & Josefina Inclán eds. *En torno a Lydia Cabrera* (40 ensayos). Miami: Ediciones Universal, Col. Ébano y Canela, 1987.

GUTIÉRREZ, Mariela. *El cosmos de Lydia Cabrera: Dioses, animales y hombres*. Miami: Ediciones Universal, Col. Ébano y Canela, 1991.

- *Los cuentos negros de Lydia Cabrera: un estudio morfológico*. Miami: Ediciones Universal, Col. Ébano y Canela, 1986.

HIRIART, Rosario. *Lydia Cabrera: vida hecha arte*. Miami: Ediciones Universal, 1983.

INCLÁN, Josefina. *Ayapá y otras otán iyebiyé de Lydia Cabrera*. Miami: Ediciones Universal, Col. Polymita, 1976.

PERERA SOTO, Hilda. *Idapó, el sincretismo en los cuentos negros de Lydia Cabrera*. Miami: Ediciones Universal, 1971.

SÁNCHEZ, R., J. A. Madrigal, R. Viera, J. Sánchez-Boudy, eds. *Homenaje a Lydia Cabrera* (34 ensayos). Miami: Ediciones Universal, Col. Ébano y Canela, 1978.

SOTO, Sara. *Magia e historia en los «Cuentos negros», y «Ayapá», de Lydia Cabrera*. Miami: Ediciones Universal, Col. Ébano y Canela, 1988.

VALDÉS CRUZ, Rosa. *Lo ancestral africano en la narrativa de Lydia Cabrera*. Barcelona: Editorial Vosgos, 1974.

...me parece que empiezo a vivir mi vida.
Benita Galeana.

BENITA GALEANA, EN LA LUCHA

BETH E. JÖRGENSEN

Benita Galeana, la futura militante del *Partido Comunista Mexicano*, nació en 1903 (o 1907) en San Gerónimo, Guerrero.[1] Nació campesina y pobre en un ambiente social adverso al desenvolvimiento del potencial femenino. A la edad de dos años se le murió su madre, y la pequeña Benita se crió bajo la estricta y abusiva tutela de su hermana mayor. La niña se consolaba soñando con escaparse algún día de la opresión familiar y marcharse a la Ciudad de México, donde la gente *usaba zapatos* y vivía más libre, según se oía decir. La vida de Benita Galeana es la historia de ese sueño y ese viaje, o de muchos viajes, tanto reales como metafóricos: el viaje del campo a la ciudad, del peligro de muerte a la sobrevivencia, de la enajenación social a la militancia política, y del silencio a la voz. La lucha es el signo de su vida-viaje, como la misma protagonista nos dice al final de su precoz autobiografía: «Ahora, después de tantos años de lucha, contra la naturaleza, contra mi familia, contra los hombres, contra la Sociedad y el Estado, me parece que empiezo a vivir mi vida».[2]

Son escasas las fuentes de información sobre esta extraordinaria mujer del pueblo mexicano. La principal fuente es su propia autobiografía, *Benita*, que Benita Galeana publicó en 1940 con la ayuda de sus compañeros del *Partido Comunista Mexicano* y del Taller de Gráfica Popular. Es de notar que Benita Galeana había cumplido sólo treinta y seis o treinta y siete años cuando escribió su vida. El texto narra la difícil infancia de Benita, su adaptación a la vida capitalina y sus primeros años de militancia con el *PCM,* con el propósito de dar testimonio sobre su transformación personal y de inspirar a otras mujeres mexicanas a seguir su ejemplo. De su vida, que abarca de 1940 hasta el presente, muy pocos datos han quedado documentados, a pesar de que siguió siendo activa en el movimiento comunista en México a lo largo de más de cincuenta años. También escribió un segundo libro, *El peso mocho*, una colección de cuentos basados en la tradición oral de su tierra guerrerense que se publicó en 1979. El propósito de este ensayo es dar a conocer a Benita Galeana a un público más amplio, y ubicar su autobiografía dentro de la tradición de la escritura autobiográfica y el testimonio femeninos hispanoamericanos.

BIOGRAFÍA

La infancia de Benita Galeana estuvo caracterizada por toda clase de privaciones materiales y emocionales, además del cruel tratamiento que sufrió a manos de su hermana. Después de la muerte de su madre, Galeana recuerda que su padre, quien había sido un hombre rico, «se dio a la borrachera» y perdió sus tierras y su dinero.[3] El padre murió antes de que Benita cumpliera seis años. Benita y sus hermanitos fueron a vivir con Camila, su hermana mayor, quien ya se había casado y tenía hijos propios. En casa de Camila, Benita aprendió a hacer las tareas fundamentales para una familia pobre de un pueblo agrícola guerrerense de principios de siglo. Le enseñaron a cortar leña, a traer agua del pozo común, a cuidar a los niños más pequeños, a ordeñar vacas, a sembrar y levantar la cosecha y a hacer jabón. También ayudaba a preparar las comidas, tanto para el consumo doméstico como para vender en la calle: tortillas, tamales, pan, queso, *charamuscas* y otros dulces. Sus hermanos trabajaban en la milpa junto al pueblo, pero una vez al año toda la familia se iba a la costa a sembrar arroz, uno de los principales cultivos comerciales de la economía de Guerrero.

Además del trabajo y la pobreza, la otra constante de la vida infantil de Benita Galeana eran las frecuentes palizas que le daba Camila. Años después, al escribir su autobiografía, la mujer adulta recuerda a su hermana mayor con franco rencor, y caracteriza su propia posición en la casa de Camila como una clase de esclavitud. Especialmente le echa la culpa por no haber permitido que asistiera a la escuela. «A Camila no le convenía que yo fuera al colegio, porque yo era la de todo en la casa... Ella prefería tenerme allí todo el día para explotarme a su antojo» (9). Sus intentos por mejorar su situación siempre terminaban en el fracaso. Una vez crió a un puerco para luego venderlo y comprarse una cadena de oro, pero su hermana lo mató y usó la carne para el consumo de su familia, efectivamente robándole a Benita su única posesión de valor. En otra ocasión Benita reclutó a unas muchachas, también huérfanas, para escaparse con ellas e ir a la Ciudad de México. La noche de su fuga las persiguieron sus familiares, quienes las castigaron golpeándolas y quemándoles los pies. Finalmente, Benita decidió casarse con un hombre viudo y viejo, ya que vio en el matrimonio la única vía de escape a su situación intolerable. Pero para último momento, enterada de las circunstancias misteriosas bajo las cuales se le habían muerto al señor sus otras esposas, Benita rompió su compromiso con él y se fue para Acapulco. Dentro de esas condiciones materiales y culturales represivas, la joven Benita Galeana ya demostraba su capacidad para el inconformismo y la rebeldía que darían impulso al constante activismo de su vida adulta.

En la primera parte de su autobiografía, Benita Galeana casi no indica fechas ni marca claramente el paso de los años, pero se puede calcular que su salida inicial de San Gerónimo y de la casa de Camila ocurrió cuando la protagonista tenía catorce o quince años de edad. La mudanza a Acapulco abrió una nueva etapa en el desenvolvimiento de Benita. Allí, la campesina iletrada se acostumbró a la vida de la ciudad y empezó su autoaprendizaje en la lectura, aunque sin gran éxito en aquel momento. Todavía imaginaba su futuro en términos del matrimonio, preferiblemente con un forastero rico que la llevara a vivir a la Ciudad de México. Sin embargo, su destino fue otro: tuvo una hija con un joven con quien finalmente decidió no casarse. Más tarde inició relaciones con un mescalero ambulante y lo acompañó durante más de seis meses, dejando a su hija en Acapulco con la abuela paterna de la niña.

Es curioso que la Revolución Mexicana de 1910 figure sólo muy poco en la vida y la memoria de la protagonista, a pesar de que Guerrero, al igual que otros estados, fue el escenario de muchos conflictos y rebeliones a lo largo del período de lucha armada. En el norte de Guerrero, un grupo de rancheros organizó inmediatamente un levantamiento maderista, en 1911, pero había poco entusiasmo popular por el programa de Francisco Madero, el *padre de la democracia mexicana*. Muy pronto otras bandas de rebeldes surgieron en la región, y durante los años de guerra el Estado fue el sitio de una lucha por la hegemonía entre Emiliano Zapata y numerosos caudillos locales menores, quienes no aceptaron el programa agrario zapatista. Galeana hace sólo dos referencias a los personajes y los eventos históricos de esta época de singular importancia para la nación mexicana. La primera ocurre cuando ella dice ser pariente de Rodolfo Neri, el gobernador de Guerrero desde 1921 a 1924, e influyente promotor de la reforma agraria y el movimiento obrero. Esta alusión ayuda a precisar las fechas de su estancia en Acapulco (*circa* 1920-24), aunque es difícil saber cómo interpretar el significado de este lazo familiar con uno de los hombres más poderosos del Estado. Después recuerda que en una ocasión, cuando viajaba con el mescalero, fueron atacados por una banda de hombres leales a Rosalío Radilla, un jefe rebelde menor y un enemigo de Neri. Radilla fue responsable del asesinato, en 1923, de los hermanos Escudero, Juan y Felipe, aliados de Rodolfo Neri y también agraristas. Galeana informa que al oír el grito, «¡Que viva Rosalío Radilla!», ella pensó: «si es él, lo mataré, porque es el asesino de mi pueblo, el que acaba de matar a los muchachos Escudero, los que dieron las tierras a los campesinos y pelearon contra los gachupines para que bajaran el precio del maíz» (47). Poco después de esta aventura, Benita Galeana se marchó por fin hacia la Ciudad de México, aprovechando una ausencia del mescalero para confiscar un poco de su dinero y escapar de él. Se puede concluir, por lo tanto, que Benita Galeana realizó su sueño de llegar a la capital en el año de 1924.

Benita Galeana dividió su autobiografía en dos partes de medida desigual, «La infancia» y «En la lucha». «La infancia», que consta de unas cincuenta páginas, la lleva hasta su llegada a México. «En la lucha» ocupa dos tercios del libro y narra sus experiencias entre 1924 y 1938, dando más énfasis a su militancia política en el *partido comunista mexicano*. Los primeros tres años en la capital fueron un período de adaptación y sobrevivencia en el medio urbano. Al llegar se estableció con Guadalupe, otra hermana mayor con quien había vivido en Acapulco después de escapar de la casa de Camila seis años atrás. Luego vivió mantenida por un auditor de tren y después por un chofer, a quien la narradora identifica como su marido. Su idea era siempre juntar el dinero para volver a Acapulco por su hija, y cuando el chofer desapareció ella decidió tomar control de su destino y buscar un trabajo. Una amiga la ayudó a conseguir un empleo en un cabaret, donde Benita servía bebidas y platicaba y bailaba con los clientes. Las fotos de la joven Benita Galeana muestran a una mujer muy bella, y evidentemente sabía manipular su hermosura física y su supuesta virginidad para sacar buenas propinas sin caer víctima de compromisos indeseados con ningún hombre. «Tenía enamorados que me ofrecían casa bonita y todo, pero yo, ya temerosa, no me quise meter en más enredos» (70).

Benita había trabajado en el cabaret por menos de un año cuando el chofer Manuel Rodríguez reapareció. Ella dejó el cabaret, y los dos se fueron a vivir a una vecindad pobre. Galeana documenta en vivo detalle las condiciones miserables, el hacinamiento, la violencia doméstica y los constantes pleitos entre vecinos que caracterizaron la vida diaria en la calle José Joaquín Herrera, en el centro de la capital. Pero dos eventos decisivos para su futuro tuvieron lugar poco después de que volvió con Manuel Rodríguez. Primero, Benita pudo por fin ir por su hija, quien tendría unos cinco o seis años para el tiempo de su reunión. Segundo, Manuel ingresó al *Partido Comunista* y cuando fue encarcelado por participar en una manifestación del primero de mayo, Galeana tuvo su primer contacto con la organización y la ideología que cambiarían definitivamente su propia vida. La primera mitad de su autobiografía sirve como un tipo de prólogo o preparación para el asunto central, o sea su despertar a una conciencia política y su entrega absoluta a la lucha comunista en su país. Si su infancia se define en términos de la subordinación y la explotación, esta nueva época de su vida se representa como la salvación y la resurrección de la protagonista.

El Partido Comunista Mexicano (*PCM*) fue fundado en 1919 por los líderes del *Partido Socialista de México* en colaboración con un delegado del *Comintern* soviético. La Unión Soviética pronto reconoció oficialmente al nuevo partido. La fuerte asociación con el comunismo soviético y, especialmente, el apoyo incondicional del estalinismo eran características del movimiento comunista en México durante los años cuando Benita Galeana se hizo militante. Aunque fue fundado en el período de consolidación de la *Revolución Mexicana*, ningún líder ni grupo revolucionario importante se alió con el *PCM*. Éste se opuso a la alianza entre la *Confederación Regional Obrera Mexicana* (*CROM*) y la *American Federation of Labor* (*AFL*) de los Estados Unidos, e intentó penetrar otros sindicatos como los de los obreros textiles, los panaderos y los telefonistas. Sin embargo, el *PCM* nunca ganó una base amplia de apoyo entre los obreros y los campesinos, y no presentó una real alternativa a la *CROM*. Para 1922, el *PCM* estuvo bajo el control de artistas e intelectuales. Los muralistas Diego

Rivera, David Alfaro Siqueiros y José Clemente Orozco formaron el *Sindicato Revolucionario de Obreros Técnicos y Plásticos*, y luego Rivera y Siqueiros, junto con Xavier Guerrero, ingresaron al *PCM*. Estos tres hombres influyeron mucho en la organización durante la década de los años veinte, estableciendo el órgano oficial del partido, el periódico *El Machete*, en 1924, y manteniendo económicamente al *PCM* con sus fondos personales.

Antes de que Manuel Rodríguez cayera preso por el delito de «insultar al Presidente de la República», ya le había explicado un poco a su esposa sobre el movimiento comunista, diciendo que el *PCM* era el partido de los trabajadores y que luchaba por la jornada de ocho horas, entre otros derechos. Luego de su arresto vinieron unos señores del *partido* para pedir a Benita que los ayudara a sacar a su marido de la cárcel. La llevaron a una reunión pública donde ella, motivada principalmente por el deseo de que Manuel saliera libre, habló en defensa del *PCM*. La reunión terminó cuando llegó la policía, y Benita también quedó detenida. En la cárcel, Benita Galeana se despertó políticamente. «Viendo la injusticia que cometían conmigo, empecé a pensar que entonces mi marido también estaba preso por una causa justa y que yo debía seguir el camino de él: luchar por los demás, por los pobres, por los oprimidos» (76). Esta nueva conciencia política y social la condujo rápidamente a participar en las actividades del *partido*. Benita Galeana y Manuel Rodríguez distribuyeron propaganda, asistieron a marchas y manifestaciones, y se reunieron con sus células, siempre a riesgo de ser detenidos. Por aquella época Galeana conoció y ayudaba al joven José Revueltas, quien se convertiría en uno de los más importantes escritores de México. Revueltas, a la edad de catorce años, ya estaba comprometido con la lucha socialista. Benita Galeana también vendió *El Machete* por las calles, y empezó a ser reconocida como una excelente y apasionada oradora. Mientras tanto se separó de Manuel, y se ganó la vida trabajando otra vez en el cabaret y después en un restaurante frecuentado por soldados.

Estos primeros años de su activismo correspondieron a los regímenes de los presidentes Emilio Portes Gil (1928-30) y Pascual Ortiz Rubio (1930-32). Esto significa que Benita Galeana entró al *PCM* cuando el *partido* era ilegal, ya que el *PCM* trató de iniciar un movimiento contra el gobierno. En esta época fue cuando el gobierno, controlado todavía por el ex presidente Plutarco Elías Calles, el *Jefe Máximo*, reprimió más violentamente a los comunistas. El período 1929-31 fue la época de más intensa persecución contra los miembros del *PCM*. Las autoridades detuvieron una y otra vez a los activistas, encarcelándolos en la famosa prisión de las Islas Marías, localizadas en el estado de Sinaloa. También destruyeron las oficinas del *partido* y cerraron *El Machete*. En la misma época surgieron los *Camisas Dorados*, un grupo fascista, anticomunista y antisemita. Benita Galeana da testimonio de la severidad de la persecución cuando afirma que fue detenida cincuenta y ocho veces en el curso de cuatro o cinco años. Lo interesante de su testimonio es el valor y la inteligencia que demuestra tanto en los actos públicos como en la prisión, donde siempre encontraba la manera de protestar contra las condiciones de los presos y de organizar a los otros detenidos. No vacilaba en armar un escándalo para llamar la atención; una vez llegó a desnudarse para evitar que fuera cambiada a otra cárcel. Incluso tomó medidas tan graves como la huelga de hambre para conseguir su libertad y la de sus compañeros.

Benita Galeana ocupó una posición contradictoria en el *PCM* y su autobiografía documenta la cualidad especial de su percepción y su experiencia sobre las tensiones internas en la organización. Miembro militante del *PCM*, vivió y luego narró los eventos desde dentro, dando una visión íntima y fiel a su fuerte compromiso. Galeana agradecía mucho la oportunidad para participar en la militancia social —impensable si se hubiera quedado en San Gerónimo, Guerrero— que el *PCM* le ofrecía. Pero siendo mujer y obrera, estaba también en una posición marginal en la misma organización, que seguía tratando a las *compañeras*, especialmente a las de clase baja, según expectativas y normas patriarcales y clasistas. Esta naturaleza doble de su participación en la lucha comunista en México, le permitió a Benita Galeana tener una doble visión de su *partido*: a la vez obediente hasta la exageración con respecto a la ideología fundamental, y crítica de ciertas actitudes y acciones específicas. Es decir, que dentro de un mensaje global de leal y entusiasta apoyo por el *partido*, Benita Galeana también denuncia errores cometidos por los líderes y lamenta su propia inferioridad dentro de la jerarquía. Por lo tanto, a base de sus experiencias directas puede revelar las muchas divisiones ideológicas y las riñas entre compañeros que perjudicaban la causa común de defender a los trabajadores y hacer avanzar hacia el cambio social. La expulsión de los trotskistas es un episodio que ella observó y cuestionó. Pero su crítica más fuerte y más acertada se dirige al tratamiento que recibió como mujer en el *partido*. A pesar de su talento para la oración y su enorme dedicación y valor frente a la represión violenta, Galeana afirma que el *partido* no la ayudaba a desenvolverse intelectual o políticamente. Es irónico que cuando empezó a vender *El Machete* no sabía leer las páginas que muchas veces protegía con su propio cuerpo para evitar que fuera destruido. Benita Galeana siempre sentía como su mayor desgracia el no saber leer, y fue una gran decepción que el *partido* no se ocupara de enseñarle. Tampoco la ayudó a conseguir trabajo cuando se separó de Manuel Rodríguez. Finalmente, ella critica la persistencia de la doble moral. «Veía que camaradas muy capaces e inteligentes eran los que más mal trataban a sus compañeras, con desprecio, sin ocuparse de educarlas, engañándolas con otras mujeres como cualquier pequeño burgués» (114). Tales declaraciones constituyen una denuncia *feminista* nacida de las experiencias contradictorias de la protagonista y que anticipa por muchos años el feminismo contemporáneo.

Lázaro Cárdenas legalizó el *PCM* en 1935, y el *Partido* respaldó sus programas políticos y agrarios. Mientras tanto, desde 1935 a 1940, Benita Galeana abandonó la militancia a instancias de su segundo marido, Humberto Padilla. Dice que era el primer hombre de quien se había enamorado de veras en su vida, y se mudó con él a Chiapas. Por cuatro años subordinó su compromiso político y social al compromiso amoroso, pero cuando ellos se separaron, en 1939, Benita volvió definitivamente a la lucha. Consiguió un puesto en el correo, donde fue delegada de su sindicato, el de la *Secretaría de Comunicaciones y Obras Públicas* (*SCOP*). Ya había empezado a escribir su autobiografía, que termina afirmando su extraordinaria transformación. «Entre la Benita Galeana de San Gerónimo, la que andaba rodando de un hombre a otro, la del Cabaret «El Viejo Jalisco» y la Benita Galeana de hoy, hay una gran diferencia... Tengo mis derechos de trabajadora... y además, el propósito de cumplir cada vez mejor con mi obligación» (1a. edición, 235-236).

El prólogo que Elena Poniatowska escribió para la cuarta edición de *Benita* (1990) se basa en una entrevista que hizo con Benita Galeana, y nos pone al día con su vida a partir de 1940. Se destacan la dedicación inquebrantable al *partido* y la claridad de sus recuerdos de eventos ocurridos veinte o treinta años antes. En 1940 Benita Galeana se casó con Mario Gil, también comunista e igualmente comprometido con la lucha. Ellos adoptaron seis niñas, pero Benita sufrió la desgracia de que se le muriera su hija, Lilia, cuando ésta tenía sólo veinticuatro años. Benita Galeana luchó en la huelga ferrocarrilera de 1958, organizando a las mujeres para que resistieran los asaltos a sus casas. Una década después, en 1968, se solidarizó con los jóvenes del movimiento estudiantil mexicano, y luego de la masacre del 2 de octubre pudo entrar a la prisión de Lecumberri y llevar mensajes, medicinas y comidas a los estudiantes encarcelados. Estaba en México durante el terremoto de septiembre de 1985, después del cual regaló todas sus posesiones a los más necesitados. En 1987 fue invitada a visitar Cuba, donde realizó el sueño de conocer a Fidel Castro. A la edad de ochenta y seis años Benita Galeana todavía vivía independiente en su casa, habiendo superado los obstáculos de su origen campesino, su condición de mujer, la falta de educación formal y la represión política, para convertirse en un símbolo de la lucha social en México.

BENITA: UNA AUTOBIOGRAFÍA TESTIMONIAL

La primera edición de *Benita* (1940) llevó el subtítulo «autobiografía», y el texto manifiesta los elementos formales constitutivos del género autobiográfico:

identidad de nombre entre autora y protagonista, narración en primera persona, y referencias al hecho de que la narradora-protagonista está escribiendo la historia de su vida. Pero Benita Galeana no es, por su género sexual, su posición social y su bajo nivel de instrucción, un sujeto típico para una autobiografía. Escrita desde la perspectiva de la opresión y con el propósito de diseminar una versión alternativa a la historia oficial, *Benita* anticipa la extraordinaria producción del testimonio latinoamericano de los últimos veinticinco años.[4] Me interesa, pues, considerar brevemente el valor de *Benita* como una autobiografía testimonial.

Los estudios recientes sobre la autobiografía femenina señalan que la posición subordinada de la mujer en el patriarcado y su relegación al espacio del silencio, dificultan su acceso al lenguaje y, en especial, a los discursos escritos. Los obstáculos para el acto de escribir son aún mayores para la mujer campesina o proletaria. La organización, el lenguaje y la temática de *Benita* dan evidencia de su relación problemática con la palabra escrita y con las ideologías que condicionan su pensamiento y su acción. Es notable que Galeana organiza su historia para trazar un movimiento ascendente desde la victimización hacia la victoria. Atribuye su salvación al *Partido*, que parece desempeñar el papel del héroe amante masculino que la joven Benita siempre esperaba. En contradicción a este mensaje explícito, el texto simultáneamente muestra cómo Benita Galeana se salva a sí misma y rescata el valor humano de un movimiento que ha tenido una limitada eficacia en el México actual. También se destaca el énfasis en el activismo político, las detenciones y las relaciones con los hombres, en contraste con el silencio sobre su hija y los detalles de la vida cotidiana. Con respecto al lenguaje del texto, Mario Gil, el marido de Benita, explicó en su prólogo a la primera edición que su esposa escribió a máquina y fonéticamente, y luego él corrigió el deletreo y la puntuación. Refiriéndose al nivel de alfabetismo de Benita Galeana, Mario Gil dice «cuando termina no sabe lo que escribió. Tiene que recurrir a alguien para que se lo lea. De ella se podría decir que sabe escribir pero no sabe leer» (7). Sin duda, Benita Galeana absorbió sus modelos a través de la narración oral, como las historias populares y los discursos políticos, mucho más que a través de la palabra escrita, y este contacto con la tradición oral influyó en el estilo notoriamente coloquial e improvisado del texto.

En definitiva, *Benita* es una autobiografía testimonial de gran valor para nuestra comprensión de una época histórica y de una vida individual excepcional. En su autobiografía, como en su vida, Benita Galeana se atrevió a subirse al *huacal*, subirse a una caja de madera para lanzar un discurso, y hablar su verdad en desafío del silencio y de la victimización, y en defensa de la lucha por la libertad y la justicia.[5]

Notas

[1] En su prólogo a la cuarta edición de *Benita,* la autobiografía de Benita Galeana, Elena Poniatowska escribe que en 1989 Galeana tiene 86 años de edad. Sin embargo, en su artículo, Marta Robles ofrece el año de 1907 como la fecha de su nacimiento.

[2] Esta cita viene del último capítulo de la primera edición, 1940, de *Benita*, página 237. Lleva por título «Bajo la Bandera de la Internacional», y afirma su compromiso con el *Partido Comunista* haciendo un llamado al pueblo mexicano a luchar por derrocar el régimen capitalista. Sin embargo, no se ha

incluido este capítulo en ninguna de las nuevas ediciones del texto (1974, 1979 y 1990).

[3] *Benita*, cuarta edición, página 1. De aquí en adelante las citas vienen de esta misma edición. El número de la página correspondiente aparecerá entre paréntesis en el texto del artículo.

[4] Me refiero a textos como *Biografía de un cimarrón* de Miguel Barnet, *Me llamo Rigoberta Menchú y así me nació la conciencia* de Rigoberta Menchú y Elizabeth Burgos y «*Si me permiten hablar..., testimonio de Domitila* de Domitila Barrios de Chungara y Moema Viezzer.

[5] Me gustaría expresar mi agradecimiento a Rafael Madrid y Carolyn Malloy, cuya lectura de una primera versión de este ensayo rindió consejos perspicaces y útiles.

BIBLIOGRAFÍA

CARR, Barry. *Marxism and Communism in Twentieth-Century Mexico*. Lincoln, NE: University of Nebraska Press, 1992.

GALEANA, Benita. *Benita*. Prólogo de Mario Gil. 1a ed., México: Imprenta Mels, 1940.

- *Benita*. Prólogo de Elena Poniatowska. 4a ed., México: Editorial Extemporáneos, 1990.

- *El peso mocho*. México: Editorial Extemporáneos, 1979.

JACOBS, Ian. *Ranchero Revolt: The Mexican Revolution in Guerrero*. Austin, TX: University of Texas Press, 1982.

MONSIVÁIS, Carlos. *Amor perdido*. México: Biblioteca Era, 1977e.

NEGRÍN, Edith. «Benita Galeana o la escritura como liberación». *Mujer y literatura mexicana y chicana: culturas en contacto.* Tomo II. Ed. Aralia López González, et al. México: Colegio de México, (1990):31-35.

ROBLES, Marta. *La sombra fugitiva.* Tomo I. México: UNAM, 1985.

Como linfa encausada, como viento medido,
como pájaro en jaula, como voz sin sonido...
Magda Portal.

MAGDA PORTAL,
LA ETERNA REBELDE[1]

MARTA BERMÚDEZ GALLEGOS

> Para mí la mujer que toma conciencia de ser mujer es feminista. Lo que hace el feminismo es justamente desarrollar nuestra conciencia de la opresión y la explotación en un fenómeno colectivo, capaz de transformar la realidad, y por lo tanto, es revolucionario.[2]

La cita anterior define, en su totalidad, la vida de Magda Portal: su acción política, su ideología y su producción literaria. La dedicación de por vida de una mujer a la causa de «transformar la realidad» injusta en que le tocó nacer, y su incansable labor en el campo de las letras, la hacen una de las mayores agentes culturales latinoamericanas en el curso de este siglo.

En la academia peruana, y en general en la de América Latina, poca atención se le ha brindado a la labor de la mujer en el ámbito de la cultura. Parecería mentira que representamos por lo menos la otra mitad de la población. Actualmente, la labor de las mujeres latinoamericanas es la de representar la única opción viable en términos de discurso oposicional y contestatario en nuestro continente. La organización de la mujer en comunidades de base, en movimientos de madres que trabajan por la paz y los derechos humanos a raíz de la desaparición de sus hijos, en programas de subsistencia de la comunidad, como ollas comunes y vaso de leche, en sindicatos de obreras y en organizaciones contra la violencia (en particular la doméstica y contra la mujer en general), han desplazado a nuestras mujeres del ámbito privado de la domesticidad al ámbito público de la acción política. Un precedente insoslayable en la labor del feminismo peruano y latinoamericano es la labor política y literaria de Magda Portal, cuya rabia y eterna rebeldía la acompañó hasta sus últimos días.

A fines de 1989, Magda Portal por fin es reconocida por otras mujeres peruanas. Ella es el estandarte de una tribuna de debate sobre el pensamiento político y cultural actual producido por mujeres y sobre ellas, como la defensa de los derechos humanos y la revalorización de las culturas populares. La publicación *warmiNAYRA*, «mujer que mira» en quechua, es el foro de este grupo de mujeres militantes. Dos de sus dirigentes, Miriam Gárate y Gladys Acosta, expresan en el siguiente manifiesto su homenaje a Magda Portal:

> Iniciar la vida de un grupo de mujeres militantes de la causa socialista ha sido un largo proceso de pensar y repensar nuestras vidas, nuestros compromisos, nuestras lealtades. La memoria de Magda Portal nos alentó para darle cuerpo a aquellas iniciales reuniones de intercambio de ideas sobre nuestras diversas expectativas. Que-

> remos dialogar en voz alta entre quienes, como nosotras, están embarcados en la más grande aventura de transformar esta sociedad que nos ha parido tan injustamente desiguales. Clase, raza, género inspiran luchas que han nacido hermanadas y así seguiremos avanzando. (2)

Nacida en 1903, Magda Portal arrasó con la vanguardia peruana, tanto en términos literarios como políticos. El hecho que distingue ese momento de expresión en el Perú fue su carácter de portavoz de la realidad social y política de la época. Entre los mayores voceros de la vanguardia peruana se encuentran justamente a César Vallejo, por la rama de la poesía y a José Carlos Mariátegui como activo ideólogo de la pluricultura nacional; ellos lucharon continuamente por un cambio social y político.[3] Portal fue una activa compañera y amiga de ambos, y colaboró en la labor política de Mariátegui. La amistad con Mariátegui se concertó cuando éste volvió de Europa convertido al marxismo. Él le dedicó un lugar especial en sus *Siete ensayos de la realidad peruana:*

> Magda Portal es ya otro valor —signo en el proceso de nuestra literatura. Con su advenimiento le ha nacido al Perú su primera poetisa. Porque hasta ahora habíamos tenido sólo mujeres de letras de las cuales una que otra con temperamento artístico o más específicamente literario. Pero no habíamos tenido propiamente una poetisa. (252)

Al principio choca un poco leer las palabras de Mariátegui, conociendo que anteriores a Magda Portal existen muchas otras poetas. Además, el término poetisa nos es insuficiente para nombrar a una poeta del calibre de Portal. Pero más adelante, llama la atención descubrir en Mariátegui un genuino entendimiento de la agenda política feminista en Magda Portal, lo cual la vuelve, según Mariátegui, en la primera poeta que no escribe poesía como un hombre, sino que crea su modo propio de expresión que es genuinamente distinto en términos de género. La última significación de las palabras del ideólogo peruano radica en que, como poeta, Magda Portal se vuelve productora y consumidora de su producto, la poesía, en lugar de ser un puro objeto de consumo del lector masculino. Veamos cómo lo describe Mariátegui:

> Conviene entenderse sobre el término. La poetisa es hasta cierto punto, en la historia de la civilización occidental, un fenómeno de nuestra época. Las épocas anteriores produjeron sólo poesía masculina. La de las mujeres también lo era, pues se contentaba con ser una variación de sus temas líricos o de sus motivos filosóficos. La poesía que no tenía el signo del varón, no tenía tampoco el de la mujer —virgen, hembra, madre. Era una poesía asexual. En nuestra época, las mujeres ponen al fin en su poesía su propia carne y su propio espíritu. La poetisa es ahora aquella que crea una poesía femenina. Y desde que la poesía de la mujer se ha emancipado y diferenciado espiritualmente de la del hombre, las poetisas tienen una alta categoría en el elenco de todas las literaturas. Su existencia es evidente e interesante a partir del momento en que ha empezado a ser distinta. (252)

Aunque la teoría feminista actual tendría problemas serios con las palabras de Mariátegui, especialmente en cuanto a su definición de mujer como «virgen [o] ...madre», para su época y viniendo de un hombre, hay que reconocer que sus observaciones lo ponen a la vanguardia del feminismo masculino. Él descubre que Portal escribe como una mujer para ser leída por otras mujeres. Alrededor de la misma época cuando Mariátegui escribió esta dedicatoria a Portal, también publicó un ensayo denominado «el feminismo peruano» que es digno de ser leído no sólo por feministas sino por algunos hombres **socialistas que se sienten amenazados por nuestra agenda política,** ya que las ideas de Mariátegui traspasan las fronteras de la lucha de clases a la de género y raza. Se nota que él sentía un profundo respeto y admiración por el otro género y, no cabe duda de que su actitud debió haber sido fuertemente influenciada por su relación con Magda Portal. La misma Portal destaca que en el grupo de Mariátegui había pocas mujeres. Sólo destaca tres nombres:

> Mujeres en realidad, no visitaban mucho a Mariátegui... Había pocas mujeres en esos grupos: Blanca Luz Brun [poeta uruguaya, casada con el poeta peruano Juan Parra del Riego], Ángela Ramos [escritora peruana] la mujer de José Carlos, yo y una que otra que llegaba esporádicamente... (213)

Entre 1922 y 1926 la actividad poética de Portal refleja las elecciones discursivas de la época. Portal vivía su poesía. El modelo modernista tiene predominio en su primera poesía, aunque la ironía sobre su modo de vida vislumbrará su feminismo y rebeldía, como se ve en el siguiente poema, «Plegaria», publicado en la revista *Mundial*:[4]

¡Señor, Señor!... Yo tengo deseos de ser buena,
deseos de olvidarme de mi ardiente pena.
Deseos de sumirme en una beatitud
que me robe al enorme poder de mi inquietud.

Quiero huir, quiero huir de todo eso que amarga
mi vida, y hace odiosa y pesada mi carga.
Quiero huir a eso torbo que contrae mis labios
que contrae mis cejas en callados agravios.

Quiero ser rectilínea y avanzar en la vida sin torcerme
en la senda, curiosa y atrevida.
Como linfa encausada, como viento medido,
como pájaro en jaula, como voz sin sonido...

Quiero dejar mis fieras actitudes altivas,
mis instintos rebeldes, mis fuerzas primitivas.
Quiero apresar el loco corazón desbordante,
quiero hacer que no llore, quiero hacer que no cante...

Oh, Señor, tú lo puedes, por tu herida costado
concédeme, concédeme librarme del pecado
de revelarme toda mi turbia pena...
yo quiero que me vuelvas sencillamente buena.

Si el lector/a no tuviera la vida de la escritora como contexto podría leer este poema como un poema religioso. Sin embargo, el deseo del lector/a y el contexto avivan en estos versos la ironía —agonía del texto. El *yo* poético se define como mujer atrapada entre lo que es, humana e imperfecta, signada por el pecado, y lo que desea ser, pura y *buena*. Los atributos que anhela sólo los podría alcanzar a partir de la beatitud que se antepone a su inquietud, seguir la senda *recta*, sin torcerse por la senda curiosa y *atrevida*. A fuerza de reprimir sus emociones, inquietudes, actitudes, instintos *rebeldes* (fuerzas primitivas), y su corazón desbordante, entonces logrará *librarse* del pecado y ser sencillamente *buena*. La liberación del *pecado* se presenta llena de metáforas de encarcelamiento y opresión: *linfa encausada, viento medido, pájaro en jaula, voz sin sonido*. La elaboración de lo que significa ser *buena* para una mujer en esta sociedad, produce un efecto asfixiante y una profunda pena en la hablante. El poema se presenta como una antítesis de la existencia de Portal, la cual fue justamente todo aquello que la sociedad no había querido que fuera. Por lo tanto, a pesar de que el poema se presenta explícitamente como una plegaria ante Dios de una mujer que implora por llegar a adquirir las cualidades máximas de beatitud, implícitamente surge la conciencia de que ser mujer *buena* significa control total de su naturaleza y sumisión al sistema patriarcal en el que vive.

Portal debe ser reconocida no sólo por su actividad literaria sino por su acción política, la cual la llevó a escribir periodismo, ensayo, cuentos, y hasta una novela, *La trampa*. Su extensa obra es la siguiente: *Ánima absorta* (1925), poesía inédita; *Vidrios de amor* (1925); *El derecho de matar* (1926), cuentos escritos en La Paz; *El desfile de las miradas* (1926), poesía inédita escrita también en Bolivia; *Una esperanza y el mar* (1927), poesía; *El nuevo poema y su orientación hacia una estética económica* (1928), ensayo escrito en México; «América Latina frente al imperialismo», conferencias dictadas en Centro América y países del Caribe (1929), editadas en Lima en 1931; *Hacia la mujer nueva* (1933), ensayo, Lima; *Costa sur* (1944), poesía escrita en Santiago de Chile, *Flora Tristán, precursora* (1944), ensayo; *Destino del hombre* (1948), poesía inédita; *Quiénes traicionaron al pueblo* (1950), ensayo; *Constancia del ser. Antología de la autora* (1966). Además, desde 1958 a 1977 dirigió en el Perú la Editorial *Fondo de Cultura Económica* de México.

Es indiscutible que además de su larga trayectoria en el campo de la escritura, Magda Portal ha sido la mujer en el Perú que más se ha destacado por haber formado parte activa de la historia política de ese país en el siglo XX. Portal fue perseguida y deportada por todos los gobiernos de las décadas del 30 y el 40. Su lealtad al partido aprista peruano, en 1924, sólo le valió varios años en la cárcel. La condena más larga la cumplió en 1934 durante el gobierno de Benavides: estuvo encerrada en la cárcel de Santo Tomás durante más de quinientos días. Su persecusión la mantuvo escondida en su mismo país durante la época de más actividad contestataria del *APRA (Alianza Popular Revolucionaria Americana)*. Durante ese período, el partido se destacó por intentos fallidos de revolución junto a las más intrigantes conspiraciones. La mayoría de los viajes de Magda Portal obedecieron a deportaciones que respondían a su actividad con el *APRA* entre la década de los años 30 y 50. Sus viajes no limitaron su actividad política; sin embargo, éstos se volvieron verdaderas campañas antiimperialistas. Portal viajó realizando conferencias en Cuba, México, Costa Rica, Venezuela, Colombia, Panamá, Puerto Rico, Haití, Santo Domingo, Chile, Argentina, Uruguay y Bolivia. Estas actividades en contra del colonialismo le ganaron aún más sinsabores, incluso fuera de su país. Durante el gobierno del general Ibáñez en Chile, fue arrestada y encarcelada en esa vecina república. Fue deportada de Puerto Rico por dictar conferencias contra el imperialismo estadounidense. Por esta razón, nunca pudo entrar a los Estados Unidos, ya que la visa le sería negada por comunista.

En 1948, Portal renunció al *APRA* y a la militancia partidaria, pero no a la política; después de esta época se dedicó de lleno a la escritura. En 1978, salió nuevamente de su «encierro literario» para participar en el *partido de acción revolucionaria socialista* para integrar su lista de candidatos a la Asamblea Constituyente. Portal fue diputada durante el gobierno de Velasco y trabajó incansablemente hasta el final de su vida, en 1989.

Madga Portal, poesía y autobiografía

En la colección de ensayos *Ser mujer en el Perú*, editada por Esther Andradi y Ana María Portugal, Portal nos revela partes de su vida como ella las percibió. Se denomina *autodidacta* y partícipe de una vida de permanente lucha. Debido a que su padre murió cuando Magda tenía apenas cinco años, su situación económica fue bastante difícil. Aunque su madre se volvió a casar, su padrastro murió cuando Magda tenía apenas dieciséis años, lo que la obligó a trabajar en esa temprana edad. Sin embargo, la joven se las arregló para asistir a la universidad pues vivía cerca de ésta y nos cuenta que: «me metía en un rincón y escuchaba las clases que más me interesaban después que salía del trabajo... Cuando estaba en el colegio quería estudiar leyes, pero también me gustaba la medicina, incluso la historia y la filosofía. Pero económicamente eso no era posible, pues yo tenía que trabajar» (211).

En muchos aspectos su infancia fue solitaria y dura. Su hermana mayor ingresó a un colegio de monjas y con su hermano comenta que su relación fue buena simplemente para los juegos. Define su vida en términos de pobreza desde su infancia. No había dinero para comprar juguetes; por lo tanto:

> en nuestra casa de Bellavista, en un patio muy grande totalmente empedrado con caminos de cemento a los cuatro lados, yo hacía paseos todas las tardes contándome cuentos. También me gustaba subirme a los árboles. Casi no he jugado con muñecas. Pero así, de tener juguetes no. Más bien, los inventaba, jugaba con barro, hacía muñequitos, animales, pájaros... Éramos niños huérfanos y pobres. (211)

Su autoimagen se distingue por dos elementos: pobre y desinteresada en aquellas cualidades de femineidad construidas por la sociedad. Su imagen de sí misma en la niñez no es femenina. En este aspecto su discurso autobiográfico desestabiliza el de la sociedad en la que se desarrolló desde el punto de vista de expectativas sobre su papel como mujer, vaso reproductor de la sociedad: «casi no he jugado con muñecas» (211).

En su autobiografía, Portal también aprovecha constantemente la digresión política para lanzar su protesta en contra de la clase media, que según ella permanece en «la sombra»:

> Se sabe la vida de los ricos y la vida de los pobres, pero la vida de la clase media, es, no diré «misteriosa», pero está encubierta, porque nadie quiere decir hasta qué punto es pobre, es una especie de vergüenza. Cada cual guarda lo suyo, no lo deja entrever. Yo siempre combatí en este sentido a la clase media, porque mientras el pueblo lucha y pelea en la calle, ella esconde «las manitos» porque está esperando que le lleguen los beneficios, de arriba o de abajo, pero siempre prefiere que sean de los de arriba, porque su aspiración es ser de arriba. (211-12)

La burguesía, desde el siglo XVII y XVIII, construye a la mujer como el centro de la unidad familiar y a la familia como la unidad básica de estabilización del Estado y, por ende, del capitalismo internacional. No es fortuita, por lo tanto, la fuerte crítica contra la clase media en el discurso antipatriarcal y anticapitalista de Portal.

Uno de los recuerdos más vívidos sobre su familia se perfila en la descripción de la vida política de toda ésta. En especial la memoria de su madre, la cual es descrita como muy afín a las ideas de su hija. Esta afinidad la hizo padecer las persecuciones y hasta llegó a estar encarcelada.[5] La autobiografía de Portal se desplaza por las múltiples explotaciones de la mujer que se cumplen como muestra en su propia vida y en la de su madre. Se demuestra la increíble dependencia formulada por la sociedad de su época en la relación con el hombre, el esposo. Su madre, al quedar viuda, queda destituida junto a sus hijos y no le queda más alternativa que volverse a casar. Magda lo describe de este modo: «Para nosotros, la lucha fue feroz, con una madre tan joven y completamente inepta para la lucha por la vida, acosada de todas partes. Después de la muerte de mi padre, la única solución que quedaba era vender y vender, hasta que se acabara la plata» (212).

La tragedia en el caso de la familia de Portal fue continua, ya que el segundo esposo de su madre se moriría también, dejándola no sólo en una situación devastadora económicamente sino esperando a otra hija. Parece que en la vida de la madre, Magda pudo observar y comprender todos los predicamentos ante los cuales el género se entrecruza con la realidad económica y cultural de la mujer. El yo autobiográfico en el relato de Portal sufre de lagunas, producidas por el dolor ante la aceptación de su propia realidad en la experiencia de su madre. El olvido intenta borrar aquellos momentos de mayor padecimiento en la vida materna, los cuales quedan grabados, sin embargo, en la propia:

> Hay trozos de mi vida que están completamente vacíos. Los he olvidado por completo como una defensa psicológica ante el sufrimiento. Existe una etapa en la vida de mi familia que yo he olvidado totalmente. Mi padrastro, el segundo esposo de mi madre, murió a los diez años de matrimonio, dejándola en estado. La niña nació a los seis meses de la muerte de su padre. Yo no recuerdo el nacimiento de la niña, nada de lo que sucedió, es curioso. (212)

La lucha de su madre se inscribe en la propia, por lo tanto en los momentos de acción política de ambas existe una especie de transposición del yo y no se distingue si se refiere a la acción materna o a la suya propia: «Pero hay otros pasajes que sí están presentes. Es el caso que toda mi familia ha estado en la prisión, comenzando con mi madre. Investigaron a toda mi familia, nadie se escapó: hermanos, primos... Mi madre era muy afín a mis ideas. Nunca, jamás, me reprochó nada. En mis persecuciones, mi madre se cambiaba de casas, a veces cada quince días para huir de la policía, porque llegaban y le quitaban todo, le robaban los libros, las cartas. Así perdí toda mi correspondencia» (212).

La realidad de la pérdida de las cartas se entrelaza con la realidad de la pérdida del control de su propia vida y cuerpo en una sociedad que, simplemente, no soporta la rebeldía de la mujer. Esta subversión de la mujer ante la opresión por la sociedad se va a conectar, a su vez, con su acción como sujeto productor del discurso. La mujer que escribe es doblemente revolucionaria ya que tiene acceso a la palabra y, por ende, a su propia voz y cuerpo. La autora configura la presencia de su propio cuerpo en la representación de su texto. La producción creativa de la *presencia* del cuerpo le autoriza control sobre éste, acto que subvierte toda norma del patriarcado. El cuerpo de la mujer funciona como el espacio crítico de las opresiones y explotaciones. Es el *locus* de las disciplinas y violaciones sociales, el campo del placer y el deseo recorrido y experimentado diferenciadamente a través de las heridas de clase, género, raza y sexualidad. El acto de perderle las cartas y los libros es una forma de violación de su cuerpo, al cual ha obtenido acceso por medio de su propia producción literaria.

La acción política

La mayor actividad política de Magda Portal se producirá después de su encuentro con Víctor Raúl Haya de la Torre y su afiliación a la *Alianza Popular Revolucionaria Americana*, comúnmente conocida como el *APRA*. «Un amigo me dijo: «¿Quieres conocer a Víctor Raúl?» Recuerdo que fue cuando Leguía era presidente, cuando se intentó la Consagración del Perú al Corazón de Jesús,[6] Haya tuvo una actuación muy relevante, valiente como líder, hablaba muy bien. Recuerdo que la policía lo persiguió y él se tiró al río. Todas esas cosas eran heroicas para mí» (212-213). Portal siguió de cerca a Haya de la Torre hasta que éste se fue a Europa, tuberculoso. Se nota en las palabras de la autora su inicial admiración por el líder aprista, aunque ésta disminuirá hasta borrarse, particularmente después de su asociación con José Carlos Mariátegui. Además, Portal tomará conciencia de la traición aprista con la mujer peruana en general y con los pobres. Traición que llegó a sentir personalmente:

> Las mujeres han sufrido mucho por el partido, así que tenían derecho de ser consideradas de igual a igual, pero nunca se las ha reconocido... porque el partido aprista enunció vagamente su doctrina social sin deslindar drásticamente su posición frente al capitalismo, y llegó a identificarse con la clase alta, llegó a sentirse más cerca de los de arriba que de los de abajo. Entonces, dejó de ser revolucionario. Por eso dejé el partido... (217)

Junto con la acción política de Magda Portal se debe enfocar su persecución y victimización. La persecución la obligó a un constante desplazamiento por toda América Latina, durante el cual fue apresada y deportada varias veces:

> Por el año 1927, yo iba a Vitarte a recitar versos revolucionarios, pero al poco tiempo me fui a Bolivia huyendo de la policía. Ahí viví un año, y con un grupo de estudiantes sacábamos un periódico que se llamaba *Bandera roja*, que era incendiario. «Matábamos» al mundo entero. En Bolivia también publiqué *El derecho de matar*, mi primer libro. Antes había escrito no sé qué cantidad de versos... *El derecho de matar* era un volumen de cuentos revolucionarios del cual se han sacado muchas copias fotostáticas. Pero pronto la policía nos cayó encima y el gobierno nos mandó al Perú, donde nos encarcelaron. (213)

El relato autobiográfico de Portal imposibilita la precisión cronológica. Se presenta de un modo fragmentario y adquiere calidad de diálogo con el lector/a. A manera de entrevista con el lector/a imagina las preguntas, la narración salta entre diferentes coyunturas históricas para iluminar actores y acontecimientos, tejiendo una red que permuta la vida que la autora quiere que se sepa. El pacto autobiográfico es claro y el *yo* se activa por cuanto el lector/a construye un proceso sicológico como metáfora de vida. El *yo* de la autobiografía existe a través de lo narrado. El discurso, por lo tanto, construye una realidad exterior para validarla. Las lagunas sicológicas la deportan de Bolivia otra vez más, sin precisar fecha ni espacio:

> Entonces, era embajador del Perú en Bolivia, el señor José Luis Bustamante y Rivero. Poco después nos volvimos a reunir con Mariátegui, y acordamos fundar la Imprenta de la Confederación Obrera. Cuando se estaba en este trabajo, cayó la policía y nos deportaron a Cuba. A Mariátegui lo apresaron. Blanca Luz Brun también estaba en el grupo. Recuerdo muy bien el titular de *El comercio* de ese día: «En el complot comunista hay implicadas dos mujeres». (213)

Los elementos que brindan historicidad al relato deben ser descifrados por el lector/a, José Luis Bustamante y Rivero fue embajador del Perú en Bolivia durante 1927 y 1935 y luego la fundación de la Imprenta de la Confederación Obrera en 1928 nos indica que hubo un período de un año entre una deportación y la otra. La verdad que Portal quiere que se sepa es la que se asocia a su actividad política y la de su grupo. La verdad de su *toma de conciencia* en México, por ejemplo: «De Cuba me fui a México. México fue mi baño de conocimientos y de ideas sociales, porque no sabía nada de nada, o era poeta únicamente» (213). Posteriormente, en su relato, la voz narrativa vuelve a eventos anteriores, al momento de fundación del *APRA*, en 1924:

> Ahí recién formamos el *APRA*... éramos como ocho o diez. Estaban Cox, Vásquez Díaz, Serafín del Mar, Haya, yo... Fue en el año 1924, y fui la primera Secretaria General. Para ellos fui una adquisición, porque tenía algunos premios y era conocida como poetisa combativa. (214)

La autopercepción de Portal es digna de ser puntualizada. En el año 1924 se vislumbra como líder, sin la más mínima duda de su papel en el sector público, mientras que la mujer de su época no poseía aún el derecho del voto. El *yo* de la relación autobiográfica es uno de autoridad y conocimiento. Es el *yo* de su personalidad histórica más que de *la verdad* de su historia personal.[7] Aunque no siempre fue así, ya que en otros momentos lamenta no haber recibido una educación formal y académica. Las pautas de esta inseguridad se dan en el momento en que Haya de la Torre la incita a que estudie, después de que Portal había ganado los *Juegos Florales de San Marcos* en 1923:

> Pero Haya me dijo: «Ya no puedes seguir escribiendo poesía. Ahora tienes que estudiar economía política». Me puse a estudiar. Me acuerdo que estaba un día conversando con unos amigos delante de un río. Entonces tomé mi libro *Ánima absorta*, y lo rompí íntegro, viendo después cómo

> el río arrastraba los pedazos... En el fondo tuve un desgarramiento, pero había tomado la decisión: «Tengo que estudiar, Haya nos ha dicho que tenemos que estudiar». Todos los que estuvimos en el grupo inicial éramos muy jóvenes, y ninguno tenía título universitario. Sin embargo, Haya nos decía que a él no le interesaban los títulos. Él tampoco los tenía. (214)

Al acercarse al texto con detenimiento, el lector/a deduce del lenguaje dos niveles: el de la manipulación sicológica de Portal por Haya de la Torre y, a la vez, la autorreflexión de esta manipulación por la escritora a través del tiempo. La arrogancia del líder masculino ante la aparente superioridad intelectual de la mujer partidaria se perfila en su necesidad de tener control sobre ella: «Ya no puedes seguir escribiendo poesía. Ahora tienes que estudiar economía política» (214). Desmereciendo el logro de ésta y dirigiéndola a seguir un camino intelectual por el cual ella no había recibido atención ni disfrutado el éxito, Haya se impone y obtiene poder sobre ella. Magda Portal era la Secretaria General del partido y, según ella misma, la razón había sido sus premios literarios y la notoriedad que éstos le habían logrado. Sin embargo, Haya encuentra el punto débil, la falta de educación académica, y lo contrapone a su fortaleza, su escritura; el eje de control de la mujer, su cuerpo, y hace que ella se sienta disminuida. Invade su posición de mujer rebelde y casi la destruye, de ahí el incidente del río cuando destruye su poemario, que irónicamente se titula, *Ánima absorta*. «Lo rompí íntegro, viendo después cómo el río arrastraba los pedazos...» (214). Metafóricamente, contempla su cuerpo mutilado y lava el control que pudo haber tenido sobre sí misma para decirse: «Tengo que estudiar, Haya nos ha dicho que tenemos que estudiar... En el fondo tuve un desgarramiento...» (214). Portal tiene conciencia de su autodestrucción sicológica en ese momento y la resiente, recalca que Haya tampoco tenía títulos universitarios pero que decía que a él «no le interesaban los títulos» (214).

La relación con Mariátegui se relata en un tono mucho más positivo, hasta nostálgico, podría añadirse. Portal enuncia su amistad con el ideólogo peruano a partir de su correspondencia con éste. El eje de la relación sigue siendo la escritura. En este segmento acerca de Mariátegui, Portal destaca que él nunca quiso afiliarse al *APRA* y que, insistentemente, la urgía a que perteneciera a su partido —el socialista— que él estaba fundando. «Yo le contesté que el partido socialista resultaba, en la realidad del Perú, menos oportuno que el *APRA*, que era más peruano» (214). Ésta sería la última correspondencia con Mariátegui, ya que pocos meses después moriría muy prematuramente. Portal estaba en Colombia y Mariátegui sugirió una cumbre de la izquierda peruana para analizar la situación y el futuro de la lucha: «Debemos encontrarnos en algún sitio con todos los intelectuales de izquierda para conversar sobre esto, dígame Ud. dónde» (214). En este momento Portal andaba en una gira por toda Latinoamérica dictando conferencias en contra del imperialismo, con muy pocos recursos económicos: «no se crean que todo era una maravilla, se sufría mucho, a veces no había con qué pagar el hotel» (214). La respuesta de Portal al llamado de unión de la izquierda fue la siguiente: «Usted es el enfermo, diga la fecha, y nosotros estaremos donde usted diga». Nunca olvidaré su respuesta: «Yo sé que usted adónde se le diga, ahí estará. Creo que nos podemos reunir en Chile» (215).

Desde ya se vislumbra una relación más equitativa entre hombre y mujer, por lo menos en el recuento de Portal. Su actitud hacia Mariátegui refleja un vínculo que no parece haber existido con Haya de la Torre, lo que se perfila a partir de la desjerarquización en el trato del primero y la actitud de superioridad ante la hembra de parte del segundo. Aunque Portal no haga ninguna referencia directamente en contra de Haya de la Torre, la omisión de atributos a su figura y la inclusión de éstos para Mariátegui: «él era un hombre sincero, leal, talentoso...» (215) comprueba una real admiración por él. La reunión en Chile tuvo lugar en 1930.

> Nos embarcamos en un barquito miserable, pero llegamos... Por desgracia, el 30 de abril de ese año moría Mariátegui. Luego, cayó Leguía y todos regresamos al Perú. En esa época toda mi correspondencia cayó en manos de la policía... habría sido interesante conservar las cartas de Mariátegui... Recuerdo que Haya no fue a la reunión de Chile... ya estaba separado de Mariátegui... (215)

Las cartas —la escritura— es el eje que vincula la vida de Portal con la de Mariátegui. Mientras que la escritura en relación a Haya de la Torre deviene el signo de la opresión patriarcal, a pesar de la convivencia de ideologías entre los dos agentes políticos.

NOTAS

[1] Agradezco la amabilidad de la profesora Asunción Lavrín, quien generosamente puso a mi disposición material bibliográfico indispensable para la elaboración de este artículo biográfico.

² La cita fue sacada de un discurso por una mujer chilena, ex activista del *MIR,* durante el *Encuentro Femenino Latinoamericano y del Caribe* que tuvo lugar en México, en Octubre de 1987.

³ César Vallejo es probablemente el poeta más logrado de la realidad americana, narrador, dramaturgo y pensador peruano, nacido en Santiago de Chuco en 1892 y muerto en París en 1938. José Carlos Mariátegui, ideólogo marxista, autor de *Los siete ensayos de interpretación de la realidad peruana*, fundador de la *Confederación General de Trabajadores* y del *partido socialista* (1895-1930).

⁴ *Mundial II*: 21. Lima, 30 de septiembre de 1921.

⁵ En la autobiografía de Portal no está claro si la razón del encarcelamiento de su madre fue a raíz de sus propias actividades políticas o de las de Magda Portal.

⁶ Durante el régimen de Leguía (1919-1930) se presenta la lucha de sectores de la oligarquía tradicional peruana, con unos incipientes de la clase media que intentan el acceso al capital (y al poder) y sirven al nuevo orden imperialista. Dicha lucha se presenta como un proceso de desoligarquización, y por lo tanto, *progresista*, pero en realidad resulta en la mutilación de las posibilidades históricas de una burguesía nacional. Para una relación entre la literatura y la política de esa época, véase Bermúdez-Gallegos, «Tradición y ruptura en la poesía social del Perú: De la conquista a Antonio Cisneros», Tesis Doctoral, 1988, Universidad de Arizona pp. 203-204. El incidente que Portal menciona en su autobiografía fue un intento del presidente Leguía de congraciarse con la Iglesia. El rechazo provino del sector estudiantil y obrero. El ejército reprimió violentamente. Haya se presentó como el líder estudiantil y obrero, como resultado, hubo muertes y múltiples heridos.

⁷ Aquí me refiero a la teorización de *Le pacte autobiographique*. Paris: Seuil, 1975. Veamos: «Récit rétrospectif en

prose qu'une personne rélle fait de sa prope existence, lorsqu'elle met l'accent sur sa vie individuelle, en particulier sur l'histoire de sa personnalité» (14). [«Recuento restrospectivo en prosa que una persona real hace de su propia existencia, poniendo mayor énfasis a su vida individual, en particular, a la historia de su personalidad»] (14). Mi traducción.

BIBLIOGRAFÍA

BERMÚDEZ GALLEGOS, Marta. «Tradición y ruptura en la poesía social del Perú: De la Conquista a Antonio Cisneros». Tesis doctoral, Universidad de Arizona, 1988.

- «*Colónida* y *Amauta*: Revaloración de la revista y su papel en la modernidad». *Romance Languages Annual 3* (1991): 357-363.

LEJEUNNE, Philiph. *Le pacte autobiographique*. París: Seuil, 1975.

MARIÁTEGUI, José Carlos. «Magda Portal». *Siete ensayos de interpretación de la realidad peruana*. 35a edición. Lima: Amauta (1967): 322-327.

MESA, Ladislao. «Magda Portal laureada». *Mundial*. 1923.

- *Magda Portal: su vida y su obra*. Buenos Aires: Claridad, S.A., 1935.

PORTAL, Magda. *La trampa*. 2a edición. Lima: Editorial Poma, 1982.

- *Yo soy Magda Portal. Ser mujer en Perú*. Eds. Esther Andradi & Ana María Portugal, Lima: ediciones Mujer y Autonomía, 1978.

- «Una revista de cuatro nombres». *Hueso Húmero*. Lima 7 (1980): 102-103.

Una mujer con ojos de pájaro negro que grita.

Araceli Rico.

Vida y obra de Frida Kahlo:
retrato de desafío

Francisco Soto

L'art de Frida Kahlo de Rivera est un ruban autour d'une bombe. [El arte de Frida Kahlo de Rivera es una cinta atada a una bomba]

André Breton

Me pinto a mí misma porque soy la persona que conozco mejor.

Frida Kahlo

Hoy día Frida Kahlo (1907-1954) se ha convertido en una figura de culto internacional. Su imagen se reproduce en carteles, tarjetas postales y aun en camisetas. En 1990, uno de su autorretratos se vendió por millón y medio de dólares en *Sotheby's*, estableciendo un récord en el arte latinoamericano. La conocida cantante Madonna ha comprado dos de sus lienzos, y ha expresado su interés por hacer el papel de la artista mexicana en una película que está entre los futuros proyectos de Hollywood. Además, en los últimos años, docenas de libros se han publicado sobre Frida Kahlo a la vez que una serie de películas, obras teatrales y piezas de danza se han estrenado a propósito de la vida y obra de esta extraordinaria mujer y pintora.

Nos preguntamos, ¿cuál es la causa del exagerado encanto de Frida Kahlo y el interés en su vida y obra? Quizás sea la franqueza con la que los cuadros de Frida Kahlo nos hablan de su vida, de su angustia y dolor. Quizás el interés en Frida Kahlo —mujer que no se dejó encasillar por los patrones tradicionales y patriarcales de su época—, sea el resultado del movimiento feminista que ha apreciado la forma absolutamente directa como la mexicana habla de sus experiencias como mujer en su obra. Lo que sí es cierto es que en la última década Frida Kahlo ha surgido desafiante y de modo triunfal de la sombra de su esposo Diego Rivera, quien la eclipsó por tantos años.[1]

En la actualidad, Frida Kahlo la mujer y su extraordinaria obra fascinan, inspiran y provocan a millones de admiradores, entre ellos grupos marginados que tradicionalmente han sido enajenados y callados por una aplastante ideología patriarcal. Al respecto escribe Hayden Herrera:

> Las artistas feministas en particular han tomado a Frida Kahlo como modelo. Aunque vivió en una cultura conservadora, machista y en el apogeo del movimiento muralista, cuando una mujer que pintaba lienzos pequeños y sumamente personales no podía lograr mucho respeto, ella valorizó su talento idiosincrásico. Ella no se sintió desanimada por la enorme fama y abrumador vigor

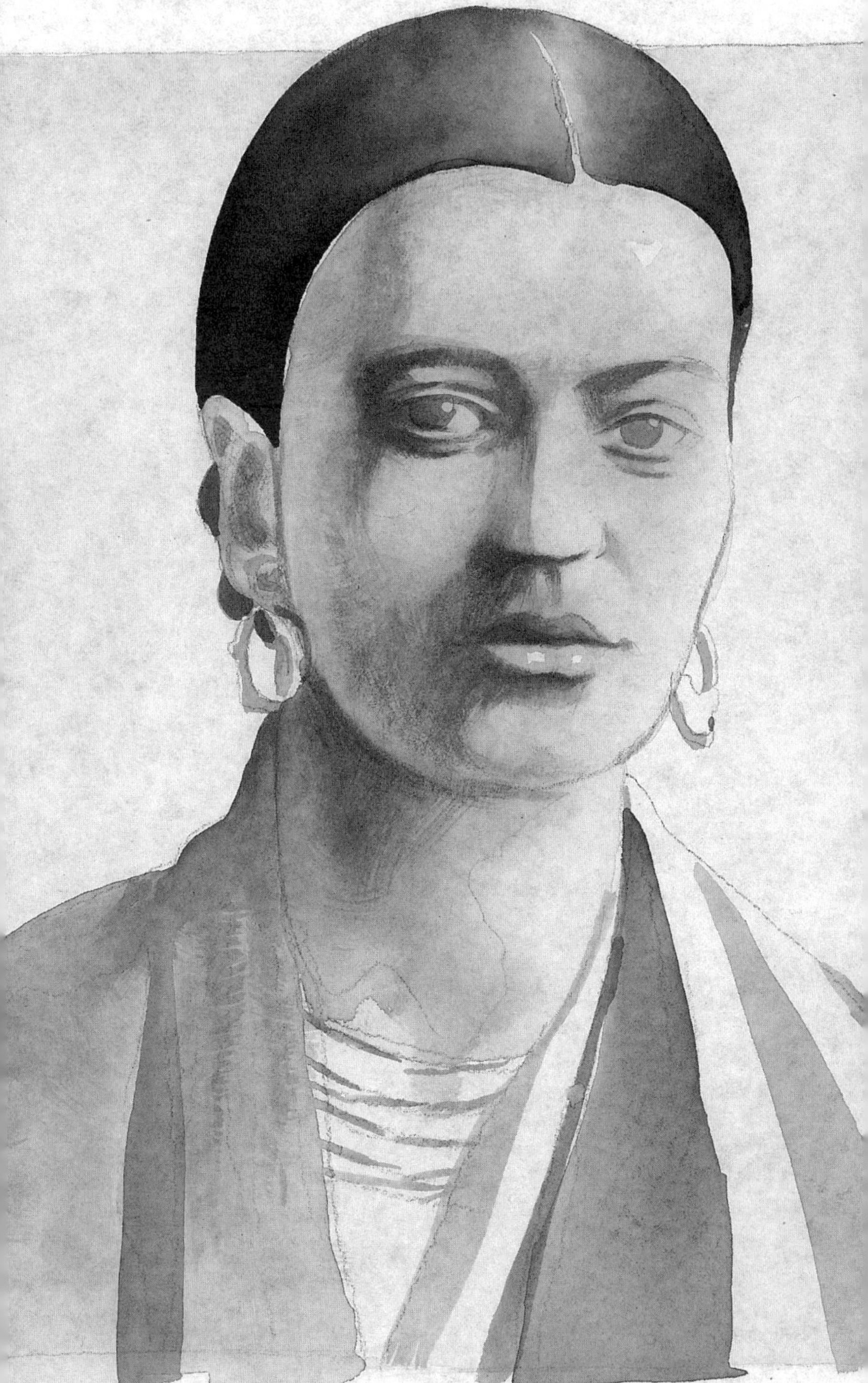

> artístico de su esposo. Frida ni compitió ni difirió
> de Rivera. A pesar de su necesidad de ser querida
> por él, ella fue muy independiente como artista,
> y sus cuadros no podrían ser más diferentes que
> los de él. ...Muchos artistas homosexuales también
> han encontrado en Kahlo una fuente de resis-
> tencia y fuerza. Para ellos, el enfoque poco con-
> vencional hacia el género sexual de Frida es
> liberador. Ella no escondió su bisexualidad, y no
> les hizo caso a las fuerzas represivas y conser-
> vadoras de la iglesia católica en México. (1990,
> 41, traducción mía)

Es imposible desligar la dolorosa y polémica vida de Frida Kahlo de su inquietante y poderosa creación artística. Considerada hoy día como la pintora más importante de la historia del arte latinoamericano moderno, Frida Kahlo comenzó su obra creativa en los tumultosos años posrevolucionarios, cuando se gestaba el movimiento muralista. Sin embargo, en vez de seguir los objetivos de la escuela muralista de pintura, Frida Kahlo creó su propio universo artístico, un espacio catártico, rebelde, íntimo y solitario, en el cual ella exploró varios aspectos de la sociedad hispana que se consideraban —y hasta cierta medida todavía se siguen considerando— temas tabúes para la mujer: entre otros, la sexualidad, la violencia y el erotismo.

De los doscientos y pico de cuadros que Frida Kahlo pintó durante su vida, fueron relativamente pocos los retratos que ella hizo de otras personas. Son sus famosos autorretratos, enigmáticos e inquietantes, los que fascinan más al público y en los cuales se basa su fama como pintora. En éstos, la pintora mexicana se desdobla para explorar su mundo íntimo, su propia pasión, su identidad de mujer. Éstos son cuadros sumamente personales y subjetivos que a la vez, paradójicamente, logran una proyección universal. Aunque en los autorretratos el rostro de Frida Kahlo permanece desprovisto de toda expresividad, como si la pintora estuviera en espera de la muerte, el espectador percibe (oye) el grito de rebeldía tras este rostro mudo. Los autorretratos le permitieron a la pintora entablar un diálogo consigo misma en diferentes coyunturas críticas de su vida.

    Frida Kahlo nació el 6 de julio de 1907 en una gran casona en Coyoacán, actualmente el Museo Frida Kahlo, en la que pasaría toda su vida. Hayden Herrera nos dice que Frida Kahlo siempre decía que había nacido en 1910. Esto lo decía no por razones de vanidad sino para demostrar su solidaridad como hija de la revolución mexicana. El padre de Frida, Wilhem Kahlo, de ascendencia húngara-judía y fotógrafo de profesión, fue comisionado por el gobierno mexicano para fotografiar el patrimonio arquitectónico del país desde 1904 a 1908. Su madre, Matilde Calderón, mexicana de sangre indígena y española, era una mujer guapísima y con una inteligencia natural. Según Frida Kahlo, su madre fue quien instigó a su esposo a seguir su vocación artística. Frida Kahlo pasó una niñez relativamente feliz en su Casa Azul de Coyoacán. Sus padres fueron cariñosos con ella y con sus hermanas. Esto es evidente en el cuadro «Mis abuelos, mis padres y yo» (1936), en el cual la artista se representa a sí misma como niña en el patio de su Casa Azul, con sus padres y abuelos. Esta obra es una celebración visual de su familia y de su herencia mexicana, algo que Frida Kahlo nunca abandonó. Sin embargo, a pesar de la felicidad de este hogar, a los seis años Frida Kahlo fue atacada por la parálisis. Este evento sería un presagio de mal agüero y señalaría el comienzo de un sufrimiento físico que la acompañaría a lo largo de toda su vida.

En 1922, Frida Kahlo empezó a estudiar en la prestigiosa Escuela Nacional Preparatoria en la ciudad de México. Dos acontecimientos ocurrirían durante esta época que cambiarían la vida de la joven para siempre: un horrible accidente que la dejaría inválida y del que sufriría físicamente por el resto de sus días, y su encuentro con el famoso muralista Diego Rivera con quien años más tarde se casaría. Se cuenta que una vez Frida Kahlo le dijo a una amiga: «He sufrido dos graves accidentes en mi vida, uno en el cual un tranvía me arrolló... El otro accidente fue Diego» (Zamora 37, traducción mía).

El 17 de septiembre de 1925, a la edad de dieciocho años, un autobús que debía conducir a Frida Kahlo a Coyoacán fue arrasado por un tranvía y la joven fue atravesada por una varilla de hierro que le provocó una terrible fractura en la columna vertebral. El accidente también le destrozó la pelvis, además de quebrarle una pierna. A partir de este accidente comenzó un calvario de sufrimiento físico. A lo largo de su vida Frida Kahlo sufriría múltiples operaciones quirúrgicas (veintitrés en total) y tratamientos médicos, abortos terapéuticos y embarazos fallidos a consecuencia de su debilidad física, y largos períodos de convalecencia e inmovilidad. Fue precisamente durante esas largas horas, días y meses de convalecencia cuando Frida Kahlo tomó los pinceles que su padre le había regalado y comenzó a pintar:

> [D]espués de mi accidente se mandó hacer un aparato especial que podía acoplarse a la cama donde yo estaba..., así comencé a pintar mi primer cuadro... [D]esde entonces mi obsesión fue recomenzar de nuevo pintando las cosas tal como yo las veía, con mi propio ojo y nada más... (del Conde 15)

Durante su estancia en la Preparatoria, Frida Kahlo iba a menudo a ver a Diego Rivera pintar sus murales. (Rivera, después de regresar de París en 1919, donde había estado estudiando pintura, fue comisionado para pintar una serie de murales que exaltaran las grandes figuras de la historia mexicana y la lucha del pueblo contra el imperialismo). Aun antes de que Frida Kahlo hubiera conocido al gran muralista le anunció una vez a una de sus condiscípulas: «Mi ambición es tener un hijo con Diego Rivera». Aunque su destino trágico le robaría la posibilidad de tener hijos, en 1929 Frida Kahlo y Diego Rivera se casaron. Es curioso que a pesar de su devoción obsesiva hacia Diego Rivera, a quien Frida Kahlo adoraba y cuya presencia figura en muchos de sus autorretratos como un *tercer ojo* que se abre sobre su frente, ella siempre mantuvo el apellido de su padre, o sea, siempre fue Frida Kahlo, nunca Frida Rivera.[2]

La vida de Frida Kahlo y Diego Rivera estuvo llena de placeres y tormentos. Aunque sí compartieron un interés mutuo en el arte y la política —ambos eran miembros apasionados del partido comunista— la infidelidad conyugal de Diego atormentó a Frida Kahlo. Durante su matrimonio Rivera traicionó a Frida Kahlo repetidas veces y llegó a tener relaciones con Cristina Kahlo, la hermana menor de Frida Kahlo. Esta traición provocaría la separación de la pareja en 1935, y a la larga contribuyó a su divorcio en 1939. Pero el divorcio no duró y en 1940 Frida Kahlo y Diego Rivera se casaron de nuevo. No obstante, esta vez los dos llegaron a un acuerdo de antemano, bajo el cual cada uno viviría independiente. Así Frida Kahlo, rehusando repetir el papel solitario de la mujer traicionada, empezó a tener encuentros y relaciones sexuales tanto con hombres como con mujeres.[3] A pesar de las barreras impuestas por su medio social, Frida Kahlo desafió el conservadurismo de su época y, para usar la frase de Adrienne Rich, la «compulsión heterosexual» que oprime a las mujeres y las priva del disfrute de su sexualidad y de su erotismo.

Como consecuencia de la Revolución de 1910, nació en México un espíritu de reivindicación que llevó a los artistas a abrazar las tradiciones y valores culturales autóctonos y deshacerse de las influencias europeas y norteamericanas. De este espíritu de carácter ideológico-social surgió la idea de hacer un arte monumental, público, realizado colectivamente y dirigido al pueblo mexicano. Este pensamiento artístico de crear un arte con contenido social y político culminaría con la aparición del movimiento muralista que cambiaría la historia del arte mexicano moderno.[4]

Ensombrecida durante su vida por la importancia dada a los titánicos murales de Diego Rivera (1886-1957), José Clemente Orozco (1883-1949) y David Alfaro Siqueiros (1896-1974), la pintura de Frida Kahlo respondió a una búsqueda personal. En sus autorretratos la pintora exploró su propio sufrimiento, tanto físico como espiritual. Su trabajo creativo fue el resultado del ambiente político y cultural que le tocó vivir y del horrible accidente que tuvo a los dieciocho años, que la dejó inválida y padeciendo de enfermedades hasta su muerte, en 1954. Mientras la obra muralista de su esposo Diego Rivera se ligó directamente al movimiento nacionalista revolucionario, el arte de Frida Kahlo, aunque enraizado en las costumbres del pueblo mexicano que tanto amaba, hablaba de su vida de mujer-artista en un medio que le era contrario física y socialmente. Propone Araceli Rico en su libro *Frida Kahlo: fantasía de un cuerpo*:

> ...paralelamente a las grandes causas sociales y a los mensajes políticos que los muralistas exaltaban elocuentemente sobre los muros de los edificios públicos, [Frida] habla de un mundo personal, reproduciendo cuadro tras cuadro la imagen de su cuerpo herido sobre telas de unos cuantos centímetros. Diego Rivera, convencido de que el momento histórico requería de un arte monumental, despliega en sus murales una extraordinaria fuerza centrífuga a través de múltiples figuras y volúmenes, considerando al arte como el resultado de un esfuerzo colectivo. Frida, por el contrario, recurre al espejo para desdoblarse sobre la tela, implicando con esto una actitud concéntrica en relación al mundo; en consecuencia, la fuerza desplegada en su pintura será una fuerza centrípeta resumida en la imagen del cuerpo. Mientras que la temática de los muralistas tendía a hacerse retórica y estereotipada, la suya era personal y concreta. (63)

Frida Kahlo nunca recibió una educación artística formal. Su estilo es el de una artista autodidacta. Esto es evidente en su primitivismo, en el frecuente uso de colores agitados, la falta de preocupación en cuanto a las relaciones verosímiles de espacio y perspectiva y en los contrastes abruptos entre figuras simplificadas y detalladas. No obstante, decir que Frida Kahlo fue una artista inexperta sería una declaración errónea. A pesar de su delicada salud Frida Kahlo viajó y conoció a muchos artistas de vanguardia de Europa y de los Estados Unidos, quienes celebraron su obra pictórica. Durante su visita a México en 1938, André Breton, padre del surrealismo, impresionado por la vitalidad de su arte, describió su obra como «un listón alrededor de una bomba». Aunque muchos críticos han querido clasificar la obra de Frida Kahlo como obra surrealista, en realidad los motivos y el carácter de sus obras son bien distintos de la pintura surrealista. La obra de Frida Kahlo está impresa de una fuerza e intensidad sensible y personal, ausente en la rebuscada, rígida e intangible realidad surrealista a la manera de Salvador Dalí o de René Magritte.

La inspiración o fuente de las fascinantes imágenes y figuraciones en la obra de Frida Kahlo va más alla de lo personal. Su obra se nutre de la imaginería del folclor y de la vida popular del pueblo mexicano. Frida Kahlo no abandonó su herencia mexicana sino que la abrazó y la utilizó para darle voz a su visión singular. La tradición popular mexicana de exvotos —pequeñas pinturas primitivas que se encuentran en las iglesias mexicanas, realizadas por personas que desean darle gracias a la Virgen o a algún santo por su intervención milagrosa en un accidente o enfermedad— está fuertemente relacionada con la obra de Frida Kahlo. Esta relación se evoca en el uso de símbolos de órganos corporales e inscripciones que relatan sucesos de tragedia. El cuerpo, después de grandes pruebas de dolor físico, es decir, accidentes, enfermedades, etcétera, es el personaje central de los exvotos y de los autorretratos de Frida Kahlo.

En sus autorretratos Frida Kahlo se representa a sí misma directamente frente al mundo exterior, con extraordinaria franqueza. Su lenguaje artístico es la imagen de su propio cuerpo de mujer que siempre ocupa el centro de sus lienzos. Frida Kahlo recurre a la imagen de su propio cuerpo, enfermo y herido, pero a la vez sensual y erótico, para transmitirle al espectador sus deseos y obsesiones. Así, la artista refleja su íntimo estado de alma, auténtico y descarnado, el cual trasciende lo personal y se hace universal. La pintura de Frida Kahlo articula la historia de un cuerpo femenino que representa estados de sufrimiento físico junto a un vital sensualismo. A pesar del dolor y la violencia, en los autorretratos Frida Kahlo es fiel a la belleza de sus facciones, ojos expresivos bajo espesas cejas, labios carnosos que sugieren una intensidad erótica. Tanto en su obra como en su vida, Frida Kahlo no tuvo miedo de expresar abiertamente su sexualidad.

En 1932 Frida Kahlo tuvo la oportunidad de viajar a los Estados Unidos. Diego Rivera, conocido en los Estados Unidos como una de las figuras principales del movimiento muralista mexicano, fue comisionado para decorar las paredes de un patio interior del Instituto de Arte de Detroit. El resultado de su labor fue el mural *La Industria de Detroit*, una celebración épica de los logros del trabajo humano y del progreso técnico, especialmente de la industria automotriz estadounidense.[5] Fue en Detroit donde Frida Kahlo, embarazada y con la esperanza de por fin poder tener un hijo, sufrió un aborto catastrófico en el hospital Henry Ford. En «El Hospital Henry Ford» (1932) la pintora se representa en una cama de hospital manchada por la sangre de su aborto. Alrededor de la cama, flotando en el aire pero conectados a su cuerpo por una vena roja, están un feto, un caracol, una pelvis y los aparatos donde se preparaban el corsé de yeso que Frida Kahlo llevaría durante largos años. En su biografía Hayden Herrera cita la reacción de Diego Rivera al ver éste y otros cuadros que Frida Kahlo pintó en Detroit:

> Frida empezó a trabajar en una serie de obras maestras que no tienen precedente en la historia

del arte, cuadros que exaltan las cualidades femeninas de la verdad, la realidad, la crueldad y el sufrimiento. Ninguna mujer jamás plasmó en un lienzo la misma poesía agónica que Frida creó durante ese período en Detroit. (*Frida: una biografía de Frida Kahlo* 127)

De Detroit, Frida Kahlo y Diego Rivera fueron a Nueva York, donde Diego pintó un mural en el Centro Rockefeller. Sin embargo, éste fue destruido por orden de los Rockefeller cuando el muralista mexicano se negó a eliminar una imagen de Lenin de su diseño. (Más adelante Rivera se vengaría al reconstruir el mural en México, añadiéndole un retrato satírico del propio John D. Rockefeller).

Aunque Frida Kahlo sí tuvo varias exhibiciones fuera de México, no fue sino hasta abril de 1953, en la Galería de Arte Contemporáneo Lola Álvarez Bravo, cuando la pintora tuvo la primera exhibición en su país.[6] Frida Kahlo, ya grave y con poca energía, llegó a la galería en una ambulancia. Vestida con uno de sus trajes favoritos de tehuana fue colocada en su propia cama. Esa noche Frida Kahlo le dijo a un periodista del *Time*: «Estoy destrozada. Pero soy feliz de vivir mientras tengo la capacidad de pintar» (Herrera 1985, 338). Sin embargo, esa felicidad no duraría. Ese mismo año le amputaron la pierna derecha a causa de la gangrena, y al año siguiente Frida Kahlo murió.

Tanto Frida Kahlo la mujer, como Frida Kahlo la artista, encarnan un espíritu rebelde que clama por la libertad de expresión de la mujer. Como bien señala Araceli Rico, Frida Kahlo fue:

> una mujer con ojos de pájaro negro que grita y llora por no querer renunciar a la vida, por tratar

de configurarse como un ser completo que es capaz de explorar su pasión, su amor, su cuerpo y su erotismo; una mujer, en fin, que no aceptó el anonimato y la pobreza que le brindaban la seguridad de un «hogar tranquilo», tomando la pintura como hazaña de su propia libertad. (21)

Frida Kahlo se valió de la pintura para exponer su trágica situación personal, y rebelarse contra los prejuicios y las convenciones sociales de un mundo patriarcal que mantuvo a la mujer fuera del quehacer artístico. La valentía y sinceridad de sus intensos reclamos visuales expuestos en su arte le han ganado, a ella y a su obra, un lugar muy especial dentro del arte latinoamericano.

NOTAS

[1] El interés por la obra y vida de Frida Kahlo empezó en 1982, con una exhibición de sus pinturas con la obra fotográfica de Tina Modotti organizada por la Whitechapel Art Gallery, en Londres. Al año siguiente la excelente biografía de Hayden Herrera, *Frida: A Biography of Frida Kahlo*, se publicó. (La primera edición de la traducción, *Frida: una biografía de Frida Kahlo*, apareció en México en abril de 1985). Esto contribuyó a fomentar la obra de la pintora mexicana. Los datos biográficos de este trabajo provienen del libro de Herrera.

[2] Araceli Rico señala, en su estudio *Frida Kahlo: fantasía de un cuerpo,* que fue André Breton el único que llamó a la pintora Frida Kahlo de Rivera, pág. 64.

[3] En 1937 Frida y Diego alojaron a León Trotsky en su casa de Coyoacán. Poco después, fascinada con el poder del político ruso, Frida tuvo un amorío con Trotsky. Fue ella quien sedujo a Trotsky y fue ella, también, la que meses después rompió

con él. Como un Don Juan femenino, Frida se pasó su vida seduciendo tanto a hombres como a mujeres, con su extraordinaria belleza y sensibilidad.

[4] Aunque Diego Rivera no es el primer artista mexicano moderno que se identifica con los frescos (técnica que consiste en pintar sobre el yeso húmedo y en terminar la obra rápidamente antes de que se seque), él desempeñó un papel clave en popularizar la técnica. Para Diego Rivera y los otros artistas de la revolución mexicana, el mural era un arte inherentemente público. La decisión de Diego Rivera de romper con la pintura académica y de vanguardia —de moda en esa época— fue una decisión política. El muralista mexicano quería crear un estilo de mural que expresara la realidad política y social de su época y fuera accesible a un público amplio, de masas.

[5] *La Industria de Detroit* es el mejor ejemplo de la obra muralista mexicana en los Estados Unidos y, según el propio Diego Rivera, la obra más lograda de su carrera artística.

[6] En 1938 Frida tuvo una exposición en la galería de arte Julien Levy de Nueva York. Al año siguiente la pintora mexicana tuvo otra exposición en París, en la galería Renou et Colle. En París, Frida tuvo la oportunidad de llegar a conocer a Marcel Duchamp, Pablo Picasso y Max Ernst, tres grandes admiradores de su obra.

Bibliografía

CONDE, Teresa del. *Vida de Frida Kahlo*. México: Secretaría de la Presidencia, Departamento Editorial, 1976.

HERRERA, Hayden. *Frida: A Biography of Frida Kahlo*. Nueva York: Harper & Row, 1983.

• *Frida: una biografía de Frida Kahlo*. Trad. Angelika Scherp. México: Editorial Diana, 1985.

- «Why Frida Kahlo Speaks to the 90's». *The New York Times*. 12 de oct. (1990) :1 y 1.

RICO, Araceli. *Frida Kahlo: fantasía de un cuerpo*. México: Plaza y Janés, 1987.

ZAMORA, Martha. *Frida Kahlo: The Brush of Anguish*. London: Art Data, 1990.

Yo tengo mi convicción de que el arte, como manifestación de la cultura, nada tiene que ver con los códigos de moral.
                              Débora Arango.

Paganismo, Denuncia y sátira en Débora Arango

Santiago Londoño Velez

De la formación a la expresión pagana (1933-1940)

Hasta el cuarto decenio del siglo, la pintura colombiana representó desnudos femeninos con poca frecuencia. Cuando lo hizo, fue para ilustrar propósitos moralizantes, como lo muestran dos ejemplares significativos: *La mujer del levita*, pintado por Epifanio Garay (1849-1903), y *La última copa*, de Francisco Antonio Caro (1865-1935). Hasta entonces los desnudos femeninos carecían de facciones precisas e incluso, ocultaban el rostro; los cuerpos se presentaban generalmente en escorzo y la ausencia del vello púbico les confería un pretendido tono de inocencia y pudor cuyo contrapunto era la cuidadosa y sensual modelación ejercida por la luz sobre la piel.

En los frescos de Pedro Nel Gómez apareció por primera vez en Colombia el desnudo femenino en un edificio público. La desnudez como género artístico ya no se reservó exclusivamente a los coleccionistas privados, y la intención moralizante de sus predecesores pasó a segundo plano. Es ahora reflejo de la realidad: hombres desnudos batallando en la lucha por la tierra y sus riquezas. Según el propio artista, "el barequero trabaja desnudo en la selva, hombres y mujeres trabajan desnudos. A lo más que se pueden poner taparrabos, pero son hombres y mujeres juntos" [1]. A partir de entonces, y hasta los años cincuenta por lo menos, el desnudo será un género cultivado con mayor frecuencia, pero arduamente perseguido por sus opositores, que vieron en él signos de corrupción y amenaza contra las costumbres ciudadanas.

Débora Arango Pérez (Medellín, 1907) dio a conocer sus desnudos por primera vez en 1939, en el Club Unión, el más exclusivo de Medellín.[2] Exhibió sus grandes acuarelas, entre otras *Cantarina de la rosa* y *La amiga*, pintadas en pliegos de papel unidos. A diferencia de los desnudos hasta entonces pintados en Colombia, aquellas acuarelas son muy vivas, las poses están llenas de desparpajo, la modelo en muchos casos mira abiertamente al espectador y conserva su vello púbico.

Débora Arango pintó sus primeros cuadros cuando fue alumna de Eladio Vélez en la escuela de Bellas Artes de Medellín, entre 1933 y 1935. Al cabo de estos años comenzó a definir sus propios intereses: "Con el maestro Eladio Vélez aprendí de preferencia la técnica del retrato. Cultivé ese estilo con entusiasmo. Pero yo sentía algo que no acertaba a explicar. Quería no sólo adquirir la habilidad necesaria para reproducir un modelo o un tema cualquiera, sino que anhelaba también crear, combinar: soñaba con realizar una obra que no estuviese limitada a la inerte exactitud fotográfica de la escuela clásica. No sabía a punto fijo lo que deseaba, pero tenía la intuición de que mi temperamento me impulsaba a

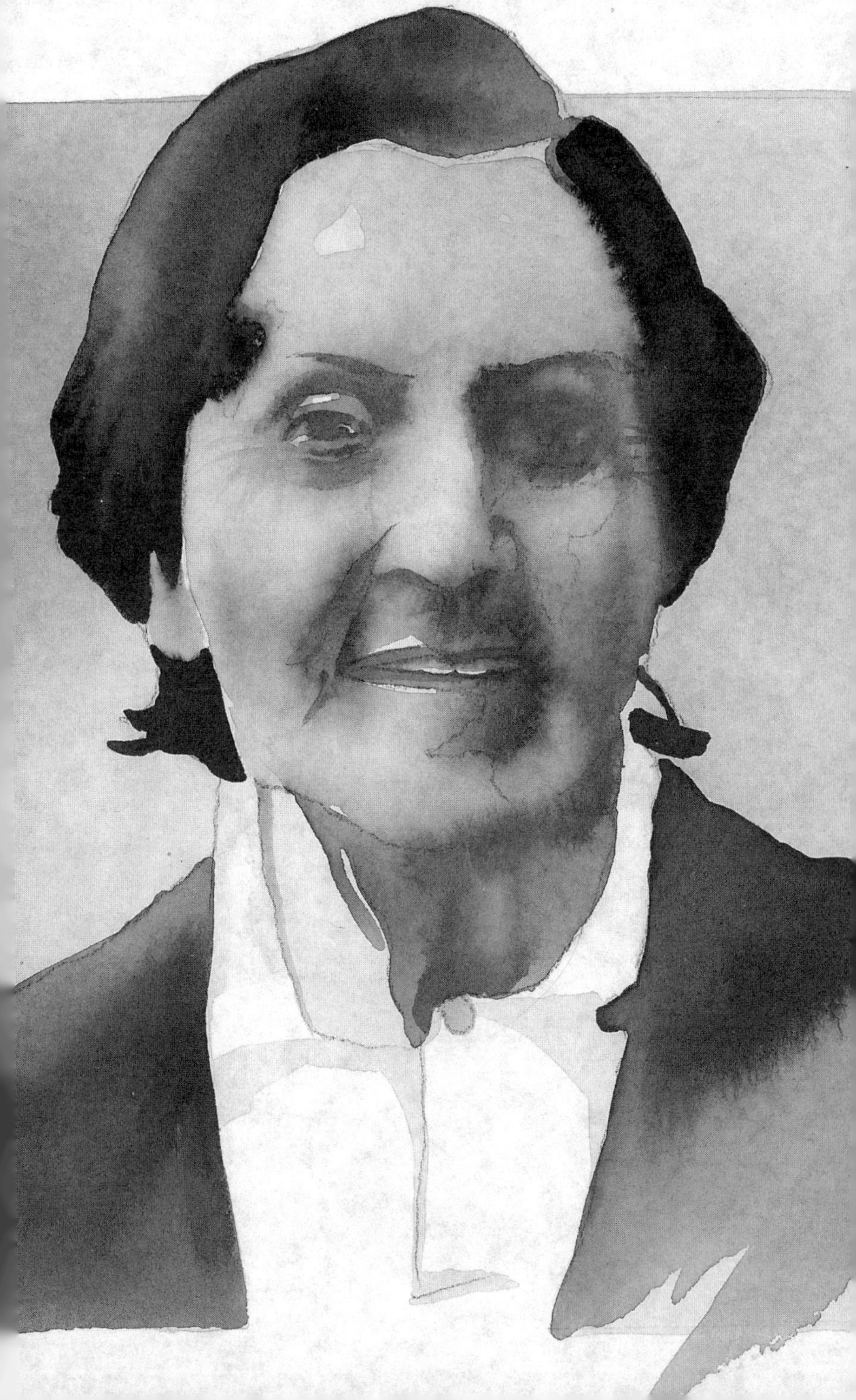

buscar movimiento. A romper los rígidos moldes de la quietud (...). Un buen día hallé lo que buscaba. Los frescos de Pedro Nel Gómez me revelaron algo que hasta entonces desconocía. Algo que no había tenido ocasión de aprender (...) los artistas que comulgamos con la escuela de Pedro Nel Gómez, vamos alejándonos de los viejos moldes y nos inclinamos cada vez más hacia la concepción modernista revolucionaria, del arte destinado a interpretar el anhelo de las masas" (*El Diario*, noviembre de 1939).

Hacia finales de los años treinta, la pintura antioqueña se encontró agrupada en dos tendencias opuestas, cuyos enfrentamientos irónicos y agresivos pueden seguirse en la prensa de la época. La pintura de Pedro Nel Gómez se calificó de "revolucionaria" y "antiburguesa" y los seguidores fueron llamados "pedronelistas", mientras que los cuadros de Eladio Vélez fueron tachados de "reaccionarios", "capitalistas" y "filisteos" por sus enemigos. Sus simpatizantes fueron llamados "eladistas".[3] Formada entre los valores estéticos de las dos corrientes pictóricas en contradicción, Débora Arango comenzó a pintar independientemente en 1938. Desde este año hasta 1940 se puede hablar de un período de expresión pagana; los desnudos de que hablábamos despertaron en la época una polémica sin precedentes en Medellín, que tomó un cariz político. El periódico liberal *El Diario* los defendió con vehemencia en sus columnas y atacó la posición del conservador *La Defensa*, para el cual se trataba de "brochazos lúbricos", "pinturas al *deshabillé*", "falta de higiene moral", de obras impúdicas "que ni siquiera un hombre debiera exhibir". El mismo periódico desafió a la artista a dejarse publicar "al pie del mismo cuadro con que ha querido conquistar lauros que considera muy marchitos" (*La Defensa*, noviembre de 1939).

El Diario arguyó a favor de Débora Arango por pertenecer a "una familia de tradición católica y cristiana (...), conocida por su piedad sin estrépitos y por la noble pureza de su vida". Así mismo, puso de ejemplo los desnudos artísticos clásicos localizados en algunos lugares sagrados para mostrar que eran compatibles, e invitó a ver la exposición por ser "una excelente oportunidad para aprender a distinguir entre arte y falta de moralidad, entre ética y estética" (*El Diario*, nov. de 1939).

Débora Arango recibió el único premio de la exposición. Los "eladistas" rechazaron el fallo y, en carta de protesta dirigida al jurado, dijeron: "vuestro concepto artístico es lastimoso, y vuestro fallo de unos razonamientos mezquinos y parciales (...). Ahora no sabemos cómo os vais a defender de la lluvia de desnudos y acuarelas que mañana reclamarán premio" (*El Diario*, 28 de nov. de 1939). Por su parte, Ignacio Gómez Jaramillo (1910-1971) criticó acerbamente a la mayoría de los expositores por no ser "pintores profesionales", como sí lo eran en su opinión Eladio Vélez, Carlos Correa, Pedro Nel Gómez y él mismo.

Al año siguiente Débora Arango realizó una exposición en el teatro Colón, invitada por el ministro de educación Jorge Eliécer Gaitán. La vanguardia literaria del momento, representada por el poeta piedracielista Eduardo Carranza y por César Uribe Piedrahíta, presentaron la muestra. Uribe Piedrahíta escribió:" quién iba a suponer que de un rincón de la montaña austera, de un ambiente timorato e hipócrita viniera una niña artista, pintora de grandes desnudos e iluminada, con clara luz de la naturaleza inocente (...).Esta exposición de pintura ha de servir para rasgar el velo de falso pudor y de hipócritas prejuicios tras el cual se esconden maliciosamente los moralistas corrompidos" (*El Heraldo de Antioquia*, 10 de octubre de 1940). El diario *El Siglo,* bastión conservador, opinó, por su parte, que las acuarelas eran un atentado contra la cultura y la tradición artística, un desafío al buen gusto y un irrespeto por el aristocrático lugar donde fueron exhibidas (*El Siglo*, 10 de octubre de 1940).

En su defensa la artista había declarado desde 1939: "yo tengo mi convicción de que arte, como manifestación de cultura, nada tiene que ver con los códigos de moral. El arte no es amoral ni inmoral. Sencillamente su órbita no intercepta ningún postulado ético" (*El Diario*, 5 de noviembre de 1934). Los desnudos de Débora Arango desataron una controversia que puso de presente varios hechos. En primer lugar, que una nueva mentalidad estaba surgiendo como expresión de nuevas realidades sociales, en contradicción con concepciones tradicionales. Los defensores de éstas libraron una batalla drástica para oponerse a lo que pudiera constituir menoscabo al poder que derivaban de ellas. La pugna encontró una formulación en postulados estéticos enfrentando lo que denominamos, siguiendo al columnista conservador José Mejía y Mejía, la estética de la reproducción con la estética de la interpretación.

Débora Arango asumió tal discusión al adscribirse públicamente a la escuela expresionista. Tal movimiento, que surgió a principio del siglo en Europa, se ocupó más en los sentimientos y talantes que en la forma y el estilo, identificando arte y vida de manera indisoluble. "El expresionismo transcurrió paralelamente a la época de la contradicción, entre fuerzas que poderosamente insisten en la conservación de lo existente y las que aspiran a profundas modificaciones".[4]

Para Débora Arango el arte se identifica con la vida, y éste no sólo no puede contradecir las realidades interiores sino que además las expresa: "Mi especialidad es la figura, naturalmente, y más que la figura la *expresión*. En el colorido prefiero los colores fuertes. –¿Y en la expresión? (pregunta el periodista): *La expresión pagana*, porque surge espontáneamente de mi temperamento. En alguna ocasión traté de dibujar el rostro casto de una mujer para hacer *La mística*, y contra todas las fuerzas de mi voluntad resultó el rostro de una pecadora [...] [debe ser] que veo en todos los rostros humanos pasión y paganismo" (*El Heraldo de Antioquia*, 4 de octubre de 1940). "Hago paisajes y desnudos porque en el paisaje y el desnudo está la naturaleza palpitante y escueta, y créame que encuentro mayor arte en estos cuadros sinceros que en los amanerados y desfigurados por los prejuicios de las gentes" (*La Razón*, 10 de octubre de 1940).

Laureano Gómez publicó en 1937 un artículo donde se refirió al expresionismo "como síntoma de pereza e inhabilidad en el arte".[5] Para Gómez, el arte "es la actividad competente sometida a reglas descubiertas por la razón morigeradas por el gusto e iluminadas por el sentimiento". En el expresionismo se refugiaban quienes no sabían dibujar y habían olvidado el caudaloso y sabio legado de la antigüedad occidental, dejando de producir como era debido una impresión "noble y delicada" en el espectador: "¿Cómo pretende lograr ese resultado cuando se carece de habilidad para reproducir con exactitud miradas, manos, sonrisas, contracción de los músculos, matices de las actitudes? Estas apreciaciones del caudillo conservador muestran el enfrentamiento que por entonces se produjo entre el ideal del arte como reproducción, y el arte como interpretación y expresión de nuestras realidades.

En segundo lugar, las discusiones sobre los desnudos también permitieron que emergiera con claridad la concepción dominante en la sociedad sobre la mujer y lo femenino. Aun para los defensores de la obra de Débora Arango, es por medio del cuerpo humano como el artista crea belleza y comunica emociones: pero el cuerpo humano es el cuerpo de la mujer "fuente inagotable de inspiración a través de las edades". También para sus seguidores "la obra de Débora Arango es desconcertante *por tratarse de una mujer*"(*El Heraldo de Antioquia*, 4 de octubre de 1940). Luis Vidales, entonces poeta vanguardista, escribió: "Débora Arango, de masculina potencialidad en el modelado y audacia en el trazo".[6] El periódico bogotano *El Liberal* la entrevista para "conocer esa mujer varonilizada que algunos diarios de Medellín habían pintado", y para su sorpresa encontraron "una mujer encantadora, sencilla, íntegramente femenina (...) una mujer como casi todas las mujeres colombianas, pero que sí se diferencia de ellas en que tiene una virtud admirable: el valor" (*El Liberal* 3 de octubre de 1940). La audacia, la faena, la representación de ciertas escenas sórdidas que exigían haber sido "vividas" previamente, la conciencia del cuerpo femenino, requerían para su expresión de una independencia que la sociedad de entonces no estaba en condiciones de dispensar. La obra de Débora Arango entró, pues, en contradicción con los valores y con la mentalidad de la época.

La denuncia social: 1942-1944

El ambiente en que Débora Arango pintó sus obras de denuncia social era uno de promesas incumplidas, esperanzas truncadas y cambios sociales postergados por parte de los políticos liberales, quienes sólo habían capitalizado el sentimiento popular para derrotar la república conservadora. Antioquia se había convertido en el departamento colombiano más industrializado, con su masa de proletarios y marginados urbanos y su elite de prósperos empresarios, para quienes la pobreza es el símbolo del fracaso. Los cuadros de este período partieron de una temática que la artista había explorado durante la etapa anterior, con trabajos como *En Puerto Berrío, El placer, Amanecer, Trata de blancas, En el barrio* y otros más. En estas obras apareció, quizá por primera vez en el arte colombiano, la sordidez de la prostitución, los bares y su clientela dudosa, pintada con colores fuertes y con ciertas deformaciones del rostro y la figura.

Unas acuarelas de motivos religiosos, fechadas en 1942, iniciaron abiertamente esta etapa: *La primera comunión, La monja intelectual, La oración de la tarde,* son muestras de una mirada irónica y maliciosa sobre personajes femeninos religiosos. Mirada que retrata claramente en una acuarela de 1942, titulada *La colegiala.* La colegiala no es aquí la niña ingenua e inconsciente de sí misma: "es naturaleza escueta y palpitante" como escribió un comentarista de la época: "En los ojos de esa niña con brotes de adulta" se encuentra una pasión. Una historia. Una aventura entre tilos discretos y soles amables que ha hecho de su corazón un depósito de recuerdos y emociones" (*El correo*, octubre 1944).

El año de 1944 fue quizá el más prolífero de la autora. Pintó numerosos óleos dentro de los cuales sobresalen *La lucha del destino, Adolescencia, Los que entran y los que salen, Retrato de Matilde, Desnudo, El regreso y Maternidad,* entre otros. Eran cuadros de sólida composición y color muy expresivo, donde la expresión pagana apareció ligada a una reflexión y critica social, más allá de la sensualidad de sus desnudos anteriores. Para darse cuenta del clima y del poder revulsivo de estas obras, bastaría comparar su *Maternidad* con las varias obras del mismo género pintadas por Pedro Nel Gómez. En otros cuadros la artista abordó la pobreza, exenta ya del tono pagano: *La pordiosera, La cuna, Paternidad, Maternidad negra, Amargada y Patrimonio.*

En el mismo año fracasó la apertura del IV Salón Nacional de Arte de Medellín. Ante tal hecho, surgió la "Exposición de artistas independientes"[7] cuyos participantes redactaron el "Manifiesto de los artistas independientes", firmado entre otros por Débora Arango.[8]" "Americanismo" e "independencia artística" fueron los conceptos privilegiados en los trece puntos del documento. Como su antecedente directo debe citarse la "llamada a los artistas de América", realizada en 1921 en México por Siqueiros y Rivera. El manifiesto de los "artistas independientes" puede entenderse como una forma de reafirmar su adscripción al ideal americanista, que en los años cuarenta irrigaba al nuevo arte latinoamericano y colombiano, ideal que artistas como Pedro Nel Gómez y Luis Albero Acuña (1904) habían preconizado unos dos decenios antes. Los pintores que surgieron en los años cuarenta en Colombia asumieron un lenguaje derivado de la Escuela de París, y abandonaron la tutela del muralismo mexicano: "en la mayoría de ellos palpitaba lo telúrico, la plasmación de un ámbito que nos pertenece" (Álvaro Medina, 365).

Sobre la obra que Débora Arango presentó a la exposición de los "independientes", el periódico *La Defensa* opinó: "El visitante del salón encuentra a Débora Arango más reposada, sin desnudos de los que han hecho su fama y siempre con tonos vivos y altisonantes, con brusquedad del color y un desbordamiento de tonos como sangre derramada; esta obra de la artista antioqueña que conocíamos parcialmente, destaca siempre las escenas amorosas mas ya en forma un poco disimulada o intencionalmente disimulada, con lo cual su obra ha ganado y han perdido sus admiradores nudistas" (*La Defensa*, 14 de enero de 1944). Tonos vivos y altisonantes, desbordamiento, ¿era esto reposo? El reposo es ausencia de desnudos; lo que reposa con alivio es la vigilante conciencia inculpadora de sus críticos.

A la mirada antioqueña de los años cuarenta le resultó menos ofensivo un espejo que le mostró con deformidad imprecatoria sus más exactas miserias y vicios, que la exposición del deseo de la mujer y la libertad de culto a que incitaba esa declaratoria de guerra, según la cual, el arte nada tenía que ver con la moral. La obra de estos años proporcionó no sólo una prueba de las condiciones sociales de un grupo humano. Fue también una denuncia cernida por el tamiz de la óptica subjetiva y acusadora de la artista, donde a veces también cupo el humor: la *Monja Intelectual* posee una cómica inacción; el monje sentado en su bacinilla muestra que el espíritu también es vulgar. Se quería ver en estas obras de denuncia social la influencia del "pedronelismo". Pero tal influencia no es cierta. Los frescos de Gómez, aunque aparecen como "denuncias", aunque muestran la tragedia minera y la mesa del niño hambriento, hacen una valorización del sufrimiento, la enfermedad y la muerte a la manera del santo Job. Son los males con que hay que cargar en aras del logro epopéyico de la riqueza y grandeza imperecedera de un pueblo. De una "raza". Los murales de Pedro Nel recibieron el rechazo sobre todo por su lenguaje formal: eran mamarrachos, pinturas de alguien inhábil. No se desdijo de su contenido.

Para nosotros estos frescos poco denuncian; más bien ilustran una historia, de la misma manera como los mosaicos medievales eran medios para catequizar a los analfabetos. Los frescos de Gómez se proponen evangelizar a los olvidadizos ciudadanos y burócratas sobre el memorable y abnegado surgimiento de la "raza antioqueña", que cree haber nacido altanera en una pelada sierra bajo el azul del cielo. Son un canto al antioqueño, embebido en glorificar su ancestro. El artista elabora en sus murales el mito del origen buscando encontrarle a las virtudes tesoneras de su pueblo un puesto digno y perdurable en la historia, demostrando que ese pueblo no era bárbaro, pues, "una sociedad que es capaz de producir el fresco no es una horda propiamente".[9] Así mismo, dándole una voz a las "potencias originales", a "nuestro ser histórico", voz individual que aspiraba a la monumentalidad y a la perdurabilidad de las paredes marmóreas: "Si hice pintura al fresco, ¡cosa insólita!, fue porque mi fronda humana y cultural abrigaba aspiraciones de monumentalidad" (Carlos Jiménez, 19).

Más inconveniente, más áspera, resultó la obra de su discípula. Si Pedro Nel Gómez está imbuido del mito del origen, Débora Arango está cerca del mito de la redención. Su denuncia, su sarcasmo y su sátira confían y aguardan en que las cosas, las relaciones entre los seres, deben y pueden ser mejores. La imagen que la artista entrega es ya una forma de redimir a sus personajes al hacerlos representables, "bellos" y "perdurables".

LA SÁTIRA POLÍTICA: 1948-1960

En 1946 el conservatismo regresó al poder, luego de dieciséis años de ausencia. Dos años más tarde, el asesinato de Gaitán desató la crisis política más importante del siglo y abrió un nuevo ciclo de violencia en el país. Mientras ésta crecía, se impuso, como arte de vanguardia en Colombia, el abstraccionismo. Desapareció del espacio pictórico de avanzada la representación de objetos y figuras reconocidas. Ni reproducción ni interpretación de la realidad: sólo su eliminación. La "irrealidad real" dio paso a una realidad puramente formal, tal como quería Kandinsky: "el cuadro carecía de todo tema, no descubría objeto alguno identificable y estaba totalmente compuesto de brillantes manchas de color". Es así como la década de los años cincuenta vio las pinturas abstractas de Marco Ospina, los "aparatos mágicos" de Édgar Negret y las construcciones de Eduardo Ramírez Villamizar, entre muchas otras.[10]

Débora Arango viajó en 1946 a Estados Unidos por una corta temporada, y luego fue a estudiar pintura mural a México. Allí ingresó a la Escuela Nacional de Bellas Artes, donde permaneció tres meses. En el mismo año regresó a Medellín. En 1948 pintó el que sería su único mural público en la sede de la Compañía Empaques. Participó en el segundo Concurso-Exposición de Pintura de Medellín, organizado por la Sociedad de Amigos del Arte, al que concurrieron veinticinco artistas colombianos. Débora envió cuatro obras pertenecientes a periodos anteriores: *Patrimonio, Paternidad, Adolescencia* y *El obispo* (también conocido como *Indulgencia*). Pedro Nel Gómez, responsable de la exposición, ordenó que *El obispo* no fuera exhibido.

Adolescencia tuvo gran aceptación entre el público, y la muestra nuevamente generó un escándalo local. La pintora fue amenazada de excomunión por el arzobispo y conminada a no pintar desnudos; su obra fue atacada desde los púlpitos.[11] Años más tarde, su hermana Elvira evocó así el episodio: "El prelado la llamó al palacio episcopal y le anunció la amenaza de excomunión, si no retiraba los cuadros. Débora firmó el documento, después de consultarlo con eclesiásticos amigos y todavía sostenemos el debate si debió resistir la amenaza".[12]

En 1949 participó en el Salón de Artistas Antioqueños en Bogotá. A partir de entonces suspendió toda actividad pública en Colombia hasta 1955. Entre 1953 y 1955 la artista emprendió un viaje de estudios que incluyó estadías en Inglaterra, Francia, Escocia y Austria; en esa época hizo sus primeras cerámicas. En 1955 presentó una exposición en el Instituto de Cultura Hispánica de Madrid, clausurada por el gobierno al día siguiente. En el mismo año exhibió en Medellín una muestra de cerámicas en el Centro Colombo-Americano. La obra que Débora Arango pintó durante estos años, dio cuenta con un rigor constante de los conflictos históricos que atravesó el país, no de modo genérico o de manera recordatoria o alegórica,[13] sino asumiendo la representación de momentos precisos; quizás ésta fue una de las principales lecciones aprendidas del muralismo mexicano. *Masacre nueve de abril* (cuyo espacio y figuras aglomeradas aprovechan la enseñanza de Grosz), *El tren de la muerte, El vagón, La ciudad, La danza* (esqueletos que recuerdan los grabados de Guadalupe Posada), fueron obras de 1948 que sirvieron de preámbulo a un conjunto de escabrosas pinturas conminadas por la fealdad: *El cementerio de la chusma, La salida de Laureano, Las tres fuerzas que derrocaron a Rojas, Melgar, La junta militar, La república, El plebiscito, La mujer víctima de la violencia y Doña Berta.* En ellas las calaveras, sapos, perros, hienas, reptiles y buitres son la principal gramática de esta invectiva, que muestra, por ejemplo, a

Laureano Gómez como batracio cargado en una camilla por cuatro buitres antecedidos del heraldo de la muerte. El bestiario humano tuvo su antecedente español más importante en Goya (1746-1828), pintor admirado por Débora Arango. Ricardo Rendón (1894-1931), por su parte, dibujó una serie de caricaturas llamadas *El jardín zoológico*, donde los personajes encarnaban figuras animales. Dos obras del escritor Jorge Zalamea (1905-1969), *La metamorfosis de su excelencia* y *El gran Burandún-Burandá ha muerto*, compartiendo la atmósfera de sátira política, mostrando hasta qué punto tal forma de referirse a la realidad del país era común a ciertos creadores.

Es notorio en estas obras el predominio de la diagonal en la composición y el color chocante, de tal manera que el lenguaje plástico guarda coherencia con el contenido y los propósitos de la expresión: ese desastre es repugnante tanto como su representación.

En 1957 la Casa Mariana de Medellín presentó una muestra de 37 pinturas de Débora Arango, algunas de ellas realizadas en Europa. Según su fundador, el jesuita Juan Escobar, la exposición se organizó "como justo reconocimiento a sus méritos y con el objeto de que ello sirva como medio de dar a conocer la obra de una de las más grandes pintoras colombianas" (*El Colombiano*, abril de 1957). En este mismo artículo se dijo que era la "primera exposición individual de Débora Arango, no obstante que ésta se haya dedicado a la pintura desde 1935 y de que constituye uno de los primeros valores del arte pictórico colombiano". Ovidio Rincón escribió, por su parte: "No puede afirmarse que exista en la pintura de Débora Arango una intención política, pues a veces la anima piadosa fuerza cristiana que conmueve y edifica, ni existe el desquiciamiento de la creación hacia todas las cosas crueles de la existencia". Nuevamente su obra tuvo que sufrir el procedimiento de la inversión para recibir la aceptación. El levantamiento contra la dictadura de Rojas Pinilla motivó la clausura intempestiva de la muestra; la artista rescató las obras (10 óleos y 25 acuarelas), arriesgándose personalmente (Miguel Escobar).

La exposición colectiva de cerámica de 1960, en la que participó la artista, sirvió de nuevo punto suspensivo a su relación con el público y parcialmente a su tarea como pintora activa, hasta 1975.

Período de recapitulación: 1976-1984

La muestra de 1975 en la Biblioteca Pública Piloto de Medellín reunió cien obras; ésta, según Miguel Escobar: "es recibida ya sin ataques por la prensa, pero sí con extraño silencio. Salvo dos breves reseñas (...) absolutamente nada se escribió. En cambio, en esos mismos días se dio un notorio despliegue publicitario y periodístico a una muestra de León Posada organizada con motivo del tricentenario de Medellín.[14] Participó también en las exposiciones colectivas "La pintura a través de la mujer en Antioquia" en el Museo de Antioquia, en "Arte y Política" en el Museo de Arte Moderno de Bogotá. La mayor parte de las obras de esta época fueron realizadas en 1977. Se trata, en su mayoría, de apuntes a la acuarela llenos de humor e ingenuidad, en los cuales vuelve a sus temas más afines, con la presencia dominante de la mujer. Frente al carácter de su obra anterior adquieren, sin embargo, un tono menor.

En febrero de 1984 Débora Arango recibió el premio Secretaría de Educación y Cultura a las letras y a las artes. En agosto del mismo año se inauguró "Débora Arango, exposición retrospectiva" en el Museo de Arte Moderno de Medellín, con 205 cuadros entre acuarelas, óleos y cerámicas, cubriendo un período que va de 1934 a 1977, y que se compone en su totalidad de obras que pertenecen a la pintora, puesto que no ha pintado para vender y el aspecto comercial lo borró por completo de su vida artística. Esa misma exposición se presentó posteriormente en la Biblioteca Luis Ángel Arango de Bogotá, a finales de 1984. La pintora Beatriz González la calificó como la mejor muestra del año, y la puso como ejemplo contra el hiperrealismo local y el costumbrismo predominante en el arte colombiano.[15]

Durante la década de los años noventa, Débora Arango ha sido objeto de una justa aunque tardía revaloración por parte de distintos estamentos sociales. El gobierno colombiano le otorgó la Orden de Boyacá en 1994, y la Universidad de Antioquia el doctorado Honoris Causa en Artes en 1995, a lo que se han sumado otros homenajes y condecoraciones. Importantes exposiciones retrospectivas se presentaron en 1995 en la Sala Sudamericana de Medellín, y en 1996 en la Biblioteca Luis Ángel Arango en Bogotá. A sus ochenta y ocho años ocasionalmente dibuja algunos bocetos de personas cercanas y realiza algunos óleos.

En la obra de Débora Arango ya no se quiere duplicar el mundo, sólo decirlo con un lenguaje propio, sin la intervención morigeradora del buen gusto y "lo culto". Estética y ética son una sola. La sensualidad, la angustia, la miseria, la exposición de la corrupción, la burla implacable de los poderosos: ése es su registro, su testimonio de una personal temporada en el infierno. Para decirlo no requirió como estimulante el éxito comercial ni la aceptación social. Ligada en cada momento a su tiempo desde la exclusión, Débora Arango creó imágenes que movilizaron la conciencia, las que apenas ahora van conquistando un espacio mental que permita verlas, pues aún son provocaciones.

Notas

[1] "Las paredes hablan al pueblo" en *Crónica municipal*, Medellín, Antioquia, s.f.

[2] Se trató de una exposición-concurso en el Club Unión de Medellín, organizada por la Sociedad de Amigos del Arte. Participaron: Gustavo López, Alberto Villa, Jaime Muñoz, Eladio Vélez, Ignacio Gómez Jaramillo, Francisco Morales y Débora Arango. Fueron jurados: Félix Mejía, José Posada y Carlos Posada.

[3] José Mejía y Mejía. *El Colombiano*, diciembre de 1939.

[4] Bernard Rau, *La obra gráfica del expresionismo alemán*, Gotinga, 1981.

[5] Citado por Alvaro Medina, *Procesos de arte en Colombia*, Bogotá, 1978.

[6] Citado por Álvaro Medina, *Procesos del arte en Colombia*, Bogotá, 1978.

[7] Paralelamente se presentaron en Medellín las obras escogidas para el frustrado salón. Tuvo también lugar la primera exposición nacional de dibujos infantiles, así como sendas muestras de Gómez Jaramillo, y de Eladio Vélez con Gustavo López, Luis Viecco, Humberto Chávez y Apolinar Restrepo. Posteriormente los Independientes exhibieron sus obras en el conservatorio de Cali, en julio de 1944.

[8] Los demás firmantes fueron: Rafael Sáenz, Gabriel Posada, Pedro Nel Gómez, Octavio Montoya, Jesucita Vallejo,

Graciela Sierra, Maruja Uribe y Laura Restrepo. Fecha: febrero de 1944.

[9] Carlos Jiménez Gómez, "Pedro Nel Gómez habla de sí mismo", en Pedro Nel Gómez, Bogotá, 1981.

[10] Para ampliar lo anterior puede consultarse: Germán Rubiano. "El primer arte abstracto en Colombia", en *Historia del arte colombiano*, Tomo V, Barcelona, 1976.

[11] Miguel Escobar, *Apuntes para la hoja de vida de Débora Arango*, manuscrito sin publicar.

[12] Recorte de prensa sin más referencias, incluido en el *Catálogo de la exposición retrospectiva de Débora Arango*, Medellín, 1984,83.

[13] Para una revisión sobre el arte colombiano de la época, Véase: Germán Rubiano, "El arte de la violencia", revista *Arte en Colombia*, núm. 25. Bogotá, s.f.

[14] León Posada es considerado un pintor convencional, miembro de la denominada "Escuela de acuarelistas antioqueños".

[15] Beatriz González, "Gracias Espíritu Santo por la pintura insana". Magazín Dominical de *El Espectador*, núm 92, 30 de diciembre de 1984.

*Les deja la leyenda para que se distraigan,
pero me vengo yo.*
                          Yolanda Oreamuno.

«Pero quisiste más...»
Yolanda Oreamuno
o la sexualidad desobediente

Ofelia Ferrán

La primera vez que oí hablar de la escritora costarricense Yolanda Oreamuno (1916-1956) fue en 1990 al asistir, en la Universidad de Costa Rica, a una conferencia sobre mujer y literatura. En la conferencia hablaba, entre otras, la joven escritora costarricense Anacristina Rossi, cuya primera novela, *María la noche*, había recibido una acogida crítica muy favorable. La novela de Rossi plantea, entre otros temas, aquél tan espinoso de la mujer y la sexualidad, y presenta personajes femeninos cuyas experiencias rompen el molde de lo social y tradicionalmente aceptado en ese terreno.

Durante la conferencia, Rossi reconoció una gran deuda, además de admiración, por su precursora Yolanda Oreamuno, cuya novela *La ruta de su evasión* (1948), presentaba una exploración de un tema relacionado al de la suya. Según Rossi, la novela de Oreamuno representaba, además, una crítica acerba de una sociedad patriarcal que no dejaba lugar para ningún otro desarrollo de la mujer que el del papel de abnegada madre y esposa.

Me llamó mucho la atención que la joven escritora tuviera que acompañar sus comentarios con una reserva. Reconocía la importancia del ejemplo de Oreamuno como escritora, pero se quejaba de la rápida clasificación que la crítica le había impuesto al llamarla *La nueva Yolanda Oreamuno*. En ese momento podía yo entender perfectamente la preocupación de Rossi de ser demasiado rápidamente etiquetada, y de que su propia personalidad literaria quedase ofuscada bajo la sombra de otra. Pero lo que no pude reconocer en ese momento, lo que pude verificar sólo después de conocer la obra de Oreamuno, era la profunda ironía inherente en esa práctica por parte de la crítica, de usar el epíteto *la nueva Yolanda Oreamuno* como signo máximo de reconocimiento literario hacia otra escritora.

Lo primero que salta a la vista al leer la obra de Oreamuno[1] es su feroz e implacable crítica de cuantas prácticas sociales y culturales, además de literarias, la autora considerase injustas, erróneas u opresoras, especialmente para con la mujer. Este espíritu irreverente, independiente e inconformista caracterizó también su vida, una vida que por esa rebeldía pagó el altísimo precio de un ostracismo y silenciamiento por parte de la comunidad cultural del país, así como de un casi total desconocimiento por parte de la crítica costarricense de su obra durante su vida. Prueba de este desconocimiento es la confesión que hace Rima de Vallbona, autora de uno de los pocos libros monográficos sobre la vida y obra de Oreamuno, de que: «En Costa Rica apenas si se habla de ella [hasta su muerte]. Mis profesores de la Universidad de Costa Rica jamás la mencionaron. Fue aquí, en los Estados Unidos, donde la conocí» (*Yolanda* 108).

Ya advertía la escritora argentina Victoria Ocampo que, a principios de siglo, en el hogar latinoamericano: «Cualquier vocación o talento artístico [de una mujer] debía quedar confinada al círculo de la familia y a los amigos, o, si no, causaba escándalo» (*Testimonios* 238). Yolanda Oreamuno, desde muy joven, no sólo mostró abiertamente su decisión de seguir una vocación literaria (empezó a escribir cuentos para niños desde los diez años), sino que aunó a ello una fuerte dosis de crítica social y una firme resolución de intervenir en debates, normalmente reservados para círculos masculinos, a través de sus publicaciones periódicas. No sorprende, por lo tanto, que Oreamuno resultara ser un escándalo que había que contener a toda costa.

Lo que escribiera Oreamuno sobre otro artista costarricense, el pintor y poeta Max Jiménez, cuya obra también fue relegada al silencio en Costa Rica por ser demasiado arriesgada y *diferente*, se podría referir igualmente a su propia vida:

> En Costa Rica es necesario morirse para recoger el reconocimiento póstumo de este pueblo desdeñoso y pasivo. O, caso de tenerse mucha impaciencia en la cosecha, basta convertirse en personificación de la academia fósil de otro tiempo, sin renovación vital de ninguna índole, para que el vaho tibio del agradecimiento nacional cubra como un incienso el pedestal de la viviente estatua consagrada. («El último Max Jiménez», *A lo largo* 38)

Nunca dispuesta a convertirse en una *personificación de la academia fósil* sino que, siendo ejemplo máximo de un deseo de romper barreras y abrir caminos nuevos,

Oreamuno sufrió hasta su muerte el desdén que ella misma señalara con respecto a su compatriota. No hubiera sospechado jamás el irónico desenlace de la historia que, años después de su muerte, llevaría a la crítica a otorgar el calificativo de *la nueva Yolanda Oreamuno* como máximo signo de reconocimiento y honor literario.

Pero la verdadera ironía, o justicia poética de esta historia, es otra. La joven escritora de la conferencia a la que asistí, al reconocer una deuda con Yolanda Oreamuno pero insistiendo en la importancia de diferenciarse de ella, de que se le juzgara por sus propios méritos y no bajo la sombra de nadie, mostraba así haber sabido aprovechar el verdadero legado de la vida y obra de su precursora. Este legado consistía, precisamente, en afirmar a toda costa su individualidad y su propia voz, sin dejarse acallar ni moldear por otros.

Estas reflexiones sobre la conferencia permiten entender de manera concreta hasta qué punto lleva razón la escritora y ex ministra de cultura de Costa Rica, Carmen Naranjo, cuando menciona a Oreamuno, junto con la escritora Carmen Lyra y la poeta Eunice Odio[2] como ejemplos de mujeres en la cultura costarricense que no sólo han logrado «ganar reconocimiento y tener un nombre» (aunque sólo haya sido póstumamente), sino que se han convertido en: «las abrepuertas para otras muchas mujeres que ahora se expresan con libertad y entran en sus laboratorios, estudios, oficinas y talleres con la certeza de que tienen algo valioso que decir en el lenguaje que manejan» (*Mujer* 51-2). Y esto, para más *inri*, a pesar de que las tres sufrieron el ostracismo social y el exilio, forzado en el caso de Carmen Lyra, voluntario en el de las otras dos que, como sigue explicando Naranjo: «murieron en México, en un exilio voluntario, vergonzante y angustiante para nuestro país, porque no se las comprendió ni se les dio estímulo alguno, más bien fueron objeto de burla o alimento de la chismografía en el estrecho San José que las vio, horrorizado y puritano, recorrer sus calles» (*Mujer* 111).

Naranjo aclara que Oreamuno fue objeto de esa «burla y chismografía» precisamente por «el hecho de ser mujer, diferente a la pasiva y a la confinada ama de casa», y eso «la ató a una leyenda de anécdotas que la liquidó físicamente» (*Mujer* 111). Dado que lo que me interesa aquí es analizar el aporte de la obra de Oreamuno, no voy a volver a reducirla a *objeto de chismografía* adentrando en esa *leyenda de anécdotas* que envolvía a su persona.[3] Sin embargo, lo que sí es importante señalar es la función perniciosa que durante la vida de la autora jugó la referencia constante a esa *leyenda*. Tal leyenda era uno de los elementos que contribuía a una construcción discursiva que, como nos ha ayudado a entender Foucault, podía esconder un silencio represivo bajo una aparente proliferación de discursos. La misma Oreamuno apunta a este tipo de fenómeno cuando en una carta le explica al escritor Joaquín García Monge desde su exilio:

> Yo cada vez, allá [en Costa Rica] era más leyenda y menos una persona... Allá actuaba en Yolanda Oreamuno, aquí [en Guatemala] comienzo a vivir en mujer. Había llegado a tanto el asunto, que temía defraudarlos, e inconscientemente hacía todas aquellas cosas absurdas y descabelladas que ellos me criticaban, pero que ellos de mí esperaban para redondear su mito... Les dejo la leyenda para que se distraigan, pero me vengo yo. (Vallbona 17)

Existiendo ya de antemano una *leyenda* alrededor de la figura de Oreamuno, cualquier acción o crítica suya se reducía inmediatamente a un ejemplo más de esa *leyenda*, y, por consiguiente, se minimizaba el impacto de su obra y se ignoraba la crítica social que ésta planteaba. Cuanto más se hablaba de la vida privada de la mujer, menos se hablaba de la obra de la escritora.

Curiosamente, algo muy parecido a esta dinámica analizaba Oreamuno en uno de sus primeros artículos de crítica social. «El ambiente tico y los mitos tropicales» comienza con la siguiente afirmación:

> Si usted es extranjero y llega a Costa Rica, hay desde el muelle de entrada un gran culpable que se cierne sobre el país y al que se le achaca todo lo malo que sucede... y que sucede mucho: es el *ambiente*... *El ambiente* es una cosa muy grande, muy poderosa y muy odiada que no deja hacer nada, que enturbia las mejores intenciones, que tuerce la vocación de las gentes, que aborta las grandes ideas antes de su concepción y que nos mantiene mano sobre mano esperando siempre algo sensacional que venga a barrer esa sombra tenebrosa y fatídica. (*A lo largo* 15)

Oreamuno protesta en contra del peculiar uso de la expresión fatalista *el ambiente,* que encubre un completo desinterés por ahondar en los problemas sociales, políticos y culturales del país. Mientras todo sea culpa de *el ambiente*, nadie tiene culpa de nada, ni responsabilidad de buscarle solución a nada. Fue el deseo de encontrar un lugar donde no se tuvieran que «aborta[r] las grandes ideas antes de su concepción» por ser nuevas y diferentes, lo que llevó a Oreamuno a exiliarse en México y Guatemala. Como le explica Oreamuno a una entrevistadora en México: «Muchas de nosotras... venimos a México en busca de más amplios horizontes, ya que la mujer goza aquí de una legislación protectora más amplia y no hay prejuicios que nos impidan realizar nuestros anhelos» (Zendejas 33).

Los *anhelos* de Oreamuno pasaban siempre por un deseo de mejorar su país a través de una crítica literaria por su parte que defendía la libertad creativa de todo autor, o autora. Siempre dispuesta a nadar contracorriente, en un artículo, «Protesta contra el folclore», Oreamuno se atreve a pronunciarse en contra de un costumbrismo y regionalismo desmesurado que se había apoderado de la literatura nacional desde principios de siglo. Oreamuno argumenta que tal «exceso de folclore» (*A lo largo* 96) acaba creando una visión romantizada y exotizada de la vida rural del país. Ésta era la imagen que se pretendía exportar en esos años, a principios de siglo, de consolidación nacional: la estampa entrañable y pintoresca de un país predominantemente rural. Sin embargo, a medida que avanzaban los años, esta imagen quedaba más y más desfasada. En su artículo, Oreamuno advierte que el estancamiento en esa visión romantizada del país produce un entendimiento muy parcial de la realidad nacional, puesto que los escritores «hace[n] propaganda a un elemento de nuestra sociedad, que con ser muy poderoso, no es único, y alimenta[n] los mitos del extranjero dominador y su avidez tradicional» (*A lo largo* 96). No sólo esta literatura tiene el peligro de fomentar la visión infantilizada de país pintoresco, que alimenta las ideologías que justifican el imperialismo político y cultural por parte de otros países supuestamente más *desarrollados*, sino que también desvía toda atención de los problemas que la creciente modernización del país agudiza cada vez más. Como sigue explicando Oreamuno:

> Por otra parte, la ciudad, el empleado, la burocracia creciente, el sibaritismo semioriental de nuestra burguesía, el arraigo seguro de tendencias y modalidades antes muy europeas y hoy muy yanquis dentro de nuestras respectivas nacionalidades, claman por un cantor, por un acusador, por un rebelde y por un descubridor de bellezas nuevas y de viejos dolores. (*A lo largo* 96)

No nos habrá de sorprender que la misma Oreamuno fuera a convertirse en ese ser *rebelde* por el que clamaba en su artículo, dispuesta a criticar de manera directa y frontal muchos de los problemas de esa vida moderna; sobre todo, el problema de la situación social de la mujer.

De hecho, desde su primer ensayo, ya demostraba Oreamuno su voluntad y capacidad de análisis crítico. En 1933, a los diecisiete años, mientras asistía al Colegio Superior de Señoritas de San José, presentó un ensayo al concurso convocado por el colegio bajo el tema de: «Medidas que usted sugiere al colegio para librar a la mujer costarricense de la frivolidad ambiente». A pesar de la frivolidad de la misma formulación del tema (no ha de pasar desapercibido en la expresión *la frivolidad ambiente* el eco de ese lema tan profundamente anti-crítico de *el ambiente,* sobre el que nos llamara la atención Oreamuno), el ensayo presentado por ella ya mostraba que no ha de ser una solución individual, sino social, la que se busque. Tal solución forzosamente ha de cuestionar la misma estructura social que hace de la educación de la joven nada más que un puente entre su papel de *hija de familia* y *madre de familia*. Oreamuno apunta a la estructura familiar como causa de fondo de este problema y, en particular, a la dependencia económica de la joven mujer para con el padre que esa estructura familiar mantiene. Con resonancias de la máxima que pocos años antes declarara Virginia Woolf de que cualquier mujer que quiera escribir, y forjarse una personalidad independiente, necesita un cuarto propio y quinientas libras (un mínimo de independencia económica), Yolanda Oreamuno afirma:

> La *hija de familia* es el producto de un núcleo pequeño y cerrado —cerrado, esto es lo grave— al exterior y del que generalmente el padre es la puerta y la llave a la vez. Las influencias exteriores son cotizadas, pesadas y medidas por dicho mentor, las opiniones controladas directamente y, lo que ya es del todo malo, las actividades volitivas borradas en su casi totalidad... Esta clase de dependencias es consecuencia inmediata... de la dependencia económica forzosa de la mujer durante el período. (*A lo largo* 45)

El padre, que es *la puerta y la llave a la vez* de todo contacto entre la hija y el mundo, que con retirarle el dinero la priva de la única subsistencia que tiene, es perfecto símbolo del sistema patriarcal en su totalidad, que mantiene a la mujer ignorante, dependiente, y le cierra cualquier puerta para su futuro que no sea la tradicional de la familia. Pero esa *puerta y llave a la vez* que es el padre, el patriarcado, no sólo impone una dependencia económica sino una ignorancia perpetua que hace que la joven sea una mujer fácilmente maleable y moldeable. Por eso resalta Oreamuno que además de una independencia económica, la joven estudiante tiene que buscar la independencia intelectual. Es muy significativo notar cuáles son los dos tipos de conocimiento que Oreamuno señala como fundamentales para esta independencia intelectual:

> Y la mujer, para orientarse por sí misma, única manera de negar la frivolidad ambiente y destruirla, necesita múltiples cosas: desde la *educación sexual sana*, que le permita comprender su propia fisiología y la del sexo opuesto, hasta la *educación política local y universal*. (*A lo largo* 56. El subrayado es mío)

La sexualidad y la política aparecen aquí mano a mano; dos áreas de conocimiento estrechamente relacionadas que, juntas, han de permitirle a la mujer un pleno desarrollo de sus posibilidades vitales. Esta misma asociación aparece al final del artículo anteriormente citado: «El ambiente tico y los mitos tropicales». Después de reprobar la actitud anticrítica predominante en Costa Rica, de achacárselo todo a *el ambiente*, y abogar por una visión crítica y atrevida que cuestione los problemas sociales de Costa Rica, Oreamuno acaba con la siguiente imagen del país que despierta a una nueva conciencia política: «Costa Rica descubre su pubertad, su sexo tiembla, y el futuro la llama para convertirla en una pecadora, auténtica y original» (*A lo largo* 25).

El conocimiento del propio cuerpo, de la fuerza de la propia sexualidad, es en sí un acto transgresivo y liberador. Y es un acto político. La importancia de esta imagen, que podría servir como ejemplo quintaesencial de la estrategia que caracteriza mucha de la obra creativa de Oreamuno, en parte radica en la audaz equivalencia establecida entre la idea de la nación y la sexualidad femenina que se descubre y goza abiertamente. Esta equivalencia se contrapone a las imágenes tradicionalistas e infantilizadas que predominaban en la visión de la nación propagada por la literatura costumbrista que Oreamuno criticaba. Pero el verdadero valor subversivo de esta imagen se encuentra en su valorización positiva de esa sexualidad femenina, precisamente como pecadora, como deleitante de lo prohibido, imagen que se contrapone radicalmente a ese ideal de feminidad que es la figura de la virgen, tan venerada en el patriarcado por los siglos de los siglos.

La crítica chilena Lucía Guerra Cunningham explica la importancia de este tipo de inversión de significado, de resemantización de conceptos culturales claves: «En este contexto subversivo, la inversión de significado sirve el propósito de resaltar una posición feminista que disiente de los valores hegemónicos del sistema patriarcal. El rechazo consciente de esos valores lleva a un proceso de renombrar y reconstruir» (*Splintering* 10. La traducción es mía). Este acto subversivo de inversión de significados es precisamente el que ejerció Oreamuno en la mayoría de su obra creativa donde, entre las dos áreas de conocimiento y liberación que ella especificara en su ensayo sobre la educación de la mujer —la sexualidad y la política— media una tercera: la imaginación, la creación.

Se ha dicho que «el primer personaje en la vida y obra de Yolanda Oreamuno es el cuerpo» (Urbano 66). El cuerpo se vuelve para Oreamuno el punto de partida para esa estrategia de inversión de significados; para su afirmación, por medio de ese proceso, del poder creativo de la mujer. Si en sus artículos y ensayos Oreamuno clamaba siempre por una visión crítica de los problemas sociales de su país, en sus cuentos y en su novela Oreamuno ahonda en la problemática de la capacidad creativa de la mujer a través de la exploración de la fuerza de su propia sexualidad. Esto lo hace siempre sin perder de vista, para poder criticarlas en todo momento, las fuerzas sociales que se alían para impedir a la mujer ese autoconocimiento, esa autorrealización.

En su cuento corto más famoso, «Valle alto», se trata el tema de la sexualidad. «Valle alto» es la historia de una mujer sin nombre que viaja sola, en un país desconocido. Tiene que llegar a un destino específico, y no pudiendo esperar el autobús, decide tomar un taxi. Con ella se monta un hombre desconocido, que también está viajando solo. En medio del camino el taxi se descompone y los dos pasajeros deciden seguir el trayecto a pie. Les sorprende una gran tormenta, cuya creciente intensificación corre paralela a la intensificación del sentido de atracción sexual entre la pareja hasta que, en el momento máximo de clamor de la naturaleza, también ellos dos se unen sexualmente. De repente, el cuento pasa a la mañana siguiente, cuando la mujer se vuelve a encontrar sola en un desalentador cuarto de hotel al cual no se acuerda cómo ha llegado, y donde se siente perseguida por un vago recuerdo ¿o será un sueño? de la noche anterior.

El cuento se puede leer como una afirmación del poder de la fantasía erótica para crear un mundo propiamente femenino por parte de la protagonista. Al describir el paseo de la pareja mientras empieza la tormenta, se dice: «Todo estaba inerme: sólo había dos cosas despiertas, la imaginación y el cuerpo» (*A lo largo* 218). El cuerpo se vuelve aquí la medida de todas las cosas; en cierta manera, el medio para el libre fluir de la imaginación. Todas las descripciones de la naturaleza en el cuento se realizan por medio de imágenes del cuerpo, y ese proceso en sí es explícitamente atribuido al poder mismo de la imaginación:

> La imaginación para ver luceros en la noche ruidosa, por sobre las nubes, y encontrar en ellas una fluorescencia que en realidad, seguro no existía. La imaginación, para pensar en el raro abrazo que, en el calor, se estarían dando los vegetales. La enredadera buscaría el tronco para trenzarlo, y crecería alocada por alcanzar su cumbre. (*A lo largo* 219)

En esta demostración del poder de la imaginación de no sólo crear posibles fantasías eróticas, sino de hacerlo incorporando la naturaleza circundante a esa experiencia y goce sexual, Oreamuno hace uso de una estrategia narrativa de gran potencial subversivo común a otras escritoras latinoamericanas; entre otras, las chilenas María Luisa Bombal y Gabriela Mistral, las uruguayas Delmira Agustini y Juana de Ibarbourou, y la argentina Alfonsina Storni. La siguiente cita de Lucía Guerra Cunningham, que hace eco de las teorías de la crítica francesa Hélène Cixous sobre la escritura femenina del cuerpo, sirve para entender el cuento de Oreamuno tanto como la mayoría de la obra de las autoras mencionadas del cono sur:

> El deseo se estructura a partir de una economía libidinal en la cual el cuerpo femenino experimenta el placer erótico en su contacto con la tierra y el agua, contacto definido como «enlace orgánico integral y armonioso»... La representación de la sexualidad femenina como instancia

de la multiplicidad y fluidez pone de manifiesto la especificidad del placer sexual femenino que escapa a los procedimientos de computación de una economía escópica masculina. («*Las sombras*» 145-46)

El cuerpo de la mujer se vuelve, pues, el origen de este proceso subversivo de redefinición de la experiencia sexual, arraigándola en la naturaleza para escapar a los límites de una sexualidad definida por el modelo masculino. El cuerpo se vuelve, además, el lugar para vivir, o soñar, experiencias eróticas que no se dejan coartar ni aniquilar por la moralidad dominante. Como le dice el hombre a la protagonista de «Valle alto»:

> Hoy, tú y yo no somos más tú y yo, y la norma de nuestra conducta no hemos de encontrarla en eso que la gente llama moral. Hemos de encontrarla aquí, en la tierra que pisamos, en el aire mortal que nos circunda y en el paisaje oscuro que nos rodea. (*A lo largo* 221)

La crítica norteamericana Janet Gold ha visto esta historia como un ejemplo, entre otros, de literatura femenina donde «se presentan mujeres que sobreviven, que se enfrentan con la soledad, el aislamiento, el temor, la muerte; y que de sus propios recursos interiores crean lo que necesitan para defenderse y sustentarse» («*Feminine*» 196. La traducción es mía).

Pero el cuento mantiene una ambigüedad que hace que esta interpretación tan afirmativa sea sólo parcial. La mujer, finalmente, acaba sola, quizá como castigo por su transgresión. El hombre, que le había prometido, al estilo de una novela rosa de final feliz, un «por siempre» (223), indicando un compromiso con ella más allá de esa noche, desaparece sin rastro a la mañana siguiente. Si el cuento afirma la capacidad creativa de la mujer (a través de una fantasía o de una experiencia real de experimentar una relación más libre con su propia sexualidad), el cuento también presenta una crítica del hombre que no vivió esa experiencia de la misma manera liberadora y abierta, sino de una manera veladamente manipuladora y engañosa. Siguiendo esta interpretación, señala la crítica costarricense Victoria Urbano que:

> En casi toda su obra, Yolanda Oreamuno se vale de los personajes masculinos para hacernos su crítica de la moral y de la condición social de la mujer, siempre sujeta al hombre y víctima de circunstancias imperantes, víctima del egoísmo masculino. (*Una escritora* 154)

No hay ejemplo más claro de esta crítica que su novela *La ruta de su evasión*. La protagonista, Teresa, después de una vida de completa sumisión a su tiránico esposo, Vasco, yace agonizando en su lecho de muerte. Los monólogos interiores en los que ella recuerda y evalúa su triste vida componen el hilo narrativo de la novela. Intercaladas entre los monólogos interiores que recrean el pasado de Teresa aparecen escenas de la vida presente de Vasco y los tres hijos de la familia. Éstos muestran todos una incapacidad de relacionarse de manera sana con el mundo fuera de la casa, cuya atmósfera asfixiante y lúgubre es símbolo de la opresión moral, sexual e intelectual que todos han sufrido bajo la inflexible autoridad del padre. Antes de suicidarse, al final de la novela, uno de los hijos, en un momento de lacerante desahogo con su madre, acusa no sólo al padre de crear el ambiente familiar enfermizo y opresor que han sufrido, sino también a ella, por haberse refugiado del vacío y el dolor de su vida en la mecánica obsesión de crear y mantener la casa: ese «cascarón hueco» (307) que nunca llegó a ser un hogar.

Doblemente víctima, primero de su marido y después de su hijo, Teresa se vuelve a refugiar en ese otro *cascarón hueco* de sus recuerdos. Irónicamente, es sólo en el recuerdo, y estando en el umbral de la muerte, donde Teresa encuentra por primera vez la capacidad de controlar su propia vida, aunque sólo sea en su imaginación. Volvemos a encontrarnos, al igual que en «Valle alto», con la ambigüedad que caracteriza la capacidad de imaginación y recuerdo por parte de la mujer que es, a la vez, su única arma de subversión contra un sistema que la reduce a la inercia, y un modo más por el cual ese sistema se asegura de que esa subversión quede circunscrita a un espacio limitado. El potencial subversivo de sus recuerdos radica en su constante recrear los efímeros momentos de una incipiente, aunque nunca consumada relación amorosa con Esteban, colega del marido. Como explica Teresa: «Tengo a mi disposición todo el recuerdo; puedo escoger dentro de él la parcela de recuerdo que me sea grata para saborearla» (332). Este último verbo nos recuerda la importancia de la sexualidad, de la relación sensual con el cuerpo, que en la obra de Oreamuno está tan ligada a la capacidad subversiva de la imaginación femenina.

Pero los recuerdos no pueden dejar de evocar también todo el proceso por el cual Vasco fue afincando su dominio sobre ella; un proceso que, precisamente, gira en torno a su feroz represión de la posibilidad de que Teresa conozca, experimente y goce de su propia sexualidad, que aprenda a *saborearla*. Una escena clave en este sentido es aquélla cuando Teresa, recién casada y aún no iniciada en el conocimiento de las jerarquías inquebrantables de poder a las que Vasco la introduciría muy pronto, experimenta por primera vez el placer sexual. En una escena que recuerda a «Valle alto», después de una tarde de lluvia, Teresa sale al jardín. Allí, se desarrolla la escena de su creciente identificación con la naturaleza circundante, y de una casi inagotable excitación sexual. La escena se desarrolla en el recuerdo de la moribunda Teresa, que se desdobla al contársela a sí misma:

> Pusiste el pie en la hierba evitando los senderos... Pero quisiste más. Metiste las manos en la tierra mojada... Pero quisiste más. Tomaste las hojas del naranjo y bebiste las gotas temblorosas en su punta; mordiste los brotes tiernos que dejaron en tu boca un sabor picante y dulce. Pero quisiste más. Riendo como una niña, para ti sola, te tendiste en el suelo y sentiste gozosa la humedad pasar la tela y llegar a tu piel; empapaste tu pelo en el agua rezagada en el pasto. Pero quisiste más (66).

La repetición casi hipnótica de esa frase: «Pero quisiste más», reclamo en el que aflora y se desborda el deseo reprimido de toda una vida, genera una intensificación textual que no sólo describe, sino que reproduce narrativamente esa sexualidad femenina desbordante y, por ende transgresora, de la que hablaba Lucía Guerra Cunningham.

Inmediatamente después de la escena del jardín, Teresa corre a encontrarse con Vasco y le da un beso, esperando compartir con él la excitación de la escena anterior. La reacción de él es tajante: «Estás loca... No me gusta que me besen en esa forma absurda. Me incomoda... Debes saberlo de una vez. No quiero. ¿Entiendes? ¡No quiero! ¡Déjame en paz!» (67). En esta escena vemos la reacción defensiva por parte de Vasco ante una sexualidad que no puede controlar, una sexualidad femenina que supone un peligro para la economía de placer masculino, y para todo el sistema de poder patriarcal en ella basada. Esa noche, Vasco se asegura de aniquilar para siempre ese peligro, y de reafirmar su poder sobre Teresa ordenándole, con toda la intención de humillarla: «Desnúdate, Teresa, y suéltate el pelo» (67). Esa orden se asegura de convertir el acto sexual en violenta confirmación de su poder total sobre Teresa. El pelo suelto no iba a significar nunca más la libertad para Teresa, ni su capacidad de disfrutar abiertamente de su propia sexualidad, sino su sumisión total al marido. La orden, «Desnúdate, Teresa, y suéltate el pelo» se vuelve un *leitmotiv* en la novela, oponiéndose radicalmente a ese otro *leitmotiv* de la frase «Pero quisiste más». De la contraposición de ambas frases surge el símbolo de la vida de Teresa, una vida en la que toda posibilidad de liberación se ha aniquilado; toda posibilidad, no hay que olvidarlo, menos la de evocar en sus recuerdos la figura de Esteban: el amante que nunca llegó a serlo...

Como ya hemos visto en «Valle alto», la novela presenta la asociación, tan importante para Oreamuno, de la sexualidad femenina con una posible subversión del orden patriarcal. Pero, al igual que en el cuento, el resultado final se mantiene ambiguo. La mujer, en estas obras, establece un espacio para el desarrollo de su individualidad, pero ese espacio se circunscribe a su imaginación, a su recuerdo, y lo que acaba imperando es la soledad, el vacío, la muerte.

Sin embargo, no hay que pensar que ésta es una visión irremediablemente pesimista. Más bien, si la entendemos dentro de su contexto histórico y social, hemos de reconocer el gran valor —en su doble sentido de valía y valentía— de ese inquebrantable afán de Oreamuno por explorar posibilidades de desarrollo y autorrealización vedadas a la mujer. Si estas posibilidades no llegan a desarrollarse plenamente es porque en esa época había todo un sistema social estructurado en contra de esa realización, sistema social que Oreamuno no se cansó de condenar.

Precisamente por su incansable resolución de enfrentar problemas de manera directa, de tratar temas que se habían mantenido *tabú* en su sociedad, podríamos ver en la misma Oreamuno la imagen de esa joven Costa Rica que despierta a una nueva conciencia política: esa «pecadora auténtica y original» que presentara al final de su artículo «El ambiente tico y los mitos tropicales». Si la sociedad de su tiempo la quiso ver sólo como *pecadora*, por su constante enfrentamiento con las normas sociales establecidas, nosotros la podemos ver como una mujer y escritora *auténtica y original*, cuya lucha por afirmarse a sí misma, sin aceptar limitaciones de fuera, se volvió un valioso legado para toda mujer.

Es importante notar, como ya se ha insinuado antes, que esta *pecadora* costarricense se inscribe en una tradición literaria latinoamericana, algo anterior a ella, de mujeres que también lucharon por romper los *tabúes* de la literatura de su época. El paralelismo de *La ruta de su evasión* con *La amortajada* (1938) de María Luisa Bombal, es innegable. Entre las poetas del cono sur, la más temprana, Delmira Agustini, sorprende al mundo literario de principios de siglo con una poesía que parecía elevar en cada uno de sus poemas, abierta y desinhibidamente eróticos, la misma demanda que hiciera Teresa mediante su experiencia en el jardín: «Pero quisiste más». La poesía de Agustini se atreve a presentar una sexualidad femenina que exige siempre más, y que exige la satisfacción. Algo parecido a la iniciativa sexual que emprendió Teresa con Vasco al volver del jardín, y por la cual fue tan violentamente castigada, se manifiesta, entre otros, en el poema «Otra estirpe» de Agustini, en cuyos primeros versos la mujer emprende la iniciativa sexual no sólo con su amante, sino con el mismo Dios del amor:

> Eros, yo quiero guiarte, Padre ciego...
> pido a tus manos todopoderosas
> ¡su cuerpo excelso derramado en fuego
> sobre mi cuerpo desmayado en rosas! (*Poesía feminista* 138)

La misma iniciativa sexual, aunada a la erotización de la naturaleza como expresión de una sexualidad que se sabe peligrosa ante el orden establecido, se insinúa también en el poema de Juana de Ibarbourou llamado «La inquietud fugaz»:

> He mordido manzanas y he besado tus labios.
> Me he abrazado a los pinos olorosos y negros.
> Hundí, inquieta, mis manos en el agua que corre.
> He huroneado en la selva milenaria de cedros
> Que cruza la pradera como una sierpe grave.

Y he corrido por todos los pedrosos caminos
Que ciñen como fajas la ventruda montaña.
¡Oh amado, no te irrites por mi inquietud sin tregua!
¡Oh amado, no me riñas porque cante y me ría!
(*Obras completas* 34-35)

La sexualidad femenina desbordante, desquiciante y, por lo tanto, desobediente, se excusa aquí ante el amante por su arrebato e iniciativa en el amor, como lo tuviera que hacer Teresa ante Vasco. Por mucho que el orden patriarcal intente restituir a la mujer al papel de pasiva receptora del amor (con mil diferentes estrategias que se reducen a mil versiones diferentes de esa orden: «Desnúdate, Teresa, y suéltate el pelo») la amenaza que supone la posible existencia de esa sexualidad femenina desobediente sigue siendo siempre una fuente de rebeldía para la mujer. Por eso, es precisamente el poema de Ibarbourou titulado «Rebelde» el que puede servir de emblema para todas estas mujeres rebeldes, mujeres desobedientes, mujeres que se vuelven (recordemos las palabras de Victoria Ocampo) en verdaderos escándalos en las sociedades, más o menos cerradas, de sus épocas:

Caronte, yo seré un escándalo en tu barca.
Mientras las otras sombras recen, giman, o lloren,
Y bajo tus miradas de siniestro patriarca
Las tímidas y tristes, en bajo acento, oren,

Yo iré como una alondra cantando por el río
Y llevaré a tu barca mi perfume salvaje,
E irradiaré en las ondas del arroyo sombrío
Como una azul linterna que alumbra en el viaje.

Por más que tú no quieras, por más guiños siniestros
Que me hagan tus dos ojos, en el terror maestros,
Caronte, yo en tu barca seré como un escándalo.

Y extenuada de sombras, de valor y de frío,
Cuando quieras dejarme a la orilla del río
Me bajaran tus brazos cual conquista de vándalo.
(*Obras completas* 8-9)

Este legado de *rebeldía* es precisamente el que, volviendo a la conferencia en la que por primera vez oí yo hablar de Oreamuno, mostraba haber sabido aprovechar la joven escritora costarricense Anacristina Rossi cuando exigía que su obra se juzgara por sus propios méritos. Pero la admiración que sentía Rossi por Oreamuno no dejó de hacerse sentir en la conferencia, como no deja de hacerse sentir en su propia novela. La protagonista de la novela de Rossi presenta la descripción de una amiga a la que quiere enormemente, en la que podríamos oír no sólo un gran respeto hacia esa precursora literaria —*foremother* era la palabra que usaba Virginia Woolf— que fue Oreamuno, sino también otra descripción, junto con la del poema «Rebelde» de Ibarbourou, de lo que representó Oreamuno ante la sociedad de su tiempo: «Es una de esas flores raras que da de cuando en cuando (muy rara vez) la alta burguesía de mi país, una flor que les patea el trasero porque no juega con las mismas armas, una flor inteligente. ¿Me entendés?» (165-6).

Sí, ahora sí que podemos entender. Oreamuno le pateó el trasero a todo un sistema patriarcal por medio de sus críticas contra la manera como ese sistema le impedía el desarrollo personal a la mujer. Entre sus armas se encuentran esas imágenes, audaces e inesperadas en su tiempo, con las que afirmaba la capacidad y derecho de la mujer de explorar y disfrutar de su propia sexualidad. También son armas sus estrategias narrativas con las que intentaba reconstruir una economía de la sexualidad centrada en el cuerpo de la mujer y su integración con la naturaleza, contraponiéndose a una economía sexual masculina. Todos estos recursos literarios, como se ha visto, son armas que ya habían sido utilizadas por escritoras anteriores, y que escritoras posteriores han sabido, y sabrán, tomar en relevo. Entre todas, se va creando una creciente y sólida tradición de literatura femenina, y feminista latinoamericana en la que hay que reconocer el lugar que Yolanda Oreamuno se merece.

NOTAS

[1] Además de la novela mencionada, que fue galardonada en 1948 con el Premio Centroamericano «15 de Septiembre», en Guatemala, su obra incluye una larga lista de cuentos, artículos críticos sobre arte y literatura, y ensayos sobre diversos temas sociales. Muchos de éstos aparecieron en la revista literaria de su época más importante en Costa Rica: *Repertorio Americano*. Otros artículos de Oreamuno se publicaron en diversas revistas y periódicos de otros países: *Revista Mexicana de Cultura*, *Letras de México*, *Excelsior* (México), así como en *El Imparcial*, *Istmania* y *Revista del Maestro* (Guatemala). Un gran número de estos cuentos y artículos se han juntado en la antología de la obra de Oreamuno, titulada *A lo largo del corto camino,* que aparece en la lista de obras citadas.

Un problema curioso que plantea la obra de Oreamuno es el de novelas que aparecen citadas en estudios de su obra pero que no han llegado a publicarse. Resalta, en este sentido, el hecho de que en una de las más prestigiosas historias de la literatura de Costa Rica, del Profesor Abelardo Bonilla, se mencionan dos novelas de Oreamuno: *La ruta de su evasión* y una primera novela, *Tierra firme*. De esta última se sabe que ganó, en 1941, el tercer premio en el Concurso de Escritores Hispanoamericanos de la Editorial Farrar & Rinehart pero, a pesar de que el Profesor Bonilla presenta una detallada crítica de la novela en su Historia, no se llegó a publicar, ni se sabe de su paradero. Otras dos novelas, *De Hoy en Adelante* y *José de la Cruz recoge su muerte,* también son mencionadas por varios críticos en diversos artículos. De la primera se sabe que llegó a presentarse a «El Libro de Guatemala» de la Editorial del Ministerio de Educación Pública, aunque, según informa Rima de Vallbona, los archivos de esta editorial se quemaron durante el gobierno de Castillo Armas, habiéndose podido recuperar muy poco material (*Yolanda* 30, nota 4). De la última no se sabe su paradero.

Quizá este tema de las novelas *perdidas* no esté del todo desvinculado del de una vida llevada siempre a contracorriente, donde uno de los resultados del desarraigo y de la desubicación de la autora es el de la imposibilidad de darle el seguimiento necesario a las novelas presentadas a publicación. Este tema, desde luego, además del de la simple búsqueda de esos manuscritos *perdidos*, se merecería una más detallada investigación.

[2] Carmen Lyra (1888-1949) fue una de las fundadoras del partido comunista de Costa Rica. Tuvo una vida activa en política (que la llevó a ser exiliada después de la contienda de 1948), y tiene una larga lista de obra ensayística y periodística que fue siempre de crítica social. Entre sus obras de creación literaria, *Los cuentos de mi tía Panchita* ha llegado a ser uno de los libros más populares y conocidos de la literatura costarricense.

Eunice Odio (1922-1974) es una de las poetas más reconocidas de la lírica costarricense. Fue, durante su vida, como Oreamuno, víctima de una estrategia de silencio por parte de los críticos de su país que ella llegó a llamar *los costarrisibles*. Entre sus libros destaca *Los elementos terrestres* que en 1947 fue galardonado con el premio «15 de Septiembre» de Guatemala.

[3] Esta decisión de no explorar/explotar la biografía de Oreamuno surge también de una preocupación por el hecho de que la escritura de mujeres ha sufrido tradicionalmente de una perspectiva crítica estrechamente referencial, que a menudo subyuga la obra a la vida de la autora. Esta perspectiva es producto del presupuesto ideológico que asume que la escritura de mujeres es siempre, más o menos directamente, autobiográfica, y que nace de una visión del mundo que se ha llamado: personal, íntima, intuitiva, espontánea, emotiva, etc. Frecuentemente esta perspectiva, que acaba confinando la escritura femenina al espacio de lo privado y personal, ha obviado la dimensión pública, de crítica social, que puede tener tal escritura. Para una útil exposición de este problema en el contexto de varias poetas latinoamericanas véase el capítulo llamado «Ella escribe poemas» en *Las poetas del buen amor*, que aparece en la lista de obras citadas. Para quienes quieran más información sobre la vida de Oreamuno recomiendo los dos libros monográficos sobre ella, de Victoria Urbano y Rima de Vallbona, también en la lista de obras citadas.

BIBLIOGRAFÍA

BOMBAL, María Luisa. *La última niebla* y *La amortajada*. Barcelona: Seix Barral, 1991.

FLORES, Ángel, & Kate Flores. *Poesía feminista del mundo hispánico (desde la edad media hasta la actualidad)*. México: Siglo XXI Editores, 1984.

GOLD, Janet. «Feminine Space and the Discourse of Silence: Yolanda Oreamuno, Elena Poniatowska, and Luisa Valenzuela». *In the Feminine Mode: Essays on Hispanic Women Writers*. Ed. Noël Valis & Carol Maier. Lewisburg: Bucknell University Press, (1990): 195-203.

GUERRA CUNNINGHAM, Lucía. *Splintering Darkness: Latin American Women Writers in Search of Themselves*. Int. by

Guerra Cunningham Pittsburg: Latin American Review Press, (1990): 10-16

• «Las sombras de la escritura: hacia una teoría de la producción literaria de la mujer latinoamericana». *Cultural and Historical Grounding for Hispanic and Luso-Brazilian Feminist Criticism*. Ed. Hernán Vidal. Minneapolis: Institute for the Study of Ideologies and Literature, (1989): 129-64.

IBARBOUROU, Juana de. *Obras Completas*. Ed. Dora Isella Russell. Madrid: Aguilar, 1953.

OCAMPO, Victoria. *Testimonios*. Vol. 3. Buenos Aires: Editorial Sur, 1973.

OREAMUNO, Yolanda. *A lo largo del corto camino*. Ed. Lilia Ramos et al. San José: Editorial Costa Rica, 1961.

• «El ambiente tico y los mitos tropicales». *Repertorio Americano* 36.11 (1939): 169-70. *A lo largo*, pp. 15-25.

• «El último Max Jiménez ante la indiferencia nacional». *Repertorio Americano* 36.18 (1939): 281-83. *A lo largo*, pp. 33-8.

• *La ruta de su evasión*. Guatemala: Editorial del Ministerio de Educación Pública, 1949. 2a ed., San José: Editorial Costa Rica, 1984.

• «Medios que usted sugiere para librar a la mujer de la frivolidad ambiente». *Repertorio Americano* 36.2 (1938): 21-22 y 30. *A lo largo*, pp. 39-59.

• «Protesta contra el folclore». *Repertorio Americano* 40.6 (1943): 84. *A lo largo*, pp. 93-97.

• «Valle alto». *Repertorio Americano* 42.14 (1946): 216-21. *A lo largo*, pp. 203-25.

RAMOS, Lilia. «Yolanda Oreamuno». *Fulgores en mi ocaso*. San José: Editorial Costa Rica, (1978): 51-60.

ROJAS, Margarita, Flora Ovares & Sonia Mora, *Las poetas del buen amor: la escritura transgresora de Sor Juana Inés de la*

Cruz, Delmira Agustini, Juana de Ibarbourou, y Alfonsina Storni. Caracas: Monte Ávila Editores, 1989.

ROSSI, Anacristina. *María la noche*. Barcelona: Editorial Lumen, 1985.

URBANO, Victoria. *Una escritora costarricense: Yolanda Oreamuno*. Madrid: Colección Orosí, 1968.

VALLBONA, Rima de. *Yolanda Oreamuno*. San José: Ministerio de Cultura, Juventud y Deportes, 1972.

ZENDEJAS, Adelina. «Escritora psicoanalista». *Tiempo* [México] 15 de diciembre de (1944): 33.

*Como nací pat'e perro ni el diablo m'echaba
el guante...*
                                     Violeta Parra.

«Yo no tengo dónde estar»:[1] resistencia y marginalización en la vida de Violeta Parra

Tamara Williams

¿Sabes qué me gustaría?, me gustaría poder quedarme sentada tranquila junto al fuego, bien calientita y sin tener que salir todo el tiempo.

(Violeta Parra a su amiga Liliana Rojas)

En las décadas de los años cuarenta y cincuenta la música del «swing» tocada por las orquestas grandes, el tango, los boleros, y la rumba —todos ritmos provenientes del extranjero— dominaban la cultura popular chilena. En contraste, casi no se escuchaban las viejas canciones ni se oía de las creencias, leyendas y costumbres tradicionales. El folclor, que oral y musicalmente ligaba al pueblo con su pasado, yacía en los rituales comunales celebrados en los pueblos alejados de la capital y en las memorias de los viejos campesinos cuyas voces, apenas audibles, no lograban superar la proliferación de música europea y norteamericana difundida incesantemente en las radiodifusoras hispanoamericanas.

Es éste el contexto en el que surgió Violeta del Carmen Sandoval con una misión clara y definida: el conseguir un espacio en el alma de sus compatriotas para la música y el folclor chileno. La empresa trajo consigo una variedad de actividades que Violeta Parra emprendió simultáneamente con visión, energía y determinación incomparables. Por un lado, se comprometió infatigablemente al desarrollo y a la evolución de su propio talento y carácter musical. Por otro, se dedicó incansablemente a la investigación, recopilación e interpretación de canciones folclóricas. Su visión y trabajo iniciaron un proceso de desenterramiento de una imagen cultural que convocó tanto las ancestrales raíces indígenas de Chile como las melodías de origen medieval y renacentista, provenientes de la época colonial, y los temas amorosos, novelescos e históricos, de origen popular. Su transformación de la canción popular de Chile, finalmente, proporcionó un cimiento esencial en el desarrollo y la evolución de una música auténticamente latinoamericana.

Además de ser cantante, compositora, investigadora e intérprete del folclor, Violeta se destacó en las artes plásticas: fue pintora, escultora y tapicera. En todas sus contribuciones ha sido reconocida y admirada, tanto por la originalidad y calidad de su expresión artística como por su feroz lealtad a sus orígenes campesinos y su preocupación constante por los explotados del mundo.

Sus esfuerzos le merecieron premios, recitales, exposiciones y nombramientos a nivel nacional e internacional, pero aun al llegar a ser una figura admirada y reconocida en el ámbito artístico, siempre se mantuvo firme en su resistencia a ser parte del orden establecido. Nunca se sometió a las prescripciones reguladas por las convenciones sociales de la época, ni por los medios oficiales de difusión artística. En cuanto al ámbito social, su visión la llevó a participar en actividades que rompían las normas de comportamiento femenino de la época. No se conformó con las expectativas de la mujer sumisa y abnegada cuyo papel se limitaba a ser madre, esposa, cocinera y lavaplatos. Fue todo lo contrario: «una mujer exigente y voluntariosa, muy poco formal, pero también tierna y alegre; vital, con una fuerza que la hacía vivir en forma quizá desordenada, acarreando a sus hijos en sus andanzas» (Oviedo 40). La investigación y recopilación de la música requirieron que hiciera largos recorridos por las provincias chilenas, sola, con guitarra y maletín en mano, para conversar con campesinos y aprender de la riqueza folclórica del pueblo. La carrera de cantante e intérprete también exigía muchos viajes, largas horas de práctica y conciertos que solían durar hasta la madrugada. Las exigencias de su trabajo, finalmente, impusieron tensiones en sus relaciones íntimas y familiares. En cuanto al medio artístico, el espíritu independiente de la artista se manifestó al rechazar las apariencias prescritas y reguladas por los medios oficiales. Se negó a cantar en inglés, y resistió el uso del maquillaje y la ropa llamativa en sus representaciones. En fin, y en palabras de Carmen Oviedo:

> Violeta se perfila (ya) como una infractora del orden establecido, y una manera de acentuar esta marginalidad es negarse a ser absorbida por la sociedad; su individualismo, de raíces profundas, la lleva a buscar un camino que no es habitual. (Oviedo 55)

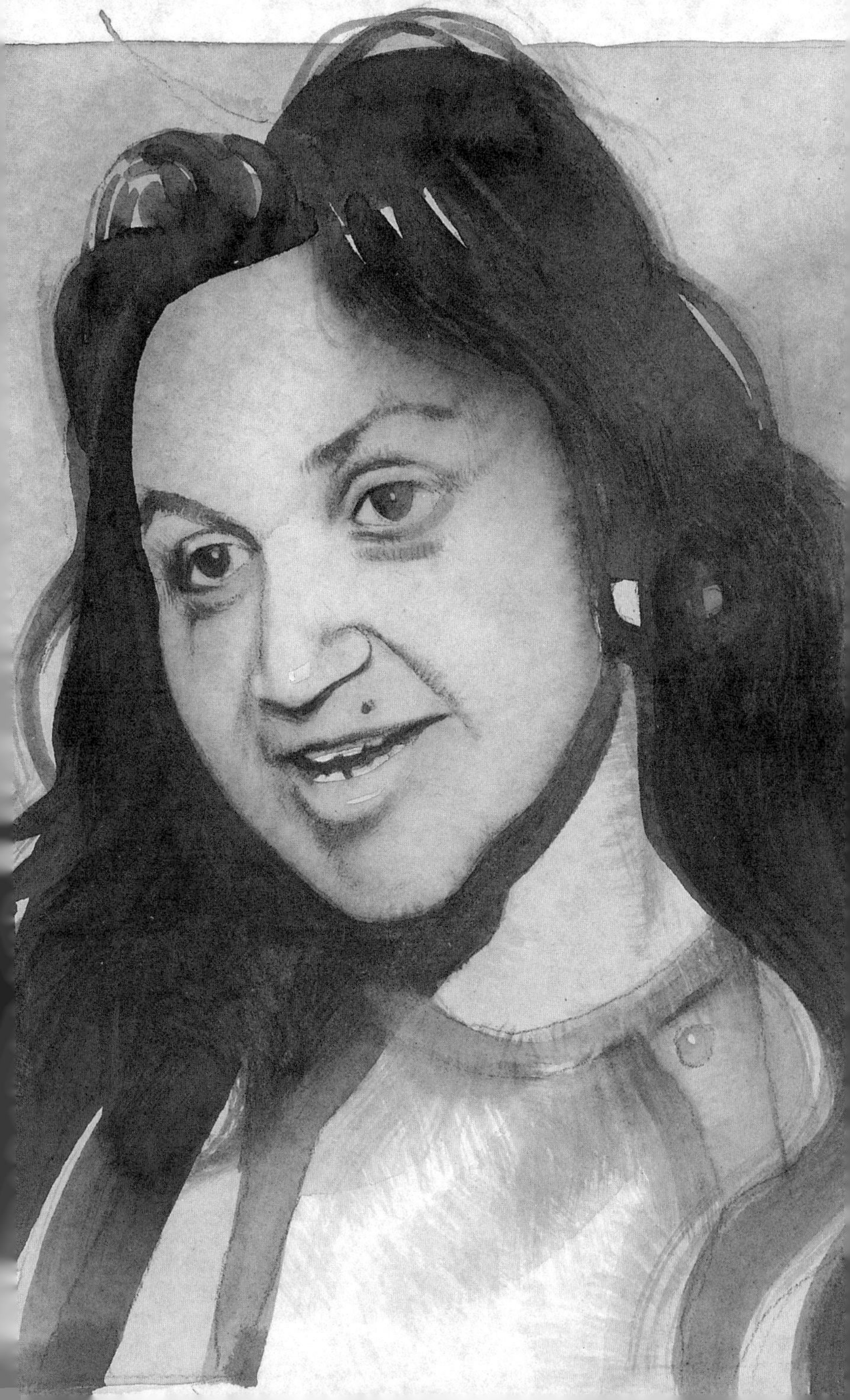

Violeta Parra nació el 4 de octubre de 1917 en el pequeño pueblo de San Carlos, en la Provincia de Ñuble en la región sur-central de Chile, fruto del segundo matrimonio de su madre, Clarisa Sandoval Navarrete, una mujer de origen humilde y campesino, con Nicanor Parra Parra, un hombre que también era de origen campesino pero que provenía de una familia con bienes y terrenos en Chillán y sus alrededores. Del matrimonio también nacieron Nicanor (poeta y autor de *Antipoesías*), Hilda (con quien Violeta forma el dúo de *Las Hermanitas Parra*), Roberto, Eduardo, Lautaro, René, Elba y Polito.

La niñez y la juventud de Violeta estuvieron marcadas por un constante peregrinaje familiar y por circunstancias económicas muy difíciles. El padre era maestro de primaria, trabajo que requería traslados frecuentes y cuyo salario apenas lograba mantener a la familia. La madre, además de sus responsabilidades hogareñas, trabajaba como *modista de trastienda,* suplementando así el sueldo del marido y el mantenimiento del hogar.

En 1935, cuando Violeta tenía dieciocho años, una *limpieza de Administración Pública* ordenada por el dictador Carlos Ibáñez del Campo[2] dejó sin empleo a su padre. Según varias fuentes, el objetivo de la *limpieza* fue la neutralización del partido radical —el partido de oposición— del que su padre formaba parte. Privado de su trabajo, comenzó a beber y murió antes de que Violeta cumpliera quince años, dejando a la familia en condiciones de hambre y miseria. La madre se vio forzada a lavar, coser, y vender retazos y chatarra para sacar adelante a sus hijos. Por su lado, los hijos hacían todo lo posible para ayudar con los gastos: hacían mandados, cargaban bultos y acarreaban agua.

La *limpieza de Administración* y la muerte del padre iniciaron a Violeta en una vida de pobreza que requirió que desde muy joven comenzara a independizarse y a arreglárselas ella misma, económica y emocionalmente. A partir de este momento comenzó a encontrar en el trabajo un refugio y una fuente de seguridad y amor propio. La afición al trabajo nunca cesó, hecho que le proporcionó un alto grado de independencia y libertad de voluntad y movimiento. Es esta misma inclinación, sin embargo, la que contribuyó a que la artista, en varias etapas de su vida, entrara en períodos de actividad y producción tan excesivos que la dejaban agotada, deprimida e irascible. De igual importancia fue el evento que marcó una toma de conciencia política para la joven adolescente, y que afectaría todos los aspectos de su vida y creación artística en el futuro. Jamás perdonó al dictador Ibáñez por dejar sin trabajo a su padre y por la miseria que hizo pasar a su familia y a la de miles de chilenos. Dice en sus *Décimas* autobiográficas:

> Así, creció la maleza
> en casa del profesor,
> por causa del dictador
> entramos a la pobreza.
> Juro por Santa Teresa
> que lo que digo es verdad;
> le quitan su actividad,
> y en un rincón del baúl
> brillando está el sobre azul
> con el anuncio fatal. (*Décimas* 81)

Su padre fue el más aficionado a la música y desde muy temprano los hijos lo escuchaban cantar, tocar la guitarra y hacer dúo con su esposa. Sin embargo, a pesar del interés que los dos tenían por la música, insistían en que los hijos no siguieran la profesión artística por considerarla impráctica. Violeta, quien desde niña fue vivaz y rebelde, desafió estas insistencias y, a escondidas, empezó muy temprano a tomar la guitarra y entonar canciones, escribiendo su primera composición a los doce años. Al llegar a su adolescencia su vocación musical se manifestó abiertamente cuando ella incita a sus hermanos —Hilda, Roberto, Lautaro y Eduardo— a recorrer los pueblos alrededor de Chillán cantando en circos humildes, chicherías, bares y cabarets para ganar algo con que comer. En su repertorio había algo de folclor pero dominaban los boleros, tangos, guarachas y rumbas, que era la música popular del día. En estos años, la madre le enseñó a Violeta a coser y ésta hacía muñecos de pana, vendiéndolos para ayudar con los gastos de la casa. Aprendió así el oficio de costura que más tarde utilizaría en sus tapices y arpilleras.

Al cumplir los quince años abandonó el regazo materno para reunirse con su hermano, Nicanor, quien la había persuadido a que lo visitara en Santiago donde él estudiaba en la universidad. Él la matriculó en la Escuela Normal de Niñas e intentó animarla al estudio, pero Violeta duró sólo dos años «batallando contra libros, disciplina y uniforme» (Oviedo 32), experiencia que inmortaliza en su décima, «Como nací pat'e perro»:

>Como nací pat'e perro,
>ni el diablo m'echaba el guante;
>para la escuela inconstante,
>constante para ir al cerro. (*Décimas* 109)

Los años de estrechez económica en el Chillán le habían enseñado a sobrevivir independientemente, y esto contribuyó a que siempre se resistiera a ser moldeada por las convenciones impuestas por el sistema educacional. Su gran deseo era cantar y tocar la guitarra. Además, quería ganarse la vida para no abusar de la generosidad de su hermano. Con la llegada de su madre y de sus hermanos a Santiago, en 1935, empezó a organizar dúos, tríos y cuartetos con el plan de darse a conocer en Santiago. En particular, junto con Hilda, formó el dúo de *Las Hermanitas Parra* que cantaba en los boliches de la bohemia santiaguina de la Matucana. Violeta practicaba constantemente y su repertorio se iba extendiendo según las demandas de su público.

En 1937 contrajo matrimonio con Luis Cereceda, un ex minero y empleado de Maestranza. Del enlace nacieron tres hijos: Luis Jaime, Isabel y Ángel. A principios de la década del 40, Violeta, como parte de un momento histórico en el que cobró mucha fuerza el movimiento popular obrero, experimentó una reactivación de su conciencia política. Participó en las actividades culturales y artísticas del Comité Regional del partido comunista correspondiente a la Quinta Normal. En 1946, funcionó en su casa una secretaría del Comando de la Campaña de González Videla, y dirigió un Comité de Dueñas de Casa que más tarde se integró al Frente Nacional de Mujeres. La lucha social llegaría a ser una parte esencial de su canto, otro hecho que la marginó de los medios oficiales de difusión y de la clase media y alta chilena.

Inicialmente Cereceda apoyaba la actividad artística de su esposa, pero al intensificarse la pasión de Violeta por su arte, las tensiones entre ellos aumentaron irreparablemente. Poco a poco Cereceda reveló que él era de la idea de que la mujer debe estar en la casa, e insistía que entre ellos no existía una vida privada ya que ella se dedicaba tanto a su arte (Oviedo 38). Por su parte, ella tenía plena conciencia de su rol social como mujer trabajadora y era capaz, a veces, de abandonar su familia a causa del trabajo (Oviedo 55). Además, como artista fiel a su labor, en una entrevista revela que su marido no apreciaba su trabajo y que sus constantes recriminaciones tuvieron un efecto negativo en su productividad (Oviedo 39). En 1941, año en que nace Ángel, el matrimonio empezó a desintegrarse pero Cereceda y Violeta decidieron mantenerse unidos por consideración al porvenir de sus hijos. Hacia 1948 las tensiones se intensificaron hasta tal grado que la pareja decidió separarse indefinidamente. Violeta describió las circunstancias de su matrimonio y de su desenlace en su animosa décima, «Verso por matrimonio»:

>   Anoto en mi triste diario:
>   Restauran El Tordo Azul;
>   allí conocí a un triste gandul
>   de profesión ferroviario;
>   me jura por el rosario
>   casorio y amor eterno;
>   me lleva muy dulce y tierno
>   at'á con una libreta
>   y condenó a la Violeta
>   por diez años al infierno...
>
>   ... A los diez años cumplíos
>   por fin se corta la güincha,
>   tres vueltas daba la cincha
>   al pobre esqueleto mío,
>   y p'a salvar el sentío
>   volví a tomar la guitarra;
>   con fuerza Violeta Parra

y al hombro con dos chiquillos
se fue para Maitencillo
a cortarse las amarras. (*Décimas* 171)

Después de la separación, Violeta y sus hijos se instalaron en la casa de Nicanor. Al partir el hermano a Europa en 1948, la familia se reunió con la madre de Violeta en una casa humilde en un barrio pobre de Santiago. Violeta siguió manteniendo una vida ocupada, luchando por darles una buena vida y educación a sus hijos a pesar de las estrecheces económicas. Además, trabajaba incansablemente para avanzar su carrera artística cantando en restaurantes y boliches de la capital. Por esta época, reflejando los gustos de su público, ella y su hermana Hilda interpretaban valses peruanos, huainitos y tonadas. En particular, el vals *Celosa* fue recibido con gran entusiasmo, algo que la animó a escribir sus propias composiciones, entre ellas *Brillo de mar en tus ojos* y *El buen consejo*.

En 1949 Violeta contrajo un segundo matrimonio con un mueblista y cantor de ópera, Luis Arce. De la pareja nacieron dos hijas: Carmen Luisa y Rosita Clara. En contraste con Cereceda, en el matrimonio con Arce, Violeta contaba con el apoyo de un compañero constante. Su carrera continuó progresando rápidamente grabando para la *RCA Víctor* y haciendo presentaciones en *Ésta es la Fiesta Chilena* de Radio Corporación. Así mismo, Violeta mostraba un gran interés en el folclor y empezaba a juntar canciones informalmente.

Tres eventos ocurridos en el año de 1953 incitaron a Violeta Parra a trabajar independientemente y seguir un camino profesional menos seguro como cantante de folclor. Su hermana Hilda Parra fue contratada, sin Violeta, por el conjunto de Las Torcazas, terminando así con el dúo. En ese mismo año Violeta también conoció a doña Rosa Lorca —«cantora, curandera, recitadora, médica, reina popular»—, quien (en las palabras de Violeta) le enseñó que Chile «era el mejor libro de folclor que se haya escrito» (Contreras Budge 62). Por otra parte, su hermano Nicanor Parra, con quien siempre había compartido una relación estrecha, la anima a perseguir su interés de rescatar la tradición poética del folclor chileno porque apreciaba profundamente la capacidad artística de su hermana. Dice Violeta Parra en una entrevista:

> Musicalmente yo sentía que mis hermanos no iban por el camino que yo quería seguir y consulté a Nicanor, el hermano que siempre ha sabido guiarme y alentarme. Yo tenía veinticinco canciones auténticas. Él hizo la selección y comencé a cantar y tocar sola. (Vicuña 60)

Inicialmente, aun cuando su interés en el folclor estuviera firmemente establecido, su repertorio se basaba en canciones escuchadas en la infancia en los días festivos celebrados en Chillán, como las que se cantaban para la fiesta de *las luminarias*, fiesta tradicional de la época de la Conquista. Luego, acompañada por Arce, Violeta comenzó sus primeras giras de investigación (*su trabajo de campo*) con la intención de rescatar y revivir el arte del folclor chileno. Las giras eran generalmente duros viajes a zonas relativamente aisladas, en autobuses destartalados y carreteras descompuestas e impenetrables. Juntos viajaron a la zona central y sur del país recogiendo la música de los araucanos, del pasuense y el chilote, y después recorrieron la zona del norte.

El trabajo de investigación efectuado por Violeta tuvo tres dimensiones originales. En cuanto a la recopilación, la habilidad de incorporarse casi imperceptiblemente al mundo campesino y comunicarse con las comunidades donde circulaban los cantos folclóricos, la llevó a un éxito inevitable. Dice Magdalena Vicuña al respecto:

> Sabía tratar a los ancianos como lo hacían las niñas de otros tiempos, llamándolos respetuosamente abuelito o abuelita. Conocía el lenguaje del niño que eleva volantines, sabía consolar a la madre que ha perdido su *angelito*, cantaba *parabienes* a los novios y comprendía al arriero que ha visto a la Virgen en el hueco de una peña y al diablo con tres ojos. (Vicuña 71)

Según el folclorista Gastón Soublette, otra cualidad original de su trabajo era que ella estaba muy consciente de que existían dos mundos en el folclor chileno, un mundo de la canción sentimental del siglo XIX —que era lo menos valioso del folclor chileno— y algo más ancestral, ligado a fuentes indígenas, que era lo que concretamente tenía más riqueza (Contreras 69). Finalmente, en cuanto a la difusión, Soublette añade que el trabajo de Violeta no era nuevo, pero nunca lo había hecho una persona de pueblo que lo difundiera a gran escala. Violeta, quien atacaba con violencia la deformación profesional del estudioso, tomó lo que antes había sido objeto de investigación más o menos privada, y lo devolvió a la gente (Contreras 69-70).

Su entusiasmo por el folclor contó también con el apoyo del dúo folclórico de las *Primas Aguilera,* de quienes aprendió a tocar la vihuela. De doña Rosa Lorca, fuente de canciones, leyendas, formas musicales y dichos, aprendió las tradiciones y la música asociada con *el velorio de los angelitos*. Y de don Isaías —*el profeta*— aprendió cómo tocar el guitarrón de 24 cuerdas, un instrumento muy popular en el pueblo. El apoyo que recibió, combinado con su extraordinario instinto y talento musical, le ayudaron a percibir la complejidad y diversidad en el canto folclórico chileno. Después de poco tiempo empezó a cantar *a lo divino* (una variedad de estilos inspirados por temas religiosos que incluyen los villancicos de Navidad y *el velorio del angelito*) y el *canto a lo humano* (una variedad de estilos inspirados por temas novelescos, amorosos e históricos, por sucesos de actualidad, por melodías y serenatas antiguas españolas, tonadas, cuecas y coplas).

Hacia mitades de la década del 50 sus esfuerzos empezaron a rendir fruto. Dio un recital en la casa de Pablo Neruda y poco después Radio Chilena creó el programa *Así canta Violeta Parra,* en el que cantó *a lo divino* y *a lo humano*. Más tarde continuaría fomentando la importancia del folclor en la radio con el programa *Fiesta Linda*, que se difundía en *Radio Chilena, Radio Minera* y *Radio Corporación*. Para complementar su trabajo en la radio abrió una academia de guitarra, donde daba clases de baile y guitarra. En 1954 ganó el Premio Caupolicán (creado por la *Asociación de Redactores de Teatro, Cine y Radio —ARTECIRA—*, en Chile, para reconocer las figuras nacionales más impresionantes en las artes chilenas) como folclorista del año. También obtuvo un premio de *SOCHAICO* —la *Sociedad de Autores y Compositores—*, en la *Fonda* de la Sociedad en la Exposición Agrícola de la Quinta Normal. Los muchos premios y el reconocimiento que recibe, sin embargo, no afectarían la marcha insoslayable de la cantante, quien seguiría firme en su batalla para abrir un espacio al folclor chileno. Dijo en una entrevista de *Radio Chilena*:

> No porque hubiera logrado grabar algunos discos y ganarme un *Caupolicán* el problema del folclor en Chile estaba ya resuelto; al contrario, la labor se volvía cada vez más difícil y más intensa. Cierto que logré abrirme camino, pero antes que yo, ya hacía tiempo había docenas de conjuntos radiales de música moderna que dominaban casi completamente el ambiente artístico. Es verdad que muchos son los que comprenden el esfuerzo que se hace para sacar adelante nuestra música, pero yo necesito el apoyo de cada uno de ustedes, de cada uno de los intérpretes actuales, de cada uno de los directores artísticos, de cada una de las firmas comerciales; en resumidas cuentas, tengo que decirles que en esta batalla por la defensa de lo auténtico continúo un poquitito menos sola que antes, quizá sí necesitaré toda mi vida y todas mis fuerzas para llevar a cabo este trabajo que me he propuesto. A veces me siento agotada, pero la guitarra me devuelve siempre el ánimo.[3]

En el mismo año (1954) su distinción como intérprete, investigadora y recopiladora del folclor la hace merecedora a una invitación al Festival de la Juventud de Polonia, en Varsovia. Aceptó la invitación aunque con algún remordimiento, ya que el participar significaba dejar a Arce y a sus hijos, y en particular a su hija Rosita Clara, que sólo tenía nueve meses. En Varsovia, Violeta tuvo un éxito tan impresionante que en el festival hasta su propia delegación se quedó sorprendida. Como consecuencia fue invitada a hacer grabaciones y dar recitales que ayudaron a subvencionar sus gastos, permitiéndole extender su viaje europeo por unos meses. Concluido el Festival, Violeta visitó otros países en Europa (incluyendo una visita a la Unión Soviética) instalándose por fin en París, donde permaneció hasta 1956. En París, Violeta enfrentó dificultades económicas pero las sobrepone gracias a su incomparable fortaleza y a su predisposición casi obsesiva por el trabajo. Después de unos meses estableció contacto con la comunidad latinoamericana y empezó a darse a conocer en las *boites* de París. En particular, Violeta profundizó su amistad con su compatriota Margot Loyola, con quien compartía la pasión por la música folclórica. Margot Loyola, quien ya era conocida como folclorista, se encargó de presentar a su amiga alabando su trabajo como *letrista* y compositora. Su talento fue reconocido por Paul Rivet, el destacado antropólogo y director del Museo del Hombre, quien la invitó a grabar un disco de música folclórica para los archivos del Museo. Poco después, el venezolano y especialista en folclor Germán Pardo de Lagonie la presentó a la *UNESCO,* que finalmente le hizo una grabación. Pardo de Lagonie también la presentó a la Fonoteca Nacional de París que también la grabó, y *Les Chants du Monde*, una empresa comercial, le registró 24 canciones. Llegó a dar un concierto en *La Sorbonne* durante un Festival Internacional Folclórico. Por esta época su repertorio se había ampliado para incluir sus temas: *La jardinera, El sacristán, Las violetas, Versos por el Apocalipsis, Parabienes de novios, Casamiento de negros, El palomo* y *Ausencia*. Además, comenzaba a desarrollar una instrumentalización más diversa. Usaba (además de la guitarra), las castañuelas, el acordeón, y más tarde, el charango y el *cuatro* (la caja de cuerdas venezolana).

En medio del ajetreo parisiense y justo en el momento en que su actividad incrementaba, Violeta recibió la trágica noticia de la muerte de su hija menor, Rosita Clara, quien murió de pulmonía. La noticia la afectó profundamente, provocando una angustia inconsolable. A partir de este evento Violeta se enfrentó a una lucha constante contra una depresión agobiante en que cuestionaba «la precariedad de las cosas, el significado de las pruebas dolorosas, el fracaso del matrimonio, la muerte de sus hijos, sus éxitos y su desesperanza» (Oviedo 62). Su inquietud la impulsó a mantenerse activa constantemente. En poco tiempo realizó un corto viaje a Inglaterra donde fue recibida con entusiasmo por la Embajada de Chile, quien le organizó recitales y grabaciones con la *BBC* de Londres. En Londres también conoció a la folclorista inglesa Victoria Kingsley, y la *BBC* le hizo una entrevista para el Servicio Latinoamericano. Un año después de la muerte de Rosita, Violeta, impulsada por una angustia inconsolable y una profunda nostalgia por todo lo chileno, volvió a su país. En su canción *Versos a la niña muerta*: *Cuando yo salí de aquí*, articuló el sentimiento de vacío que experimentó al llegar a Chile en 1956:

> Ahora no tengo consuelo,
> vivo en pecado mortal,
> y amargas como la sal
> mis noches son un desvelo;
> es contar y no creerlo,
> parece que la estoy viendo,
> y más cuando estoy durmiendo
> se me viene a la memoria;
> ha de quedar en la historia
> mi pena y sufrimiento. (*Décimas* 218)

La muerte de Rosita Clara y la larga separación de la pareja también tuvieron como consecuencia la eventual ruptura del matrimonio con Arce.

De vuelta en su país natal, inició otra etapa de extraordinaria actividad. Contratada por Rubén Nouselles, del sello Odeón, grabó su primer disco de larga duración: *Violeta Parra y su guitarra*. En *Radio Chilena* conoció a Gastón Soublette, quien estaba encargado de la discoteca, y quien se volvería un inapreciable compañero de trabajo ya que él sabía transcribir a pautas las composiciones que ella recopilaba. En seis meses, los dos prepararon el libro *Cantos folclóricos chilenos* con colaboración de Sergio Larraín en el arte, que no se publicó hasta 1979.

En 1957 fue contratada para dar clases de Folclor en la Universidad de Concepción, donde permanecería hasta 1959 con un cargo en el Departamento de Investigaciones Folclóricas. Allí, fundó y dirigió el Museo del Arte Popular, y se dedicó a recopilar más de cien cuecas de la zona. También comenzó otro recorrido por las zonas rurales, recopilando canciones de veteranos de la música de ancianas como doña Blanca Segundo, de la gente de Ñipas y de una cantora de Yumbel, y de muchas más que siempre estuvieron dispuestas a confiarle sus cantos. En Concepción se integró a la comunidad artística y con ellos compartió su arte, su vida y su tiempo libre.

De vuelta a Santiago de Concepción, en 1959, contrajo hepatitis. La inactividad la inquietaba y no queriendo gastar el tiempo empezó a bordar sus *saquitos* y a pintar con témpera en cartones. Seguiría con óleo en tela, cerámica y esculturas de alambre. Su obra plástica se expuso en la Feria de Artes Plásticas de Santiago y después fue seleccionada para la Bienal de São Paulo. Esta selección causó gran controversia en la comunidad artística, ya que algunos no consideraban que su trabajo fuera digno de ser admirado en una institución de tanto prestigio. Finalmente, expuso en el Museo de Arte Moderno de Río de Janeiro.

A partir de su convalecencia de la hepatitis Violeta complementaría su pasión por la música con el trabajo en las arpilleras, la pintura, la escultura y la cerámica. Su arte plástica, como la música, se distinguió siempre por su sencillez de expresión. Compartía con los grandes pintores de este siglo, en particular Picasso y Chagall, una profunda nostalgia por la inocencia infantil.

Hacia 1960 su música manifestaba una fisonomía muy original como, por ejemplo, sus *Anticuecas* (probablemente inspiradas por las *Antipoesías* de su hermano Nicanor). Compuso también *El gavilán* que fue concebido por Violeta «como ballet en un momento de profunda crisis sentimental, es quizá la expresión más ajustada del drama que sufrió tantas veces en su relación amorosa y donde el hombre (amor, amante, enamorado), cual ave de rapiña, la persigue para comerle las entrañas, que es como decir para esterilizarla en su capacidad de amar o de crear» (Oviedo 75):

> gavi gavi gavi gavi lán ga
> gavi gavi gavi gavi lán ga
> gavi gavi gavi lán
> gavi gavi gavi lán
> gavilán gavilán gavilán gavi...
>
> ...Tiqui tiqui ti tiqui tiqui ti mentiroso
> tiqui tiqui ti tiqui tiqui ti veleidoso
> tiqui tiqui ti tiqui tiqui ti mentiroso.
> Yo no tengo dónde estar. (Isabel Parra 164)

Compuso además temas para varias películas de Sergio Bravo: *Mimbre*, *La trilla* y *Casamiento de negros*, y para Di Lauro y Yancovic, el tema de *La tirana*.

El 4 de octubre de 1960, día en que cumplía 43 años, Violeta conoció a Gilberto Favre, quien según varios de sus comentaristas, fue el gran amor de su vida. Favre era un estudiante suizo de antropología y compartía con Violeta un gran interés por la música folclórica latinoamericana. Violeta y Favre —a quien ella llamaba «el tocador afuerino»— colaboraban en trabajo de investigación, y frecuentemente él participaba en los conciertos de la cantante chilena tocando una variedad de instrumentos auténticos. La relación con Favre, sin embargo, era algo tempestuosa, impredecible, y fue exacerbada, probablemente, por el genio cada vez más difícil de Violeta, quien oscilaba entre episodios maníacos de entusiasmo y alegría por un lado, y estallidos furiosos y de gran tristeza, por el otro.

En 1961 Violeta volvió a París con sus hijos mayores, esta vez para reunirse con Favre, quien vivía en Ginebra; los hijos de Parra habían sido invitados a un Festival de Música en Helsinski. De vuelta en Europa, gozó de las atenciones que recibía por haber llegado a ser una artista admirada y reconocida, tanto en la música como en las artes plásticas. Veintiséis de sus pinturas se expusieron en el Pabellón Marsan del Palacio del Louvre e inmediatamente comenzaron a venderse. Junto con sus hijos, publicó *Poésie Populaire des Andes*. Y en Ginebra, a donde viajaba con frecuencia para reunirse con Favre, instaló una exhibición de sus máscaras chilenas y dio un concierto en la sala de *Coeur Saint Pierre* bajo el patrocinio de Raymonde Gampert. En Suiza se realizó la película documental *Violeta Parra, bordadora chilena*; sus recitales en todas las ciudades europeas contaban siempre con un público grande y receptivo.

Mientras tanto, la relación con Gilbert se configuraba entre separaciones, reuniones, peleas y reconciliaciones, hecho que contribuyó a una profunda depresión de la cual Violeta, a pesar de sus éxitos profesionales y recuperación económica, no pudo recobrarse.

A fines del 65 tuvo que volver a Chile por razones familiares. Violeta pronto se dio cuenta de que su país había experimentado ciertas modificaciones. Entre las más significativas está el surgimiento del movimiento de la *Nueva Canción Latinoamericana,* que aunque no fuera folclor auténtico, contaba con raíces populares y tenía un fuerte mensaje de denuncia social. Ante todo, en las *peñas* y en las universidades donde se interpretaba esta nueva música, se abría el camino para que el folclor fuera recibido por un público más grande y más receptivo. Violeta se lanzó a tomar parte en el proceso cantando en cada oportunidad y sirviendo de guía a los principiantes en el movimiento. En 1966 comenzó su propia *peña* —La Carpa de la Reina— instalándola en una carpa cuyo diseño era similar a los circos donde trabajaba en su infancia. Al lado de *La carpa* construyó una pieza de madera que convirtió en su hogar. Para el mantenimiento y la administración de *La Carpa de la Reina*, contó con la ayuda de su hija Carmen Luisa de 15 años de edad, y más adelante, con la colaboración de Alberto Zapicán, un joven uruguayo que en una noche como miembro del público de la *peña* quedó fascinado con el trabajo que hacía Violeta.

El estado emocional de la cantante era cada día más frágil, cuando experimentó una serie de circunstancias desafortunadas que agravaron aún más su condición depresiva. Violeta había ubicado *La Carpa* en un lugar poco accesible al que no llegaba gente, y tuvo que enfrentarse al fracaso de su empresa. La desilusión ante el fracaso se exacerbó cuando un fuerte granizo desgarró la carpa dejándola dañada casi irreparablemente. Al mismo tiempo, la universidad le rechazó una propuesta para un proyecto de investigación. Su situación económica se deterioraba y la perseguían acreedores e inspectores. La relación con Gilbert continuaba, pero Favre empezaba a distanciarse del carácter cada día más irascible de Violeta y, finalmente, optó por dejar la relación.

El gran amor, el dolor y el resentimiento ante la vida la consumían, y en este estado se inspiró a componer sus *Últimas composiciones*, entre ellas algunos de sus temas más bellos y expresivos: *Maldigo al Alto Cielo, Volver a los diecisiete* y *Gracias a la vida*. Sus altibajos se intensificaron y en 1966 intentó el suicidio cortándose las venas de la muñeca. Se recobró físicamente pero su deseo de morir persistió. Empezó a regalar sus pertenencias a sus amigos preparando el camino para su salida, y a pesar de los esfuerzos que se dieron para evitar otro atentado contra su vida, se suicidó con un revólver el 5 de febrero de 1967, encontrando así un profundo y permanente descanso.

Notas

[1] Verso de la composición *El gavilán*, de Violeta Parra, en Isabel Parra, *El libro mayor de Violeta Parra*. Madrid: Ediciones Michay, S.A. :164.

[2] El general Ibáñez del Campo (1877-1960) fue elegido por primera vez en 1927. Su gobierno, además de ser represivo, causó un incremento en la tasa de desempleo y descontento

general que lo forzó a la renuncia, y finalmente a abandonar el país en 1931.

[3] Extracto de un texto de Violeta difundido por *Radio Chilena* el 19 de octubre de 1957, citado por Carmen Oviedo, 56.

Bibliografía

AGOSÍN, Marjorie & Inés Blackburn-Dölz. *Violeta Parra santa de pura greda*. Santiago: Editorial Planeta, 1988.

ALEGRÍA, Fernando. «Violeta Parra: veinte años de ausencia». *Revista Araucaria* 38 (1987).

CONTRERAS BUDGE, Eduardo. *Violeta, el origen del Canto*. México: Cuadernos Casa de Chile, 1979.

MANNS, Patricio. *Violeta Parra: la guitarra indócil*. Concepción: Ediciones Literatura Americana Reunida, 1986.

OVIEDO, Carmen. *Mentira Todo Lo Cierto: Tras la huella de Violeta Parra*. Santiago: Editorial Universitaria, 1990.

PARRA, Isabel. *El libro mayor de Violeta Parra*. Madrid: Ediciones Michay, 1985.

PARRA, Violeta. *21 son los dólares*. Chile: Editorial de los Andes, 1992.

- *Décimas. Autobiografía*. Barcelona: Editorial Pomaire, 1976.

SUBERCASEAUX, Bernardo y Jaime Lodoño. *Gracias a la Vida: Violeta Parra, Testimonio*. Buenos Aires: Editorial Galerna, 1976.

VICUÑA, Magdalena. «Violeta Parra, hermana mayor de los cantores populares». *Revista Musical Chilena* 12.60 (1958).

Nos apartaron como cizaña del grano.
Rosario Castellanos.

ROSARIO CASTELLANOS:
CENIZA SIN ROSTRO

DEBRA A. CASTILLO

En *El uso de la palabra*, la poeta, novelista, filósofa y diplomática mexicana Rosario Castellanos (1925-1974) escribe desalentadamente sobre sí misma y otras autoras, «la unidad de esos libros la constituye la persistencia recurrente de ciertas figuras: la niña desvalida, la adolescente encerrada, la solterona vencida, la casada defraudada. ¿No hay otra opción? Dentro de esos marcos establecidos, sí. La fuga, la locura, la muerte... (S)i lo consideramos bien, tanto las primeras como las otras alternativas no son propiamente cauces de vida, sino formas de muerte» (229). Así, incluso su propio trabajo ha sido incapaz de encontrar posibilidades para que las mujeres se realicen como seres humanos; en cambio, se encuentra que ella misma cae en las sofocantes categorías preestablecidas: formas de muerte, no caminos de vida. En sus diversos artículos sobre figuras literarias, al buscar a sus precursoras literatas mexicanas, sólo encuentra a dos: sor Juana Inés de la Cruz, la brillante monja del siglo XVII, cuya apasionada «Respuesta a Sor Filotea» incluye un esbozo autobiográfico de dos o tres páginas, y la Marquesa Fanny Calderón de la Barca, la esposa inglesa de un embajador español en México, cuyas memorias de los dos años que pasó en ese país (1839-1841) sirven como uno de los más apreciados documentos históricos del siglo XIX. La falta de acceso a la palabra escrita era tal, que cuando una de las heroínas de la independencia, doña Josefa Ortiz de Domínguez «quiere avisar al cura Hidalgo que han sido descubiertas, no puede manuscribir su recado porque no sabe» (*Mujer* 27). A las mujeres, como Castellanos observa repetidamente, se las ha desanimado durante siglos de la participación en la vida pública, su papel en los debates literarios y políticos en torno a sus antagonistas masculinos ha sido obscurecido o negado, y sus voces sólo ahora empiezan a entrar en el discurso nacional. Fue sólo en 1946 cuando a las mujeres mexicanas se les concedió oficialmente la ciudadanía, incluyendo el derecho a la educación primaria (ahora secundaria); los factores económicos todavía afectan los niveles reales de analfabetismo. El activismo de las mujeres y la literatura de las mujeres, en semejante contexto, tienen que negociar continuamente su contrato implícito con los imperativos sociales e ideológicos. Esta negociación es la que domina la vida y la obra de Castellanos.

Rosario Castellanos pasó los primeros dieciséis años de su vida en la ciudad de Comitán, en el sureño estado de Chiapas, una comunidad que estaba completamente aislada del Gobierno Central hasta que la Autovía Panamericana la alcanzó en 1951. La Revolución de 1910 la pasó de largo; la Reforma Agraria del Presidente Lázaro Cardenas, en 1934, tardó años en llegar, y cuando lo hizo, en 1941, la forma de vida neofeudal de la familia

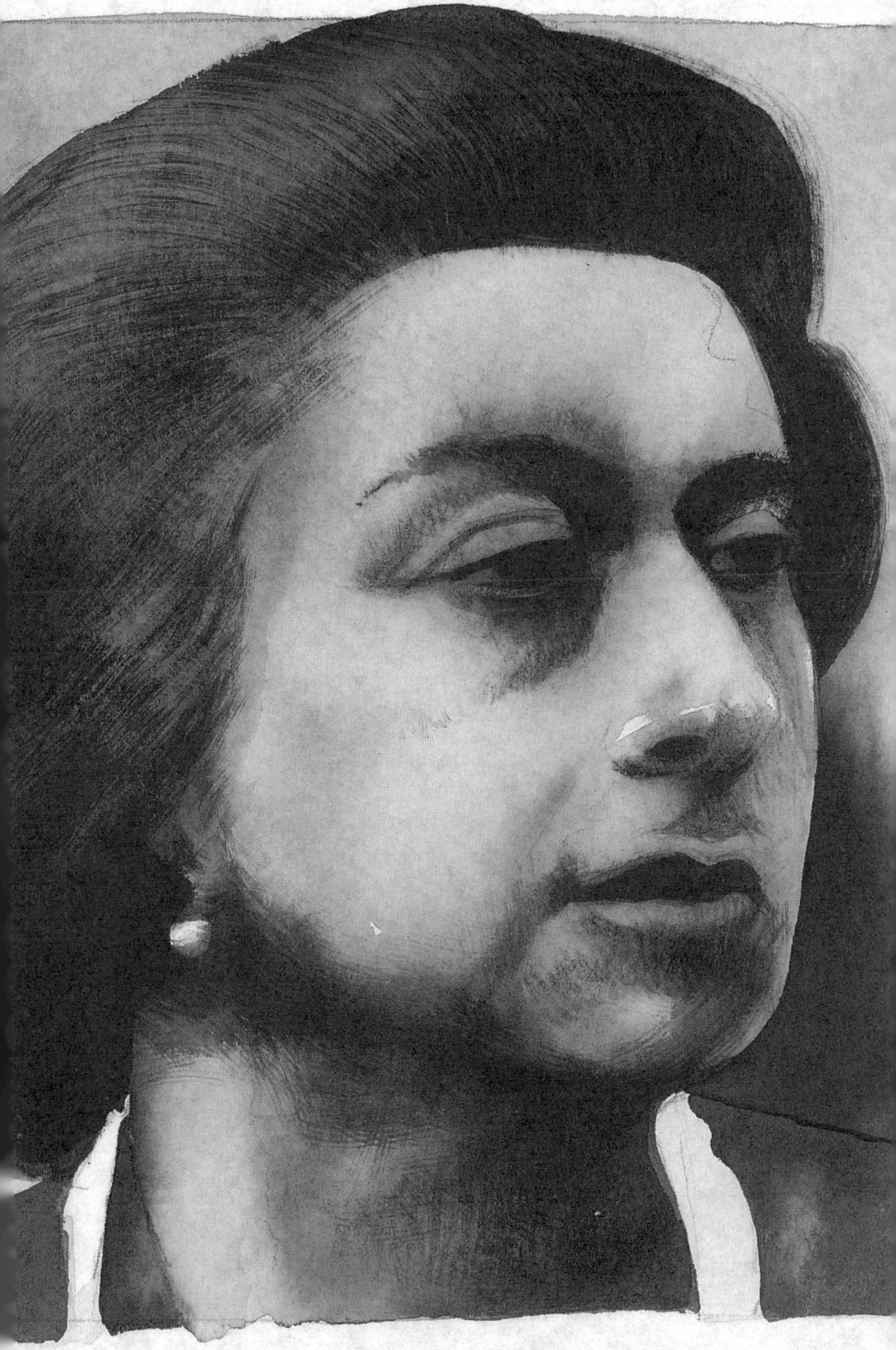

Castellanos llegó a su fin. Su padre perdió los ranchos, junto con el poder económico y social que los acompañaba, y emigró con su familia a Ciudad de México. Rosario Castellanos volvió eventualmente a Chiapas por varios años, como empleada del Instituto Nacional Indigenista. Sin duda alguna, estas experiencias últimas confirmaron su temprana simpatía por los indios que hablaban tzeltal, e inspiraron las complejas exploraciones de los mecanismos de poder operativos entre los ladinos y los pueblos indígenas, que permean casi toda su obra en prosa. Aurora M. Ocampo nos dice: «Rosario Castellanos supo escuchar las voces de los desposeídos porque ella también fue una oprimida, y las de los verdugos porque también tuvo ocasión de serlo» (Ocampo 201). Castellanos nunca se olvida de que al escribir su historia y la de los indios tzeltal en lengua española, se da voz a sí misma y a ellos en la lengua del opresor, con una forma y un estilo inaccesible a la gente que representa.[1]

La misma Castellanos es muy consciente de su propia ceguera a este respecto, y reconocía que compartía la anestesia general predominante en su país hacia los problemas clasistas y racistas. Ha escrito con emoción sobre su nana Rufina, y sobre su *cargadora*, María Escandón, la mujer y la niña que sus padres le habían entregado como si fueran juguetes. Su comportamiento, si no totalmente explotador, tampoco fue ejemplar:

> «Yo no creo haber sido excepcionalmente caprichosa, arbitraria y cruel. Pero ninguno me había enseñado a respetar más que a mis iguales y desde luego mucho más a mis mayores... El día en que, de manera fulminante, se me reveló que esa cosa de la que yo hacía uso era una persona, tomé

una decisión instantánea: pedir perdón a quien había yo ofendido. Y otra para el resto de la vida: no aprovechar mi posición de privilegio para humillar a otro».

Este darse cuenta de la humanidad esencial de lo que hasta entonces había tratado como un juguete es una experiencia a la vez desgarradora y aterradora, y Castellanos dedicó buena parte de su vida a ayudar a la causa de los indígenas mexicanos. Su dedicación, sin embargo, tuvo una omisión curiosa e inexplicable, un punto débil o, más severamente formulado, un elemento hipócrita. Después de que María Escandón pasara treinta y un años a su lado, Castellanos, al casarse, puso a su antigua compañera al servicio de otra mujer. Según nos cuenta la misma Castellanos, la nueva señora, Gertrudis Duby, se asombró de que durante aquellos treinta y un años, Castellanos nunca hubiera tenido tiempo para enseñar a su criada a leer y escribir. Como Castellanos anota: «Mientras yo andaba de redentora... junto a mí alguien se consumía de ignorancia» (Poniatowska, *Vida* 121). El compromiso fue inconsistente e irresponsable, como mínimo; el riesgo, si semejante palabra puede usarse en el contexto, no fue riesgo alguno.

En sus ensayos, Rosario Castellanos ofrece una descripción detallada, aunque algo amargada, de la criolla típica, una mujer sujeta a un sistema de valores que no parece tener ni pies ni cabeza. Cuando observamos a las mujeres mexicanas, nos dice, nuestra primera impresión es de una diversidad irreductible: la niña india que cuida las ovejas en Chiapas parece que no pertenece a la misma especie que la estudiante universitaria de ciencias, la niña provinciana vestida de pies a cabeza con indumentaria tradicional no parece vivir en el mismo siglo que la muchacha en biquini haciendo esquí acuático en Acapulco, la criada que acaba de descubrir la batidora eléctrica no tiene mucho en común con la azafata aérea, aburrida de tantos vuelos internacionales. Los estratos culturales, económicos y temporales luchan contra cualquier intento de agrupar a estas mujeres en una misma categoría. Sin embargo, Castellanos encuentra que hay mucho que las une en su común feminidad y en su destino común:

> «Mi experiencia más remota radicó en la soledad individual; muy pronto descubrí que en la misma condición se encontraban todas las mujeres a las que conocía: solas solteras; solas casadas; solas madres. Solas, en un pueblo que no mantenía contacto con los demás. Solas, soportando unas costumbres muy rígidas que condenaban el amor y la entrega como un pecado sin redención».
> (Miller 135)

En esta formulación, las mujeres no pueden vivir sin un hombre que sea su mediador en cualquier dominio social, y de esta dependencia forzada crece un insano encarcelamiento en lo convencional: «La maternidad redime a la mujer del pecado original de serlo, confiere a su vida (que de otro modo resulta superflua) un sentido y una justificación... Sirve de panacea infalible para las más hondas y desgarradoras frustraciones personales» (*Usos* 53). La sensación de soledad e inadecuación encuentra su única salida en la maternidad y en una vida de abnegación. En otro ensayo, Castellanos reflexiona sobre los efectos negativos de estas vidas frustradas en sus familias, sobre cómo la mujer educada en el autosacrificio transmite una terrible herencia de amargura a sus hijos:

«¿Por dónde empezar a romper el círculo vicioso? ¿Por exigir padres responsables? Está muy verde. Pensemos mejor en madres que no aprovechen el trance de su agonía para cargar a sus hijos el fardo del rencor bajo el que se doblegaron siempre dándole el nombre de abnegación». (*Mar* 116)

La tradición, la ley, la costumbre, las instituciones educativas luchan contra la rebelión de la mujer, no hay en esta proyección ningún marco institucional que apoye este movimiento. Sin embargo, hay márgenes y márgenes: incongruentes, sobrepuestos, discontinuos, paralelos. A los indios de la provincia de Chiapas que no hablaban español, Rosario Castellanos, educada en la Ciudad de México, blanca, de clase alta, debía parecerles el máximo ejemplo del centro. Para Rosario Castellanos, su condición de mujer es suficiente para marginarla, personal y políticamente, hasta tal punto que su espacio es análogo al de ellos. En la cultura nacional representada por las normas y costumbres de la ciudad, el sexo de Castellanos limitó su acceso a los círculos internos de la actividad profesional; su vocación de escritora la marginó aún más. Como explica Poniatowska, mientras todas las escritoras se sienten impulsadas a excusarse ante un público hipercrítico, «Rosario va más lejos aún porque de plano se lanza a pedir perdón». Una mujer profesional es apenas tolerada, y la sociedad en general rehúsa reconocer su potencial para comprometerse con una profesión. Poniatowska continúa: «Trabajan las solteras, las divorciadas, las abandonadas, o de perdida, las feministas, que por serlo se han divorciado... ¿El respeto a su profesión? La mujer aún no lo conquista en México. Una mujer que trabaja es objeto de conmiseración». En el caso de la escritora, esta displicente conmiseración se disuelve en aversión: «Temen además que la escritura las margine como, de hecho, las margina» (*Vida* 101-2). La marginación no es una posición filosófica, sino un duro hecho de la vida diaria.

Rosario Castellanos parte del hecho de esta marginación y escribe desde los márgenes del discurso oficial, eligiendo conscientemente las intersecciones dolorosamente reconstruidas entre los dos tipos e intensidades de marginación, inscribiendo los restos rotos de una cultura oral que lucha por mantener su identidad única a costa de la presión de la historización oficial. Tanto en sus novelas —*Balún Canán* (1957) y *Oficio de Tinieblas* (1962)— como en las colecciones de cuentos *Ciudad Real* (1960) y *Los convidados de agosto* (1964), el esfuerzo resulta en un texto extrañamente híbrido, escrito para las clases oprimidas y marginadas que no disponen de dinero para comprar libros, ni tienen ocio para leerlos, suponiendo, y éste no es el caso más frecuente, que tuvieran el nivel de educación necesario para descifrar las palabras en español. Las escenas pintadas por Castellanos con mayor intensidad son las reservadas para mujeres como la *nana* y la *cargadora*, que han servido a mujeres blancas como ella de un modo invisible durante generaciones, y para las esposas indias y las amantes indias que permanecen mudas y ocultas, en los límites de una existencia marginal, incluso dentro de una cultura marginada. Tenemos, entonces, la extraña contradicción de una escritora que escribe para no ser leída por sus lectores ideales y, en cambio, tiene que lanzar sus textos a las manos de los habitantes del centro que se regodean en el lujo de leer libros.[2]

Esta situación amenaza, como Jean Franco nos diría, una suerte de doble o triple traición; primero, como Franco anota, «en el nivel del enunciado —esto es, en el espacio donde la trama, personajes y tiempos novelísticos se entretejen. Estas novelas registran el primer tipo de traición, el que ocurre en el cambio que va de una comunidad unida por una cultura de transmisión oral a la nación (*Plotting* 132). Escribir un cuento oral es traicionar la naturaleza misma de ese cuento, y, por extensión, es traicionar a la comunidad misma por un conocimiento incompleto y por una reconocida incapacidad de traducir con precisión de una lengua a otra, de una cultura a otra.

La traición puede darse también en otros niveles, ya que al abandonar al público implícito (el que no lee) por el otro, el de la cultura dominante, la escritora se traiciona una vez más, al establecer un contrato con un lector que no es el suyo, al crear un espacio para la inevitable reapropiación de los márgenes —como estudio antropológico, como imagen exótica, como ese *otro* oscuro cuya única función es circunscribir o definir el centro— con otros propósitos. Los esfuerzos por deconstruir el mito unitario de la nación contribuyen de un modo inexplicable, inesperado y simultáneo a la reinscripción de ese objeto rechazado. Mientras los espacios sonoros se van llenando ambiguamente, la insistente negación contrahegemónica *Yo no, eso no,* se convierte, sorprendentemente, en el ritmo del compás para la vuelta del blanco también: la hija del latifundista que nunca entrará en el mundo de los indios que hablan tzotzil o tzeltal.

Este proceso de medir las valencias de los márgenes atomizados conlleva una tercera negación de la marginación, una tercera traición también. A la doble traición del contexto lingüístico y cultural se une el de la misma escritura. Como Trinh Minh-ha escribe en *Woman, Native, Other*, la escritora poscolonial, con ironía «escribe generalmente desde una posición de poder, creando como un *autor*, situándose a sí misma *por encima* de su obra y existiendo *antes* que ella, raramente *al mismo tiempo* que ella» (6). Escribir *bien* —como un hombre (poscolonial)— es poner en peligro, olvidar o trascender la fuente original de su fuerza y el sentido primario de su diferencia forjada en la identificación de su yo como una escritora desde los márgenes. Es una búsqueda activa de la aceptación *de él*, de *su* poder, de *su* autoridad. Entre las voces que repercuten, ya lo dijo Doris Lessing, como las balas de un arma de fuego, «Yo, Yo, Yo», su voz se pierde, demasiado fácilmente apropiada o silenciada, alabada o ignorada. Así, Rosario Castellanos representa el típico caso de la mujer escritora incorporada al canon sólo simbólicamente, que no es leída excepto por algunas de sus obras en antologías al uso, y que es descartada de toda consideración seria con elogios vagos por un público condescendiente y ligeramente desdeñoso.

No se trata sólo, como Doris Sommer lo describiría, de que «para las mujeres su *condición* era femenina más que humana y apenas descrita o reconocida» (68), aunque esta preocupación se siente. Castellanos nos pide que pensemos en los presupuestos culturales que existen detrás de tales categorías aparentemente *universales*. En la historia metafórica que Castellanos presenta del lenguaje como un instrumento de dominio, ella escribe: «la propiedad quizá se entendió, en un principio, como corrección lingüística... Hablar era una ocasión para exhibir los tesoros de los que se era propietario... Pero se hablaba ¿a quién? ¿O con quién?» (*Mujer* 177). Hablar es crear una superficie de propiedad, de relaciones propietarias que pueden explotarse en varias direcciones. Esencialmente conocida como poeta, cuyas obras más conocidas y altamente apreciadas son sus volúmenes de poesía: *Trayectoria del polvo* (1948), *De la vigilia estéril* (1950), *Presentación en el templo* (1951), *El rescate del mundo* (1952), *Poemas* (1953), *Al pie de la letra* (1959), *Lívida luz* (1960), *Materia memorable* (1969), *Poesía no eres tú* (1972). Castellanos fue una artista que no pudo permitirse las distinciones fáciles que otros escritores y pensadores mantienen entre vida y arte. La literatura fue, en sentido bastante literal, su vida. Su trabajo la mantuvo viva al salvarla del abismo de la angustia impotente, y sus angustias personales se transmutan, en forma artística, en sus versos, centrados principalmente en la mujer y notablemente autobiográficos. Para ella, desde el punto de vista político, la literatura tiene el poder de cambiar la realidad por el acto de nombrar. En su poema «Pasaporte», escribe:

> Mujer, pues, de palabra. No, de palabra no.
> Pero sí de palabras,
> muchas, contradictorias, ay, insignificantes,
> sonido puro, vacuo, cernido de arabescos,
> juego de salón, chisme, espuma, olvido. (*Meditación* 215)

Rosario Castellanos rechaza los órdenes nítidos de un cuento racionalizado y autojustificatorio. Ella no es única, no es mujer de palabra, sino mujer de muchas, y contradictorias, palabras. Por consiguiente, su escritura intensamente personal, bien sea en poesía, prosa o drama, rechaza convalidar el pacto con el lector que la reduciría a un hilo único, aunque muy elaborado. Su identificación de sí misma y, por extensión, de todas las mexicanas, con la causa de las otras personas marginadas —especialmente las clases indígenas de las provincias periféricas de México— impediría tal reduccionismo.

Castellanos ha estado siempre interesada en estas marginaciones paralelas, en estas dos variantes del silenciar. En su segunda novela, *Oficio de tinieblas*, este paralelo se dibuja con nitidez. La criolla está representada por la infeliz y amargada Isabel, cuya única hija es la de su primer matrimonio y cuyas relaciones con su segundo marido están ensombrecidas por sus sueños de liberarse de este hombre que exhibe a sus amantes ante ella, un hombre a quien ella ama con una pasión incomprensible, un hombre que, quizá con su complicidad, mató a su primer esposo, que era su propio hermano. Por otro lado, y con mayor importancia, está la esposa del terrateniente e inmigrante alemán don Adolfo, mujer silenciosa, casi invisible y brevemente mencionada. La evocación fugaz de esta mujer refuerza la equivalencia implícita entre las figuras de mujer e india establecida por marginaciones paralelas. Doña Ifigenia es una mujer india, y sus obligaciones corresponden exactamente con las que Castellanos definió como las suyas propias durante su corto e infeliz matrimonio: «Se me atribuyen las responsabilidades y tareas de una criada para todo. He de mantener la casa impecable, la ropa lista, el ritmo de alimentación infalible. Pero no se me paga ningún sueldo, no se me concede un día libre a la semana. No puedo cambiar de amo» (Poniatowska, *Vida* 65). Tales son las únicas concesiones de humanidad otorgadas a la esposa de don Adolfo. Según el terrateniente, ella había tenido el supremo buen gusto de borrarse casi completamente de la conciencia familiar. Su dominio es la cocina del rancho y la tabla de planchar, y «había tenido el acierto de no legar ni el color de su tez (oscuro, de india zoque), ni la rudeza de su intelecto ni la ordinariez de sus costumbres, a sus descendientes» (55), mujeres jóvenes de ojos azules y piel blanca que viven en la ciudad. Aún más, doña Ifigenia «nunca intentó equipararse a él y la barrera del idioma había puesto, desde un principio, un límite real y tangible a su intimidad» (56). Representa, por lo tanto, la esposa perfecta, trabajadora y resignada, silenciosa por necesidad, ya que no habla la misma lengua que su esposo. Cualquier palabra que hable, cualquier pensamiento que conciba, no son oídos ni reconocidos; la denigración por parte de su marido acerca de la «rudeza de su intelecto» por ejemplo, es una suposición teórica, un generalizado insulto racista que obviamente no puede haberse basado en la experiencia real. Doña Ifigenia es una mujer sin opciones, sin alternativas, ni siquiera en teoría; sólo puede esperar que el destino la vuelva a hacer un ser útil, al convertirla en abuela. Su posición en la casa es tal que tiene que pedir permiso continuamente para seguir existiendo.

El más útil de los libros de Castellanos para nuestro propósito aquí no es, sin embargo, *Oficio de tinieblas*, sino *Balún-Canán*. La autora describe esta novela como «esencialmente un libro autobiográfico» (Cresta 10), aunque viola casi todos los requisitos normativos del género autobiográfico, concebido de un modo tradicional. Castellanos elabora: «Es la narración de mi infancia; es, además, un testimonio de los hechos que presencié en un momento en que se pretendió hacer un cambio económico y político en los lugares donde yo vivía entonces... pero, claro, están contados a manera de literatura, no a manera de crónica, ni a manera como podría contarse en el *cauch* de un psicoanalista...» (Cresta 3, énfasis mío). En otra entrevista, Castellanos añade: «en forma estricta, esta obra no puede considerarse prosa...» (Miller 125). Si se puede decir que se amolda a cualquier forma establecida, *Balún-Canán* parece que se adapta bien a esa variedad proteica de la autobiografía femenina descrita por François Lionnet:

> No debería ser sorprendente que una auto-
> biografía narrativa se proclame a sí misma como
> ficción; pues el proceso de reflexión, de narración,
> y de auto-integración dentro del lenguaje por
> parte del narrador ha de desvelar patrones de
> auto-definición (y auto-disimulo) con los cuales
> no estamos siempre conscientemente familia-
> rizados... La narradora femenina existe en el texto
> bajo circunstancias de comunicación alienada,
> porque el texto es el lugar de encuentro de su
> diálogo con una tradición que ella tácitamente
> intenta subvertir. (92-3)

La tradición que ella intenta subvertir es tres veces la suya; suya por derecho de clase, raza y acceso a la educación. Los tres términos se problematizan en esta novela poética, ya que es precisamente con respecto a esta situación privilegiada que Castellanos asienta su crítica, confundiendo intencionadamente la distinción entre autobiografía y ficción, para desviar la atención del ideal fracasado de una vida autodirigida, significativa y completa, hacia las cuestiones más esenciales (para ella) de la contribución que pueda aportar una crítica ideológica de una sociedad, que activamente prohibe la autodirección en una mayoría significativa de sus ciudadanos.

La historia de Rosario Castellanos empieza y termina con los levantamientos sociales de los terratenientes de su propia clase y de los indios seguidores de la tardía reforma agraria de Cárdenas, cuando ella tenía siete años. La clausura de esta vida abreviada está marcada por el acceso de la niña-narradora a la palabra escrita, como si fuera gracias al hecho de la escritura que la niña se inserta, sin intención, dentro de las rechazadas convenciones de una tradición devaluada. Este proceso, además, confirma su identidad como propiedad del hombre, confirmando también, en tono menor, las circunstancias históricas de la dominación sistemática, y sistemáticamente congruente, de la gente que no es blanca y de las criollas por los hombres criollos. Este cuento oral, inevitablemente perdido en la apropiación de la escritura, tiene su paralelo en un segundo cuento, el de los indios que hablan tzeltal, también oral, también una historia de pérdida y expropiación de la palabra que hablaba, y así creaba su identidad. Para los indios, la idea de una autobiografía individual es, sin embargo, incomprensiblemente ajena, ya que su modo de expresar la identidad no es personal sino comunal, la historia de una identidad interrelacional forjada por la voz del cuentista, el hermano mayor, la Memoria de la Tribu. Este cuento también se tradujo al español, y se escribió a petición de los latifundistas, con el resultado aterrador de que el documento final fue preservado por los herederos de las familias terratenientes como la prueba escrita de su derecho legal a los territorios indios. La historia de la niña incorpora y recupera, de modo tangencial, este cuento junto al suyo, pero Rosario Castellanos, mayor y más sabia, es muy consciente de la posibilidad de que su doble texto sea apropiado —de ahí el elusivo estilo poético que parece querer esquivar cualquier posibilidad de traición, incluyendo la de las convenciones genéricas. Junto a estos dos cuentos de opresión, ambos moldeados en una prosa lírica, Castellanos también nos ofrece dos cuentos de dominación. Primero, la niña ve su propia historia como subordinada a la historia más importante del único hijo que realmente cuenta para la familia: su hermano Mario. En segundo lugar, *Balún-Canán* está, en realidad, dividido en tres partes, sólo la primera y la tercera contadas desde el punto de vista de la niña de siete años. La central, mucho más pedestre, que trata de la sangrienta rebelión contra los terratenientes, está narrada en su mayor parte desde el punto de vista de una omnisciente tercera persona. La obra entera, por lo tanto, se desarrolla como una serie de confrontaciones entre opresores y oprimidos, incitados por los requisitos del nuevo gobierno: César Argüello, el patriarca terrateniente contra Felipe, el dirigente indio; César contra su esposa Zoraida; Zoraida contra la niña; el hermano Mario contra la niña; y la niña, finalmente, contra la nana india.

La *infralectura* describe la reacción crítica más común a *Balún-Canán*. Cuando la obra se publicó en 1957 se la clasificó bajo la etiqueta segura de *indigenista*, y se leyó como una elaboración sobre los compromisos políticos tradicionales, y la conciencia social de esa particular y políticamente cargada variante de las recuperaciones generalmente exóticas del *costumbrismo*. Semejantes lecturas son plausibles, aunque estrechas, pero para que funcionen tienen que suprimir los rasgos más atractivos y originales de la narración, considerándolos imperfecciones en el logro de la forma *indigenista*. Recientes revaluaciones de la obra han intentado recuperarla para un protofeminismo de contenido, al enfocar la figura de la mujer en el texto. Curiosamente, la mayoría de estas lecturas ignoran la figura femenina más central —la niña de siete años— y todas ellas ignoran a la nana india, que en estas lecturas críticas se esfuma en la invisibilidad que, irónicamente, ella había profetizado con amargura como el destino común de su tribu.[3] La *palabra* metafórica-espiritual de la nana les ha sido arrebatada a los indios en lo que parece, desde una perspectiva occidental, una versión traducida del rapto bíblico del Arca de la Alianza. La primera historia de la nana es un cuento de negación de la memoria, como la pérdida de la memoria. Por consiguiente, su lenguaje expresa la violenta institucionalización de la diferencia racial como una división primaria entre el decir y el no decir. Lo que la nana cuenta, en consecuencia, es nada menos que la historia del silencio forzado: «nos desposeyeron, nos arrebataron... la palabra», y más tarde, «queda la ceniza sin rostro». No hay cara, no hay palabra. Para la nana no hay nombre, ni genealogía, ni historia, nada más que la historia interrumpida de la pérdida del nombre, de la genealogía, de la historia, del discurso; un reconocimiento confirmado, escalofriantemente desde el otro lado de la vejada relación, por la niña, al final de la novela cuando, al creer reconocer a su nana entre la multitud, se da cuenta de que «Nunca, aunque yo la encuentre, podré reconocer a mi nana... Además, todos los indios tienen la misma cara» (291). El peor de los clichés racistas, el de que todos los indios se parecen, en el contexto de esta obra representa la más cercana aproximación que una niña blanca puede hacer a la realidad más profunda de la vida india —la pérdida de la cara, su tragedia irremediable, la pérdida de la cara que se mofa de los impulsos narcisistas de la autobiografía convencional. En este libro, consecuentemente, el *yo* colectivo de los indios complica profundamente el discurso de cualquier otro individuo.

Esta palabra perdida, este rostro perdido, transmutados, reaparecen más tarde en *Balún-Canán* de forma concreta, como el documento compuesto por la memoria encarnada de la tribu y preservada por César Argüello como prueba de su derecho a las tierras de los Chactajal.

«[L]os que tenían que venir, vinieron» dice el hermano mayor de la tribu.

> «Nos preservaron para la humillación, para las tareas serviles. Nos apartaron como la cizaña del grano. Buenos para arder, buenos para ser pisoteados, así fuimos hechos, hermanitos míos. He aquí que el cashlán difundió por todas partes el resplandor que brota de su tez. Helo aquí, hábil para exigir tributo, poderoso para castigar, amurallado en su idioma como nosotros en el silencio, reinando». (57-8)

Es la persistencia de este conocimiento indígena, frente al *conocimiento* oficial del conquistador, lo que impone el dilema esencial narrativo, al poner en primer término la existencia de una fuerza tan potente que no deja lugar para la voz del nativo, ni espacio para rastrear su silencio tribal hasta su origen inexpresable. No hay lugar donde el borrado rostro del indio pueda encontrarse con las cegadoras facciones del castellano. Es este dilema de la confrontación imposible el que dirige la narración, el que requiere la intervención del lector para proyectarlo y reinscribirlo en otra parte, aquí, en el acto político de darle existencia al nombrarlo.

Así mismo, «el arca de la memoria» de la tribu llega a reinscribirse en el texto de *Balún-Canán* a través del robo secreto de la palabra por la niña, en la reapropiación de la escritura del indio que se vuelve la genealogía de la familia Argüello, una historia de abusos, tal y como es vista por los ojos de los oprimidos, y que es, en este libro, el único cómputo completo de los antepasados de la niña. Es muy significativo que sea la madre quien interrumpa la lectura de la niña, impidiéndole que llegue a las peligrosas páginas de esta potencialmente subversiva historia no-oficial: «No juegues con estas cosas», previene a su hija después de que ella misma ojeara rápidamente esas páginas. «Son la herencia de Mario. Del varón» (60). El varón, claramente, es el único ocupante de los espacios literarios y legales, desplazando a la mujer de ambos dominios. Al negar a su hija el derecho a estos papeles, Zoraida repite la antigua tradición de la represión, pasada de madre a hija desde tiempo inmemorial. Como Castellanos escribe en *Salomé*, «mi madre en vez de leche me dio sometimiento» (141). La represión y la marginación son su herencia, así como los papeles son la herencia de su hermano.

El problema central en todas las obras de Castellanos no es el de la corrección histórica o la congruencia con verificables experiencias personales; no es ni siquiera una cuestión de adecuación filosófica o intelectual. Rosario Castellanos se aparta de semejantes expresiones tradicionales de la valía de un texto, ya que estos requisitos tienden a limitar la posibilidad de discusión. «La lucidez», escribe en su ensayo sobre Simone de Beauvoir, «aparentemente, es una calidad (¿o desgracia?) que se acuerda a las mujeres con suma parsimonia y escasísima frecuencia». En cambio, continúa, «se les concede... el relámpago fugaz de las intuiciones que alumbra un fenómeno... sin que requiera ninguna disciplina previa, ningún esfuerzo de la inteligencia ni de la atención, ninguna constancia de la voluntad» (*Juicios* 19). Castellanos no está convencida ni por el tradicional valor masculino de la lucidez (en su definición normal) ni por el tradicional valor femenino de la intuición (como un substituto de segunda clase). La cualidad distintiva de Simone de Beauvoir, para Rosario Castellanos, es la poética: «va descubriendo, poco a poco, los aspectos más escondidos de las cosas» (22). Es esta cualidad, más que una veracidad estrictamente definida o incluso más que la verosimilitud, la más sobresaliente también en su propio texto, contraponiéndose a los dominantes y sobredeterminados murmullos de la historia oficial. Descubrir los aspectos ocultos de las cosas y nombrarlos representa para ella el primer valor de uso del texto con doble voz, que sugiere una recontextualización de las prácticas de lectura y escritura como estrategias políticas. La historia del ser se define en parte por los abusos históricos y la imposición continua de una cultura sobre otra, y en parte por la infiltración incongruente e inesperada del discurso indio dentro del mismo gesto fundador de la clase dominante. A lo largo de este proceso, las dos lenguas y las dos culturas mantienen siempre su mutua incomprensión. La yuxtaposición de las dos crea, no un conjunto armonioso, sino un sistema de múltiples resistencias a la represión estratégicamente posicionadas y relacionadas entre sí.

De vuelta a Comitán, en la provinciana clase escolar, una cansada maestra expone ante las aburridas niñas a su cargo el catálogo de su escaso conocimiento, permitiendo «que cada una escoja los [conocimientos] que mejor le convengan. Yo escogí desde el principio», dice la narradora, «la palabra *meteoro*. Y desde entonces la tengo sobre la frente, triste de haber caído del cielo» (13). El sol, que emana de la piel castellana de los conquistadores, brilla cegando al indio; la luz de la niña es una luz nocturna, un camino fugitivo, *caído*, a través del cielo. Su identidad nunca había de ser apta para ser monumentalizada en una gruesa autobiografía. En cambio, advertimos su breve paso y su desaparición, a los ocho años, casi antes de que hayamos tenido tiempo de registrar su existencia, restaurada y borrada/

desfigurada en un solo gesto. «Me da miedo» dice la niña en las primeras páginas del libro, «que del otro lado [de la mesa] haya un espejo», un espejo que pueda revelar, por ejemplo, que no sólo todos los indios tienen la misma cara, sino que esa cara única del indio es la que ella también comparte. Que toda la gente oprimida, no sólo los indios, comparten la misma cara/espejo. Y así se inventa ella a sí misma en el metafórico corte de una palabra fugitiva a través de su cielo: *meteoro,* al principio de sus años escolares. Es una palabra atesorada en la memoria, porque su evanescente camino brillante es una huella en su vida, su insignia de mérito y su marca de Caín. No debería haber sido nunca la niña brillante, la niña de palabras; ese destino estaba reservado para el único hijo que importaba a la familia, el hijo muerto. Así, para ella, la palabra *meteoro,* como la impronunciable palabra de la herencia perdida de la nana, pasa forzosamente a las manos de otro. Deformando a «Mario», en la última historia no contada, *meteoro* inicia la historia de la corta vida de su hermano y de su muerte prematura, el principio de la escritura.

La respuesta revolucionaria a la experiencia de ser silenciada es la resemantización: usar el silencio como un arma (recurrir al silencio) o romper el silencio con la hipocresía. Un escenario para una tal respuesta del oprimido al opresor puede tomar forma en la mujer fuerte, cuyo modo de resistencia consiste en jugar con los mitos tan caros a la sociedad dominante, secretamente revirtiendo su carga valorativa. Un ejemplo sería ese viejo cuento, tantas veces repetido: «[La mujer] pasivamente acepta convertirse en musa para lo que es preciso permanecer a distancia y guardar silencio» (*Mujer* 23). Una mujer que no está lista para ser pasiva ni para aceptar, puede todavía mantener las ventajas de la distancia y del silencio por razones propias y para sus propios fines, usando la distancia para su ventaja y la máscara del silencio para esconderse. Otro escenario usa el discurso engañoso para enmascarar un silencio esencial. Dice Castellanos: «Se ha acusado a las mujeres de hipócritas y la acusación no es infundada. Pero la hipocresía es la respuesta que a sus opresores da el oprimido, que a los fuertes contestan los débiles, que los subordinados devuelven al amo» (*Mujer* 25); o sea, dar al opresor la respuesta que quiere oír, pero mantener reservas mentales que permitan un mínimo de independencia de pensamiento.

El elemento crucial que Rosario Castellanos añade a esta inversión de valores es el de la esencial ficcionalidad de la experiencia, el darse cuenta de que un sistema de signos, reconocido como arbitrario, se remotiva a sí mismo, induciendo a la historia total del ser. En 1970 Castellanos publicó su importante ensayo, «La participación de la mujer mexicana en la educación formal», en el que detalla la manera como la igualdad teórica entre los sexos, codificada en el derecho legal a una educación formal, se disipa en una educación *informal* de costumbres y usos tradicionales que dicta el matrimonio y la maternidad como los únicos papeles propios de la mujer. El empleo asalariado, nos dice Castellanos, todavía se considera una medida temporal para las mujeres solteras, que todavía no han sido bastante afortunadas como para cazar a un hombre, o como desgraciada necesidad para las mujeres cuyos maridos no son capaces de mantener a la familia con comodidad. Es, concluye, considerado antinatural que una mujer desee una carrera profesional fuera del hogar. Castellanos señala la «manera de asumir el trabajo», que le impide el adquirir con el salario «un cierto grado de independencia, que aunque es real se experimenta como ficticio» (*Mujer* 2).

El *lector hembra* de Castellanos (uso aquí el término peyorativo de Cortázar en *Rayuela* con una consciente inversión) tiene otro valor. Reconociendo y teniendo en cuenta una vez más una tradición que marca a las mujeres lectoras como superficiales y moralmente deficientes, ella resemantiza los términos para corregir la mala representación de la mujer *lectora* como inmoral, mientras que invierte la carga negativa de la acusación de superficialidad. Abiertamente marcada como una celebración del potencial inexplorado de la mujer lectora y de la mujer novelista, su ensayo sobre María Luisa Bombal proporciona un contrapunto a las meditaciones de Cortázar sobre la deficiencia moral e intelectual de la mujer y ofrece otras posibilidades para la apropiación de textos, para el establecimiento de los derechos de propiedad (entendido este término en su doble sentido de propiedad-posesión y propiedad-decoro). El suyo es otro programa, otro rostro, otro lugar, otra fuerza, otro interlocutor:

> Cuando la mujer latinoamericana toma entre sus manos la literatura lo hace con el mismo gesto y con la misma intención con la que toma un espejo: para contemplar su imagen... El cuerpo se viste de sedas y terciopelos, que se adorna de metales y de piedras preciosas, que cambia sus apariencias como una víbora cambia su piel para expresar... ¿qué?
>
> Las novelistas latinoamericanas parecen haber descubierto mucho antes que Robbe-Grillet y los teóricos del *nouveau román* que el universo es superficie. Y si es superficie pulámosla para que no oponga ninguna aspereza al tacto, ningún sobresalto a la mirada, para que brille, para que resplandezca, para que nos haga olvidar ese deseo, esa necesidad, esa manía de buscar lo

> que está más allá, del otro lado del velo, detrás
> del telón.
>
> Quedémonos, pues, con lo que se nos da: no
> el desarrollo de una estructura íntima, sino el
> desenvolvimiento de una sucesión de transfor-
> maciones. (*Mujer* 145)

Castellanos aquí se enfrenta directamente con la tradición retórica que define la buena prosa como clara, directa, masculina, y el mal gusto en prosa como una afición por lo excesivamente adornado y, por lo tanto, afeminado. En su desafío a tan enraizada metáfora, intuye las sorprendentes posibilidades de una estética femenina como modelo para una política feminista en su evocación de la inconfundible imagen de la aburrida mujer de clase alta, limándose las uñas (¿afilándose las garras?), despojándose, amenazante, de su piel de serpiente de Eva, creándose a sí misma, afirmativamente, en la apropiación de la existencia pulida, superficial y adjetiva que se le ha asignado, haciendo la ficción todavía más ficticia, hasta que brille como el reconocimiento revolucionario de una verdad olvidada.[4] El espejo es su talismán, es semejante a aquellos destellantes espejos que llevaba el famoso Caballero de los Espejos en *Don Quijote*, un arma para disipar la ilusión y, al mismo tiempo, crearla: estética y política traídas al hogar, como si después de sus viajes se hubieran vuelto hogareñas, personales, privadas, cotidianas, adjetivas más que absolutas. Las obras de Castellanos —poesía, prosa, drama y ensayo— no proporcionan un modelo a imitar ni un reflejo mimético que contemplar, sino un espacio libre para la autoinvención. Castellanos escribe en otro sitio: «No basta imitar los modelos que se nos proponen y que son las respuestas a otras circunstancias diferentes de las nuestras. No basta siquiera descubrir lo que somos. Hay que inventarnos a nosotras mismas en un continuo proceso de reelaboración».

Castellanos ofrece un comentario implícito sobre el comunal/autorretrato que ella está en el proceso de dibujar/borrar: el que el rescate conflictivo de las memorias enterradas es tanto una descomposición como una recuperación, que es punto menos que imposible que la huella olvidada hable de algo más que del proceso de su represión, que el hecho de que el lector, masculino o femenino, espejo o reflejo, tenga que completar los cambiantes desarrollos de las apariencias es tanto tormento como salvación, y que lo que hagamos con esta propiedad, esta herencia literaria es, gracias al permiso de ella, una cuestión para nuestro propio sentido de la propiedad y del decoro.

NOTAS

[1] Además de la redistribución de la tierra, el otro elemento muy discutido de la reforma agraria de Cárdenas fue el obligar a los terratenientes a enseñar español a los indios. Esta medida fue considerada casi blasfema, ya que uno de los mayores medios de control sobre la población india era desanimarles a aprender más español que el absolutamente necesario para obedecer órdenes. Puesto que su propia lengua, desde luego, no tenía reconocimiento oficial, los que hablaban tzeltal quedaban marginados, y vivían desprovistos de sus derechos civiles.

[2] El caso es algo diferente en *Álbum de familia* (1971), la única de sus ficciones en prosa situada en Ciudad de México. En esta obra, Castellanos usa el sarcasmo y el humor mordaz para criticar la sociedad metropolitana moderna y a la mujer alienada que allí vive.

³ Ejemplos de la primera lectura indigenista incluyen a Benedetti, Franco y Sommers. Las lecturas de Fiscal, Frischman y MacDonald son típicas del protofeminismo. El excelente análisis discursivo de Cypess tiene en cuenta la importancia de la niña como figura narrativa.

⁴ La escritora puertorriqueña Mayra Santos Febres añade otra variante a los usos de la superficialidad. En su país hay un movimiento entre ciertas mujeres jóvenes de vestirse, para su propio placer, y como un gesto de rebeldía política, con trajes tradicionalmente considerados como sexualmente provocativos, pero manteniendo ciertas sutiles marcas de distancia. En circunstancias más extremas, otra imagen parecida a la de la mujer sofisticada en el espejo es la de la poeta «desaparecida», de cualquier raza o clase (Estoy pensando aquí, en parte, en la maravillosa historia de Mahasveta Devi, «Drau-padi» y en el cuidadosamente formulado «prólogo» de Gayatri Spivak). Estoy muy agradecida a la poeta argentina y anteriormente prisionera política, Alicia Potnoy, por recordarme que, además, en el contexto de las prisiones, la escritora tiene que dirigir su trabajo a un lector afecto fuera de los muros, sin perder de vista que el único público garantizado para su trabajo es el «lector enemigo», la censura oficial de la prisión. Cada una de estas manifestaciones requeriría un estudio cuidadosamente matizado.

Bibliografía

ABBOTT, H. Porter. «Autobiography, Autography, Fiction: Groundwork for a Taxonomy of Textual Categories». *New Literary History* 19 (1988): 597-615.

BENEDETTI, Mario. «Rosario Castellanos y la incomunicación racial». *Letras del continente mestizo*. Montevideo: Arca, (1969): 165-70.

CASTELLANOS, Rosario. *Balún-Canán*. México: Fondo de cultura económica, 1957.

- *El eterno femenino: farsa*. México: Fondo de cultura económica, 1975.
- *Juicios sumarios*. 1966, México: Fondo de cultura económica, 1984.
- *El mar y sus pescaditos*. México: Editores mexicanos unidos, 1987.
- *Meditación en el umbral*. México: Fondo de cultura económica, 1985.
- *Mujer que sabe latín...* 1973, México: Fondo de cultura económica, 1984.
- *Oficio de tinieblas*. 1962, México: Joaquín Mortiz, 1972.
- *Salomé y Judith: Poemas dramáticos*. México: Editorial Jus, 1959.
- *El uso de la palabra*. Ed. José Emilio Pacheco. México: Excélsior, 1974.

CRESTA DE LEGUIZAMÓN, María Luisa. «En recuerdo de Rosario Castellanos». *La palabra y el hombre* 19 (1976): 3-18.

CYPESS, Sandra Messinger. «*Balún-Canán:* A Model Demonstration of Discourse as Power». *Revista de estudios hispánicos* 19 (1985): 1-15.

FISCAL, María Rosa. «La mujer en la narrativa de Rosario Castellanos». *Texto crítico* 5 (1979): 133-53.

FRANCO, Jean. *An Introduction to Spanish American Literature*. Cambridge: Cambridge UP, 1969.

- «Apuntes sobre la crítica feminista y la literatura hispanoamericana». *Hispámerica* 15.45 (1986): 31-43.
- «Beyond Ethnocentrism: Gender, Power, and the Third World Intelligentsia». *Marxism and the Interpretation of Cul-*

ture. Ed. Cary Nelson & Lawrence Grossberg. Urbana: U. of Illinois, (1988): 503-15.

• *Plotting Women: Gender and Representation in Mexico*. New York: Columbia UP, 1989.

FRISCHMANN, Donald H. «El sistema patriarcal y las relaciones heterosexuales en *Balún-Canán* de Rosario Castellanos». *Revista iberoamericana* 51.132-3 (1985): 665-678.

LIONNET, Françoise. *Autobiographical Voices: Race, Gender, Self-Portraiture*. Ithaca: Cornell U., 1989.

MACDONALD, Regina Harrison. «Rosario Castellanos: On Language». *Homenaje a Rosario Castellanos*. Eds. Maureen Ahern & Mary Seale Vásquez. Valencia: Albatros, (1980):41-64, especialmente 54-64 «La mujer».

MILLER, Beth y Alfonso González. *Veintiséis autoras del México actual*. México: B. Costa-Amic, 1978.

OCAMPO, Aurora M. «Debe haber otro modo de ser humano y libre: Rosario Castellanos». *Cuadernos americanos* 250.5 (1983): 199-212.

PONIATOWSKA, Elena. «La literatura de las mujeres es parte de la literatura de los oprimidos». *Fem.* 6.21 (1982): 23-27.

• *¡Ay vida, no me mereces!* México: Joaquín Mortiz, 1985.

SOMMER, Doris. «'Not Just a Personal Story': Women's Testimonios and the Plural Self». *Life/Lines: Theorizing Women's Autobiography*. Ed. Bella Brodzki & Celeste Schenk. Ithaca: Cornell U., (1988): 107-30.

SOMMERS, Joseph. *After the Storm*. Albuquerque: U. of New México, 1968.

SPIVAK, Gayatri Chakravorty. «Draupadi» by Mahasveta Devi, Trad. & Int. de Gayatri Spivak. *Critical Inquiry* 8 (1981): 381-402.

TRABA, Marta. «Hipótesis sobre una escritura diferente». *La sartén por el mango*. Eds. Patricia Elena González & Eliana Ortega. Río Piedras, Puerto Rico: Huracán, (1985): 21-6.

TRINH T. MINH-HA. *Woman, Native, Other: Writing Postcoloniality and Feminism*. Bloomington: Indiana University Press, 1989.385

...Porque pienso que mi vida está relacionada con mi pueblo.
                                  Domitila Barrios.

DOMITILA BARRIOS,
UNA MUJER DEL PUEBLO [1]

JANE HOSIE-BOUNAR

En 1975, Domitila Barrios de Chungara[2], la esposa de un minero boliviano de las minas de estaño, asistió al *Tribunal del Año Internacional de la Mujer* organizado por la *Naciones Unidas* en México. Su presencia en este evento fue la culminación de años de lucha en contra de las penurias, la injusticia y la pobreza. Ella ya era reconocida en Bolivia, y había sido protagonista en la película *La doble jornada*, de la directora brasileña Helena Solberg Ladd, pero su presencia en el *Tribunal* la lanzó a la atención pública internacional y resultó en la publicación de su autobiografía, *«Si me permiten hablar...»* en 1977[3]. Como ella dice, en esta parte de su vida sus penurias son las penurias de la gente y sus luchas también son las luchas de todos. Pero lo que la separa de los demás es no haberse callado. Barrios ha luchado toda su vida por los derechos de los mineros bolivianos, de sus esposas y de sus hijos. Una y otra vez, enfrentando peligros y en contra de grandes dificultades, ella ha dado su opinión cuando los otros han temido por la vida. Su testimonio no es simplemente una narración de los eventos de su existencia. En él, Barrios habla por toda la comunidad:

> La historia que voy a relatar, no quiero en ningún momento que la interpreten solamente como un problema personal. Porque pienso que mi vida está relacionada con mi pueblo. Lo que me pasó a mí, le puede haber pasado a cientos de personas en mi país. Esto quiero esclarecer, porque reconozco que ha habido seres que han hecho mucho más que yo por el pueblo, pero que han muerto o que no han tenido la oportunidad de ser reconocidos. (13)

Barrios se ve a sí misma como una Mujer, cuyas experiencias trascienden lo personal y se vuelven, por el contrario, las de su gente. Es esta abnegación, esta habilidad de tener, a toda hora y en toda circunstancia, el sufrimiento ajeno en perspectiva, lo que la convierte en la gran líder que es.

Sus comienzos

Domitila Barrios nació el 7 de mayo de 1937, en *Siglo XX*, donde están las minas de estaño en el departamento de Potosí, Bolivia. El padre de Barrios era un minero que había estado involucrado, la mayor parte de su vida activa, en el sindicato de la mina y en política. Durante la temprana infancia de Barrios el padre fue arrestado, deportado, y arrestado otra vez. Cuando ella tenía tres años, él fue deportado al pueblo de Pulacayo. Allá, la

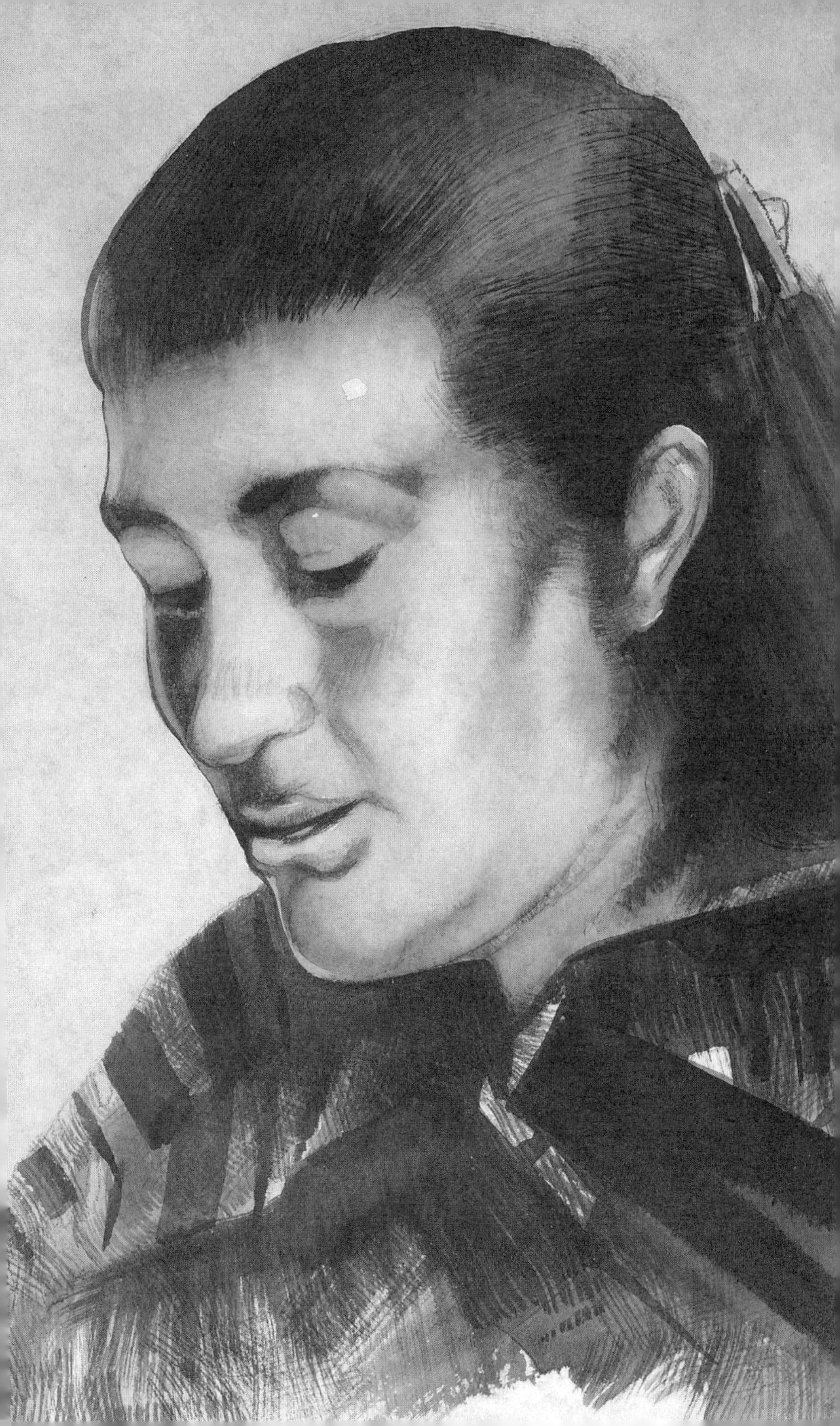

familia —los padres, Domitila y la hermanita pequeña— luchó por sobrevivir. El padre de Barrios encontró numerosos trabajos, pero porque estaba en la lista negra nunca pudo conservar ninguno. Sin embargo, él era un sastre, y finalmente pudo empezar a trabajar en forma independiente.

Barrios pasó la mayor parte de su infancia en Pulacayo. Durante esta época, la extrema pobreza, la actividad política de su padre y la actitud de su familia hacia la gente menos afortunada, formaron las ideas que ella conservaría hasta la madurez. Hubo muchos días cuando la familia pasó hambre porque no había suficiente comida, pero a pesar de eso, ella y sus hermanas aprendieron de sus padres a dar —aun cuando no había casi nada que compartir.

> Y si alguna vez nos sobraba un poco de azúcar o de café o de alguna otra cosa y oíamos un ruido, decíamos: «De repente aquí está pasando un pobre. Mira, aquí hay un poquito de arroz, un poquito de azúcar». Y lo amarrábamos a un trapo y ... «¡pa!...» lo echábamos a la calle para que algún pobre lo recoja. (57)

Cuando su madre dio a luz a su cuarta hija, en 1946, el padre de Barrios desapareció, aparentemente por sus actividades políticas. El ejército vino una noche a la casa a buscarlo, e incluso obligaron a la madre a salir de la cama, ella acababa de dar a luz. Los soldados trataron de sobornar a la pequeña Domitila con dulces y chocolates, esperando que les dijera si ella había visto algún arma en la casa, pero Barrios, mostrando el estoicismo que tanto le serviría años más tarde cuando fue torturada física y sicológicamente en prisión, rehusó contestarles. Meses más tarde su padre regresó, y la vida continuó como siempre.

Luego, cuando Barrios tenía diez años, su madre murió después de dar a luz a su quinta hija. Antes de morir le pidió a su esposo que se mantuviera alejado de la política, ahora que tenía que levantar la familia solo. El padre de Barrios cumplió, sabiendo que si iba a prisión las niñas no tendrían quien las mantuviera.

Sin embargo, esto no impidió que tuviera discusiones políticas con sus compañeros, tarde en la noche. Barrios acostada en la cama, escuchaba, y de esta manera empezó a formar sus opiniones políticas. Por ejemplo, durante una discusión, ella escuchó decir a su padre que cuando las minas fueran nacionalizadas, los barones del estaño no deberían ser indemnizados. Más tarde, cuando ella le preguntó por qué, él le explicó con una historia. Le pidió que se imaginara que tenía una hermosa muñeca, pero que un día, un hombre vino y se la llevó:

> ...Tú ya has pedido que te la devuelva porque la muñeca es tuya, has peleado con él, y nada. Más bien ese señor te ha pegado y te ha ganado, porque él es grande y fuerte. Pero un día, después de tanto luchar, tú lo agarras y le pegas fuerte y le quitas a tu muñequita. Y tu muñequita otra vez es tuya. Pero, después de tantos años de trabajo, ya está totalmente rota, vieja. Ya no sirve tanto como cuando era nuevecita. Ahora, después que la quitaste al señor tu muñeca, ¿tú le has de pagar por lo que la ha envejecido? ¿No ves que no? Ahora bien; «los barones del estaño» se han enriquecido con nuestra mina. Está volviendo al seno del pueblo, la mina. Pero ¿qué está pasando?

Que les van a pagar, que los van a indemnizar a esos señores por los daños y perjuicios que nos han dejado ellos. Y eso es lo que no quiero que ocurra. (54)

El padre de Barrios le enseñó, también, otra valiosa lección. Cuando la madre murió y la gente le comentó que era una lástima que sólo tuviera hijas, él se enojó y contestó que la vida de una mujer es tan valiosa como la de un hombre. Él infundió esta creencia en su hija mayor y le dio la confianza para dedicarse a sus metas, aun en las épocas cuando su esposo no la apoyaba.

Su educación

Debido a la extrema pobreza de la familia, Barrios tenía diez años cuando pudo empezar la escuela. Sin embargo, después de que empezó, su madre murió y ella tuvo que hacerse cargo de sus hermanas más pequeñas. Al principio podía llevarlas a la escuela con ella. Este arreglo le permitió continuar con su educación, pero al mismo tiempo hizo su vida más difícil. Cuando llegaba a casa tenía que cocinar, lavar la ropa y cuidar de las niñas. Eso le parecía muy difícil, dice en *«Si me permiten hablar...»*, pues quería jugar y había muchas cosas que quería hacer como cualquier otra niña de su edad.

La situación de Barrios se hizo aún más difícil cuando un maestro le dijo que sus hermanas no la podían acompañar más a la escuela. Desesperada por continuar su educación, decidió ir sola a la escuela. Barrios dejaba a las niñas en la calle para que jugaran (pensaba que la casa era más peligrosa, y además, no tenía ni una ventana). Un día, la más pequeña, que tenía tres años, comió cenizas de carburo de un tonel, le dio una infección intestinal, y murió. La muerte de su hermana fue una gran pérdida para Barrios, quien la había criado desde recién nacida; nunca logró recobrarse de ese incidente.

Sin embargo, y a pesar del cargo de conciencia que la muerte de su hermana le creó, Barrios persistió en obtener una educación. El proceso para ir a la escuela se hizo más fácil cuando a su padre, que ahora era el sastre de la policía de la mina, le dieron una casa con baño, cocina y un corredor donde pudo dejar a sus hermanas más seguras. Su persistencia dio resultado, y cuando Barrios cumplió 16 años, terminó la primaria. Esta etapa marcó el fin de su educación formal, pero las continuas dificultades diarias le otorgaron una educación más intensa y valiosa que cualquier otra que ella hubiera podido aprender en la escuela. Años más tarde, Barrios se preguntaba si realmente la escuela le había enseñado algo valioso.

> En la escuela aprendí a leer, a escribir, a defenderme. Pero no puedo decir que la escuela me formó realmente para comprender la vida. Yo pienso que la educación en Bolivia, a pesar de las varias reformas que ha habido, sigue sometida al sistema capitalista en que vivimos. Siguen dando una educación enajenante. Por ejemplo, la patria, nos hacen verla como una cosa bien hermosa que está en el himno nacional, en los colores de la bandera, y todas esas cosas dejan de tener sentido cuando la patria no está bien. La patria, para mí, está en todos los rincones, está también en los mineros, en los campesinos, en la pobreza, en la desnudez, en la desnutrición, en las penas y las alegrías de nuestro pueblo.

Ésta es la patria ¿no? Pero en la escuela nos enseñan a cantar el himno nacional, a hacer desfiles y dicen que si nosotros nos rehusamos a desfilar no somos patriotas, y sin embargo nunca nos demuestran en la escuela el porqué de nuestra pobreza, el porqué de nuestra miseria, el porqué de la situación de nuestros padres, que tanto se sacrifican y no son bien pagados, el porqué de algunos niños que tienen todo y otros que no tienen nada. Nunca a mí me han explicado eso en la escuela. (60)

El matrimonio

En 1953 Barrios consiguió un trabajo en la tienda de la compañía minera, e inició una etapa de su vida que la formaría aún más con los problemas y penurias que enfrentaba. Su padre volvió a casarse, y al principio Barrios sintió alivio porque creyó que la nueva esposa la ayudaría con la carga doméstica y evitaría que su padre (de quien ella asegura que amaba a sus hijas a pesar de sus acciones), las golpeara a ella y a sus hermanas. Sin embargo, la madrastra prefería a sus dos hijos, golpeaba a las hermanas menores y las alimentaba con sobras. Barrios defendía a sus hermanas menores de los golpes, lo que empeoró aún más las relaciones con la madrastra.

Irónicamente, fue por la madrastra que Barrios conoció al hombre con quien se casaría. Una noche, cuando su padre y su esposa habían estado bebiendo, empezaron a golpearla. Sus hermanas menores los detuvieron y Barrios pudo escaparse a la calle. Un policía joven (René Chungara, su futuro esposo), la encontró y le dijo que si no regresaba al hogar tendría que arrestarla.

Él la acompañó hasta la casa para aclarar las cosas con sus padres; al llegar, la madrastra lo acusó de ser el amante de Barrios. El padre de Barrios aún borracho, fue en busca de su pistola; Barrios y Chungara, temiendo por sus vidas, escaparon juntos. Ellos pasaron la noche en una zanja, al día siguiente ella fue a vivir en la casa de la madre de René Chungara.

El mismo año, Barrios y su esposo se fueron de vacaciones a visitar *Siglo XX*, la comunidad minera donde ellos, coincidencialmente, habían nacido. A Chungara le gustaba mucho el pueblo y se quedó para buscar trabajo; Barrios regresó a Pulacayo para trabajar unos meses más en la tienda. Cuando Chungara encontró un trabajo, Barrios regresó a *Siglo XX* y empezó la vida de una esposa de minero. Al principio, ella dice que creía en el rol tradicional de la mujer casada: «teníamos la mentalidad en que nos habían educado, de que la mujer está hecha para la casa, para el hogar, para cuidar de los hijos y cocinar y no tiene capacidad de otras cosas de tipo social, sindical o político, por ejemplo» (76).

Un día típico

Como todas las esposas de los mineros, Barrios pasó los años de su matrimonio trabajando largas jornadas, con poco reconocimiento y sin compensación. En *«Si me permiten hablar...»*, relata los eventos de un día típico. Primero, dice, se levantaba a las 4 de la mañana para preparar el desayuno del marido, cuando a éste le tocaba el primer turno; luego preparaba alrededor de cien salteñas para vender en la calle y poder completar el escaso salario del esposo (por ejemplo, Chungara, cuando el libro fue grabado, ganaba $28 pesos al día mientras que un kilo de carne costaba lo mismo). A las ocho de la mañana, ella vendía las salteñas, luego iba a la tienda de la compañía para comprar comida, después iba al *Comité de Amas de Casa* y luego iba a casa a preparar la comida para sus siete hijos. En la tarde lavaba la ropa con agua que recogía en la fuente (las casas no tenían agua corriente). Después, ayudaba a los niños con las tareas de la escuela, preparaba lo necesario para las salteñas del día siguiente y ponía los niños en la cama. «Entonces, así vivimos. Así es nuestra jornada. Yo me acuesto generalmente a las 12 de la noche. Duermo entonces cuatro o cinco horas. Ya estamos acostumbradas» (34).

Politización

Durante varios años después de mudarse a *Siglo XX* con su esposo, Barrios miraba de lejos a los líderes del sindicato y a sus esposas. Ella apreciaba el trabajo que hacían pero no se sentía inclinada a unírseles.

El primer contacto de Barrios con un líder del sindicato fue cuando estaba esperando su primer hijo. Ella y su esposo se habían mudado con un obrero de la mina jubilado, después de que la compañía les había quitado la casa. Cuatro días antes de que su hijo naciera, cuando su esposo estaba en Pulacayo enterrando a su madre, la compañía envió hombres a echarla de la casa. Ellos tiraron todas sus pertenencias a la calle y la dejaron parada en medio de la vía, llorando, y algunos vecinos que habían visto todo la llevaron a casa de Federico Escobar, uno de los líderes del sindicato de mineros. Allá, la esposa de Escobar le dio la bienvenida, y cuando éste llegó a casa, se fue a la mina a exigir que le devolvieran la vivienda. Luego, él llamó la atención de los obreros que la habían echado de su casa e hizo que ellos regresaran cada mueble y objeto a su lugar. «Ésa fue la primera vez que vi a Escobar», dice Barrios. «Antes de retirarse, Federico recomendó a mis vecinos que no me dejaran sola y que me acompañara alguien por si acaso me ponía mal. Yo aprendí mucho de estos dirigentes. A ellos debo parte de mi formación» (71).

A pesar de este contacto con Escobar y su esposa, Barrios no se hizo activa políticamente por muchos años. Cuando el *Comité de Amas de Casa* —una organización de las esposas de los mineros dedicadas a luchar por los derechos de los mineros y de sus familias— fue formado en 1961, ella asistió a sus reuniones, se regocijó con sus triunfos, pero siempre conservó su distancia.

Sin embargo, en 1963, Barrios empezó a ser activa casi por azar. En esa época había mucha tensión en las minas porque algunos de los líderes del sindicato fueron arrestados. Corrían incluso rumores de que habían sido asesinados. Barrios oyó estos rumores, y cuando su esposo no regresó a casa una noche, se fue asustada a la mina. Allá le dijeron que estaban en huelga en respuesta a los arrestos, y que su esposo tal vez estaría en la sede del sindicato. Cuando ella llegó a la sede supo que los mineros, en represalia por los arrestos de los líderes, habían capturado a cuatro *gringos*, uno era un agregado laboral de la Embajada de los Estados Unidos, con otros trece de *COMIBOL (Corporación Minera de Bolivia)*. Aunque los mineros pensaban que los líderes habían sido asesinados, querían matar inmediatamente a los estadounidenses. Norberta Aguilar, la presidenta del *Comité de Amas de Casa*, los convenció de que los dejaran como rehenes para cambiarlos por los líderes, que esperaba aún estuvieran vivos. Cuando Barrios llegó a la sede del sindicato, pidió ver a su esposo y fue escoltada hasta el edificio, donde él hacía la guardia:

Y me contaba, entusiasmado, lo que habían hecho. En un momento dado, me dijo: —Mira esa señora que aquí está... bien ancianita... Realmente la vi: pero ancianita con su cabellera bien blanca. Estaba sentada cerca de la ventana, haciendo guardia. —Y vos, maricona, seguro que estabas feliz, durmiendo toda la noche, —me dijo él. Esto me hirió mucho. Pero la compañera Norberta, que lo había escuchado, le dijo:

—No, no crea, no creo que estuvo bien tranquila. Posiblemente toda la noche no ha podido dormir, pensando en nuestra situación.

A mí me agradó mucho que ella me apoyara. Y pensé: ella adivina que no dormí toda la noche porque tenía pena por todo lo que estaba ocurriendo y esperaba la vuelta de mi compañero para saber lo que él pensaba.

—Bueno—le dijo Norberta—, si la compañera no ha hecho nada hasta ahora, seguramente es porque no le han dado oportunidad. Pero estoy segura que de ahora en adelante ella va a colaborar. (88)

Desde entonces —y para el enojo del marido— Barrios colaboró. No sólo se hizo un miembro activo del *Comité de Amas de Casa*, con el tiempo se convirtió en una de sus grandes líderes.

Su religión

Antes de dedicarse a la política de la mina, Barrios pertenecía a los Testigos de Jehová (la religión de su padre) y pasó años leyendo la Biblia. Finalmente, su religión entró en conflicto con sus otras creencias más importantes. Cuando se unió al *Comité de Amas de Casa,* en 1963, para estar con otras mujeres que en unión de sus compañeros luchaban por mejorar las condiciones de vida, los Testigos de Jehová le dijeron que no debía inmiscuirse en política porque ahí estaba Satanás. Ella relata la discusión que tuvo con ellos:

> —Supongamos, por ejemplo, una viuda que tiene hartos hijos y que, por mantener a sus hijos, alguien le ha dicho que mienta y que le va a dar un pan. Entonces ella miente y gana un pan para sus hijos. Posteriormente digamos que ha tenido que robar porque no tenía qué darles a los chicos. Después digamos que se ha enfermado uno de los niños y necesitaba tanto dinero que, en su desesperación, incluso ha aceptado prostituirse para salvar la vida de su hijo. Entonces ahora, en la otra vida —según ellos las prostitutas, las mentirosas, tales y cuales no han de conocer el reino de Dios—, esa viuda en la otra vida ¿no va a conocer la cara de Dios, no va a poder estar en el paraíso? Eso no lo acepto yo. ...Y aunque a ustedes les parezca que la ayuda espiritual es la única importante, a mí me parece que hay que empezar con la ayuda material. Si, por ejemplo, yo le consigo trabajo a la viuda, le digo: «Mira, tú trabajas aquí, vienes a vivir aquí con tus hijos», entonces después ya le puedo decir: «Mira que en la Biblia está dicho que no debes mentir, no debes robar, no debes prostituir». Entonces, claro, como ella ya no tiene aquella necesidad desesperante, y ya tiene trabajo, puede cumplir con aquel mandato, ¿no es cierto?
> Ellos entonces me respondieron que yo ahora me había convertido totalmente en una obra de

Satanás y que ellos no estaban de acuerdo con lo que yo decía. Yo les dije que me iba. Y me fui. (66-67)

Después de su reyerta con los Testigos de Jehová, Barrios no sintió la necesidad de unirse a otra religión. Aunque conservó su fe en Dios, por su experiencia sabía que la religión siempre le ha servido a los poderosos. Y aun cuando —como ocurrió en algunas ocasiones— los miembros de la Iglesia vieron la injusticia en Bolivia, prefieren quedarse callados por su propia seguridad personal (68). Barrios, que había arriesgado la vida una y otra vez porque no podía quedarse callada, no podía sentir respeto por una organización, o por sus miembros, si éstos veían el sufrimiento y la injusticia y no decían nada.

El Comité de las Amas de Casa

Después de que ella dejó a los Testigos de Jehová, Barrios dedicó aún más energía al *Comité de las Amas de Casa*. Una de las primeras metas del *Comité* fue hacer que los hombres —sus compañeros— las tomaran en serio.

Barrios usó una descripción del día típico de la esposa de un minero para convencer a los mineros de la seriedad de los esfuerzos de los miembros del *Comité*. En los primeros días del *Comité*, la mayoría de los mineros creían que el lugar de la mujer era la casa y su deber era quedarse callada. Y a pesar de que el *Comité de Amas de Casa* estaba peleando por los derechos de los mineros y de sus familias, las mujeres tenían dificultades para hacer que los hombres respetaran su causa.

Un día, Barrios decidió hacer un diagrama. Ella hizo la lista de todos los oficios domésticos que las esposas hacían en un día típico, y luego añadió el salario que alguien ganaría por hacer estas labores:

> Pusimos como ejemplo el precio del lavado de ropa por docena y averiguamos cuántas docenas de ropa lavábamos por mes. Luego el sueldo de cocinera, de niñera, de sirvienta. Todo lo que hacemos cada día las esposas de los trabajadores, averiguamos. Total que el sueldo necesario para pagar lo que hacemos en el hogar, comparado con los sueldos de cocinera, lavandera, niñera, sirvienta, era mucho más elevado que lo que ganaba el compañero en la mina durante el mes. Entonces en esta forma nosotras hicimos comprender a nuestros compañeros que sí trabajamos y hasta más que ellos en cierto sentido. Y que incluso aportábamos más dentro del hogar con lo que ahorramos. (35-36)

De esta forma, Barrios y las otras miembros del *Comité* convencieron a sus compañeros de que ellas realmente contribuían económicamente al hogar y que —con el dinero que ahorraban— contribuían también al país. Este logro fue un pequeño escalón, pero fue claramente el camino para un mayor entendimiento entre los hombres y las mujeres de las minas, un entendimiento que haría del *Comité de Amas de Casa* un invaluable vocero de la comunidad minera —con Domitila Barrios como una de sus más valiosas portavoces.

En 1963, el mismo año en que los mineros secuestraron a los estadounidenses y ella hizo la guardia, el mismo año que se unió al Comité, Barrios fue testigo de otra crisis que la convenció del poder de la gente para llevar a cabo su voluntad en contra de las dificultades. El gobierno de Paz Estenssoro (quien, irónicamente, había sido elegido por la gente) había impuesto una serie de reglas desfavorables a los mineros. Cuando los mineros protestaron, el gobierno tomó medidas enérgicas contra ellos y les cortó los suministros. En particular, recortaron el abastecimiento de medicina durante una epidemia de influenza. Al mismo tiempo, un grupo de artistas internacionales estaba actuando en las minas. Según Barrios, la gente que fue a ver los espectáculos dijo que eran «anticomunistas» y que *COMIBOL*, a pesar de haberse negado a proveer los productos médicos esenciales, había pagado por los espectáculos (74). Como respuesta, los mineros tomaron a los artistas como rehenes. Bajo esta presión *COMIBOL* envió inmediatamente las medicinas. «Así que *COMIBOL* y los artistas con su propaganda anticomunista, habían venido a engañarnos, a mentirnos, a hacer un daño al pueblo, pero el pastel se les volteó: nos hicieron un favor» (74). Y Barrios añade en su testimonio: «¡Y cuántas cosas el pueblo allí, en el trabajo mismo, soluciona! A diario vemos cosas que podemos aprender del pueblo... Todo lo que sé y soy se lo debo al pueblo. Y también el coraje que tengo brota de allí» (75-76).

El nacimiento de una líder

La masacre de septiembre de 1965 hizo que Barrios se involucrara más en la lucha por los derechos de los mineros y de sus familias, y en la búsqueda por reclamar justicia. El general Barrientos había derrocado a Estenssoro en un golpe de estado en 1964. Él eliminó muchos de los beneficios que los mineros habían conseguido con sus luchas y les disminuyó el salario a la mitad. Y viendo el peligro de la organización de mujeres, deportó a muchos de los maridos de las líderes del *Comité*. El Sindicato de la mina fue forzado a la clandestinidad después de que muchos de sus líderes fueron deportados. Luego, en septiembre de 1965, el gobierno arrestó a Isaac Camacho, quien se había hecho cargo del sindicato clandestino. Durante el arresto el ejército mató a un número de personas —estudiantes, mujeres, miembros de la comunidad— quienes estaban allá para protegerlo. Días más tarde, cuando los mineros habían enterrado a los muertos, los militares llegaron y en represalia por la defensa que la comunidad había hecho de su gente, masacraron indiscriminadamente a muchas personas. Barrios evoca ese momento con gran detalle:

> Así han disparado hacia la Plaza del Minero, hacia Cataví, hacia el desmonte. Como rayas de luz salían las balas de todas partes hasta abajo. Y han matado a mucha mucha gente. Y no sólo eso, sino que han atacado a las ambulancias, cosa que en ninguna guerra, en ninguna pelea se puede hacer, es un delito internacional, ¿no? Había muchos muertos y tantos eran los heridos que ni cabían en el hospital de Cataví. Ese año yo recién estaba entrando como secretaria general del *Comité de Amas de Casa* y era una ciudadana corriente que no me daba bastante cuenta de la situación, no me orientaba mucho. Pero sí, yo había visto esa masacre... (105)

Más tarde, cuando el gobierno tardíamente envió un comité a investigar la masacre, la mayoría de la gente tenía miedo de hablar, temían las consecuencias. Aun el marido de Barrios, que había sido activo políticamente, tenía miedo. Pero Barrios oyó las preguntas, vio el miedo de la gente y su silencio, y perdió la calma:

> ¡Que hablen, que hablen! decía yo.
> Y me di vuelta y vi a una señora que allí estaba con los hijitos, llorando porque habían matado a su esposo. Entonces yo le dije:
> -Pero, señora, no llore usted. Párese y denuncie que a su esposo lo han matado.
> La señora me miró bien y me dijo:
> -Pero, señora... tú eres, pues nuestra presidenta; vos, pues, hablá... Tú eres ama de casa... Hablá pues.
> Bastó aquello y yo empecé a reflexionar en mi papel de dirigente: es cierto, yo soy dirigente, yo también soy parte de eso... Y estoy exigiendo que otros hablen y yo no hablo nada...(111)

Cuando Barrios se dio cuenta de su responsabilidad como líder del *Comité de Amas de Casa*, habló. Les contó a los investigadores las dificultades que tenían para tratar de subsistir, y luego habló de la masacre y las ambulancias. Exigió que todo el mundo se diera cuenta de su situación, y luego se sentó.

Cuando ella terminó, los mineros la rodearon y la felicitaron por su coraje, y uno de ellos aun dijo: «Ahora sí comprendo que es necesario que la mujer participe en todo» (112). El marido de Barrios, sin embargo, no entendió. Cuando ella empezó a hablar, él se retiró y continuó desaprobando su activismo durante el resto del tiempo que estuvieron juntos.

El precio del testimonio

La segunda masacre que Barrios presenció fue la de San Juan, que se llevó a cabo en la madrugada del 27 de junio de 1967. El gobierno había enviado hombres vestidos de civiles para pasar como participantes en las festividades de San Juan. Después de mezclarse con la gente, ellos empezaron a disparar. «Contra todo y contra todos disparaban... ¿Y por qué? Bueno, pues, porque el gobierno se había enterado de que al día siguiente habría la asamblea, o sea el ampliado de los secretarios generales, para plantear otra vez nuestros problemas, ¿no? Y el gobierno no quería que eso ocurriera» (127).

> En una ambulancia vi a una señora que andaba embarazada y a quien le habían tirado un tajo en el vientre. Su hijito se murió.
>
> Otra señora me gritó : «¿Qué le ha pasado a mi hijo? ¡Auxílienlo... auxílienlo! ...» Yo alcé al chico y lo saqué afuera de su casa. Y cuando estaba por meterlo en la ambulancia, lo hice sentar sobre mí... y vi todo su cráneo vacío. (127-128)

Al día siguiente, cuando la gente se reunió en el cementerio para enterrar a los centenares de muertos, Barrios se paró en un muro y denunció la masacre:

> —No se puede aguantar esto. ¿Cómo es posible que a la clase trabajadora, a la gente que se sacrifica, que está trabajando, que está enriqueciendo al país, se la tenga que matar así. No es justo lo que han hecho con nosotros. Si el gobierno mismo nos ha quitado nuestro salario,

y lo único que pedimos es lo que en justicia nos
corresponde... Y que nos maten así, no es justo.
¡Cobardes! ¡Maricones! —les grité. (128)

Dos días después de su discurso en el cementerio, Domitila Barrios fue arrestada en medio de la noche. El testimonio de su vida durante el tiempo de prisión es una clara evidencia de su coraje y abnegación. En el momento de su arresto tenía una hija de dos años. Cuando los soldados vinieron por ella y por su esposo en medio de la noche, ella se llevó a su hija. Después de dos días de viaje, fueron a parar a una prisión en La Paz. En *Si me permiten hablar...*, dice:

> Mi hijita se moría de frío. Ella tenía dos años. Y
> todos decían: «¿Cómo? ¿A la wawa? Ella no tiene
> la culpa». Algunos más sensibles se ponían a llorar.
> Entonces yo trataba de calmarlos, diciéndoles que
> de todo eso mi hija no se olvidaría nunca. Y que
> era bueno para ella que se forje y que se dé
> cuenta de la injusticia desde la infancia. (132)

Durante el primer día de interrogación y de nuevo al día siguiente, los agentes del gobierno acusaron a Barrios de ayudar a la guerrilla, y exigieron que les diera los nombres de los enlaces con los guerrilleros. Porque no cooperaba (ya que no era guerrillera, sino una activista del sindicato) ellos la amenazaban.

Finalmente, al no obtener respuesta, los guardias la llevaron a la oficina de *la Alianza para el Progreso* (una organización apoyada por la *CIA*). Allá, un estadounidense le dijo que *la Alianza* la estaba buscando porque el gobierno boliviano quería tomar medidas drásticas contra ella y su familia. Le prometieron protegerla si cooperaba. Le prometieron enviar a sus hijos al extranjero, a estudiar. «Pero, como en *Siglo XX* ya se hablaba de la *CIA,* y como en las películas yo había visto cómo actuaba el servicio de inteligencia, yo tenía una pequeña idea de lo que estaba pasando», dice Barrios. Y les contestó que si ella tenía problemas políticos o sindicales, debería resolverlos con el gobierno boliviano, ya que era una ciudadana boliviana y no norteamericana (134). Los estadounidenses, frustrados y enojados, la enviaron de regreso a la celda.

Como el gobierno boliviano no había tenido éxito con la interrogación directa, decidió emplear otra táctica. El gobierno mandó un agente para ganarse su confianza y presionarla por su responsabilidad como madre de tres niños, tenía que «hacerlo por ellos». El agente obtuvo su amistad al darle alguna ropa para su hija, que según él pertenecía a su propia hija, y le dijo que la noche anterior había escuchado llantos cuando estaba de turno en el ministerio. Cuando preguntó de quién era el llanto le contestaron que eran los hijos de la comunista de *Siglo XX*. Barrios le creyó cuando oyó cómo los describió detalladamente y le agradeció cuando le dijo que secretamente había contactado al *Consejo del Menor* para encargarse de ellos. La compañera de celda, una mujer que estaba condenada a muerte en Brasil por sus creencias políticas, le dijo:

>—Mira te voy a decir una sola cosa: en Brasil, hemos escuchado hablar de ustedes, del *Comité* y pensé que eran mujeres valientes. Y ahora, cuando salga y diga que estuve con una mujer de *Siglo XX*, se van a admirar. Y les voy a tener que decir que, al primer chisme que le han con-

tado se ha puesto a llorar como una María Magdalena. [y ella continuó:] —Bueno, señora, yo pienso que usted, sabiendo se ha metido en camisa de once varas. Algo de bueno ha debido ver su gente en usted para darle el cargo que tiene, pues. Usted no debe pensar solamente como madre, usted tiene que pensar como dirigente, que es lo más importante en este momento. Usted no se debe solamente a sus hijos, usted se debe a una causa y esta causa es la de sus compañeros, de su pueblo. En eso tiene que pensar. Entonces yo le dije:

—Bueno, sí... Pero, ¿si matan a mis hijos? ¿Y si se mueren? —Si mueren señora, viva usted, pues, para vengar la muerte de sus hijos (136-137). Más tarde, algunas mujeres que aparentemente pertenecían al *Consejo del Menor* vinieron y trataron de que Barrios firmara una autorización para que ellas pudieran disponer de sus hijos. Fue cuando se dio cuenta de que si firmaba algo, ellos podían utilizar su firma para denunciar líderes sindicalistas u otros miembros del *Comité de Amas de Casa*. Después de dudas y luchas consigo misma, les dijo que sus hijos eran su propiedad y no del Estado. «Y si ahora el Estado se le ha ocurrido asesinar a mis hijos en ese subterráneo donde dice usted que están, bueno pues, que los asesinen. Yo creo que eso más va a cargar en su conciencia, porque yo no soy culpable de ese crimen». (140)

Desde ese día, al creer que sus hijos estaban muertos y de que no tenía motivo para vivir, Barrios se puso en huelga de hambre. Un día, cuando los guardas estaban almorzando, ella oyó la risa de un niño fuera de su celda. La madre del niño, que era la esposa de un obrero, recibió una carta que Domitila Barrios había escrito en papel de cigarrillo en la que contaba que había sido golpeada, que su hija estaba con ella y que sus otros hijos probablemente estaban muertos. Nadie sabía que Barrios estaba en la cárcel.

Barrios nunca supo el nombre de la mujer que llevó la carta, pero al día siguiente la carta fue publicada y todo el mundo supo de su situación. Ante la presión popular, el gobierno se vio forzado a dejar libre a Barrios y a su hija, pero antes quisieron hacerle confesar el nombre de la persona que sacó la carta.

En pocos días su esposo fue liberado también, pero cuando llegó a *Siglo XX* fue despedido de su trabajo por tener una esposa política. Poco después les quitaron la casa y fueron deportados a Oruro, donde vivía el padre de Barrios. Allí vivieron por muchos meses y se vieron obligados a sobrevivir con la cesantía que René Chungara recibió cuando fue despedido del trabajo. Domitila Barrios decidió regresar secretamente a *Siglo XX,* porque René Chungara no pudo conseguir trabajo ya que estaba en la lista negra del *Ministro del Interior;* ella se llevó a los niños, quienes deseaban regresar a la escuela y a los amigos.

En *Siglo XX* se quedaron en la pequeña casa de la hermana de Barrios. Dos meses después, su padre vino a decirle que el marido se había gastado todo el dinero bebiendo y en parrandas, y que era mejor que regresara a Oruro a verlo. En ese momento ella esperaba otro hijo; cuando llegó a Oruro decidieron que ella regresara para tener el hijo en un lugar seguro.

Cuando ella llegó a Playa Verde en *Siglo XX* a recoger a sus hijos, fue arrestada. Pero el oficial, al notar su embarazo, la dejó ir con la condición de que se fuera inmediatamente *de Siglo XX*. Ella siguió sus órdenes, pero al llegar a Oruro empezó a planear con su padre cómo podría regresar a Oruro por los niños. Se decidió que debía disfrazarse y con este objetivo se cortó el pelo y compró ropas nuevas.

Infortunadamente, Barrios fue arrestada al entrar a *Siglo XX*. En la cárcel fue interrogada por el hijo de un coronel, quien la golpeó salvajemente. La acusó de haberse robado 270 millones para dárselos a las guerrillas. La acusó de ser una conexión de la guerrilla, y le dijo que su buena amiga Norberta Aguilar la había señalado como su cómplice. Cuando vio la carta que supuestamente su amiga había firmado, afirmó que ésa no era la letra o la firma de su amiga; este hecho enfureció más al hijo del coronel quien siguió golpeándola en el estómago, en la cara. Ella estaba en el octavo mes de su embarazo pero, sin embargo, trató de defenderse y defender a su hijo, mordió la mano del hombre y le escupió la sangre en la cara; él la siguió golpeando hasta hacerle perder el sentido.

Luego, el coronel la siguió golpeando y torturando, y la amenazó con matar el bebé cuando naciera. Barrios le pidió clemencia:

—Mire, señor. Usted, que es padre... ¡compréndame! Si su hijo, a mi hijo sin defensa lo estaba pisando... me lo estaba pateando y aplastando en mi vientre... Fue por esta causa que yo me defendí como pude, me atreví a defender a mi hijo como madre. ¡Compréndame, usted, señor! Me han calumniado de un montón de cosas que no hice. Yo no soy enlace, no soy nada de eso. Sí, he estado en el *Comité de Amas de Casa*. Pero, si usted me larga señor, yo no me voy a meter ni en eso... Una madre siempre tiene la obligación de defender a la criatura que lleva en sus entrañas. Y su hijo, con bastante saña me ha pateado en el vientre. Fue por eso que yo me defendí. Y estoy segura que cualquier madre haría lo que yo hice, si hubiera estado en mi situación. Señor, ¡por favor! (162)

Como respuesta, el coronel se burló de ella y de nuevo amenazó a su bebé. Después que salió, Barrios empezó el proceso de parto. Ella trató de detener el alumbramiento y rezaba para que el niño naciera muerto. Ésta es la experiencia más terrible que cuenta en su testimonio:

> Realmente, pasé una odisea terrible. Ya estaba la cabeza por salir y yo me lo volvía a meter. Fue desesperante ese momento...
> Finalmente, ya no pude aguantar. Y me fui a hincar en una esquina. Me apoyé y me cubrí la cara, porque no podía hacer ni un poquito de fuerza. La cara me dolía como para reventarme. Y en uno de esos momentos me venció. Yo no me acuerdo si mi hijo nació vivo... si nació muerto... no sé nada. De lo único que me acuerdo es que me hinqué allí y que me tapé la cara porque ya no podía más. Me vencía, me vencía... Noté que la cabeza ya estaba saliendo... y allí mismo me desvanecí.
>
> ... Ahora no sé. ¿Habrá muerto la criatura en mi vientre?... ¿Habrá muerto después de nacer, por falta de auxilio?... No sé.
>
> Es muy doloroso perder un hijo así. ¡Cuánto he sufrido por ese niño que he perdido!... ¡Cuánto he llorado buscándolo!... ¡Pobre mi criatura que

ha tenido que pagar la furia de esa gente tan enfurecida en contra de mí! (164)

Cuando el coronel regresó, cogió al bebé por una pierna y se lo tiró a ella. Luego permitió que llevaran a Barrios, medio muerta, al hospital.

Durante su estadía en el hospital, Barrios perdió el sentido del tiempo. Perdía y recobraba la conciencia, algunas veces reconocía el lugar, otras veces creía que el doctor que la cuidaba era un gorila perverso que había venido a comerse a su hijo, a desgarrar sus miembros y devorarlo.

Todo pasó en un período de diez días, y nadie de su familia (padre, esposo, hijos) sabía que estaba en la cárcel. Su padre pensaba que estaba en *Siglo XX*, sus hijos pensaban que estaba en Oruro. Cuando se dieron cuenta de lo que le había pasado, empezaron a protestar en la universidad, en la comunidad y en la oficina de la *DIC* (el servicio secreto de Bolivia). Al salir de una oficina, el padre de Barrios se encontró con alguien que conoció en Pulacayo, cuando él trabajaba como sastre para la policía de la mina. El hombre aceptó dejar libre a Barrios, con tal de que no volviera a *Siglo XX*, y que se fuera a Los Yungas, una región agrícola, para que no hablara. Si ella se iba de Los Yungas el hombre dijo que se vería forzado a matar al padre.

Convalecencia

Barrios y su familia pasaron 18 meses de privaciones en Los Yungas. El clima tropical y la dieta sin carne fueron difíciles para ellos, porque estaban acostumbrados a un clima más frío y a una comida más rica en proteínas. Barrios estaba en un pobre estado de salud y el calor, la humedad y la falta de cuidado médico, hicieron su período de convalecencia más lento y difícil.

Además, la gente no les dio, inicialmente, una bienvenida. Y esto porque el gobierno boliviano siempre creó enemistades entre mineros y campesinos. Cualquiera que fuera el gobierno que estuviera en el poder, era del sentido común que mientras el pueblo estuviera dividido no obtendría el poder.

Sin embargo, por su carácter de líder y por su compasión, Barrios terminó haciendo muchos amigos en Los Yungas. Cuando se recuperó, ayudó a los campesinos a organizarse, y hasta consiguió que ellos obtuvieran materiales del gobierno para construir una escuela. Pero estaba nostálgica en Los Yungas, lo mismo que su esposo e hijos.

No fue hasta que su padre la visitó que Barrios pudo hablar con alguien sobre sus dudas acerca de sus actividades políticas, y sus consecuencias.

> Entonces mi padre me dijo que él, cuando era político y veía que solamente tenía hijas mujeres, él se desesperaba por no tener un hijo varón. Porque él deseaba tener un hijo varón justamente para que siguiera sus ideales de él y continuara su trabajo de él, peleando hasta liberar al pueblo, hasta llevar al poder a la clase trabajadora. Y que, al ver que yo había seguido por el mismo camino, al ver que yo tenía ese carácter de mi padre, él se sentía feliz y orgulloso de mí. Y ¿cómo era posible que yo le dijera eso ahora? (175)

Sin embargo, su padre le advirtió que ella era libre de volver a *Siglo XX* cuando el gobierno cayera, como era inevitable. Él creía que debía prepararse para ser una mejor líder de su pueblo. Luego, él le trajo libros sobre la historia de Bolivia y sobre el socialismo. Los libros tenían comentarios al margen, hechos por un profesor de Oruro, que le sirvieron de guía a Barrios cuando estudiaba:

> ...yo podía comprobar una cosa con que había soñado desde chica: un mundo donde no iba a haber pobres y todos iban a tener qué comer y qué vestir. Vi que estas ideas que yo tenía estaban reflejadas en aquellos libros. Y se acababa la explotación del hombre por el hombre. Y todo el que trabajaba tenía derecho a comer y a vestir bien. Y el Estado debía velar por los ancianos, los inválidos, por todo. Aquello me pareció muy hermoso. Era como si mi pensamiento de pequeña, alguien lo hubiera recogido en un libro. O sea, que yo me identifiqué plenamente con lo que leí en el marxismo. Eso me alentó para seguir luchando. Porque, pensé yo, si he soñado con esto desde pequeña, ahora es necesario trabajar y empezar a valerme de esa doctrina, basarme en esa doctrina para seguir adelante. ¿no?
>
> Además, con todo lo que había sufrido en los apresamientos, en la cárcel y en Los Yungas, yo había adquirido conciencia política. O sea, ya fue un encuentro conmigo misma. (176-177)

DE REGRESO A LA POLÍTICA

Como el padre de Barrios lo había predicho, el gobierno cayó y ella regresó a *Siglo XX*. En 1970, estaba el general Torres en el poder y se pensó que podrían confiar en él. El general Torres invitó a una comida en Cataví al *Comité de Amas de Casa*; allí Barrios le pidió al general que les diera armas para defenderse de los militares porque: «ya estamos cansadas de ver a nuestros compañeros morir impunemente en las calles, no por falta de valentía, sino porque no tienen un arma para defenderse. Usted dice que es amigo del pueblo, ármenos entonces, para que con usted podamos defender el pueblo» (187). El general le dio las gracias y prometió hacer muchas cosas por los mineros y el pueblo de Bolivia. Sin embargo, este líder que prometía un cambio fue derrotado por el general Hugo Banzer en agosto de 1971.

Banzer trató de dominar a los mineros con sobornos; se dio cuenta de la fortaleza del *Comité de Amas de Casa*, y ofreció puestos con el gobierno a algunas de ellas, trabajo a sus esposos, educación en el extranjero para sus hijos, es decir, un cambio de vida total. Al esposo de Barrios le ofrecieron un trabajo en *COMIBOL* con un salario que triplicaba el anterior. Sin embargo, Barrios no aceptó porque no podía abandonar a su gente conociendo sus sufrimientos y las condiciones de vida que llevaban.

> Sería traicionar mis principios, traicionar la sangre de nuestros antepasados que han muerto por todo esto. Yo no me hago cómplice de ellos, aunque tenga que arrastrarme, aunque me tenga que morir y que mi familia también tenga que arrastrarse y morirse. No podemos actuar como ellos quieren. No podemos vendernos. (198-199)

Su esposo aceptó de mala gana y Barrios continuó su

lucha —con la gente que la hizo una líder— contra la pobreza y la injusticia.

Barrios tuvo razón al no aceptar las ofertas de Banzer puesto que era igual a sus antecesores. En 1974 dejó su juego de sobornos y se declaró dictador el 9 de noviembre. Declaró inconstitucionales los partidos políticos, los sindicatos y las organizaciones. Los mineros y el *Comité de Amas de Casa* respondieron con protestas, huelgas de hambre y, ya que las minas son esenciales para la economía boliviana, tuvieron algún éxito.

EN EL TRIBUNAL INTERNACIONAL DE LA MUJER

En 1975, cuando Banzer todavía estaba en el poder, Barrios viajó a México para asistir al *Tribunal del Año Internacional de la Mujer*. Ella esperaba encontrarse con mujeres del mundo entero que compartieran sus preocupaciones. Sin embargo, las mujeres estaban divididas en diferentes grupos. Las mujeres de los países ricos, como los Estados Unidos, y las de la clase alta de los países pobres, tenían diferentes preocupaciones. Ellas la acusaron de ser demasiado politizada, de olvidarse de los problemas de las mujeres y de dejarse manipular por los hombres. Muchos de sus problemas, como el control de la natalidad o los derechos de las lesbianas y de las prostitutas, eran asuntos importantes, dijo Barrios, pero en su opinión, no eran los principales. Los problemas de Barrios y de las otras mujeres latinoamericanas de la clase obrera no se concentraban en pelear con los hombres, como muchos grupos recomendaban, sino que se trataba de trabajar juntos para cambiar el sistema que los oprimía a todos.

> Les hice ver que ellas no viven en el mundo que es el nuestro. Les hice ver que en Bolivia no se respetan los derechos humanos y se aplica lo que nosotros llamamos «la ley del embudo»: ancho para algunos, angosto para otros. Que aquellas damas que se organizan para jugar canasta y aplauden al gobierno, tienen toda su garantía, todo su respaldo. Pero a las mujeres como nosotras, amas de casa, que nos organizamos para alzar a nuestros pueblos, nos apalean, nos persiguen. Todas esas cosas ellas no veían. No veían el sufrimiento de mi pueblo... no veían cómo nuestros compañeros están arrojando sus pulmones trozo más trozo, en charcos de sangre... No veían cómo nuestros hijos son desnutridos. Y claro, que ellas no sabían, como nosotras, lo que es levantarse a las 4 de la mañana y acostarse a las 11 o 12 de la noche, solamente para dar cuenta del quehacer doméstico, debido a la falta de condiciones que tenemos nosotras. (226)

Una vez más, y esta vez a nivel internacional, Barrios atrajo la atención hacia ella y hacia su pueblo, porque no se pudo quedar callada ante las mentiras y la injusticia. Sus discursos (pronunció varios durante el *Tribunal*) llamaron la atención de Moema Viezzer, quien le sugirió que grabara su testimonio para el mundo y la posteridad. El resultado fue *«Si me permiten hablar...»* que cuando fue publicado al año siguiente, le trajo aún más fama —y la infamia ante los ojos del gobierno boliviano.

Y LA LUCHA CONTINÚA

Barrios pasó muchas semanas en México, recibiendo atención médica por las lesiones recibidas cuando estuvo en prisión, y difundiendo la causa de los mineros en el exterior al llamar la atención sobre sus condiciones. Finalmente, sabía que debía regresar a su pueblo.

> Nos dijo un señor que nosotros somos como peces que necesitan estar en el agua y que fuera del agua se mueren. Y el día que nosotros, los dirigentes, los que estamos encaminados, no estemos en el seno de las masas, ese día nos vamos a morir. Y eso sí, creo yo que es fácil morirse allí afuera. Porque, si un dirigente no está con su gente, no se siente feliz. Y yo creo que todos los que nos llamamos o tenemos etiqueta de revolucionarios tenemos la obligación de regresar al pueblo y pelear junto al pueblo. (229)

Barrios, uno de esos líderes, se sentía vacía lejos del corazón de las masas y, con la excepción de algunos años cuando se vio forzada al exilio, ella ha continuado viviendo y trabajando en las minas de Bolivia. La fama que le trajo la publicación del libro minó la relación con su esposo y finalmente llegó la separación. Barrios sigue como una mujer del pueblo, luchando por los derechos de los mineros y por la justicia para el pueblo que la convirtió en su líder.

Notas

[1] Traducido del inglés por María Mercedes Jaramillo.
[2] Ahora Domitila Barrios.
[3] Moema Viezzer. *«Si me permiten hablar...» Testimonio de Domitila una mujer de las minas de Bolivia*. México: Siglo XXI Editores, 1977. Todas las citas corresponden a esta edición.

Puede que no haya recibido una educación formal, pero...
Elvia Alvarado.

Elvia Alvarado:
historia y testimonio
de una campesina hondureña

Isolina Ballesteros

La estrecha colaboración entre Elvia Alvarado, campesina hondureña, y Medea Benjamin, escritora y activista social, dio lugar a un texto de valor testimonial publicado en los Estados Unidos en 1987 con el título *Don't Be Afraid, Gringo. A Honduran Woman Speaks from the Heart* (*No tengas miedo, gringo. Una mujer hondureña habla con el corazón*).¹ En el prólogo del libro, Elvia Alvarado anuncia sus prejuicios hacia los gringos y sus reservas iniciales hacia el proyecto de Medea Benjamin: «Como pensaba que todos los gringos eran iguales, creí que habías venido para hacerme daño» (xiii). No obstante, su decisión de contarle al mundo su historia y la de todos los campesinos en su misma situación, la anima a olvidar su desconfianza inicial, albergando la esperanza de que una vez que su interlocutora *gringa* comprenda su lucha sólo podrá estar de su lado (xiii).

Por su parte, Medea Benjamin, al describir cómo fue el proceso de construcción de la *Historia de Elvia Alvarado*, reconoce que una vez establecido el interés por el proyecto, «Yo ya no era la entrevistadora escribiendo un libro sobre Elvia. Era el libro de Elvia. Y éste era su modo de establecer una comunicación con el mundo exterior» (xxiii). ¿Cómo se establece esa «comunicación con el mundo exterior», por qué medios y con qué propósitos? Para responder a estas preguntas creo necesaria una breve exploración del género testimonial en general, considerando sus características principales y su función.[2]

El sujeto múltiple y su cómplice letrado/a. La función social del testimonio.

El marco de esta forma discursiva es el de la represión institucionalizada. El testimonio, como forma privilegiada para representar el discurso común, sustituye al discurso historiográfico tradicional en determinados contextos sociales y políticos. El discurso común, que representa a toda una colectividad, es articulado por un sujeto-testigo de una realidad histórica que, en su labor de intérprete, (des)codifica, mientras la imagina, la revive y la actualiza. Su intimidad no es privada y huye del narcisismo; los límites entre lo público y lo privado desaparecen. El texto es *hablado* por los/las oprimidos/as. Al mismo tiempo, el testimonio deconstruye las versiones oficiales y tranquilizadoras de la historia; testifica y habla por y para una colectividad marginada y oprimida dándole la voz que le ha sido negada. Se funda en un mecanismo de universalización de la experiencia individual.

El discurso testimonial, aunque de origen oral, sólo satisfará su intención explícita de representar y alcanzar a una colectividad general al ser posteriormente transcrito para su divulgación masiva. Éste parte de una conciencia de clase del propio sujeto-emisor y pretende brindar una prueba, justificación o comprobación de la verdad de un hecho social previo.

En términos de Beverley y Zimmermann, la convención narrativa testimonial evoca una polifonía ausente de otras voces, otras vidas y experiencias posibles, en la cual se basa la afirmación textual del sujeto (175). Uno de sus principales valores reside, como expone Ileana Rodríguez, en revelar los secretos escondidos de la tradición popular en relación con problemas de resistencia, proveyendo el acceso a situaciones y formas de pensamiento desconocidas o conscientemente relegadas por la cultura oficial dominante (85-86).

En Centroamérica, el testimonio se erige en un instrumento de lucha contra la elite económica y cultural (incluyendo los modelos literarios dominantes) para favorecer la cultura popular silenciada por las instituciones en el poder. Los estudios sobre el testimonio en general enfatizan la diferencia entre esta forma narrativa como medio reivindicador de la cultura del margen y las producidas por autores/as (i.e. Miguel Ángel Asturias) que, aunque miembros de la elite intelectual, eligieron dar voz a las minorías oprimidas. El testimonio recupera la autoridad de la oralidad, cuestionando el proceso de modernización cultural que privilegia la literatura como norma de expresión, y da la entrada en la literatura a personas que, según esta norma, estarían excluidas de la expresión literaria o a expensas de ser representadas por escritores/as profesionales. El testimonio supone por ello una atenuación del papel y de la presencia textual

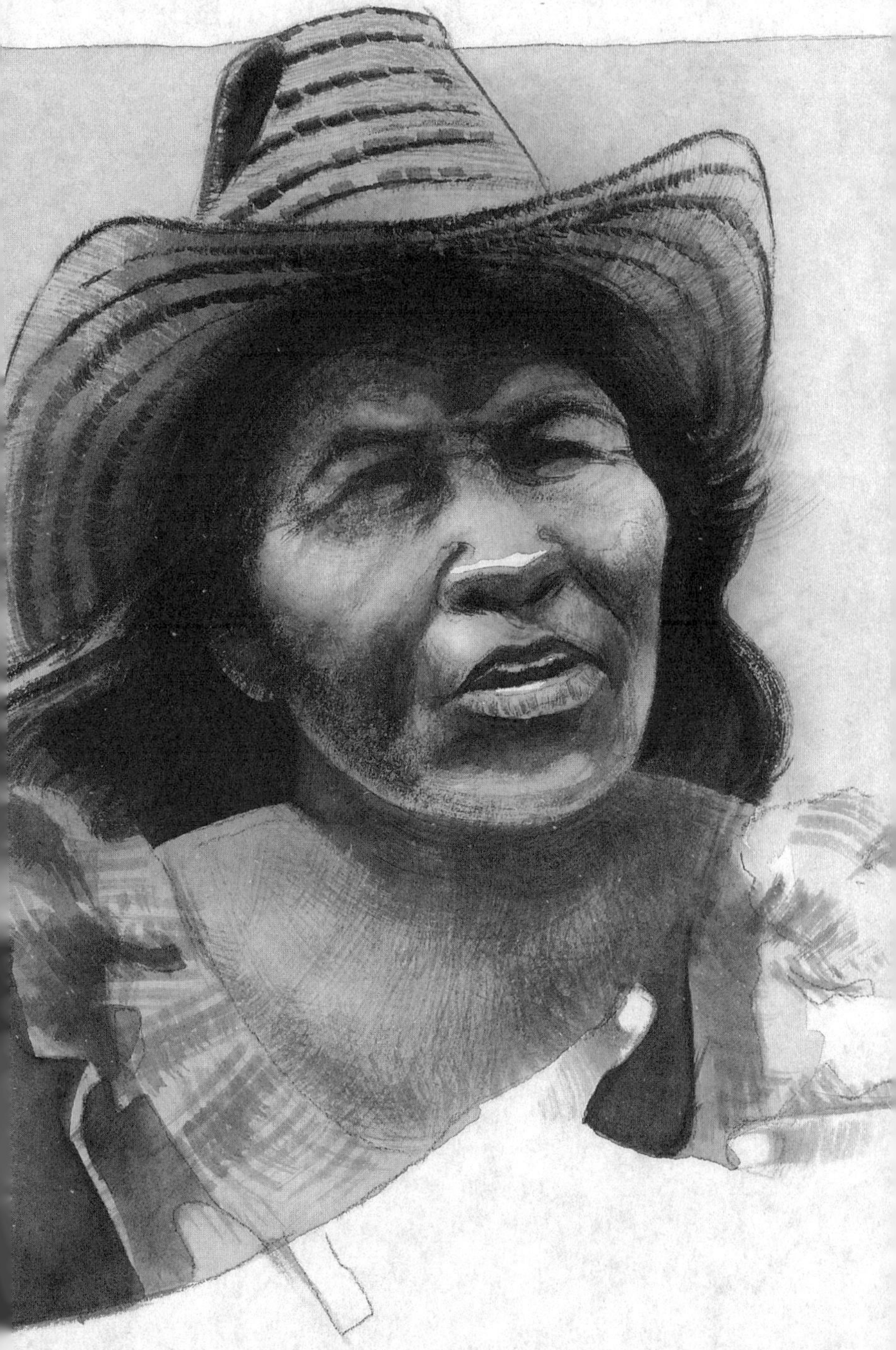

del autor. El sujeto narrador no busca alcanzar el punto de vista magistral y omnisciente del autor sino que, por el contrario, rechaza la figura del *gran escritor* como héroe cultural que contribuyó a la creación de la Ideología Liberal de Latinoamérica, desde el Romanticismo hasta el Boom (Beverley y Zimmermann 175-76). El testimonio pretende retar el carácter patriarcal y elitista de la literatura (tal y como ha sido concebida en Centroamérica), dándole al/ la autor/a la categoría de *compilador/a* o *gestante*, según los términos usados por Miguel Barnet[3], y buscando la complicidad entre narrador/a y lector/a.

La misión del *letrado solidario* (términos de Hugo Achugar 56) en el testimonio ha sido ampliamente debatida por la crítica más reciente. Para algunos/as estudiosos/as del género, el sujeto narrador es asimilado y por lo tanto manipulado por el/la transcriptor/a que, subordina o mediatiza la autoexpresión poética del narrador/a a su propósito de reescribir la historiografía preexistente adoptanto la óptica de los marginados. En este sentido, el testimonio, en cuanto a textualización/ apropiación del relato oral, siempre conlleva la reescritura, la transcodificación o la traducción del mismo.[4] Otros/as, sin embargo, entienden esta *intermediación letrada* como una *traducción* técnica, un tipo de adecuación sintáctica que facilita el fluir de la transmisión del testimonio, y en ese sentido se justifica como una forma de *respeto* (y no de apropiación) hacia el otro (Achugar 64-65). También es importante reconocer que la explotación o manipulación en el testimonio no es unilateral; el/la narrador/a del testimonio está también de alguna manera manipulando o explotando a su interlocutor/a, «para hacer que su historia alcance influencia y audiencia internacional, cosa que..., como activista, ve en términos utilitarios y como una labor política para su comunidad» (Beverley 1989: 21). Jorge Narváez, Frederic Jameson, Doris Sommer y George Yúdice, por su parte, resaltan la cualidad múltiple y heterogénea del testimonio y lo consideran un género representativo de la posmodernidad. Para F. Jameson el anonimato en el testimonio «no significa...la pérdida de la identidad personal, del nombre propio, sino su multiplicación,...la asociación de un individuo con una pluralidad de otros nombres y otros individuos concretos» (129). También Doris Sommer devuelve el protagonismo al/a la narrador/a múltiple del testimonio, el/la cual busca la complicidad del/de la receptor/a y no la simplificación, identificación (e implícita sustitución) de su yo-plural por el de éste/a (147). Como expresa George Yúdice, «al enfrentar la fragmentariedad de la experiencia y al dejar de lado el impulso a totalizar, el testimonio rehúye la construcción de un yo monológico y, al contrario, se abre a la heterogeneidad» (214). Para Jorge Narváez el testimonio aparece «como un texto mestizo, polivalente o multidisciplinario. La ambigüedad o heterogeneidad... es parte de su riqueza y de su rebeldía a reconocerse apresado en límites» (21).

Beverley y Zimmermann señalan también la importancia de la alianza entre narrador/a y compilador/a como un símbolo del frente común establecido entre las clases marginadas y una clase intelectual radical, cuyo papel ha sido decisivo para el desarrollo de los movimientos sociales en el Tercer Mundo (176). El propósito último de esta alianza es reforzar el poder de la literatura como forma de acción social ya que, como recalca Achugar, la función ejemplarizante es consustancial al testimonio y la función denunciatoria está presente en la mayoría de los casos: «denuncia de excesos de poder, denuncia de la marginación, denuncia, del silencio oficial, denuncia en definitiva, que va de la mano con el comportamiento extraordinario de que da cuenta el testimonio» (60).

Tras considerar el testimonio en general como un discurso narrativo de denuncia que persigue el cambio social y que incluso, como defienden Yúdice, Beverley y Zimmermann, sustituye a la acción revolucionaria o guerrillera, conviene situar el de Elvia Alvarado dentro de este contexto y comenzar analizando aquí la intencionalidad que existe detrás de su narración. Ésta parece quedar clara ya en el título: ganarse la complicidad de los *gringos*. Dicha complicidad parece inicialmente garantizada por el hecho de haber sido transcrita al inglés por una *gringa*. Pero además se hace explícita a lo largo de su narración y, concretamente, en el capítulo final del texto, que sirve como conclusión, cerrando el círculo narrativo iniciado en el prólogo. Del mismo modo que la emisora de esta narración, como en cualquier narración testimonial, habla por una comunidad y su situación personal «engloba toda la realidad de un pueblo» (Rigoberta Menchú y Elizabeth Burgos, 21), también la receptora y *compiladora* representa a toda la comunidad de *gringos* que simpatizan con la lucha campesina en Centroamérica y a la cual va dirigido el testimonio.

Para Elvia Alvarado no podrá haber cambio en Centroamérica sin un cambio previo en la política de los Estados Unidos, a la que hace responsable de gran parte de sus problemas. En el capítulo final de *No tengas miedo, gringo*, al que acabo de referirme, reconoce, en primer lugar, la viabilidad de esta complicidad que le interesa establecer: «No te puedes imaginar cuánto ánimo y cuánto valor me da saber que tenemos amigos en los

Estados Unidos... ¡Quién lo hubiera creído!» (144); en segundo lugar, define el carácter de su lucha, despojándola de un contenido ideológico preciso e insistiendo más bien en su contenido ético: «No estamos luchando por teorías. No estamos luchando por el comunismo o el marxismo. Estamos luchando por la justicia» (144). En tercer lugar, Elvia Alvarado establece los términos de la acción y define el mensaje y objetivo último de su testimonio:

> Ustedes americanos que quieren acabar con el hambre y la pobreza, tienen que actuar... (144) No estamos pidiendo comida o ropa o dinero. Los queremos a Uds. con nosotros en la lucha. Queremos que eduquen a su gente. Queremos que organicen a su gente. Queremos que denuncien lo que su gobierno está haciendo en Centroamérica. De todos aquellos de ustedes que sienten el dolor de los pobres, que sienten el dolor de los asesinados, de los desaparecidos, de los torturados, necesitamos más que simpatía. Necesitamos que se unan a nuestra lucha. No tengan miedo, gringos. Mantengan la moral alta. Y recuerden, ¡nosotros estamos allí con ustedes! (146)

El/la destinatario/a global de estas declaraciones no es casual, como no lo es el hecho de que la *compiladora* de las mismas sea *gringa* y su traducción haya sido publicada antes en inglés que en español. En el caso de Honduras, que ha sido desde los años 50 un país alquilado por los Estados Unidos para sus intereses económicos y políticos en Centroamérica, y donde los movimientos guerrilleros no han tenido el éxito que en otros países del área, la elección de los/as receptores/

as es una estrategia política crucial. Para entenderla es necesario tener en cuenta la situación histórica, política y social de Honduras dentro del contexto centroamericano, y el papel determinante de la política de los Estados Unidos en la región (véase apéndice).

SER MUJER Y ACTIVISTA SOCIAL EN HONDURAS: EL TESTIMONIO DE ELVIA ALVARADO

Para contrarrestar los diversos discursos históricos, más o menos cómplices con el *discurso oficial*, que describen el subdesarrollo económico y social de Honduras (entre los que se incluye el mío), y para confrontar las consecuencias de los acuerdos políticos, de la corrupción gubernamental, etc., surge el testimonio de Elvia Alvarado. Su perspectiva, como participante de la esfera pública de su país, recoge el dato cotidiano, la experiencia concreta diaria que falta en mi narración sociohistórica (así como en la mayoría de los recuentos historiográficos tradicionales). Su versión de algunos episodios de la historia de Honduras no pretende ser imparcial, ni se esfuerza por esconder la estrategia política o ideológica que ha seguido para elegir u ordenar los hechos que va a contar. En su iniciativa existe una declarada *posicionalidad* ideológica consciente en relación a unos eventos y a un debate histórico. Éste es el rasgo que caracteriza, según Jean Franco, los géneros literarios que surgen directamente de la «desaparición, la pobreza y la supervivencia» (69).

Elvia ha aprendido a juzgar por sí misma la verdad o la intención de las versiones oficiales y a sacar sus conclusiones. Elvia reclama el acceso a un sistema de educación que incluya la historia «del pueblo hondureño». Su confianza en la educación está basada en su propia experiencia:

> Puede que yo no haya recibido una educación formal, pero desde que comencé a trabajar como organizadora he tenido la oportunidad de tomar muchos cursos... En los cursos aprendemos muchas cosas prácticas... Pero también analizamos la realidad de Honduras, cómo viven los ricos, cómo viven los pobres y por qué. Antes de tener la oportunidad de tomar estos cursos no entendía cómo funcionaba el mundo. Estaba tan ocupada sobreviviendo cada día que no había tenido la oportunidad de averiguar de dónde venían mis problemas. Y ésa es la realidad para muchos campesinos... Los partidos políticos tradicionales no están interesados en enseñar a los campesinos la fuente de su pobreza, porque entonces tendrán que admitir que también ellos han estado aprovechándose de su miseria. Y como ellos no lo van a admitir, nos corresponde a nosotros, a las organizaciones campesinas, decir la verdad. (61-2)

En este proceso de concienciación, Elvia Alvarado también ha aprendido a ser escéptica y a no creer todo lo que dice la gente educada, los políticos y la prensa en su país. De esta forma recomienda a sus interlocutores/as que busquen diferentes versiones de la *verdad*, incluyendo la de ella misma, para poder seleccionar después la más adecuada.

La verdad que a mí, como receptora de su mensaje, me interesa considerar aquí, es la que se extrae de sus experiencias como mujer campesina hondureña, la que define su función como activista social y feminista. La que responde a estas preguntas: ¿Cómo se convierte una mujer hondureña en una activista social? Es decir, ¿cuáles son las circunstancias que permiten a una mujer transgredir las fronteras del espacio doméstico y participar activamente en la esfera pública?; ¿se puede describir la participación política y social de Elvia Alvarado como feminista? y, finalmente, ¿es posible separar la problemática de la mujer hondureña de la problemática campesina en general?

La realidad de Honduras:
las organizaciones campesinas

La descripción de Elvia Alvarado nos presenta la «Honduras escondida» (19), la Honduras de los «asentamientos» (pueblos o aldeas) adonde no llegan las carreteras y donde vive la mayor parte de los campesinos. En los asentamientos, situados en zonas montañosas, está la peor tierra, difícilmente cultivable y que no deja apenas lo suficiente para vivir a los pocos afortunados que la poseen. Los que no tienen tierra propia trabajan como braceros por un salario que oscila entre 1,50 y 2,50 dólares diarios. La mayor parte tiene que emigrar constantemente en busca de trabajo, que escasea cada día más. En los asentamientos, los campesinos viven en ranchos de paredes de bambú y techos de hoja, una habitación, sin agua corriente ni luz. Su alimentación básica consiste en tortillas y frijoles, y adquieren la ropa en mercadillos de segunda mano y a través de donaciones de las asociaciones católicas de beneficiencia. Carecen de servicios sanitarios, la falta de agua potable es responsable de la mayor parte de las enfermedades.

Tampoco tienen acceso a medicinas, por lo cual niños y adultos sufren de enfermedades crónicas.[5]

Dado que el gobierno de su país no hace nada para mejorar las condiciones de vida de los/as campesinos/as, éstos/as tratan de organizarse para recuperar por lo menos algunas tierras donde poder cultivar. Una de las cuatro organizaciones campesinas, existentes en el momento de la transcripción del testimonio de Elvia Alvarado, que está realmente luchando porque se aplique la Ley de Reforma Agraria, es la *CNTC* (*Comisión Nacional de Trabajadores Campesinos*). Esta organización tiene como principal objetivo ayudar a los campesinos a obtener tierras, créditos y asistencia técnica, así como a defenderse de la resistencia de los terratenientes y el ejército. Pero, sobre todo, esta organización considera que las mujeres deben integrarse al proceso de reforma agraria. De ahí que la mitad de sus miembros sean mujeres que, en muchos casos, tienen funciones de responsabilidad: Elvia Alvarado es la secretaria financiera de la región de Comayagua.

LA MOVILIZACIÓN FEMENINA

La participación activa de las mujeres en las actividades de las organizaciones sindicales campesinas es doblemente ardua. Las mujeres deben compaginar la labor organizadora con las obligaciones domésticas y el cuidado de los hijos, y en muchos casos, cuentan con la oposición de sus propios maridos. En palabras de Elvia:

> La parte más dura de organizar a las mujeres fue
> que sus maridos se oponían. Los hombres creían
> que una vez que sus mujeres se organizaran,

querrían llevar los pantalones en la casa, y empezarían a mandar a los hombres. Ellos decían que los hombres son los que deben decir a sus mujeres lo que tienen que hacer y no al revés. (88)

En muchos casos, los propios líderes de estas organizaciones son los que se oponen a la participación de sus mujeres: «Hablan mucho sobre *el papel de las mujeres*; pero cuando se trata de sus mujeres —pues, eso ya es otra historia» (90).

Su participación en las recuperaciones de tierras es mucho más limitada que la de los hombres, pero su función es imprescindible: «Si los hombres son encarcelados, ellas se encargan del trabajo de la tierra. Se enfrentan a los soldados, van a sacar a sus maridos de las cárceles, duermen en los campos para guardar las tierras recuperadas. Sin la ayuda de las mujeres, los hombres habrían perdido muchas batallas» (88-89).

La movilización femenina no sólo ha contribuido a apoyar la causa campesina general, sino que ha generado una serie de iniciativas para mejorar la situación y las necesidades de las propias mujeres. Como escriben Nancy Peckenham y Annie Street, el estatus de la mujer en Honduras no puede ser aislado del contexto de las condiciones sociales generales, en el cual la gran mayoría de la gente, hombres y mujeres por igual, carece del derecho a participar en la vida económica y política de su país. En el caso de las mujeres, la pobreza y la discriminación sexual son una doble carga que limita aún más su participación en la sociedad. La institucionalización de la inferioridad social de la mujer hondureña se refleja en las leyes del país. Las mujeres no recibieron el derecho al voto hasta 1954 (uno de los últimos países de Latinoamérica). Otros 30 años fueron necesarios para obtener algún tipo de protección legal de sus derechos. Sin embargo, la ley todavía no garantiza la igualdad entre el hombre y la mujer.[6]

Las campesinas hondureñas son el grupo social más oprimido de Honduras, que sufre una doble explotación: de clase y de género sexual; la de los ricos y la de los hombres. En el ambiente de extrema pobreza en el que viven los/as campesinos/as, la responsabilidad de sustentar a la familia recae generalmente sobre la mujer. Las mujeres campesinas, que raras veces se casan legalmente, que no tienen acceso a medios de contracepción o a programas de planificación familiar, en la mayor parte de los casos se ven obligadas a sacar a sus hijos adelante sin el apoyo de los hombres que, exentos de un compromiso de fidelidad o de obligaciones familiares, abandonan frecuentemente el hogar para fundar otra familia en otro lugar. El hombre campesino no sólo no ayuda en las tareas domésticas o en el cuidado de los hijos, sino que ni siquiera mantiene a la familia en el sentido tradicional. No provee el dinero suficiente para las necesidades más básicas, por lo cual la mujer campesina debe trabajar horas extras fuera de la casa para ganar algo de dinero con que alimentar a sus hijos. Otro grave problema entre los campesinos es el alcoholismo, que conduce al abuso sexual, la violencia doméstica y el abandono familiar. Elvia Alvarado considera que el alcoholismo es el principal causante del machismo en una sociedad que «trata a la gente como basura, que no ofrece trabajo a la gente, que no da a la gente una razón para estar sobria» (55). La estrategia inicial de las organizaciones de mujeres es educar y concienciar a sus miembros de que estos hábitos deben cambiar y, a la vez, crear un entorno social en el que se estimule a los hombres a responsabilizarse de sus familias.

Elvia Alvarado es testigo de que esto es posible: «Me he dado cuenta de que en cuanto los campesinos tienen un objetivo, en cuanto tienen los medios para ganarse la vida y cuidar a sus familias, beben menos. Y generalmente dejan de golpear a sus mujeres. Y también he visto que cuando las mujeres se organizan, empiezan a llevar a sus maridos a raya» (55).

Elvia Alvarado comparte las condiciones familiares y sociales de la mayoría de las mujeres campesinas de Honduras: su padre era alcohólico y golpeaba a su madre; no tuvo acceso a una educación escolar; tuvo su primer hijo a los quince años; los padres de su segundo y tercer hijos no se responsabilizaron de ellos por lo cual ella se vio obligada a trabajar en la ciudad para poder mantenerlos, mientras éstos permanecían con su abuela en Lejamaní, el pueblo donde nació Elvia. A su vuelta, y durante los 18 años siguientes, vivió con Alberto, de quien tuvo tres hijos más, hasta que se dedicó por entero a la labor social y se separó de él, llevándose a sus hijos con ella. Su vida y experiencias en el campo hondureño fueron el elemento definitivo que facilitó la concienciación de Elvia Alvarado. No obstante, ésta se materializó gracias al papel importantísimo que la Iglesia Católica de Honduras tuvo en las organizaciones campesinas.

La Iglesia Católica y
el movimiento campesino

El interés de la Iglesia Católica por los programas de asistencia social coincidió con el gobierno reformista de Ramón Villeda Morales (1957-63), y respondió al interés del gobierno por evitar el movimiento revolucionario en Honduras. Como explican Norsworthy y Barry: «Tanto la Iglesia como el gobierno vieron las reformas sociales y los programas de desarrollo comunitarios como dosis de medicina preventiva contra la enfermedad del comunismo» (110). Sin embargo, aunque la jerarquía eclesiástica se mostró muy interesada por los problemas socioeconómicos, trató de mantener los programas sociales bajo una orientación meramente religiosa. Gustavo Blanco y Jaime Valverde, en su libro *Honduras: Iglesia y Cambio Social,* describen las tres principales tendencias que se desarrollaron dentro de la Iglesia Católica desde finales de los años cincuenta: la sección jerárquica o institucional, que siempre ha tratado de consolidarse como una institución fuerte dependiente de la Iglesia internacional con sede en Roma; la sección desarrollista y la sección profética o socialmente comprometida. Estas dos últimas ganaron mayor influencia en la década de los años 60 y principios de los 70. La sección desarrollista inició una campaña para mejorar las condiciones sociales y la educación de las comunidades rurales, a través de medidas legales que no se oponían abiertamente al gobierno: formación de cooperativas de ahorro, asistencia técnica, aumento de los servicios sociales, acceso a la educación, etc. Progresivamente, un sector dentro de esta sección desarrollista, que incluía a líderes campesinos y miembros del clero, adoptó una estrategia más radical. Al percibir los límites de los desarrollistas, definieron los problemas del país como resultado de la hegemonía de las clases poderosas y se erigieron en la *opción de los pobres.* Este segmento de la Iglesia, conocido en Honduras y en otras partes de Centroamérica como la Iglesia profética, se identificaba con la doctrina de la Teología de la Liberación y se comprometió estrechamente con la lucha de los campesinos y las organizaciones de trabajadores, alcanzando su período álgido entre 1967 y 1975. Así mismo se caracterizó por sus constantes denuncias de la represión militar y de la explotación económica de los pobres.

Elvia Alvarado constata el papel de la Iglesia en su comunidad. Ésta empezó creando clubes de madres donde las mujeres se reunían para hablar y tratar de solucionar sus problemas. También llevaban a cabo actividades prácticas, como distribuir comida a niños desnutridos, cultivar parcelas de tierra y asistir a conferencias sobre alimentación y desnutrición. Con la asistencia de la Iglesia estas mujeres recibieron el apoyo sicológico y el sentido de comunidad necesarios para empezar a cambiar su situación.

La trayectoria social de Elvia Alvarado se inicia realmente cuando la Iglesia la invita a asistir a un curso para trabajadoras sociales tras el cual la eligen, junto a otras cuatro mujeres, para viajar por todo el país (con los gastos pagados) y organizar más clubes de mujeres. La labor de concienciar a las mujeres de las comunidades perdidas en las montañas no fue tarea fácil para Elvia. En ese momento (a mediados de los años 70) no existían organizaciones de mujeres y la idea de que una campesina abandonara su casa durante varias semanas para organizar a otras mujeres era impensable y motivo de escándalo, y oposición constante entre los hombres de la comunidad. La oposición de su compañero Alberto no terminó hasta que Elvia, cansada de soportar sus acusaciones de ser una mala mujer, una mala madre y una comunista, y de lidiar con problemas de alcoholismo y violencia doméstica, decidió abandonarlo, llevándose a sus hijos.

Las dificultades para continuar con su labor organizadora no terminaron al separarse de Alberto. La misma institución eclesiástica, que había sido responsable de despertar la conciencia social de muchos/as campesinos/as como ella y de proveer los medios para que las organizaciones de mujeres pudieran seguir adelante con sus actividades, decidió retirar repentinamente su apoyo a los movimientos campesinos y canceló los fondos para los programas de ayuda. Según Elvia, la Iglesia se asustó cuando vio que los/as campesinos/as empezaban a tomar iniciativas por su cuenta y a cuestionar algunos aspectos de la distribución de la riqueza y la injusticia social de Honduras. De la misma forma que antes los había apoyado, ahora los acusaba de comunistas y marxistas:

> La iglesia nos abrió el camino, pero siempre quiso que los siguiéramos por detrás. Y cuando empezamos a caminar por delante de ellos, cuando empezamos a crear nuevos caminos por nosotras mismas, trataron de impedírnoslo. Decidieron que quizás organizar a las mujeres no era tan buena idea después de todo. Querían que diéramos comida a las madres y a los niños desnutridos, pero no querían que cuestionáramos por qué estaban desnutridos en primer lugar. Querían que cultiváramos vegetales en las pequeñas parcelas de terreno alrededor de nuestras casas, pero no querían que cuestionáramos por qué no teníamos bastante tierra para alimentarnos. Tan pronto como empezamos a juntarnos y a hablar entre nosotras, empezamos a hacernos estas preguntas....Y empezamos a hablar sobre la necesidad de llevar a cabo algunos cambios....Fue entonces cuando la Iglesia nos abandonó. (16-17)

El compromiso de la Iglesia para con los pobres se paralizó prácticamente en 1975, tras la masacre de Los

Horcones. La masacre de Olancho, planeada por los terratenientes y con la colaboración de las fuerzas armadas para amenazar y controlar la participación de la Iglesia en los movimientos populares, obtuvo el efecto deseado. Aunque la Iglesia condenó los sucesos de Olancho, a partir de 1975 la jerarquía eclesiástica institucional retomó el control y retiró su apoyo y los fondos a las organizaciones, asumiendo un rol moderador de afiliación con las fuerzas del Estado. Los incidentes de Olancho fueron la justificación que los propios sectores institucionales de la Iglesia necesitaban para disminuir el poder de los sectores populares más radicales (el sector desarrollista y el profético). Entre 1975 y 1981 el sector profético de la Iglesia se desvaneció paulatinamente, y el desarrollista se debilitó, intimidado para llevar a cabo cualquier programa de acción social aun de tipo legal o pacífico (Norsworthy y Barry 112-113).

FEHMUC

Sin el apoyo de la Iglesia, las líderes de los grupos de mujeres decidieron aunar sus fuerzas, poner en común sus ahorros y fundar su propia organización, la *FEHMUC* (*Federación Hondureña de Mujeres Campesinas*), en 1977. A través de programas de educación y de salud, *FEHMUC* enseña a las mujeres a hacer un mejor uso de los escasos recursos de que disponen y, sobre todo, a concienciarse de su situación de desventaja en la sociedad y a organizarse para exigir el acceso a mayores recursos y para luchar por sus derechos sindicales. También *FEHMUC* les ayuda a organizar sus propias actividades para mejorar su condición: asistencia alimentaria y agrícola, cursos de contabilidad o de dirección de cooperativas, programas de nutrición, sanidad y alfabetización, entre otras (Peckenham y Street). Su compromiso social les da confianza en sí mismas y les ayuda a articular su experiencia como mujeres.

El compromiso de Elvia Alvarado con la causa de la mujer no puede, en ningún momento, ser separado del compromiso con la causa campesina en general. Su lucha es contra la injusticia y la pobreza que sufre su pueblo. El logro de Elvia Alvarado, como el de otras mujeres como ella (Rigoberta Menchú, Domitila Barrios, María Teresa Tula, entre otras), ha sido transgredir las fronteras del espacio doméstico venciendo el miedo a la oposición masculina, y consolidar su concienciación por medio de la lucha activa y la inmersión completa en el espacio público.[7] Pero estas mujeres, como ha señalado Jean Franco, «aunque adquieren una educación política a través de estas actividades, no se subscriben necesariamente a una agenda política feminista o, en todo caso, no a una agenda feminista que separe los problemas de las mujeres de los de la sociedad en su totalidad» (71).

Elvia Alvarado no incluye el término feminismo en su agenda política y niega la identificación que se quiere hacer de su postura ideológica, y la de los grupos campesinos a los que pertenece o representa, con otras ideologías establecidas: sean feminista, marxista o comunista. Tampoco con la democracia, a la que critica duramente en el ejemplo norteamericano. Su escepticismo hacia la democracia se ha forjado primordialmente en el ejemplo hondureño, donde la democracia «quizás exista para los ricos, pero ciertamente no para los pobres» (117). En el capítulo llamado «¿Qué es la democracia?/¿Qué es el comunismo?» Elvia cuestiona seriamente la legitimidad de los gobiernos democráticos de Centroamérica, y su estrategia para usar la «amenaza comunista» como arma contra los movimientos de protesta. Los términos democracia y comunismo han perdido su significado en el contexto social y político centroamericano.

El modelo norteamericano, la amenaza comunista y el compromiso cristiano

Por un lado, Elvia constata que ninguno de los presupuestos básicos del concepto de democracia funcionan en Honduras; no hay igualdad ante la ley: los ricos no son perseguidos ni castigados por el sistema judicial cuando violan la Ley de Reforma Agraria o cuando roban, persiguen o matan a los pobres campesinos; sin embargo, «un campesino va a la cárcel por robar una gallina o una vaca o unas mazorcas de maíz» (119). Tampoco hay libertad de palabra ni de prensa: los que protestan contra el abuso y la corrupción del gobierno, o contra la intervención americana, son asesinados. El dinero que el gobierno democrático debería emplear en educación y salud va directamente a las arcas del ejército, para comprar más armas con las que sujetar y reprimir a la población.

El modelo norteamericano tampoco convence a Elvia: la principal razón para su rechazo hacia éste es la injusta política intervencionista de los Estados Unidos en la región centroamericana: «Está manteniendo a esos contra-terroristas para que maten a la gente de Nicaragua. Está matando a montones de gente pobre en El Salvador. Está armando al ejército hondureño. Eso no es señal de país democrático. Si Estados Unidos fuera democrático, no estaría haciendo esas cosas» (123).

Por otro lado el comunismo parece ser la única alternativa ideológica que les queda a los campesinos, impuesta sobre todo por los propios gobiernos *democráticos* que insisten en calificar de comunistas a todas aquellas actividades de lucha por los derechos de los campesinos y de denuncia de los abusos:

> Si a alguien no le gusta lo que haces, te tachan de comunista....Tratan de asustarnos con la amenaza del comunismo para que no hagamos nada, para que tengamos tanto miedo del comunismo que no hagamos nada para parar el terror que sufrimos hoy día. Quieren que tengamos los ojos cerrados y las bocas calladas. Es un arma, un arma poderosa, que los ricos usan contra nosotros, haciéndonos temer al comunismo más de lo que los tememos a ellos. Así es como destruyen cualquier movimiento para el cambio. (124)

Las críticas al comunismo vienen principalmente de la propaganda anticomunista emitida en Honduras por influencia estadounidense o por los emigrados cubanos o nicaragüenses que dejan sus países y denuncian la represión política y la falta de libertad. Sin embargo, las necesidades campesinas inmediatas son mucho más primarias que la falta de libertad, y mientras éstas no sean cubiertas, las otras quedan relegadas a un segundo plano: «También he oído que en Cuba la gente tiene comida, ropa, educación y medicinas. Así que pienso que si mi familia tuviera comida, ropa, educación y medicinas, ¿que más querría?... Si todas esas cosas existen en Cuba, qué felices deben estar los cubanos. Y si eso es comunismo, entonces que Dios bendiga al comunismo» (124). Esta terminología política funciona únicamente como una forma de justificar la manipulación extranjera en el gobierno de Honduras y para mantener a los campesinos en el estado de ignorancia necesario para llevar a cabo esta manipulación. Pero en ningún caso favorece sus condiciones de vida. La dicotomía capitalismo/comunismo, impuesta por Estados Unidos y el gobierno de Honduras, se vacía de contenido o invierte sus términos en una región donde la única explotación ha venido del capitalismo:

> Dicen que los campesinos somos estúpidos y que los comunistas rusos vendrán y nos manipularán. Puede que no tengamos educación.... Pero no somos estúpidos. No queremos que nadie nos manipule —rusos o gringos. Pero, déjame decirte que no hemos visto a rusos tratando de manipularnos. Los únicos extranjeros tratando de manipularnos son los gringos....Lo único que entendemos es que tenemos que luchar por el derecho a vivir como seres humanos. No nos importa como lo llamen —capitalismo, socialismo, comunismo, o cualquier otro ismo. (124)

Aunque la tan temida amenaza comunista no lo es tal para los campesinos/as hondureños/as, tampoco representa una ideología con la que identificarse o una alternativa política con la que aliarse. Elvia Alvarado no confía en ninguno de estos términos, únicamente cree en la justicia y la igualdad como principios esencialmente cristianos. Su compromiso con el cristianismo es el principal y único. Y así lo ha definido en el capítulo de su testimonio llamado: «Jesús fue un organizador». Jesús fue el primer revolucionario que luchó por el cambio social, pero siempre por medios pacíficos. Su ejemplo es el de Jesús y su lucha siempre será pacífica. En eso se separa de otros/as líderes y activistas sociales que se han aliado a la guerrilla, por considerar que el cambio sólo puede venir de la lucha armada. Su postura aboga esencialmente por la participación activa y el compromiso social, pero también por la resignación cristiana. Sin embargo, su forma de entender el cristianismo tampoco es ortodoxa. Está en contra de muchas de las actitudes de la Iglesia Católica, como institución, a la que denuncia por abandonar su compromiso con la causa de los campesinos y los pobres de Honduras.

Elvia demanda nuestra participación

Elvia Alvarado critica especialmente el sistema de dependencia económica y política que el gobierno de su país ha establecido con los Estados Unidos. La ayuda de las organizaciones humanitarias internacionales (principalmente estadounidenses) sólo acrecienta esta dependencia y empeora el complejo de mendigos de los hondureños. Elvia se aleja de la práctica cristiana institucional que predica la caridad y recomienda la resignación a los desamparados. Lo que Elvia pide es solidaridad en el compromiso social, y no caridad:

> ...la mejor forma de mostrar solidaridad no está en enviar comida, ropa o dólares, [sino]... en decir a su gobierno que Honduras pertenece a los hondureños. Digan a su gobierno que salgan de nuestro país y nos dejen en paz. Y apóyennos en nuestra lucha. (106)[8]

Por su trabajo como activista social, Elvia Alvarado se convirtió en persona indeseable para el gobierno y el ejército de su país. Perseguida, encarcelada seis veces y torturada por el *DNI* (*Departamento Nacional de Investigaciones*) a mediados de la década de los años ochenta, bajo la acusación de colaborar con los sandinistas, ella declara en su testimonio que su participación en las organizaciones campesinas nada tiene que ver con el sandinismo de Nicaragua o con las guerrillas Farabundo Martí, en El Salvador: «Siempre tratan de decir que somos parte de alguna gran conspiración, cuando no somos más que un puñado de pobres campesinos» (133). A pesar de la incertidumbre en la que ha vivido, su trabajo organizativo ha continuado hasta la fecha.[9] Su testimonio debe leerse como una estrategia política: persigue efectuar el cambio por medios pacíficos y situar la lucha dentro de los límites legales; y sobre todo es una llamada explícita a la solidaridad, al compromiso político, a la lucha activa de sus receptores. A diferencia de sus contemporáneas (Rigoberta Menchú, Domitila Barrios, etc.) Elvia Alvarado pide, exige a los receptores de su testimonio un compromiso concreto que no se resuelve exclusivamente en la lectura del mismo: «no vamos a ningún sitio simplemente escribiendo y leyendo libros. Sé que los libros son importantes, y espero que este libro sea importante para la gente que lo lea. Pero no podemos simplemente leerlo y decir, «Esos pobres campesinos. Qué vida tan miserable tienen»...lo importante no es lo que ustedes piensen de mí; lo importante es que hagan algo» (146).

NOTAS

[1] La traducción y edición en inglés de Medea Benjamin es la única versión publicada que existe de su colaboración con Elvia Alvarado. No existe una versión previa o posterior en

español. En una reciente conversación (mayo 1994) Medea Benjamin me informó que no dispone ya de las cintas originales que grabó; y que había existido la intención de elaborar una versión en español para su publicación en Honduras, pero el proyecto había quedado paralizado debido a problemas políticos de diversa índole. Ante la imposibilidad de consultar las cintas originales en español o sus transcripciones, ofrezco mis propias traducciones del texto en inglés. La paginación corresponde a la edición de Medea Benjamin de 1989. La traducción al español de todas las citas en inglés es también mía.

[2] Tomaré como punto de partida para esta exposición algunas de las ideas generales expuestas por René Jara y Hernán Vidal en su introducción a *Testimonio y Literatura* (1986), para continuar con referencias a los principales estudios publicados posteriormente: Sonia Montecino, «Testimonio y mujer. Algunas reflexiones críticas» (1988); Jorge Narváez, «El estatuto de los textos documentales en América Latina» (1988); Gayatri Ch. Spivak, «Can the Subaltern Speak?» (1988); John Beverley, «The Margin at the Center: on *testimonio* (testimonial narrative)» (1989); Beverley y Zimmermann, «Literature and Politics in the Central American Revolutions» (1990); Elzbieta Sklodowska, «Hacia una tipología del testimonio hispanomericano» (1991); Jean Franco, «Reinhabiting the Private» (1992); la mayor parte de los ensayos incluidos en Beverley y Achugar, *La voz del otro: Testimonio, subalternidad y verdad narrativa* (1992) a saber: Achugar, «Historias paralelas/historias ejemplares: La historia y la voz del otro»; Frederic Jameson, «De la sustitución y de importaciones literarias y culturales en el Tercer Mundo: El caso del testimonio»; Doris Sommer, «Sin secretos»; Antonio Vera León, «Hacer hablar: La transcripción testimonial»; George Yúdice, «Testimonio y concientización»; Beverley, «El testimonio en la encrucijada» (1993).

[3] Sobre las ideas de Barnet sobre el testimonio véanse, «La novela testimonio. Socio-Literatura» (280-302) y «Testimonio y comunicación: una vía hacia la identidad» (303-314) en Hernán Vidal y René Jara, Eds. *Testimonio y Literatura*.

⁴ Véanse los ensayos de Gayatri Ch. Spivak, Elzbieta Sklodowska y Antonio Vera León.

⁵ Para mayor información sobre las condiciones alimenticias y sanitarias del campesinado hondureño, véase Norsworthy y Barry, 105-108.

⁶ Para mayor información sobre la situación de la mujer hondureña, véanse Peckenham y Street, «Women: Honduras's Marginalized Majority»; Dolly Pomerleau, «Women in Honduras»; Norsworthy y Tom Barry: «Women and Feminism»; y el video *Just Before the Dawn*.

⁷ Véanse *Me llamo Rigoberta Menchú y así me nació la conciencia*; *«Si me permiten hablar... » Testimonio de Domitila, una mujer de las minas de Bolivia*; y *Hear my Testimony: María Teresa Tula, Human Rights Activist of El Salvador*.

⁸ Esta denuncia de Elvia Alvarado se refiere concretamente a la presencia de la *contra* en su país. Su testimonio, transcrito en los peores años de la intervención americana en la frontera con Nicaragua, expone ampliamente las consecuencias que esta intervención tuvo en la población campesina. El aumento de la prostitución, de abusos sexuales a niños y sobre todo de casos de *SIDA*, entre otros, empeoraron la situación ya de por sí deteriorada de la población rural hondureña. Véase capítulo «Gringos y contras en nuestra tierra» (109-115).

⁹ Después de la publicación de su testimonio, Elvia Alvarado ha participado en tres giras nacionales en los Estados Unidos, patrocinadas por diversas organizaciones sociales hondureñas, centroamericanas y norteamericanas, y con la colaboración de Medea Benjamin y la organización que ésta dirige, Global Exchange.

APÉNDICE

La coyuntura socio-política de Honduras. La influencia norteamericana: Las impresionantes ruinas de la ciudad de

Copán, centro intelectual del imperio maya clásico, situadas al oeste de Honduras en la frontera con Guatemala, dan testimonio del paso de la civilización maya por Honduras. Aunque éstas habían sido abandonadas a la selva mucho antes, varias tribus indígenas habitaban la región cuando Colón llegó a estas tierras. Entre ellas se contaban los indios *lenca*, cuyo jefe *Lempira* (que más tarde daría su nombre a la moneda nacional de Honduras) estuvo en sucesivas rebeliones a punto de expulsar a los invasores fuera de su territorio. En 1540, la corona de España ganó el control del área. Durante el siglo XVI Honduras pasó a ser una floreciente colonia, gracias a sus minas de oro y plata. El apogeo fue breve debido a la reducción drástica de la mano de obra (la población indígena disminuyó de un número aproximado de 500.000 a menos de 40.000, a causa de las enfermedades europeas) y a la competencia feroz de las minas de México y Perú. En los siglos XVII y XVIII la producción minera decayó casi totalmente y la agricultura pasó a ser el principal recurso económico. Hasta su independencia en 1820, Honduras se había mantenido como un apéndice de las estructuras coloniales de México y Guatemala, siendo manipulada por los líderes de los países vecinos, Guatemala, Nicaragua y El Salvador. En la mayor parte de las recién consolidadas repúblicas centroamericanas, la exportación de café durante la segunda mitad del siglo XIX trajo cierta estabilidad económica que causó una serie de efectos sociales y políticos. El principal fue el surgimiento de una elite poderosa de productores cafeteros que contribuyó a la creación de una identidad nacional, a base de utilizar a los indios como mano de obra barata, construir carreteras y ferrocarriles para incrementar el comercio e instaurar un ejército y una fuerza policial para defender el nuevo orden. Por el contrario, la ausencia hasta 1940 de una infraestructura adecuada para comercializar el café y el temprano control de la producción bananera por compañías extranjeras, fueron factores definitivos que impidieron la consolidación de una elite nacional en Honduras en el siglo XIX. El estado —dividido en numerosas elites en competición e incapaces de imponer su autoridad— se debilitó en constantes guerras civiles que caracterizaron el período postindependentista. Esto convirtió a Honduras en el blanco principal de la expansión capitalista estadounidense que tuvo lugar a comienzos del siglo XX con el desarrollo de las compañías fruteras en la costa norte del país. Las compañías importaban prácticamente todo, desde el equipo para construir las carreteras hasta los productos de consumo de sus trabajadores. Como resultado, las tierras bananeras funcionaban como una fuente de riqueza autosuficiente que, prácticamente exenta del pago de impuestos, no dejaba ninguna ganancia en el país. Poco a poco las compañías fruteras fueron ganando una influencia política equivalente a su poder económico, y a partir de 1912, la política interna de Honduras fue completamente inseparable de las actividades y las rivalidades de éstas por el control total de la región.

En la década de los años 30, tras la caída de la bolsa de Nueva York en 1929, las condiciones de trabajo empeoraron, los salarios decrecieron y las elites oligarcas centroamericanas pusieron el poder en manos de una serie de dictadores sin escrúpulos que mantuvieron el estatus económico y social, y acallaron por la fuerza el descontento entre la población campesina y obrera. Honduras también tuvo su dictador, Tiburcio Carías Andino, quien se mantuvo en el poder durante 16 años (1932-1948).

Hacia 1945, Honduras seguía siendo el país más retrasado y más dependiente de inversión extranjera de toda América Central, cuya economía consistía principalmente en plantaciones bananeras a lo largo de la costa norte, y en un sector agrícola subdesarrollado, en todo el resto del país. En los años 50, una creciente clase trabajadora emergió en la esfera política. En 1954, una legendaria huelga de unos 50.000 trabajadores, en su mayoría del norte de Honduras, aseguró el derecho de éstos a organizarse en sindicatos laborales y a rebajar el control estadounidense sobre los mismos. Sin embargo, las organizaciones de izquierda, que inicialmente tuvieron bastante poder, comenzaron a verse seriamente perjudicadas por la histeria anticomunista y la ideología de la guerra fría. Líderes sindicales entrenados en los Estados Unidos en el anticomunismo se infiltraron más efectivamente en las organizaciones sindicales y en los movimientos campesinos hondureños que en ningún otro país de Centroamérica.

En estos años, aunque el ejército se había convertido en la institución política más fuerte del país, la relación entre éste y la oligarquía nunca alcanzó los niveles de colaboración de países vecinos como Guatemala o El Salvador, a pesar de los intentos del dictador Carías por profesionalizar y modernizar el ejército. Esto no se llevaría a cabo hasta 1954, fecha en que Honduras firmó una alianza con Estados Unidos, por la cual éstos prometían ayuda militar a cambio de acceso ilimitado a los productos hondureños. A pesar de ser un país más pobre y peor repartido que sus vecinos, controlado casi ininterrumpidamente desde 1963 por gobiernos militares corruptos, Honduras fue inmune a la agitación política que afectó a Guatemala, Nicaragua y El Salvador: hasta 1980 apenas existían en Honduras movimientos guerrilleros comparables al *FMLN* en El Salvador, los sandinistas en Nicaragua o el *URNG* en Guatemala.

El primer intento de reforma había sido llevado a cabo por el gobierno liberal de Ramón Villeda Morales (1957-1963), apoyado por la clase media, los sectores obreros y la administración Kennedy, gracias a su marcada política anticomunista y de apoyo a la iniciativa privada. Infortunadamente, sus reformas fueron pronto consideradas demasiado liberales para los intereses de las compañías fruteras y la oligarquía terrateniente, las cuales, con el apoyo de los sectores conservadores y el ejército, conspiraron para derrocar al gobierno liberal de Villeda, legítimamente instaurado tras su victoria en las elecciones de 1963. La dictadura del Coronel López Arellano (1963-1975) intentó modernizar de forma conservadora el país y se mantuvo prudentemente alejada de las dictaduras militares de Guatemala, Nicaragua y El Salvador. Aunque las organizaciones sindicales de campesinos no tenían gran fuerza ni estaban bien organizadas, hacia finales de los años 60 algunos miembros de *FENACH* (*Federación Nacional de Campesinos Hondureños*), organización creada con las reformas agrarias propuestas por Villeda Morales, intentaron organizar un frente guerrillero; otras comunidades campesinas se unieron y con el apoyo de la Iglesia Católica formaron *ACASCH* (*Asociación Campesina Social-Cristiana de Honduras*).

Entre los años 72-76 el gobierno de López Arellano se propuso la consecución de una reforma agraria que, aunque diseñada en teoría para beneficiar a los campesinos, en raras ocasiones fue llevada a la práctica. Ante la ineficacia del proceso legal, las organizaciones campesinas iniciaron la estrategia de «tomar o recuperar las tierras» abandonadas o inutilizadas que les pertenecían antes de haber sido usurpadas por los terratenientes.

Acusado de corrupción, López Arellano fue obligado a dimitir en 1975. Inmediatamente después se sucedió una ola de violencia, fomentada especialmente por las organizaciones campesinas, que alarmó a los terratenientes conservadores y al ejército. Las recuperaciones de tierras se multiplicaron con gran riesgo para los campesinos. Durante una manifestación en la capital, organizada por la Unión Nacional de Campesinos para presionar al gobierno a activar la reforma agraria, un grupo de rancheros del distrito de Olancho y algunos sectores del ejército, conspiraron para bloquear la manifestación y capturaron, torturaron y quemaron vivos a nueve activistas (entre los que se contaban dos sacerdotes). La llamada masacre de Los Horcones paralizó por algunos años las actividades del campesinado y de la Iglesia Católica.

La corrupción del gobierno en la década de los años 60 y 70 contribuyó a crear la situación de desesperada pobreza en la que continuaban la mayoría de los hondureños (en 1980 el 10% de la población recibía el 50% del producto nacional, el 5% poseía más de la mitad de la tierra y las multinacionales controlaban el 80% de la economía). En estas circunstancias se encontraba Honduras cuando Estados Unidos decidió convertirla en una *República del Pentágono*: El movimiento popular era débil y poco conflictivo; el corrupto sistema bipartidista permanecía intacto, dispuesto a ser resucitado para dar al país una fachada de democracia; no existían grupos industriales capaces de hacer frente a las multinacionales; y el ejército, históricamente *pro-yanki*, seguía siendo la institución más importante del país. Pero, sobre todo, los sandinistas acababan de derrotar al gobierno somocista en 1979, y en El Salvador y Guatemala otros movimientos insurgentes de ideología marxista estaban creciendo rápidamente, impulsados por la victoriosa revolución sandinista. Honduras, por su privilegiada posición geográfica, se convirtió en el centro de los intereses geopolíticos del gobierno de los Estados Unidos, que estaba asustado por la inminencia de gobiernos izquierdistas en las propias *puertas de su casa*. A cambio de un aumento en la ayuda económica y militar, Honduras se comprometió a colaborar con los Estados Unidos en su proyecto de desestabilizar la revolución sandinista en Nicaragua y destruir la guerrilla salvadoreña. La ayuda económica aumentó de 4 millones de dólares, en 1980, a 77 millones en 1984. Se mantuvo cerca de los 60 millones hasta 1987, y descendió progresivamente hasta llegar a 20 millones en 1992. (Véanse gráficos en Norsworthy y Barry, *Inside Honduras*, 175). El total de la ayuda económica se elevó de 36 millones de dólares en 1981, a 229 millones en 1985. Desciende a 87 millones en 1989, elevándose a 192 en 1990. (Véase gráfico en Norsworthy y Barry, 164).

A partir de ese momento, como ha señalado Víctor Meza, «la política exterior de Honduras se somete a una doble subordinación: complementa y se acomoda a la política de los Estados Unidos en Latinoamérica y a los dictados de las Fuerzas Armadas en la esfera nacional... Honduras hizo suya la política exterior que Estados Unidos le había diseñado» (220). Para llevar a cabo sus propósitos en la región, Estados Unidos convirtió a Honduras en una base militar, aumentando escandalosamente la ayuda militar y económica a lo largo de la década de los ochenta. Al mismo tiempo, presionó para restaurar la democracia en Honduras. La *apariencia* de democracia era crucial para justificar su intervención en la región. Para ello, forzó al gobierno militar a convocar elecciones en 1981, y financió toda la campaña electoral, fortaleció posteriormente las instituciones legislativas y judiciales, entrenó a los líderes políticos y sindicales y desarrolló organizaciones de protección de los derechos humanos. Sin embargo, el fortalecimiento económico y político del ejército durante los años de la *contra* supuso el debilitamiento del poder civil, y el nuevo sistema electoral, en lugar de disminuir el poder del ejército, le dio mayor impunidad para actuar, encubierto ahora tras la fachada de un gobierno civil. Antes de las elecciones, los dos candidatos principales se reunieron con los jefes militares y acordaron conceder al ejército el poder de veto sobre los miembros del gabinete ministerial y control total sobre los asuntos de seguridad, incluyendo el derecho a determinar las relaciones políticas con Nicaragua y El Salvador (Medea Benjamin y Elvia Alvarado, xix).

La consecuencia más trágica de la militarización de Honduras fue un aumento alarmante de los abusos contra los derechos humanos. Por primera vez en su historia, Honduras se convirtió en el escenario de desapariciones, de centros de detención clandestinos donde la tortura de los prisioneros era práctica común, y de asesinatos políticos llevados a cabo por las fuerzas de seguridad del Estado y por los escuadrones de la muerte (*cobras*). La represión tuvo también un efecto devastador en las *organizaciones populares*, especialmente después de la ley *antiterrorista* de 1982, bajo la cual las formas de protesta tradicionales, como huelgas en fábricas, ocupaciones de tierras o manifestaciones callejeras, pasaron a ser consideradas acciones subversivas de oposición al gobierno, y perseguidas con severas penas de cárcel. Así mismo la enorme asistencia económica que acompañó al proceso de militarización agravó la endémica corrupción de la clase política y del ejército hondureños y supeditó la economía del país a una dependencia absoluta de la ayuda estadounidense. Como resume Medea Benjamin: «La ironía de la política de los Estados Unidos en Honduras es que en el nombre de preservar la democracia ha polarizado la sociedad más que nunca. Las condiciones que en el pasado habían diferenciado a Honduras de los países vecinos están desapareciendo rápidamente. Cada día hay más riqueza ostentosa, acaparada por generales y políticos; más corrupción, con luchas de poder por el reparto de la ayuda norteamericana; más pobreza, mientras el ejército consume el presupuesto del gobierno; y más represión y menos espacio para el desacuerdo o la protesta pacífica» (xvi). [Las principales fuentes de información para esta sección son: Lapper y Painter, *Honduras, State for Sale* (1985); Rosenberg y Shepherd, *Honduras Confronts Its Future* (1986); Ramos, *Honduras: guerra y antinacionalidad* (1988); Alvarado y Benjamin, «Introduction» y «Appendices» en *Don't Be Afraid, Gringo* (1989); Krauss, *Inside Central America* (1991); Norsworthy y Barry, *Inside Honduras* (1993)].

Bibliografía

ACHUGAR, Hugo. «Historias paralelas/historias ejemplares: La historia y la voz del otro». *La voz del otro: Testimonio, subalternidad y verdad narrativa*. Eds. John Beverley y Hugo Achugar. Lima y Pittsburg: Latinoamericana Editores, (1992):49-71.

ALVARADO, Elvia y Benjamin Medea. *Don't Be Afraid, Gringo. A Honduran Woman Speaks from the Heart*. Harper Perennial, 1989.

AMERICAN FRIENDS SERVICE COMMITTEE. *Just Before the Dawn*. Canadá: Cinefort Inc., 1990.

BARNET, Miguel. «La novela testimonio. Socio-Literatura». *Testimonio y Literatura*. Eds. Hernán Vidal y René Jara. Minneapolis: Society for the Study of Contemporary Hispanic and Lusophone Revolutionary Literature, (1986): 280-302.

- «Testimonio y comunicación: una vía hacia la identidad». *Testimonio y Literatura*, pp. 303-314.

BARRIOS DE CHUNGARA, Domitila y Moema Viezzer. «*Si me permiten hablar...*» *Testimonio de Domitila, una mujer de las minas de Bolivia*. México: siglo XXI, 1977.

BEVERLEY, John. «The Margin at the Center: on *Testimonio* (Testimonial Narrative)». *Modern Fiction Studies. Special Issue: Narratives of Colonial Resistance* 35.1 (1989): 11-28.

• & Marc Zimmermann. *Literature and Politics in the Central Revolutions*. Austin: University of Texas Press, 1990.

• «El testimonio en la encrucijada». *Revista Iberoamericana. Número especial de Literatura Hispanoamericana de los años 70 y 80*. 59.164-165 (1993): 485-495.

• *Against Literature*. Minneapolis: Univ. of Minnesota Press, 1993.

BLANCO, Gustavo y Jaime Valverde. *Honduras: Iglesia y cambio social*. Costa Rica: Departamento Ecuménico de Investigaciones, 1987.

FRANCO, Jean. «Going Public: Reinhabiting the Private». *On Edge. The Crisis of Contemporary Latin American Culture*. Eds. George Yúdice, Jean Franco y Juan Flores. Minneapolis: Univ. of Minnesota Press. 65-83.

JAMESON, Frederic. «De la sustitución y de importaciones literarias culturales en el Tercer Mundo: El caso del testimonio». *La voz del otro*, pp. 117-133.

KRAUSS, Clifford. *Inside Central America. Its People, Politics, and History*. New York: Simon & Schuster, 1991.

LAPPER, Richard y James Painter. *Honduras, State for Sale*. London: Latin American Bureau, 1985.

MENCHÚ, Rigoberta y Elizabeth Burgos. *Me llamo Rigoberta Menchú y así me nació la conciencia*. México, D.F.: Siglo XXI editores, 1992.

MEZA, Víctor. «Recent Developments in Honduran Foreign Policy and National Security». *Honduras Confronts Its Future*.

Contending Perspectives on Critical Issues. Eds. Mark B. Rosenberg y Philip L. Shepherd. Boulder, Colorado: Lynne Rienner Publishers, Inc., (1986): 217-225.

MONTECINO, Sonia. «Testimonio y mujer. Algunas reflexiones críticas». *La invención de la memoria*. Ed. Jorge Narváez. Santiago de Chile: Pehuen, (1988): 119-126.

NARVÁEZ, Jorge. «El estatuto de los textos documentales en América Latina». *La invención de la memoria*, pp. 15-22.

NORSWORTHY, Kent y Tom Barry. *Inside Honduras*. Alburquerque, New Mexico: The Inter-Hemispheric Education Resource Center, 1993.

PECKENHAM, Nancy y Annie Street. «Women: Honduras's Marginalized Majority». *Honduras: Portrait of a Captive Nation*. New York: Praeger, 1985.

POMERLEAU, Dolly. «Women in Honduras». *Honduras: A Look at the Reality*. Hyattsville: Quixotic Center, 1984.

RAMOS, Ventura. *Honduras: guerra y antinacionalidad*. Tegucigalpa: Editorial Gyaimuras, 1988.

RODRÍGUEZ, Ileana. «Organizaciones populares y literatura testimonial: los años treinta en Nicaragua y El Salvador». *Literatures in Transition: The Many Voices of the Caribbean Area*. Ed. Rose S. Minc. Gaithersburg, MD: Montclair State College. Ediciones Hispamérica, (1982): 85-96.

SKLODOWSKA, Elzbieta. «Hacia una tipología del testimonio hispanoamericano». *Siglo XX/20th Century* 8.1-2 (1990-1991): 103-120.

SOMMER, Doris. «Sin secretos». *La voz del otro*, pp. 135-153.

SPIVAK, Gayatri Chakravorty. «Can the Subaltern Speak?». *Marxism and the Interpretation of Culture*. Eds. Cary Nelson y Lawrence Grossberg. Hampshire: Macmillan Education Ltd., (1988): 271-313.

TULA, María Teresa y Lynn Stephen. *Hear my Testimony: María Teresa Tula, Human Rights Activist of El Salvador.* Boston, Mass.: South End Press, 1994.

VERA LEÓN, Antonio. «Hacer hablar: La transcripción testimonial». *La voz del otro*, pp. 181-199.

VIDAL, Hernán y René Jara. Eds. *Testimonio y Literatura.* Minneapolis: Society for the Study of Contemporary Hispanic and Lusophone Revolutionary Literature, 1986.

YÚDICE, George. «Testimonio y concientización». *La voz del otro*, pp. 207-227.

...es importante rescatar nuestra cultura y nuestra historia.

Ana María Condorí.

«Nayan Uñatatawi»: el despertar de Ana María Condori

Willy O. Muñoz

Nayan Uñatatawi, que significa «mi despertar» en lengua aimara, pertenece a la literatura testimonial, aquella que resulta cuando una mujer «escucha» a otra mujer para luego recontextualizar escrituralmente el discurso oral (Fernández 185). Ineke Dibbits y Elizabeth Peredo cumplen la misma función con Ana María Condori que Moema Viezzer realizara con Domitila Barrios, Elena Poniatowska con Jesusa Palancares y Elizabeth Burgos-Debray con Rigoberta Menchú. En la somera «Introducción» que Peredo y Dibbits escriben para encabezar este texto, sólo se deja constancia de que ellas forman parte del Taller de Historia y Participación de la Mujer, cuyo propósito es «rescatar la experiencia y la vida cotidiana de las mujeres bolivianas» (12). Peredo y Dibbits acceden a escribir un libro sobre la vida de Ana María Condori «con el convencimiento de que transmitir lo que una mujer ha vivido y reflexionar sobre aquello, es valorizar y otorgar un lugar a las protagonistas anónimas de la vida social de nuestro país» (12). Desgraciadamente no se deja constancia de la forma de trabajo, salvo que por meses las escritoras escuchan el relato de Condori y se alude a la problemática de expresar escrituralmente aquello que les fue confiado oralmente.

El libro se divide en tres partes: «Pastora en el altiplano», «Empleada doméstica en la ciudad» y «Colonizadora en el Alto Beni», las que corresponden a la infancia, adolescencia y a la vida adulta de Ana María Condori. En la primera parte, ella narra la pobreza en la que se desarrolla su niñez, penurias económicas causadas en gran parte por la deficiente implementación de la reforma agraria. La pequeña extensión de tierra destinada al campesino no le permite mantener a su familia con la venta de sus productos agrícolas. Dadas estas condiciones económicas, el campesino emigra a la ciudad en busca de una mejor vida, como es el caso de Ana María Condori.

En la segunda parte, Condori analiza la ciudad desde una doble posición marginal: como campesina y como mujer. Como campesina se le fuerza a asimilar la cultura seudoeuropea, a aprender castellano, pero no se le otorgan los mismos derechos.

> Yo no tenía derecho a usar nada de ellos —recuerda—. Cuando empecé a trabajar, ya me habían advertido que no debía sentarme en la silla, ni en el sofá, ni en la cama tampoco. Sin embargo, en la casa había un perrito pekinés que todo el santo día estaba en la cama, su lugar era. A ese perrito se le bañaba en la ducha, se le daba leche, carnes frías y otras cosas más. En cambio yo estaba privada hasta de la ducha, de la lavandería, del jabón y, sin embargo, ellos me exigían limpieza. (60)

En el orden que se le impone, el lugar que le corresponde a ella es el suelo para sentarse (69) y la cocina para trabajar (77). La «civilización» que se le inculca está basada en la internalización de un sistema jerárquico que le exige repudiar sus propias costumbres, aceptar la supuesta inferioridad del campesino. A veces, dice Condori, de tanto oír denigrar su origen «una llega a tener vergüenza y a sentirse incómoda de su clase misma y al final puede acabar apoyando la clase de la patrona... identificándose con su mentalidad» (78).

Una consecuencia de tal identificación es la ilusión de que la servidumbre viene a formar parte de la familia, razón por la cual muchas veces las empleadas se quedan años trabajando y se vuelven cada vez más dependientes. «La vida de la patrona es su vida y ya no ven más allá. Al final se han empapado tanto que renuncian a sí mismas y por último se quedan en la nada, como un objeto que tiene que cumplir su función y estar siempre en su lugar» (79). Incomunicadas en la geografía doméstica a causa de los miedos en un lugar desconocido, sin contar con ningún apoyo familiar, las sirvientas por su ignorancia, afirma Condori, viven prácticamente como prisioneras en las casas de los patrones (84).

Como mujeres, las empleadas domésticas frecuentemente tienen que soportar el abuso sexual de los varones de la casa. En el caso de Condori, ella deja un trabajo por esta razón, y en otra casa, además de esta vejación, se la trata como una virtual prisionera: «Para protegerme del viejo me tenían bajo llave, mientras que él podía salir y entrar cuando quería en vez de estar castigado» (101), recuerda Condori.

Las conclusiones de esta campesina boliviana sobre la explotación de las empleadas domésticas coinciden con los fundamentos teóricos de los/as académicos/as que estudian las causas de la postración de la mujer. Por ejemplo, Condori advierte que la explotación del trabajo de las empleadas domésticas sigue siendo aceptada y mantenida como si fuera algo «natural» (110). Por otra parte, Condori teoriza sobre el trabajo doméstico, el que no se valoriza porque no se ve: «Lo que cocinamos nos lo comemos todo nosotros mismos; los platos los lavamos. Son trabajos que no se ven como los del hombre. Por eso es que no son valorados tampoco» (111).

A los 21 años decide no trabajar más como empleada doméstica, debido al excesivo trabajo mal remunerado y especialmente por la monotonía de las funciones que realiza, actividades que no contribuyen a su desarrollo integral. Con el estilo llano y el espíritu rebelde que le caracteriza dice: «Ya no quería saber nada de la cocina ni del lavado. Hasta ahora no me gusta. Todos los días lo mismo, era demasiado» (105).

Sin embargo, a pesar de que las empleadas domésticas se encuentran en los niveles inferiores del orden patriarcal, Ana María Condori afirma que la mujer burguesa que no trabaja fuera de su casa está en peores condiciones, ya que tampoco es valorada e inclusive tiene menos posibilidades que la campesina o la obrera. Estas mujeres, advierte Condori, dependen exclusivamente del hombre y del trabajo de sus empleadas. Debido a la falta del hábito de trabajo y por su dependencia, ellas temen separarse del marido por cuestiones económicas, además de que su identidad se reduce a cumplir la función de esposa. Severa en su sentencia, Condori concluye que «esas mujeres son más sufridas que la trabajadora porque no tienen visión de lo que es la persona, sino que siempre están en miras del dinero, de no caer en la pobreza y tener que trabajar» (88-9).

La tercera parte de este testimonio, titulada «Colonizadora en el Alto Beni», trata del proceso de aprendizaje del andamiaje político de su sociedad y la puesta en práctica de dichos conocimientos. El Alto Beni queda en la zona tropical de Bolivia; es una región agropecuaria y ganadera en vías de ser colonizada. Además de cumplir con sus tareas de colonizadora, Ana María Condori incursiona en la actividad política. Se inicia cuando es nombrada presidenta del Club de Madres de su comunidad, cuya única función era repartir los alimentos donados por Cáritas. A partir de entonces, asiste a varios cursillos de capacitación de la mujer en varios puntos de la geografía boliviana. Con cada nueva experiencia ahonda y amplía más sus conocimientos, los que comienzan con la economía familiar, pasando por el aprendizaje de la estructura social y económica de Bolivia, para terminar con el análisis del poder que los países superdesarrollados ejercen sobre los países pobres. La función de Condori es la de promotora auxiliar, tarea que consiste en enseñar a las mujeres de su comuna lo que ella había aprendido en los cursillos. Los conocimientos adquiridos permiten a Ana María Condori, y a otras mujeres como ella, integrarse en el ámbito político, esfera tradicionalmente dominada por el hombre. En este trabajo nos interesa analizar el mencionado proceso de la politización de la mujer, su participación en los asuntos sociales.

La primera barrera que la mujer campesina tiene que vencer para participar en la esfera política es adquirir una voz. Para lograr este propósito, la mujer precisa trascender un doble límite mental: superar su miedo de hablar, especialmente cuando los hombres se encuentran presentes, y acostumbrar al hombre a escuchar la voz de la mujer. El objetivo es cambiar los patrones culturales de índole patriarcal largamente arraigados. En suma, trastocar la psicología del hombre y la mujer. Condori misma recuerda que inicialmente se sentía más a gusto en grupos de mujeres, en los cursillos organizados por la Iglesia. Si bien el propósito de estos grupos era la enseñanza de las tareas tradicionales de la mujer —aprender a cocinar, asear o coser— Condori aprende otra lección más valiosa: el saber dirigir y organizar. Una de las causas del miedo radica en la ignorancia de la mujer, la que no está enterada de la política de su terruño y mucho menos de la situación nacional. La protagonista de este relato decide superar su ignorancia y capacitarse para emprender una batalla en dos frentes: en la esfera doméstica y en la pública.

En 1978, durante la reunión del IV Encuentro de la Central de Cooperativas de Cacao *El Ceibo*, dos compañeras rompen el silencio de las mujeres con estas palabras: «Nosotras las mujeres queremos saber cómo y dónde se vende el cacao, qué es la Cooperativa, qué es el sindicato; sólo sabemos que hay reuniones de hombres en la comunidad» (163). Dichas palabras marcan claramente las diferencias de género que gobiernan la sociedad. A los hombres les sorprende lo inusitado de esta petición e inclusive, algunos se molestan. Sin embargo, gracias a la intervención de esas mujeres, se resuelve integrarlas en las organizaciones de base. «Pero —concluye Condori— todavía corrieron muchas aguas debajo del puente hasta que se hiciera realidad» (164). Después de dos años de lucha consiguen que la mujer participe directamente en las organizaciones de base, con voz y voto. Una vez que estas mujeres adquieren una voz, ellas tienen que defender repetidas veces su derecho de expresar su parecer en las asambleas, sin ser criticadas ni humilladas por los hombres (200-1).

Lourdes Arizpe sostiene que al pedir y protestar, la mujer empieza ya a participar en el proceso del cambio social (XVI).

Cuando Ana María Condori se dispone a viajar a otras comunidades para cumplir con sus labores de promotora auxiliar, encara una serie de obstáculos, oposiciones que empiezan en su propia casa. Sus familiares la acusan de abandonar su hogar, especialmente su suegra, la que «tenía la idea de que la mujer, cuando se casa, debe estar al servicio de su esposo. No puede ir libre como una soltera y decidir por sí misma» (174). En las comunidades que visita también encuentra la oposición de los maridos, los que temen que la capacitación de la mujer resulte en la pérdida de su poder. Felizmente Condori cuenta con el apoyo de su esposo Luis, otro dirigente sindical. Sin embargo, a veces ella misma duda y siente remordimientos por dejar a su hija bajo llave mientras cumple su misión. Según Condori, la mujer no puede participar en la política debido al orden mismo que impera en la sociedad. Puesto que la mujer es la que realiza las funciones domésticas, simplemente le falta tiempo para involucrarse en la praxis comunitaria, en cambio, el hombre puede disponer más libremente de su tiempo.

Para que la doble militancia de la mujer sea viable, ésta precisa percatarse de que el trabajo doméstico tiene una dimensión política, concepto que queda claramente establecido durante el bloqueo de caminos, cuando la mujer contribuye con sus comidas, parte de la logística del bloqueo, al éxito político de la petición de los colonos. Lo trascendental de esta experiencia es la participación de la mujer en un acto público, en vez de quedarse pasivamente en sus casas esperando los resultados.

Experiencias como éstas empiezan a cambiar poco a poco la relación hombre-mujer, cambios que deben empezar en el seno del hogar, especialmente cuando se trata de los dirigentes sindicales. Según Ana María Condori, si el dirigente sindical no informa a su mujer de las actividades que realiza, es natural que surjan malentendidos, puesto que la mujer campesina puede pensar que su marido está perdiendo su tiempo en actividades que aparentemente no reportan ninguna ganancia económica inmediata. Es imprescindible, advierte Condori, que se rompa el cerco de ignorancia de la mujer campesina, la que no tiene idea de las fuerzas políticas que la controlan. Condori y su esposo Luis no sólo son activos dirigentes sindicales, sino que dicha comunión política se extiende al seno del hogar, donde las tareas domésticas devienen una actividad compartida.

El momento revelatorio del triunfo de la labor de Ana María Condori sucede cuando pronuncia un discurso en su comunidad, con motivo de la celebración del día de la independencia de Bolivia. Después de dicho evento su suegro le dice, «mirá, te felicito por lo que has discurseado; ha sido una maravilla. A veces yo he renegado de ti porque dejabas abandonada a tu hija, a tu esposo, tu lote; pero pienso que es un buen trabajo» (203). Como consecuencia, su suegra también empieza a colaborarle. «Ésa era mi esperanza desde que he caminado en el proceso de capacitación: que me comprendan. Cuando mi suegro me ha felicitado, me he sentido con más ánimos para seguir» (203).

El mayor logro de Ana María Condori, y de otras mujeres campesinas como ella, ha sido el de revolucionar los rígidos moldes del comportamiento social. A nivel público, hombres y mujeres parecen percatarse del valor político-económico del trabajo doméstico, y a nivel privado, las mujeres logran que sus maridos asistan a cursillos mixtos de capacitación en los que se cuestiona el orden jerárquico dentro de la familia. El resultado de esta doble empresa es la integración de la mujer al ámbito político y, como consecuencia, dice Condori, el hombre ahora valora el parecer de la mujer.

Si bien una de las metas de la Cooperativa *El Ceibo* era romper el monopolio del transporte, la mujer colonizadora, al participar en la lucha para lograr el derecho al libre comercio, termina politizando su mentada condición de mujer. La integración de la mujer a la Central de Cooperativas *El Ceibo* contribuye a que ésta analice su condición de mujer, y a través de esta práctica defina su propia identidad y, simultáneamente, incremente sus derechos como ciudadana. En la práctica, dice Elizabeth Jelin en su ensayo sobre la ciudadanía y la identidad de la mujer:

> Se crea una nueva identidad, la que contrasta con dos experiencias ya conocidas: la del ama de casa tradicional y la del hombre en la política... La nueva experiencia significa que la esfera privada está comenzando a ser transformada. Las mujeres se ausentan cada vez más de la casa, dejando sin hacer las tareas domésticas. Ellas participan a causa del valor que le atribuyen al «saber», a la posibilidad de perder el miedo y de hablar en público, todo lo cual incrementa su amor propio. Al contrario, cuando las mujeres se quedan solas en casa, ellas no aprenden nada nuevo. (Citizenship 191. La traducción es mía)

Las acciones de Ana María Condori contribuyen a romper el determinismo patriarcal que dictamina que la mujer debe permanecer dentro de la geografía doméstica.

Con su ejemplo destruye la imagen pasiva que se tenía de la mujer para substituirla con una nueva identidad, una que cuestiona y actúa, y que desobedece el atávico orden patriarcal. Por otra parte, la vida de Ana María Condori sirve de modelo para otras mujeres que anhelan embarcarse en la aventura del conocimiento de la realidad como una forma de autoliberación. La revolución que esta campesina aimara promueve empieza en su hogar, núcleo de la sociedad. Ella revoluciona su situación doméstica antes de lanzarse a cambiar las estructuras de su sociedad, meta que, como ella misma reconoce, lo está logrando, frase con la que termina su testimonio.

En la «Introducción» que Ana María Condori escribe, se lee que este libro responde a la necesidad de transmitir las experiencias de su desarrollo como mujer aimara. Condori accede a que se escriba este libro para que sirva de ejemplo a las mujeres, para «contribuir a que fortalezcamos nuestra lucha, reflexionando sobre nuestra realidad y aprendiendo de nosotras mismas». Según el diseño de Condori, el destinatario de este texto es principalmente la mujer; precisamente aquí reside el valor de este testimonio, puesto que éste contiene la lucha en común que la mujer experimenta al tratar de romper el sistema patriarcal que la oprime. El propósito de Condori se hace efectivo en primera instancia con Peredo y Dibbits, las mujeres que colaboran con Condori para escribir este texto. En su «Introducción», ellas afirman que durante los meses de trabajo se establece entre las tres un vínculo de comunicación que las permite conocerse y acercarse las unas a las otras. Esta comunión trasciende las diferencias de clase y de raza, al punto que Peredo y Dibbits sienten que la narración de la lucha de esta mujer campesina se relaciona íntimamente con sus propias vidas, con sus luchas individuales por definir su identidad y redefinir el espacio de la mujer dentro de la sociedad patriarcal. «Es por ello que —aducen estas escritoras— este libro no sólo es una transmisión de experiencias, sino también una forma compartida de 'mirar hacia adentro' de manera que lo vivido adquiera una nueva dimensión» (12). La consecuencia de esta forma compartida de mirar hacia adentro es el texto que analizamos, el cual rescata la cultura de la mujer. Condori misma señala en su introducción que «es importante rescatar nuestra cultura y nuestra historia desde abajo y compartirla en nuestras organizaciones y con nuestros hijos» (s.p.). *Nayan Uñatatawi, el despertar de Ana María Condori* contiene el alma de esta mujer, la cual es emblemática de la lucha de la mujer por adquirir su carta de ciudadanía en la sociedad contemporánea.

BIBLIOGRAFÍA

ARIZPE, Lourdes. «Foreward: Democracy for a Small Two-Gender Planet». *Women and Social Change in Latin America*. Ed. Elizabeth Jelin. Trad. Ann Zammit & Marilyn Thomson. Atlantic Highlands, New Jersey: Zed Books, 1990. XIV-XX.

CONDORI, Ana María con Ineke Dibbits y Elizabeth Peredo. *Nayan Uñatatawi. Mi despertar*. La Paz, Bolivia: Hisbol, 1988.

FERNÁNDEZ Olmos, Margarita. «Latin American Testimonial Narrative, or Women and the Art of Listening». *Revista Canadiense de Estudios Hispánicos* 13.2 (1989): 183-95.

JELIN, Elizabeth. «Introduction». *Women and Social Change*, pp. 1-11.

- «Citizenship and Identity: Final Reflections». *Women and Social Change*, pp. 184-207.

LEÓN, Rosario. «Bartolina Sisa: The Peasant Women's Organization in Bolivia». *Women and Social change*, pp. 135-50.

MIGNOLO, Walter D. «Canons A(nd) Cross-Cultural Boundaries (Or, Whose Canon Are We Talking About?)» *Poetics Today* 12.1(1991):1-28.

MOLLOY, Sylvia. *At Face Value. Autobiographical Writing in Spanish America*. Cambridge, Massachusetts: Cambridge University Press, 1991.

...Pero entendía que la población necesitaba de mi presencia, necesitaba de mi testimonio vivo.

Rigoberta Menchú Tum.

Rigoberta Menchú Tum: «A quien muy pronto le nació la conciencia»[1]

Mario Sáenz

Entonces vamos en camino de ser revolucionarios, porque un revolucionario busca cada vez nuevas formas para hacer un cambio profundo, no sólo de la sociedad sino de la vida personal. Entonces yo diría que todo esto contribuye a que nosotros seamos revolucionarios. (Menchú citada por Ñuscue 91)

Reseña biográfica

Rigoberta Menchú nació en 1959 en las montañas de la Sierra Madre del Maya Quiché, en lo que hoy es Guatemala. Se educó en el altiplano, entre las milpas de sus padres y de la comunidad, con sus abuelos y tíos, sus hermanos y hermanas y vecinos; así como en las galeras y los plantíos mercantiles de las fincas de algodón y café del sur de Guatemala, donde empezó su vida de trabajadora a los siete años de edad.[2]

Aprendió a tejer huipiles, a levantar monte, a preparar el nixtamal, a cultivar maíz, fríjol, chilacayote, café y algodón, a hablar una lengua foránea (el castellano), a organizar campesinos, a dirigir sindicatos, a luchar por sus derechos de cultura milenaria; así como sus derechos de mujer y trabajadora rural y doméstica, sus derechos humanos, los derechos del pueblo pues, antes de cumplir los 21 años.

Perdió a su hermano, Petrocinio Menchú Tum, de 16 años de edad, quien fue secuestrado, torturado, quemado vivo con petróleo, en público, por los soldados *Kaibiles* del ejército del gobierno guatemalteco, para dar ejemplo, para enseñarle a los *indios* a no ser *subversivos*. «Estaban felices. Echaban grandes carcajadas y decían: ¡Viva la patria! ¡Viva Guatemala! ¡Viva nuestro presidente! ¡Viva el ejército! ¡Viva Lucas!» (286), gritaban los soldados después de haber tratado de apagar la lucha por el respeto humano con el fuego que hace 500 años le fue robado a Tohil.[3]

Perdió a su padre, Vicente Menchú, cuando el gobierno asaltó la embajada de España, que Vicente y otros aliados indígenas habían ocupado para protestar a nivel internacional la ocupación militar del Quiché y la matazón oficial de indígenas (293-297).

Perdió a su madre, Juana Tum, parlante bilingüe de Quiché y Kekchi, quien con otras mujeres e hijos ocuparon el Congreso para «reclamar que el gobierno no nos siga masacrando y violando a las mujeres» (311). Secuestrada fue la madre de Menchú; violada por oficiales, la desfiguraron, le cortaron las orejas; la abandonaron a la intemperie con heridas y llagas en el cuerpo; al margen de los ojos lluviosos de su comunidad, la dejaron morir los guardianes del orden en la Guatemala castilla; después los otros zopilotes, los inocentes, le devoraron el vientre (314-315). «Que no fue fácil, porque nosotros no conocimos la tumba de mi madre porque mi madre fue comida por animales, porque a mi madre la cuidaron permanentemente por cuatro meses hasta que todos los animales habían acarreado sus huesos, habían comido su carne» (Menchú citada por Ñuscue 88).

Petrocinio, Vicente, Juana... tres personas acurrucadas dentro de una cifra de 50.000 a 75.000 asesinados por el ejército de Guatemala entre 1978 y 1984. Rigoberta Menchú pasa a ser una de las más de 100.000 huérfanas cuyos padres murieron asesinados en la violencia oficial y política de ese período (Manz 30).[4] Y eso en un país de sólo 9 millones de habitantes; cuyo idioma oficial es el castellano a pesar de estar compuesto en su mayoría por indígenas de 22 etnias diferentes: los Quichés, los Mames, los Kekchis, los Cakchiqueles —4 etnias diferentes que suman más de tres millones de personas— (Ñuscue 9),[5] los Tzutujiles, los Uspantecos, los Aguacatecos, los Jacaltecos, los Kanjobales, los Chujes, los Ixiles, los Pocomchis, los Pocomames orientales, los Pocomames centrales, los Achis, los Chortis, los Lacandones Chol, los Lacandones norte, los Yucatecos, los Mopaus, los Itzas, los Caribes Araguaco (Manz 227). En un país donde el 40% de la población consume menos del mínimo requerido para una dieta alimenticia adecuada, en donde al 35,7% no se le deja satisfacer sus necesidades básicas de salud, nutrición, educación y vivienda. Guatemala, donde más del 75% de la población vive en la pobreza; donde, a pesar de un crecimiento real anual de 5% en la producción de bienes y servicios entre 1970 y 1984, los ingresos del 20% más pobre de la población declinaron de 6,8% a 4,8%, y los del 20% más

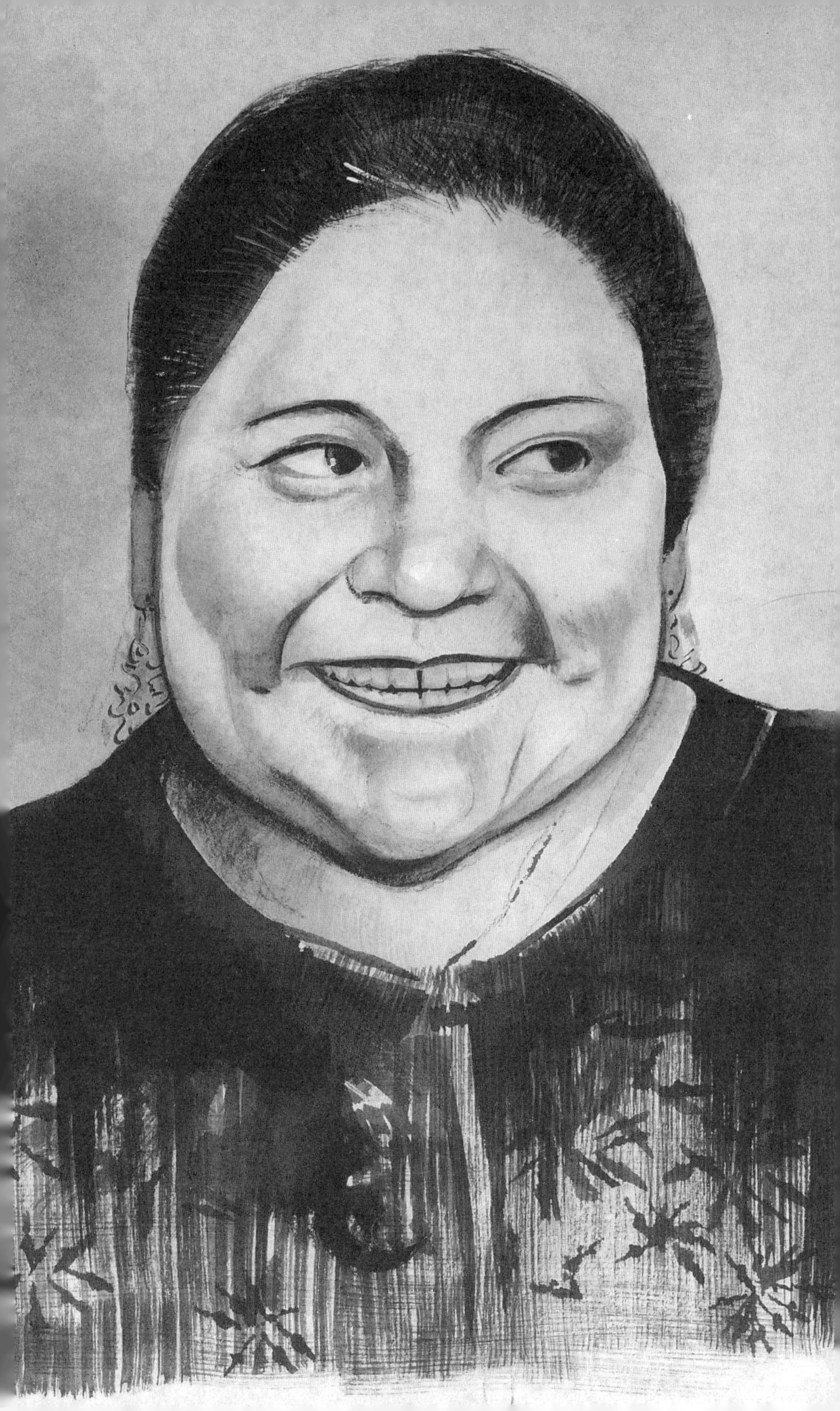

rico aumentaron de 46,5% a 56,8% del ingreso nacional total en ese mismo período. Guatemala, donde la cantidad de ganado aumentó en un 125% de 1959 a 1979, con un consecuente aumento de tierras usadas para el pastoreo de ganado para la exportación, mientras que un 41% de la población campesina no tiene tierra; donde 1% de todas las propiedades agrícolas son latifundios de más de 450 hectáreas, los cuales monopolizan un 34% de toda la tierra cultivable, mientras que propiedades de menos de 1,4 hectáreas, representadas por el 54,2% de todas las propiedades agrícolas, cubren tan sólo 4,1% de la tierra cultivable; donde 88% de las parcelas son demasiado pequeñas para satisfacer las necesidades alimenticias de las familias rurales, quienes se ven entonces obligadas a laborar en las grandes plantaciones de los terratenientes. Guatemala, donde hay 1,2 millones de hectáreas cultivables sin cultivar, mientras que las necesidades de los campesinos desterrados podrían ser satisfechas con 1,2 millones de hectáreas.[6]

Entristecida y desalentada Rigoberta por la muerte de los suyos, su hermana la animó diciendo, «lo sucedido es señal de triunfo, eso es una más de nuestras razones para luchar. Tenemos que actuar como mujeres revolucionarias. Un revolucionario no nace a causa de algo bueno... nace a causa de algo malo, de algo doloroso. Esto es una de nuestras razones. Tenemos que luchar sin límites, sin medir lo que nos toca sufrir o lo que nos toca vivir. Sin pensar que nos tocan cosas monstruosas en la vida» (364).

Rigoberta Menchú, a pesar de las grandes dificultades y penas, a pesar de la persecución militar, continuó su trabajo político. Sus hermanas menores optaron por la lucha guerrillera,[7] Rigoberta, por la lucha de masas,

> porque entendía muy bien que yo que bien que hubiera optado por ser guerrillera, pero entendía que la población necesitaba de mi presencia, necesitaba de mi testimonio vivo, de mi práctica, necesitaba aquello también practicando con ellos, esa vivencia que me ha tocado sufrir en carne propia, que no es fácil cuando nos quitan los seres más queridos. No es fácil borrar en nuestra historia esa situación porque también he visto masacres en carne propia. He recogido carnes y cadáveres destrozados, desfigurados en aldeas, esto no lo podía ocultar y no me daba ánimo de tomar un fusil, aunque lo sabía que sí es importante pero yo sabía que mis consejos, mis palabras eran más importantes en la población. (Menchú citada por Ñuscue 89)

Participó activamente en el *Comité de Unidad Campesina* (fundado en 1978), el cual creó un puente de alianza entre los indios y los ladinos pobres, y colaboró en la fundación del *Frente Popular 31 de Enero*, que reunió varias agrupaciones obreras, campesinas, estudiantiles, religiosas y de las poblaciones.

Perseguida por el ejército que la buscaba para matarla, Menchú se exilió en México en 1981. Pero fuera de Guatemala, ella continuó su lucha por los derechos del indígena, y contra la opresión desatada por «los agentes de Xibalba».[8]

Por 10 años vivió Rigoberta Menchú en el exilio. Fue un exilio marcado por su famoso testimonio de fines de 1982, *Me llamo Rigoberta Menchú y así me nació la conciencia*, narrado en Francia entre mítines políticos de solidaridad con el pueblo guatemalteco; marcado también fue su exilio por numerosos viajes, conferencias y reuniones que propagaban la causa indígena; y por el Premio Nobel de la Paz, otorgado a Menchú en 1992.

Regresó a Guatemala para luchar para que la presente apertura política culmine en la democracia popular y pluricultural; es decir, en la actualización de lo que Menchú ha llamado «la Guatemalidad» (Discurso Nobel 12).[9] Estuvo presente al frente de los grupos populares quienes, a fines de mayo y principios de junio de 1993, evitaron la solidificación del autogolpe dictatorial del expresidente Jorge Serrano, o el retorno al poder de los militares. Ese acto de presencia fue precedido por el discurso de clausura en la Universidad de Oklahoma, y el recibimiento de un doctorado *honoris causa* de dicha universidad.[10] Finalmente, colaboró en la preparación y enseñanza de un curso sobre los derechos humanos durante el semestre universitario de otoño de 1993, también en la Universidad de Oklahoma.

Reseña ideológica

El testimonio de Menchú se recoge, pues, en una práctica revolucionaria siempre abierta al futuro pero que se nutre de su contexto histórico y colectivo. En su discurso Nobel la señora Menchú hace hincapié en la conexión profunda entre la historia de una colectividad oprimida y explotada, y la innovación necesaria en la teoría y la práctica que se requiere hoy en día para la liberación:

> Nuestra historia es una historia viva, que ha pulsado, resistido y sobrevivido muchos siglos de sacrificio. Ahora avanza de nuevo con fuerza. Las semillas, durmientes por tan largo tiempo

revientan hoy con cierta incertidumbre, pero germinan en un mundo caracterizado en la actualidad por la confusión y la vaguedad.

No hay duda que este proceso será largo y complejo, pero no es Utopía y nosotros, los Indios, tenemos ahora confianza en su implementación. El pueblo de Guatemala se movilizará y tomará conciencia de su capacidad de construir un futuro valioso. Se está preparando para sembrar el futuro, para liberarse de atavismos, para redescubrirse a sí mismo. Para construir un país con una identidad nacional genuina. Para empezar una vida nueva. (Discurso Nobel 14)

Cabe preguntar qué propone Menchú para alcanzar «una identidad nacional genuina». ¿Cuáles son algunas de las condiciones necesarias para comenzar una vida nueva?

Menchú propone como cuestión fundamental en el campo económico, la tenencia de la tierra; como cuestión fundamental en el campo político, la democracia popular; finalmente, como cuestión fundamental en el campo cultural, la visión indígena de las relaciones interhumanas y de la relación entre los seres humanos, la tierra y la naturaleza. Como verá el lector más adelante, para Menchú estas cuestiones están interrelacionadas y son irreducibles la una a la otra.

Recordará el lector las estadísticas sobre la mala distribución de la riqueza en Guatemala. Ésa es una de las causas principales de la pobreza del pueblo guatemalteco. Guatemala es un país fundamentalmente agrícola; sólo un 15% del producto nacional bruto lo contribuye la industria manufacturera (Webb 38); además, el 55% de la población activa trabaja en la agricultura (DeWalt 52). Por eso, la tenencia de la tierra es una cuestión central en cualquier discusión sobre la solución de los problemas que afligen al pueblo guatemalteco en general, y a los indígenas en particular.

Menchú nos cuenta cómo la pobreza del indígena del altiplano así como la del ladino pobre, y la poca cantidad de tierra cultivable que tienen a su disposición —cuando tienen tierra—, les obliga a viajar todos los años a la costa sur para trabajar bajo condiciones desastrosas en los cafetales, los plantíos de algodón, o los cañaduzales de los terratenientes:

> ... la mayoría del pueblo en el altiplano, ya sea indígena o mestizo, como no alcanza la tierra para sobrevivir, tienen que bajar casi todo el año a la costa en corte de café, en corte de algodón, en corte de caña, y tambián tengan que buscar otros trabajos... (Menchú citada por Ñuscue 80)

En efecto esta situación, común a muchos otros países latinoamericanos,[11] permite al terrateniente ajustar los salarios de sus trabajadores a niveles, a menudo, por debajo de lo absolutamente necesario para que cualquier labriego pueda continuar su existencia física, ya que en teoría el resto de las calorías necesarias las obtendrá el trabajador en sus tierras del altiplano. Digo en teoría, porque en «la vida real», la desnutrición, las enfermedades graves causadas por la desnutrición, el *estrés* del marginado, las condiciones insalubres de vivienda creadas por los terratenientes «para reducir costos», y los «accidentes» de trabajo minan la energía y, en gran número de casos, causan la muerte de los trabajadores agrícolas asalariados o de sus familiares. Menchú menciona en su testimonio, *Me llamo Rigoberta Menchú*, cómo murieron su hermano de dos años de edad y una amiga de la infancia. Ésta murió envenenada por los químicos usados para fumigar el algodón; aquél murió de una enfermedad causada por la desnutrición, cuando estaban en una de las fincas del sur:

> El niño se murió en la madrugada. No sabíamos qué hacer. Los dos vecinos se preocuparon de ayudar a mi mamá pero no sabían qué hacer con él. Dónde enterrarlo ni cómo. Entonces el caporal le dijo que podía enterrar a mi hermanito en la finca pero tenía que pagar impuesto donde se va a quedar enterrado. Entonces mi mamá decía; pero yo no tengo nada de dinero. Entonces dijo el señor; no, es que usted ya debe mucho. Debe medicinas, debe esto, y ahora, llévenselo su cadáver, pues, y que se vayan, pues. (88)

Cabe añadir que la situación del campesino del altiplano es y siempre ha sido inestable. La expropiación de sus tierras es un fenómeno todavía vigente hasta el punto que, con la continua presión del mundo capitalista de convertir la tierra en mercancía, el labriego indígena se encuentra entre la espada de perder todas sus tierras eventualmente con el sistema de producción imperante, y la pared de ser forzado a convertir los indivisos agrícolas en pequeñas parcelas. Ésa ha sido la política proterrateniente y pro-burguesa de *El Instituto Nacional de Transformación Agraria de Guatemala* (*INTA*). Menchú anota los efectos económicos, culturales y políticos de la parcelización del campo:

> ...cuando nos repartieron las pequeñas parcelas y trató el Gobierno de meter entre las comunidades divisiones como la de sus propias

> parcelas con su propia tierra, entonces la tierra
> ya no alcanzaba para que viviéramos todos jun-
> tos en un solo lugar... El fin de ese general que
> entró a la presidencia era más que todo, dividirnos
> como comunidad, unidos como estábamos desde
> hace mucho tiempo... Y precisamente cuando
> llegó la represión cerca nos dimos cuenta que ha-
> bía que unir las casas para poder enfrentar a los
> soldados cuando llegaron a reprimirnos a las
> aldeas. (213-214)

Cuenta Menchú cómo el *INTA* fue sobornado por terratenientes y capitalistas para expropiar y privatizar la tierra de la comunidad de su familia desde 1967.[12] Su experiencia política y laboral llevó a Menchú a conectar la situación de su comunidad con la sociedad de clases:

> No nos estaban matando ahora, sino nos estaban
> matando desde niños, desde pequeños, a través
> de la desnutrición, el hambre, la miseria. Empe-
> zamos a pensar cuáles eran las raíces de la
> problemática. Y daba una conclusión, que la raíz
> de nuestra problemática venía de la tenencia de
> la tierra. Las mejores tierras no las teníamos
> nosotros en nuestras manos. Las tenían los
> terratenientes. Cada vez que ven que nosotros
> descubrimos nuevas tierras, nos tratan de despojar
> o robarnos en otra forma. (199-200)

La cuestión económica fundamental, la tenencia de la tierra, no puede ser divorciada de la cuestión política fundamental, la distribución del poder.

La conexión teórica crítica trata de demostrar cómo los regímenes dictatoriales y racistas en Guatemala han expresado los intereses de compañías multinacionales, y de terratenientes de la clase compradora a nivel nacional, sedimentados ambos en la institucionalización del discurso racista que comenzó con el *New World Order* en su versión castellana, hace 500 años.

La represión que azotó a Guatemala en los años 80 de este siglo, con sus decenas de muertos y desaparecidos, puso en claro los intereses de clase y antidemocráticos de los partidos políticos y agrupaciones militares dominantes; éstos tuvieron su propia *apertura* hacia la barbarie, bajo los auspicios de la política criminal de los Estados Unidos hacia Centro América y el Caribe bajo los regímenes de Ronald Reagan y George Bush. El bombardeo de puertos en Nicaragua, la relegitimización de la Guardia somocista, el entrenamiento en los Estados Unidos de militares salvadoreños y guatemaltecos que estuvieron luego involucrados en masacres como el Mozote, en El Salvador, y Chajul, Pichichil, Potrero Viejo, Santa Cruz y Chacalte en Guatemala y la invasión de Granada, todas estas aventuras yanquis tienen su conexión en la crisis económica —de ese entonces— del capitalismo estadounidense, y el recrudecimiento de la miseria en Centro América y el breve resurgimiento de estrategias de poder popular, que buscaban poner fin a la crítica situación del pueblo de la región. La coyuntura internacional desfavorable donde la concienciación de masas tuvo lugar, llevó al eventual fracaso de la revolución grenadiense, al agotamiento de avenidas políticas para la revolución sandinista, así como a la represión feroz que se desató en El Salvador y Guatemala.

A pesar de una cierta apertura política hacia la democracia formal, especialmente con la retirada estratégica de los militares de las formas visibles de poder político, «el problema de los derechos humanos en Guatemala constituye en este momento el problema más urgente a ser resuelto» (Discurso Nobel 10) ya que Guatemala, añade Menchú, sigue siendo uno de los principales violadores de los derechos humanos en Latinoamérica, de acuerdo con los datos de la *Comisión de los Derechos Humanos* de las *Naciones Unidas* y de la *Comisión Interamericana de Derechos Humanos* (Discurso Nobel 10).

En su «Discurso Nobel», Rigoberta Menchú hace énfasis también en la conexión entre la reorganización de la tenencia de la tierra y la democracia.

> En la nueva sociedad guatemalteca tiene que haber una reorganización fundamental en la materia de la posesión de tierra, para permitir el desarrollo de los potenciales agrícolas, así como el regreso a los dueños legítimos de la tierra que les fue quitada. Y no hay que olvidarse que este proceso de reorganización tiene que ser llevado a cabo con el respeto más grande hacia la naturaleza, para protegerla y devolverle su fuerza y capacidad de generar la vida...
> No es posible concebir una Guatemala democrática, libre e independiente, sin la identidad indígena formándole su carácter en todos los aspectos de la existencia nacional. (Discurso Nobel 12)

Esa conexión es importante porque nos lleva también a la cuestión fundamental en el campo cultural: una democracia popular y verdaderamente heterogénea en su contenido cultural.

La democracia popular no es posible si la cultura machista no es criticada. Tampoco será posible si el economismo que considera a lo cultural como una mera superestructura ideológica no es sobrepasado. Y no será realizable si el eurocentrismo y las formas racistas de oprimir a la población no son destruidos. O en términos del ideal a alcanzar, la democracia popular sólo será posible en una sociedad donde la mujer sea libre, y donde las prácticas comunicativas, como el diálogo político público, se hayan convertido en una «segunda naturaleza» del ser humano, y cuando el pluralismo político refleje la heterogeneidad cultural no sólo a nivel «espiritual», sino también a nivel «material» de la tenencia de la tierra.

Menchú nos cuenta en su testimonio cómo su trabajo político la llevó a la conclusión de «que muchas mujeres se encargan de la problemática de otros pero sin embargo la propia, la dejan de lado» (343). Menchú añade, allí mismo, que es necesario atacar el sexismo dentro de las organizaciones revolucionarias existentes, y que «en la coyuntura que ahora se nos presenta» (1983) una organización especial para las mujeres en Guatemala sería paternalista:

> ...y llegamos a la conclusión, entre todas las compañeras, —porque hace tiempo pensábamos crear una organización para mujeres—, de que era algo paternalista decir: «aquí está la organización para la mujer», mientras que en la práctica, las mujeres también trabajan y son explotadas... Quizá más adelante, de acuerdo con las necesidades, habrá una organización para las mujeres de Guatemala. Por lo pronto las mujeres pensamos que es alimentar el machismo cuando se hace una organización sólo para las mujeres, pues implicaría separar el trabajo de las mujeres del trabajo del hombre. (344)

Se puede aducir de lo citado, que Menchú consideraba la organización de mujeres como una organización separable de los problemas de clase y racismo en la sociedad guatemalteca, quizás en parte por el malentendido del feminismo como un movimiento meramente burgués y de los países industrializados, y no como un movimiento que refleja también la situación de las mujeres de las clases populares, que por ser de las clases populares no dejan de ser mujeres, y sus problemas de clase por ejemplo, no dejan de ser problemas de la mujer como mujer. Es verdad, no obstante, que el feminismo académico burgués no reconoció la voz de la mujer popular como la voz de la mujer, a no ser que ésta dejase problemas concretos, como la pobreza, a un lado. De la misma manera, muchas organizaciones socialistas trataron de mantener los privilegios patriarcales al excluir los problemas concretos de la mujer: el sexismo, la misoginia, la pobreza femenina, la salud de sus hijos, los parientes *desaparecidos* en una ola de terror gubernamental, el racismo que distorsiona el cuerpo de la mujer indígena y negra como un objeto hipersexualizado, legitimando así la violencia sexual contra todas las mujeres.

Pero el feminismo de Menchú es indiscutible. Sus experiencias concretas, y la manera como las articula, representan una crítica no sólo a la clase dominante, sino tambien a la ideología y estructuras machistas y misóginas de nuestras sociedades. Cabe añadir que el feminismo de Menchú se entrelaza con una visión comunitaria de las relaciones humanas, sin que se convierta en una justificación de las relaciones patriarcales tradicionales. Se mueve más allá del folclorismo del machismo latinoamericano y del feminismo que sólo acepta la voz del liberalismo, mientras que al mismo tiempo rechaza las experiencias y las articulaciones de la vida que la mujer pobre crea sobre sus experiencias del sexismo, el clasismo y, a menudo, el racismo.[13]

Menchú pone bien en claro que es necesario que se reconozca y se mantenga el papel activo de la mujer en el proceso de liberación. Dice Menchú en su «Discurso Nobel»:

> El desarrollo histórico en Guatemala refleja ahora la necesidad e irreversibilidad de la contribución activa de la mujer en la configuración del orden social de la nueva Guatemala, de la cual, creo humildemente, las mujeres indias son ya un testimonio claro. Este premio Nobel es un reconocimiento para aquellas personas quienes han sido, y lo son todavía en la mayor parte del mundo, las más explotadas de las explotadas, las más discriminadas de las discriminadas, las más marginadas de las marginadas, pero que son aún quienes producen la vida y la riqueza. (Discurso Nobel 11-12)

La práctica de liberación de Menchú se basa en una relación intersubjetiva bastante diferente de la relación a que se acostumbra a la persona en la sociedad burguesa, donde el concepto (y el sentimiento) hegemónico del *yo* es el *yo* que es antagónico a lo que lo rodea, y al cual se le esconde y se le enajena de la red de relaciones que crean y nutren su sentido de identidad. Es por eso, quizá, que el comunitarianismo de Menchú fue, en un principio, malentendido por algunas reseñas críticas que aparecieron de su testimonio, cuando éste fue publicado en inglés por primera vez en 1984.[14]

Pero si ese *yo* de Menchú que da *un testimonio vivo* de su vida y de su pueblo es irreducible al tipo de sujeto que se construye con el *euromodernismo*, el cual privilegia al hombre burgués blanco, eso no quiere decir que el *yo* del testimonio no exista. Más allá de las dos alternativas disponibles dentro del mundo burgués —el *yo* abstracto que existe sólo cuando se piensan pensamientos universales y el impersonal *nosotros* que abruma al individuo dentro de estructuras totalitarias o totalizantes—, está el *yo* de las experiencias concretas que no se abstrae de sus relaciones interpersonales o de sus relaciones con la comunidad. Este tipo de *yo* expresa su madurez en su capacidad de mantener relaciones de reciprocidad entre los varios términos de una relación. El fracaso, y a menudo una manifestación de inmadurez, radica en el rompimiento de la relación de reciprocidad.

Menchú empieza su testimonio precisamente con una manifestación del tipo de relación que acabo de mencionar:

> Me llamo Rigoberta Menchú. Tengo veintitrés años. Quisiera dar este testimonio vivo que no he aprendido en un libro y que tampoco he aprendido sola ya que todo esto lo he aprendido con mi pueblo y es algo que yo quisiera enfocar... lo importante es, yo creo, que quiero hacer un enfoque que no soy la única, pues ha vivido mucha gente y es la vida de todos. La vida de todos los guatemaltecos pobres y trataré de dar un poco de mi historia. Mi situación personal engloba toda la realidad de un pueblo. (30)

Se ha escrito, en mi opinión con acierto, que testimonios como el de Menchú deben ser distinguidos de lo que Janet Varner Gunn llama «autobiografías de nostalgia» del *primer mundo*. Varner Gunn considera que las autobiografías de nostalgia son obras individualistas dirigidas al pasado, que tienden a legitimar sólo el mundo que entra en la conciencia individual, y que «parecen prometer que la memoria puede alcanzar una perfecta armonía con el pasado» (165).[15] El testimonio de Menchú, así como otros testimonios del *Tercer Mundo*, añade Varner Gunn, contrastan con la autobiografía nostálgica, en que aquéllos se basan en la identidad colectiva, que resiste la romantización del pasado, y «están orientados a la creación de un futuro, antes que a la recuperación de un pasado» (164).

> ...La historia de Menchú tiene como intención evocar el reconocimiento y, al nombrar el sufrimiento que ella comparte con su pueblo, liberarles así como liberarse a sí misma de la mudez. Tal mudez es un producto de la opresión... Darse cuenta de la opresión y darle un nombre es el primer paso para superarla... Pero es un darse cuenta de las condiciones materiales, no un darse cuenta de un darse cuenta. (166)

En efecto, en una entrevista que ofreció Menchú en 1992, con motivo de la conquista de este continente, desmitifica y desmorona el romanticismo que acompaña términos como *mestizaje* y *encuentro de dos mundos*.

> Nosotros sabemos que el mestizaje no sucedió porque los españoles estaban pensando de igualdad y respeto mutuo. Muchas de nuestras abuelas fueron violadas, y el producto de esa violación no puede ser comparado con la armonía del encuentro de dos sentimientos o de dos culturas. Hoy el poder en nuestros países está en manos de los criollos o los mestizos privilegiados. Ésto nos habla de la imposición de una cultura sobre otra. Quinientos años después estamos

todavía viviendo las consecuencias. Primero, fueron los españoles, después vinieron otros: alemanes, norteamericanos, y así sucesivamente.[16]

Pero la crítica que Menchú hace, su decodificación de los mitos dominantes sobre nuestro pasado y presente, está basada en el ideal intersubjetivo de la heterogeneidad cultural, la cual requiere además del reconocimiento formal del indígena, también la integración de su cosmovisión a lo que llamamos la identidad de «Nuestra América».

En vez de una relación puramente instrumental con la tierra, las ideologías de resistencia indígenas vivifican la naturaleza como uno de los términos de una relación recíproca con el ser humano.

> Para nosotros la madre tierra no es sólo una fuente de riquezas económicas que nos da el maíz, el cual es nuestra vida, pero ella también provee muchas otras cosas que los privilegiados de hoy buscan. La tierra es la raíz y la fuente de nuestra cultura. Guarda nuestras memorias, recibe nuestros ancestros y por lo tanto demanda que nosotros la adoremos y le devolvamos, con ternura y respeto, esos bienes que ella nos da. Tenemos que cuidarla y responsabilizarnos por ella, para que nuestros niños y nietos puedan seguir beneficiándose de ella. Si el mundo no aprende ahora a mostrar respeto hacia la naturaleza, ¿qué clase de futuro tendrán las nuevas generaciones? (Discurso Nobel 5)

A esta mutualidad corresponde precisamente el ideal de democracia popular pluriétnica de Rigoberta Menchú. De la cosmovisión indígena, ella añade, se desprenden comportamientos, derechos y obligaciones en el continente americano, para los indios así como para los no-indios, ya sean racialmente mezclados, negros, blancos o asiáticos. La sociedad entera tiene la obligación de mostrar respeto mutuo, de aprender de cada cual y de compartir los logros materiales y científicos, de la manera más conveniente. (Discurso Nobel 5)

De esa cosmovisión también se deriva un punto cultural sobre la tenencia de la tierra. Ésta es no sólo una cuestión económica; es también una materia cultural. Es un caso claro en el que la cultura es materia. La privatización del campo agrícola, su división en parcelas y su transformación en mercancía, producen no sólo hambre, miseria y explotación; sino que también producen y reproducen un holocausto cultural, exacerbado por la represión política y la consecuente diáspora.[17]

A MANERA DE CONCLUSIÓN

Cuando hablamos de liberación en «Nuestra América», nos referimos a menudo a las guerras políticas de independencia del siglo XIX. Pero esos libertadores crearon repúblicas con esclavos negros e indios. Cuando decían libertad, querían decir esclavitud; cuando decían orden, querían decir fronteras que marginan.

Así fue dicho a los venados, pájaros, pumas, jaguares, serpientes. «En adelante decid nuestros nombres, alabadnos, a nosotras vuestras madres, a nosotros vuestros padres. En adelante llamad a Maestro Gigante (Relámpago), Huella de Re-

lámpago, Esplendor del Relámpago, Espíritus del
Cielo, Espíritus de la Tierra, Constructores, Forma-
dores, Procreadores, Engendradores. Habladnos,
invocadnos, adoradnos», se les dijo. Pero no pudieron hablar como hombres; solamente cacarearon,
solamente mugieron, solamente graznaron. (*El
libro del consejo* 10)

Los ideólogos hispanos de las jóvenes repúblicas, se preguntaron el porqué de las crisis política y económica del continente después de la independencia. José Victorino Lastarria, Andrés Bello, Domingo Faustino Sarmiento, Juan Bautista Alberdi, José María Luis Mora, y otros, debatieron las virtudes y los vicios de los españoles, de la cultura hispana, del pasado colonial español; pero los indígenas fueron como un otro absoluto a la margen de este debate. No tenían conciencia, la mayoría de los ideólogos criollos, de que el indígena era parte positiva del proyecto de identidad cultural de América. No tenían conciencia, pues, de su propia identidad, pero con la rigidez de intelectual feroz, mantenían su consistencia y excluían la diferencia.

De tierra hicieron la carne. Vieron que aquello
no estaba bien, sino que se caía, se amontonaba,
se ablandaba, se mojaba, se cambiaba en tierra,
se fundía; la cabeza no se movía; el rostro
(quedábase vuelto) a un solo lado; la vista estaba
velada; no podían mirar detrás de ellos; al
principio hablaron, pero sin sensatez. En seguida,
aquello se licuó, no se sostuvo en pie. Entonces
los Constructores, los Fundadores, dijeron otra
vez: «Mientras más se trabaja, menos puede él
andar y engendrar». «Que se celebre, pues, consejo
sobre eso», dijeron. (*El libro del consejo* 11-12)

A fines del siglo XIX otras soluciones fueron compuestas. Lo que se necesita, decían muchos, es la ciencia, específicamente la ciencia social, que traerá el orden científico a nuestras tierras, que demostrará cómo la historia *evoluciona*, progresa hacia lo mejor; cómo todo obedece las leyes dialécticas de la materia; cómo el futuro está escrito a ciencia cierta en el presente; cómo la verdad es transparente para el intelectual a quien la ciencia positiva, con varita mágica, le tocó la mente. De esa otra historia, de la historia como resistencia, la criatura del *euromodernismo*, quien se propone borrar hasta su propia historia, se olvidó por completo.

> «Que así sean, así, vuestros maniquíes, los [muñecos] construídos de madera, hablando, charlando en la superficie de la tierra». —«Que así sea», se respondió a sus palabras. Al instante fueron hechos los maniquíes, los [muñecos] construidos de madera; los hombres se produjeron, los hombres hablaron; existió la humanidad en la superficie de la tierra. Vivieron, engendraron, hicieron hijas, hicieron hijos, aquellos maniquíes, aquellos [muñecos] construidos de madera. No tenían ni ingenio ni sabiduría, ningún recuerdo de sus Constructores, de sus Formadores; andaban, caminaban sin objeto. No se acordaban de los Espíritus del Cielo; por eso decayeron. Solamente un ensayo, solamente una tentativa de humanidad. Al principio hablaron, pero sus rostros se desecaron... En seguida [llegó] el fin, la pérdida, la destrucción de aquellos maniquíes, [muñecos] construidos de madera. (*El libro del consejo* 14-15)

Hoy nos encontramos en una coyuntura crítica. La contaminación ambiental, el agobiamiento de los recursos naturales exacerbado por la hegemonía de la ideología de consumo ilimitado y la instrumentalización de la tierra; un orden económico internacional que se nutre de una creciente mala distribución de la riqueza, de la informática y de la ciencia; son todos elementos de una crisis que acecha a la humanidad entera.

Con sencillez y certeza, Rigoberta Menchú universaliza su mensaje contra la opresión cuando sugiere que aprendamos todos de la relación indígena con la naturaleza, y que luchemos por la combinación, «el entrelace de colores... Un güipil típico compuesto con brillantez, un regalo a la humanidad». «Un mosaico étnico... sin contradicciones», dice Menchú (Discurso Nobel 14). Esto será posible sobre las bases de una reconstrucción de nuestra historia, un recuerdo verídico, que nos apunte a una visión alternativa de nuestro futuro.

> En Casas sobre Pirámides, en Mansión de los Peces, así llamadas, nacían las mazorcas amarillas, las mazorcas blancas. He aquí los nombres de los animales que trajeron el alimento: Zorro, Coyote, Cotorra, Cuervo, los cuatro animales anunciadores de la noticia de las mazorcas amarillas, de las mazorcas blancas nacidas en Casas sobre Pirámides. He aquí que se conseguía al fin la substancia que debía entrar en la carne del hombre construido, del hombre formado; esto fue su sangre; esto se volvió la sangre del hombre; esta mazorca entró en fin (en el hombre) por los Procreadores, los Engendradores... Vieron en seguida el mundo entero, y después dieron gracias a los Constructores, a los Formadores. (*El libro del consejo* 102 y 105)

Notas

[1] Tomo yo el título de lo que dice la autora mexicana Elena Poniatowska en su carta abierta a Rigoberta Menchú: «Rigoberta Menchú Tum, tú, a quien muy pronto te nació la conciencia, has luchado en contra del racismo y la discriminación, la enseñanza del maya junto a «la castilla», la redistribución de la riqueza y la desmilitarización de tu país». Elena Poniatowska, «Rigoberta, Rigobertica», *El Espectador*: Magazín Dominical, Santa Fe de Bogotá, 489 (1992): 6.

[2] Empieza Menchú su testimonio con las siguientes palabras: «Me llamo Rigoberta Menchú. Tengo veintitrés años. Quisiera dar este testimonio vivo que no he aprendido en un libro y que tampoco he aprendido sola ya que todo esto lo he aprendido con mi pueblo y es algo que yo quisiera enfocar» (1). Todas las citas pertenecen a la misma edición y en adelante sólo aparece el número de la página.

[3] Véase *El Popol Vuh*, en particular la traducción al español *El libro del consejo*, traducción y notas de Georges Raynaud, J. M. González de Mendoza y Miguel Ángel Asturias, México: UNAM, 1939, pp. 113, 115 y siguientes; Raynaud traduce «Tohil» como «Pluvioso».

[4] Beatriz Manz usa las cifras del Grupo de Ayuda Mutua (de madres de desaparecidos) y de la División Juvenil de la Corte Suprema de Guatemala (239-241).

[5] Con referencia al castellano, Ñuscue dice que es el idioma de la conquista y la colonia, pero añade, «La Declaración de Iximche en febrero de 1980, que marca un hito en la unión de 23 étnias indigenas de Guatemala, sería inconcebible en otra lengua que no fuera el castellano... El aprendizaje del castellano se presenta entonces no como un indicio de descomposición étnica, sino como una estrategia de sobrevivencia étnica» (19).

⁶ Para la mayoría de los datos citados, véase el libro de Beatriz Manz, pp. 47, 48, 51, y 52. Manz se basa en datos de las siguientes organizaciones: Inforpress Centroamericana (1985) para los datos sobre ingresos; Inforpress Centroamericana (1985), la Comisión Económica de las Naciones Unidas (1980-1983), Dirección General de Estadísticas de Guatemala (1984), y Banco de Guatemala (1984), para los datos sobre estándar de vida; U.S. AID (1982) e Inforpress (1986), para los datos sobre la distribución de la tierra agrícola. Para el dato sobre el aumento de ganado, véase Billie R. De Walt, «The Agrarian Basis of Conflict in Central America». *The Central American Crisis: Sources of Conflict and the Failure of U.S. Policy*. Eds. Kenneth M. Coleman y George C. Herring. Wilmington, Delaware: Scholarly Resources Inc., 1985, p. 51.

⁷ «Entrevista con Rigoberta Menchú», «... puedo decir que a partir de que fuimos huérfanos, mis hermanitas pequeñas tuvieron que optar por la lucha guerrillera y fueron guerrilleras. Hasta ahora no sé nada de ellas. Considero que estarán en sus trincheras. Estarán combatiendo al enemigo en el lugar donde están. Una se fue cumpliendo los 10 años, la otra los 11 años...» (Ñuscue 89).

⁸ En *El Popol Vuh*, Xibalba representa el mundo subterráneo de los muertos donde Hunahpu y Xbalanque jugaron pelota y derrotaron a los dioses de Xibalba. Hunahpu y Xbalanque se tranformaron entonces en el sol y la luna, creando la luz que los primeros humanos habían estado esperando en una noche larga. Después de la conquista española, quizás en parte por la inyección en el vencido del *maniqueísmo* característico del cristianismo de la conquista y la colonia, los indígenas guatemaltecos empezaron a referirse a Xibalba como el agente del mal. Cuenta Evangelino Ñuscue que Rigoberta Menchú y otros indígenas han utilizado el término *Xibalba* para referirse al ejército guatemalteco. Véase Evangelino Ñuscue (8). Sobre las peripecias de Hunahpu y Xbalanque en Xibalba véase *El libro del consejo* (73-100).

[9] La traducción del inglés es mía.

[10] En ese discurso de clausura Rigoberta Menchú dijo, «Antes yo siempre entraba por la cocina. De repente hay ahora una gran puerta por la que yo entro... Tener que llamarme Señora Menchú es algo muy difícil y curioso [para el gobierno de Guatemala]». Citado en inglés en el *Syracuse Post-Standard*, mayo 10, 1993 (la traducción es mía). Cabe anotar que Rigoberta Menchú empezó a aprender el español cuando tenía 15 años de edad y trabajaba como sirvienta en la casa de unos ricos en la capital: «Entonces, una vez, que a mí me costaba el castellano y apenas empezaba a hablar algunas palabras, yo quizá le dije tú a la señora. Casi me pega. Y me dijo, «tú será tu madre. Tienes que respetarme tal como soy». Eso claro, no era tan difícil comprenderlo porque ya sabía que siempre nos tratan así. A mí, a veces, risa me daba, pero, a uno como humano, le dolían todas esas cosas» (*Me llamo Rigoberta Menchú* 173). Fue también en esa casa de ricos donde Menchú aprendió que la obediencia era entonces un obstáculo para la liberación: «Yo tenía pena. En ese tiempo yo no era capaz. Tal vez por la misma formación con mis padres. Yo no era capaz de desobedecer. Y estos patrones abusaban de toda mi obediencia. Abusaban de toda mi sencillez. Cualquier cosa, la hacía, tomándolo como un deber mío» (174).

[11] Véase por ejemplo el libro de Michael Taussig, *The Devil and Commodity Fetishism in South America*, Chapel Hill: University of North Carolina Press, 1984.

[12] «El gobierno dice que la tierra es nacional. Esa tierra me corresponde a mí, y yo se las doy para que ustedes la cultiven. Y cuando tenemos ya nuestros cultivos, es cuando aparecen los terratenientes. Pero no quiere decir que los terratenientes aparecen solos sino que están ligados con la serie de autoridades para poder hacer sus maniobras» (183-184). Véase también la entrevista con Ñuscue, «...todo está bajo control del Instituto de Transformación Agraria, donde tiene control sobre las plantas, sobre los árboles, sobre la madera y esto

provoca una grave situación en la población guatemalteca» (Menchú citada por Ñuscue 79).

[13] En este contexto se pueden leer también ciertas corrientes de la literatura feminista estadounidense que atacan al feminismo liberal y al feminismo marxista ortodoxo, precisamente porque no son lo suficientemente radicales por su timidez con respecto a la inclusión de las situaciones concretas actuales de todas las mujeres, incluyendo aquellas de las mujeres pobres así como de las mujeres negras, hispanas, indígenas y asiáticas en los Estados Unidos. La diversidad de situaciones requiere de un análisis plural y antirreductivista, así como de una práctica que combine las luchas contra el sexismo, el racismo, y la sociedad de clases, sin tratar de privilegiar una u otra. Se busca sobrepasar, no sólo aquellas corrientes dentro del feminismo que se limitan a los derechos burgueses, sino también aquellas tendencias socialistas que se limitan a los derechos laborales del hombre o, en general, a privilegios masculinos. Véanse María Lugones y Elizabeth V. Spelman, «Have We Got a Theory For You! Feminist Theory, Cultural Imperialism and The Demand for 'The Woman's Voice'». *Women's Studies International Forum*. 6 (1983): 573-581; Elisabeth V. Spelman, «The Erasure of Black Women». *Twenty Questions: An Introduction to Philosophy*. G. Lee Bowie & Meredith W. Michaels & Robert C. Solomon, eds., Fort Worth, Texas: Harcourt Brace Jovanovich (1992): 479-485; bell hooks, «Black Women: Shaping Feminist Theory». *Twenty Questions*, pp. 485-492.

[14] Por ejemplo, Nicci Gerrard, en «Guatemala: No Crying». *New Statesman*, Londres, Julio 6 de 1984, se refiere al *yo* de Menchú que aparece en el testimonio como «el *yo* subjetivo [que] puede borrarse a sí mismo y hablar en nombre de los miles desarticulados» (24) —mi traducción. Colin Henfrey, por otro lado, cuestiona la carencia de un yo académico para darle validez al testimonio de Menchú: «en sí, esto refuerza su relato, como una declaración rara y genuina de la experiencia popular 'desde abajo'. Pero como omisión editorial, amenaza reducir

un libro, el cual debería haber sido leíble y leído por todos los estudiantes universitarios estadounidenses, a un texto para los ya fieles [a la causa] y los ya informados». «Together in Apartness». *Times Literary Supplement*, Londres, agosto 31, 1984 (mi traducción). Hubo excepciones, naturalmente: véase, Eliana Moya Raggio, «Three Testimonies from Latin America». *Michigan Quartely Review*, 26.1(1987): 272-277, en cuya reseña sobre obras como: *Si me permiten hablar, Me llamo Rigoberta Menchú* y *Detenidos-desaparecidos*, presenta el testimonio como una forma de escritura femenina que critica las estructuras de poder en Latinoamérica; por ejemplo: «...las voces del pobre, el analfabeta, la silenciada y marginada, están emergiendo en la escritura de las mujeres. Estas nuevas voces, las cuales desafían nociones tradicionales de lo que es literario, dicen historias de supervivencia desde la perspectiva de los desposeídos, historias que reconocen la diversidad étnica y social del continente» (273) —mi traducción.

[15] Mi traducción. Véase también Doris Sommer, «Rigoberta's Secrets». *Latin American Perspectives*, 18:70, No. 3, Verano 1991, 32-50. «El fenómeno de un sujeto colectivo del testimonio es, entonces a duras penas, el resultado de un estilo personal de parte de la escritora que testimonia. Es una traducción de una prosa autobiográfica hegemónica a un lenguage colonizado que no iguala la identidad con la individualidad. Es un recordatorio de que la vida continúa en las márgenes del discurso occidental, y continúa disturbándolo y retándolo» (39) —mi traducción. Véanse también la revisión que Sommer le hizo al artículo que acabo de citar, «No Secrets: Rigoberta's Guarded Truth». *Women's Studies.* 20(1991):51-72; y George Yúdice, «*Testimonio* and Postmodernism». *Latin American Perspectives.* 18:70, No. 3, Verano 1991, 15-31.

[16] «The Quincentenary, a Question of Class, Not Race: An Interview with Rigoberta Menchú». Mi traducción del inglés.

[17] En uno de sus poemas, Rigoberta Menchú expresa el dolor de la diáspora: «Tierra mía, madre de mis abuelos,/

quisiera acariciar tu belleza/ contemplar tu serenidad y/ acompañar tu silencio,/ quisiera calmar tu dolor/ llorar tu lágrima al ver/ tus hijos dispersos por el mundo/ regateando posadas en tierras/ lejanas sin alegría, sin paz,/ sin madre, sin nada». «Mi Tierra». *El Espectador*: Magazín Dominical, Santa Fe de Bogotá, 501(1992):10.

Bibliografía

DeWALT, Billie R. «Agrarian Bases of Conflict in Central America». *The Central American Crisis: Sources of Conflict and the Failure of U.S. Policy*. Eds. Kenneth M. Coleman y George C. Herring. Wilmington, Delaware: Scholarly Resources Inc., 1981.

El libro del consejo. Traducción y notas de Georges Raynaud & J.M. González de Mendoza & Miguel Ángel Asturias. México: UNAM, 1939.

MANZ, Beatriz. *Refugees of a Hidden War: The Aftermath of Counterinsurgency in Guatemala*. Albany, NY: SUNY Press, 1988.

MENCHÚ, Rigoberta. *Me llamo Rigoberta Menchú*. Ed. Elizabeth Burgos Debray, La Habana: Ediciones Casa de las Américas, 1983.

• «El discurso Nobel». Oslo: Det Norske Nobelinstitutt, Drammensveien 19, N-0255, Noruega, 1992.

• «The Quincentenary, a Question of Class, Not Race: An Interview with Rigoberta Menchú». *Latin American Perspectives* 19.73 (1992): 96-100.

ÑUSCUE, Evangelino. *Los agentes de Xibalba*. Bogotá: Memoria, 1986.

PONIATOWSKA, Elena. «Rigoberta, Rigobertica». *El Espectador*. Magazín Dominical, Santa Fe de Bogotá 489 (1992): 5-8.

VARNER GUNN, Janet. «'A Window of Opportunity': An Ethics of Reading Third World Autobiography». *College Literature* 19.3/20.1, oct. 1992/ feb. (1993): 163-169

WEBB, Michael. «Economic Opportunity and Labor Markets in Central America». *The Central American Crisis: Sources of Conflict and the Failure of U.S. Policy.* Eds. Kenneth M. Coleman y George C. Herring. Wilmington, Delaware: Scholarly Resources Inc.

Como no podemos ir a ninguna parte a decir lo que nos pasa, lo ponemos en las arpilleras, ahí están nuestras palabras.

El taller de arpilleras de Puente Alto:
un ejemplo de solidaridad

Eliana Moya-Raggio

Ésta no será una biografía en el sentido tradicional del término. No me referiré a una mujer sino a un grupo de mujeres que en un momento de trágica ruptura institucional en Chile, tuvieron la valentía y la visión de unirse para sobrevivir. Nunca supe sus apellidos, insistieron en que se las conociera sólo por su nombre de pila; me despedían con temor y recomendaciones de que escondiera las cintas que había grabado cada vez que, después de las sesiones en el taller, me paraba a esperar el autobús que me llevaría a Santiago. Durante esos años y ya después de regresar a mi casa en los Estados Unidos, dediqué mucho tiempo a hablar sobre el trabajo del taller y a vender sus arpilleras. También, con excepción de una vez en que se los llevé personalmente, siempre lo envié a través de la Vicaría de la Solidaridad[1], la institución que las ayudaba con los envíos. Por las cartas que me escribían, seguía enterándome de sus necesidades y de sus luchas, también de su alegría cada vez que recibían el dinero.

La interrupción del proceso democrático de Chile en septiembre de 1973, la instauración de un gobierno militar altamente represivo tuvo, como efecto inmediato, el fusilamiento de cientos de personas, el arresto, la tortura y la desaparición de miles, el exilio de otros miles y el establecimiento de un estado general de miedo en el país, con la institución de medidas como el estado de sitio, los toques de queda y una serie de restricciones de prensa, expresión y educación. A este estado de supresión de libertades se sumó la abrupta ruptura y la consiguiente reordenación del sistema económico, hecho que se reflejó con especial violencia en los sectores económicamente más débiles de la población chilena.

Un sector de la Iglesia Católica empezó a preocuparse por las violaciones de los derechos humanos y decidió ofrecer ayuda a la gente sin acceso a los recursos legales. Al hacerlo, fueron dándose cuenta de que junto con estas necesidades existían otras, igualmente urgentes, producidas por pérdida de trabajo, arrestos, cierres de fábricas, etc.; es decir, existía hambre y pobreza. Desde esta realidad nacieron los comedores populares que se abrieron para alimentar a los niños. Estos programas asistenciales se distribuyeron por zonas, así se encontraban la zona norte, oriente, rural-costa y sur-poniente.

Puente Alto, dentro de la zona oriente y en el cajón del río Maipo, es una comunidad del área metropolitana de Santiago que reunía, en esos años, un gran número de población obrera concentrada en torno a las industrias textil y papelera. Las necesidades eran grandes, sobre todo la necesidad de alimentar a la población. Cuando la Iglesia abrió el comedor en la parroquia de Santa María Magdalena, éste se llenó de madres desesperadas que traían a sus hijos para la que sería, en muchos casos, la única comida del día. De este grupo de mujeres surge la necesidad y el deseo de hacer ellas algo que las ayude a superar los momentos difíciles que están viviendo. Es importante señalar que aun cuando fue la iniciativa de la Iglesia la que abrió el comedor popular, facilitando de ese modo el encuentro de las mujeres y, más tarde, eliminando los obstáculos que habrían hecho difícil el funcionamiento del taller, la interacción de las mujeres, el contacto que establecieron a través del trabajo individual y colectivo, alcanzó una dinámica que sobrepasó el intento incial del comedor. Es verdad que las mujeres dependían de la organización de la Iglesia Católica para la venta de sus arpilleras, pero también en ese plano lograron una cierta autonomía, cuando desarrollaron acuerdos con individuos que, en el extranjero, vendían sus arpilleras y les enviaban directamente el dinero.

Es éste un grupo de mujeres que por quince años, entre 1974 y 1989, se sumó a muchos otros grupos que asumieron decididamente la urgente tarea de la sobrevivencia y que, al hacerlo, crearon una amplia esfera de resistencia a la dictadura. Elizabeth Jelin señala que

> las ollas comunes son estrategias... que proponen una forma de organización para las mujeres. Se caracterizan por su capacidad de aglutinarlas en una actividad pública, reemplazando el espacio privado e íntimo de lo doméstico. El espacio de la olla común constituye el nuevo escenario del trabajo político de las mujeres. (Jelin 189. Traducción mía)

Eso fue absolutamente cierto en el caso chileno. Con la ayuda de trabajadoras comunitarias, las mujeres empezaron a explorar la idea que tenían de hacer algo relacionado con sus vidas. Sin dinero ni recursos para comprar materiales, decidieron utilizar lo que tenían a mano: ropa muy vieja, gastada por el uso; o los desechos que recogían en las fábricas textiles de la zona. Después de un proceso de aprender a mirar con nuevos ojos lo que las rodeaba y de probar diferentes formas de expresarlo, llegaron a la arpillera, un pequeño tapiz de cuarenta y seis o cuarenta y ocho centímetros por treinta y seis o treinta y ocho, donde sobre un fondo de saco de harina o de azúcar superponían, como en un mosaico, trozos recortados de géneros de colores, cosidos con diferentes puntadas hasta formar una escena que transmitiera un mensaje personal y colectivo, sobre el ser mujer pobladora y vivir en la dictadura.

En un momento en que el gobierno militar intenta borrar todo vínculo con el pasado, la arpillera vino a establecer una conexión cultural con una rica tradición de arte popular en el país. Tanto las arpilleras de Macul, como los bordados de Isla Negra, las arpilleras de Violeta Parra, o las de Copiulemo,[2] forman parte del acervo cultural del pueblo chileno. Las creadas durante el período 1974-1989 responden, sin embargo, a una motivación diferente y por eso marcan un cambio dramático en cuanto a su técnica y en cuanto a su ejecución. Las antes mencionadas, se ejecutan con material comprado para ese propósito: género, lana e hilo de colores; sus temas son de paisajes de la costa o reproducción de fiestas populares, religiosas o hechos históricos, en general predomina el tono festivo. Las arpilleras creadas durante la dictadura participan de la urgente necesidad de dar testimonio del momento.

Mi trabajo estuvo exclusivamente concentrado en el grupo de mujeres que constituyeron el taller de *Puente*

Alto. Tuve la oportunidad de trabajar con ellas en 1982, y después, en 1984. El taller funcionaba en la parroquia de Santa María Magdalena. Ninguna de las mujeres que lo constituían había tenido previa participación en grupo alguno, con vacilación y profunda vergüenza de encontrarse sin recursos, empezaron a integrarse al taller. Se miraban a sí mismas fundamentalmente como madres y no como trabajadoras, sentían que si estaban allí era simplemente por hambre y necesidad. Al comenzar el trabajo del taller, van estableciendo gradualmente un espacio físico de seguridad: acomodaron un cuarto en el patio de entrada de la parroquia, sólo ellas tenían la llave del cuarto; allí se reunían los miércoles y los sábados para trabajar, para hablar libremente de lo que estaba pasando en las poblaciones: el hambre, la falta de agua, de servicios de salud, etc., allí hablaban de las noticias que la represión aportaba: los detenidos, las torturas, los desaparecidos. Aún más, éste era el único espacio donde podían hablar con total confianza de sus problemas con hijos, maridos o convivientes. La solidaridad que se va generando por su condición de mujeres, se ve complementada por la vivencia de experiencias comunes. Elizabeth Jelin también se refiere a esto cuando escribe que movimientos como éste

> ...nacen de la vida diaria. Las vidas y las identidades de las mujeres están constituidas de los sucesos de todos los días: lo habitual, lo trivial, lo insignificante, lo invisible. El mundo de los grandes acontecimientos poco se preocupa de ellas. Y, sin embargo, en su realidad cotidiana, las mujeres viven las manifestaciones de los grandes dramas históricos. (Jelin 204. Traducción mía)

Ése fue el caso de Dina, Carmen, Laura, Jeanette, Regina, Eliana, Sylvia, Olga y Nancy, quienes al dar comienzo a su trabajo de arpilleras descubrieron que no estaban solas en su pobreza ni en su sufrimiento; descubrieron que compartían un mundo de experiencias que iba mucho más allá de la inmediatez, generada por la situación política del país; descubrieron que estaban unidas a una larga línea de mujeres que, como ellas y antes que ellas, habían asumido la responsabilidad del grupo familiar. Aprendieron a compartir el dolor y a dejar la constancia de él en las piezas que creaban, de ahí que para ellas, la autenticidad de los temas de sus arpilleras fuera primordial como así mismo que fueran hechas de desechos. Por eso también los primeros temas de las arpilleras incluyeron la olla común o el comedor popular, la falta de agua en las poblaciones, la falta de vivienda, la falta de policlínicos, los arrestos arbitrarios en las poblaciones, los hallazgos de restos de desaparecidos, etc.

> Me repetían con insistencia que lo de ellas era arte de la pobreza, eso es lo que es; nuestros temas son vividos, no temas bonitos, vienen de nuestra experiencia, nosotras hacemos lo que vivimos porque esa es la realidad del país; están hechas de desechos, porque no tenemos nada. Como no podemos ir a ninguna parte a decir lo que nos pasa, lo ponemos en las arpilleras, ahí están nuestras palabras. (Jeanette, Carmen, Dina, Laura, 1982)[3]

Sin embargo, no fue fácil llegar a inscribir esas palabras de ellas. Cuando estas mujeres abandonaron el espacio doméstico invadido por la crisis del país, lo hicieron con vacilación. Nada en el pasado las había preparado para esta experiencia. Todas, menos una, eran madres, una era abuela, no tenían experiencia participativa. Sus vidas habían girado fundamentalmente en torno a lo doméstico y los trabajos que habían desempeñado los percibían como esporádicos.

> Cuando llegué, me sentaba en ese rinconcito, (me indica el rincón cercano a la puerta). Poco a poco me fui integrando, conversando de a poquito porque al principio no me sacaban la palabra, ahora soy la que más hablo. Antes si me pedían una opinión, los nervios no me daban, no tenía uñas, me desesperaba... pero me fui habituando; en el taller encontré amistad y ayuda. Yo no tenía dónde vivir, estaba de allegada, aquí en el taller me ayudaron a conseguir una casita. Las compañeras han sido buenas y solidarias.
> (Carmen 1982)

El espacio doméstico había sido invadido por la pobreza y por los trágicos cambios del país, sus identidades formadas alrededor del cuidado de la familia se desplazaron a un nuevo espacio, creado por ellas, con el único propósito de sobrevivir. Espacio de participación y de trabajo, en él ya no había madres y dueñas de casa, ahora eran *arpilleristas*. Esta nueva dimensión de sus identidades fue asumida con responsabilidad y singular orgullo, con extraordinaria paciencia y dedicación las mujeres del taller de *Puente Alto* dejaron constancia en sus arpilleras de todo aquello que durante todos esos años se encubría; lo hicieron con su codificada escritura de la pobreza, para eso usaron retazos y desechos, el hilo y la aguja pasaron a estar al servicio de la memoria colectiva del pueblo. Aprendieron a mirar su entorno con una nueva intensidad y con acuciosos detalles de cronistas, contaron, corrigieron, divulgaron y denunciaron lo que el gobierno ocultaba, encubría o falseaba. Cuidaron de la verdad y crearon belleza de la necesidad.

La interacción que ocurría en el taller, la comunicación directa que las mujeres establecieron, constituían un constante desafío al dominio que el miedo ejercía en el país; era, además, terreno fértil para el desarrollo solidario. La solidaridad que emerge es una solidaridad entre iguales, nacida de esa interacción y comunicación que he señalado, y además de la confrontación diaria de situaciones comunes. El círculo vicioso del silencio al que su pobreza y la represión las había condenado, fue roto. Todas ellas se habían convertido en participantes activas en el acto de resistir; habían asumido la función de agentes de cambio, en cada arpillera denunciaban la falta de humanidad existente y al hacerlo, anunciaban las posibilidades de transformación.

> Para que las mujeres silenciadas empiecen a hablar, a crear arte, deben estar en comunicación con otras personas de su grupo de modo que se pueda articular una construcción colectiva de la realidad. Es importante que otros testigos sociales expresen sus puntos de vista para validar la verdad de cada una y así, poder nombrarla. (Donovan 101. Traducción mía)

Rosa vivía en la población San Jerónimo, donde tenía una casita que había conseguido años antes a través de la Corporación de la Vivienda; en esos momentos en que hablábamos sentía que podía perder su vivienda en cualquier momento, ya que estaba atrasada en el pago de los dividendos. Pequeña y delgada, Rosa trabajaba con ahínco en sus arpilleras. Su rostro cambió cuando el tema de la conversación llegó a un plano más personal, se iluminaron sus ojos oscuros y, sin vacilación, empezó a hablar:

> Me acuerdo de mi mamá que nunca nos dejó abandonados, siempre estuvo con nosotros, éramos bien pobres, pero ella nos tenía limpios. Iba a lavar a un restaurante aquí en *Puente Alto*, cuando volvía por las tardes nos poníamos contentos porque nos traía pan y toda la comida que sobraba del lugar. Desde chica yo le ayudaba a lavar y a planchar. Casi ninguno de nosotros pudo estudiar, éramos siete. Yo tuve que dejar el colegio a los nueve años para entrar a trabajar y ayudar a mi mamá. Trabajaba en casas particulares, para el aseo, trabajé de criada hasta los veintiuno. En ese tiempo uno tenía que trabajar puertas adentro, tenía permiso para salir cada quince días y sólo por medio día. ¡Qué terrible el destino de una, mi papá se lo pasaba tomando y ahora, mi marido... no sé dónde está! (Rosa 1982)

Para Rosa, venir al taller era su único alivio, allí hablaba con las compañeras, se desahogaba, oía sus consejos y al terminar el día, se iba pensando que podía continuar en el arduo afán de sobrevivir. Le preocupaban sus hijas, no quería para ellas su misma suerte, quería que se educaran y que pudieran aspirar a otro tipo de trabajo.

Dina, de rostro amplio, claro y fácil sonrisa era una de las más elocuentes, quería contar su historia. Para ella estar en el taller había sido también esencial en su sobrevivencia, la actividad la había puesto en contacto con otras mujeres con semejantes experiencias. Hubo alivio en saber que no estaba sola, que muchas compartían sus problemas y que, además, juntas estaban participando en un proyecto comunitario de creación que las ayudaba a mirar, como nunca antes lo habían hecho, la realidad de la que formaban parte.

Dina recordaba que su madre había sido lavandera por veinte años para mantener a sus hijos, siete en total, y para compensar las ausencias y violencias de un padre alcohólico que lanzaba a la familia en una espiral de continua incertidumbre. Dina había sabido de las dificultades de llegar a educarse, había ido a una escuela nocturna para poder trabajar durante el día, sin embargo nunca tenía suficiente dinero para comprar libros y cuadernos. Para ella la pobreza se había intensificado y pensaba que, en ese momento

> no hay palabras para expresar lo que una ha sufrido y sigue sufriendo. En estos días mi marido está cesante otra vez y vamos a sufrir lo mismo que en 1976, porque cuando el marido está cesante se sufre mucho en un hogar... Todas las que estamos aquí hemos pasado por lo mismo... cuando empecé a venir al comedor me venía en la mañana temprano. A las once, ya estaba parada en la plazuela que está aquí al frente a esperar que fueran las doce para entrar con los niños al comedor. Me desesperaba en mi casa... porque como no teníamos qué comer, hacía las cosas en un rato y después prefería salir. Claro, una tiene

familiares, pero a veces están sufriendo lo mismo... (Dina 1982)

Las mujeres del taller de *Puente Alto* venían de poblaciones y de campamentos; de la población San Jerónimo o Maipo, del campamento Villa Venezuela o Arturo Prat. Su experiencia diaria estaba constituida por esta condición de pobladora. Para los expertos, lo que diferencia una población de un campamento es la legalidad o ilegalidad de la posesión del suelo. Para las mujeres, los campamentos constituían un último recurso de lograr un lugar para vivir, conocían el nivel de miseria y cesantía que predominaba en ellos, los desalojos eran frecuentes. Especialmente reprimidos por las fuerzas militares, se reconocía en los campamentos un marco de solidaridad potencial extremadamente peligroso. Previamente muchos campamentos habían demostrado un alto grado de efectividad en su organización, a pesar de la enormidad de sus carencias; los pobladores habían logrado crear un espacio social y físico diferente, con un alto nivel de comunicación humana.

Dina había sido desalojada de un campamento, la habían lanzado a la calle cuando una de sus hijas tenía pocos meses, su fotografía había aparecido en el periódico. Así lo recordaba ella:

> Hicimos una toma porque no teníamos dónde vivir y el terreno estaba desocupado; a los cuatro meses ya teníamos casita levantada. Entonces de un día pa(ra) otro llegó la autoridad y nos hizo tiras la casa con hachas, nos sacaron los cables de la luz, lo tiraron todo a la calle, dijeron que no teníamos autorización para vivir allí... que las

tomas eran ilegales... que no nos correspondía vivir ahí... y, nos echaron a la calle. (Dina 1982)

Del mismo modo que Dina hacía arpilleras con lo que tuviera a la mano, había construido su casa con los desechos de la ciudad y, en ese acto, había aprendido a reconocer la solidaridad que genera el grupo. En el taller, Dina se sumaba a la preocupación de si había una fábrica en un paro para ayudar con comestibles a los trabajadores; al esfuerzo de conseguir leña para la olla común que funcionaba en la población La Bandera, porque allí la gente, en su desesperación, se había tomado la parroquia en protesta.

El claro movimiento desde la esfera de lo puramente doméstico a la integración de un grupo colectivo de trabajo y activa solidaridad, las lleva a su vez a pedir mejores condiciones para sus respectivas poblaciones. El taller de *Puente Alto*, una vez establecida la capacidad de hacer arpilleras y de venderlas a través de la *Vicaría de la Solidaridad* y otros medios, estableció una cooperativa de alimentos para sus integrantes, un fondo de emergencia; además, consiguieron los servicios de una trabajadora social para charlas sobre alcoholismo, problemas de padres e hijos, etc. En estos casos las demandas sociales, políticas o económicas ocurrieron en un nuevo lugar, en un espacio no estructurado por el patriarcado; del mismo modo que las mujeres utilizaban un lenguaje diferente, el lenguaje de la necesidad y la inmediatez, lenguaje que quedaba inscrito en las arpilleras. La práctica que adquirieron de la experiencia del trabajo conjunto se reflejaba en el control que llegaron a ejercer sobre su oficio.

Tuve la oportunidad, en 1984, de asistir a unas jornadas en la sede de la *Vicaría Oriente* en el sector de

Ñuñoa donde se congregaron representantes de seis talleres de la zona. El acuerdo fue discutir la calidad del trabajo y con ese objetivo una de ellas, nombrada por su experiencia y antigüedad en el oficio, explicó a todas la importancia de orillas bien determinadas, la necesidad de que el mensaje fuera claro, enfatizó el dinamismo de las figuras, el número de elementos con que una arpillera debía contar y estipuló la necesidad de la veracidad.

Si bien es cierto que se adquirió un sentido de orgullo en el trabajo bien hecho, se adquirió también la noción de que hacer arpilleras era una forma de lucha que, en la medida de lo posible, debía extenderse a otras acciones, igualmente significativas. Para las mujeres con las que yo trabajé siempre fue importante que al vender una arpillera en el extranjero, hablara de lo que representaban y explicar por qué se hacían.

En 1989, cuando ya se había confirmado el *NO* a la dictadura de Augusto Pinochet a través de un plebiscito, y el país se preparaba para elegir democráticamente a un presidente que estaría a cargo del proceso de transición a la democracia, las mujeres arpilleristas presentaron sus demandas a los candidatos. En un acto en el cine California que se llamó *Las Mujeres Demandamos*, presentaron su posición frente a asuntos que les concernían como ciudadanas, madres y mujeres. En una parte del documento dijeron lo siguiente:

> No ha sido fácil, en una sociedad esencialmente machista, que nos asigna el hogar como el principal espacio para desenvolvernos. Nada se nos ha dado, hemos ido ganando a pulso cada espacio, cada reconocimiento. Sabemos lo que es ser oprimidas: conocemos la humillación y el maltrato, la desvaloración del trabajo doméstico,

la responsabilidad exclusiva por los hijos. (*Las Mujeres Demandamos*, documento editado por La Mora 8)

Las mujeres del taller de *Puente Alto* constituyeron un luminoso ejemplo de sobrevivencia bajo circunstancias de gran apremio. Más allá de la sobrevivencia física de ellas y de sus hijos, demostraron su capacidad de resistencia, entendiendo así sus acciones dirigidas a satisfacer las necesidades cotidianas frente al avance de la opresión. Resistieron el miedo con que se quiso silenciarlas e inmovilizarlas; resistieron la ruptura que se les pretendía imponer en su conexión con el pasado cultural del pueblo: lo hicieron inscribiendo y nombrando su realidad de vida. En cada arpillera crearon un texto que podía ser leído por quienes hacían el esfuerzo de descifrar sus símbolos. Acercarse a una arpillera constituía un desafío para quienes estaban interesados en entenderlas, en ver en ellas algo más que la aparente simplicidad de sus elementos. El lenguaje tradicional servía de poco, era necesario aprender un nuevo lenguaje, íntimamente unido a la experiencia de ser mujer pobre y pobladora en la dictadura militar chilena. El desafío que nos han dejado las mujeres arpilleristas a todas, las que por clase o educación ocupamos otro espacio, es leerlas, a ellas y a sus arpilleras. Toda arpillera constituyó un texto de compromiso histórico; si para las mujeres que las hicieron esto implicó un proceso de reflexión y acción, no se puede esperar menos de quienes las leen.

Descripciones de cuatro arpilleras

1. **Corte de Agua.** El camión de *EMOS*, (*Empresa*

1. Corte de Agua.

2. El Cierre de la Fábrica.

3. El Comedor Popular.

4. La Protesta.

Municipal de Obras Sanitarias) representa la constante lucha de las pobladoras para obtener servicios básicos. Es ésta una arpillera de los comienzos, lo que puede notarse por la puntada de la orilla. También muestra algunos elementos constantes: las montañas de los Andes, las casas de las poblaciones que rodean a Santiago y las mujeres, enfrentando a los representantes del orden establecido. Arpillera hecha entre 1974 y 1978.

2. **El Cierre de la Fábrica.** El desempleo que tanto afectó a las mujeres de las poblaciones, está simbolizado en esta arpillera por el cierre de la fábrica. Con la puerta clausurada y la abreviatura *F.C.A.* en el techo blanco, el mensaje es el de falta de trabajo y crisis económica. Arpillera de 1980.

3. **El Comedor Popular.** La proliferación de comedores populares, sustentados por la Iglesia Católica, y de ollas comunes, surgidas de la iniciativa de grupos de pobladores, dominan el paisaje urbano chileno durante el período de mayor crisis económica. En esta arpillera se describe la relación entre las poblaciones y los comedores populares. Dividida al medio, arriba hay una población y abajo están los niños comiendo de la olla común. La riqueza de detalles, las figuras tridimensionales y el colorido, hacen de esta arpillera un hermoso ejemplo de lo que fue la lucha diaria en un determinado período histórico. Arpillera de 1979.

4. **La Protesta.** En 1982 surgieron una serie de protestas en el país, esta arpillera describe una de ellas, sugiriendo que la unidad de la gente vence el miedo establecido por el estado policial. La presencia de los policías y sus carros blindados no destruye la fuerza del

grupo. Como siempre, las montañas, nevadas ahora, enmarcan el mensaje de la arpillera.

Notas

[1] La *Vicaría de la Solidaridad* fue el organismo creado por la Iglesia Católica chilena en 1976, con el objeto de proveer ayuda en la defensa de los derechos humanos.

[2] Isla Negra, pueblo de la costa central de Chile. Violeta Parra (1917-1967), famosa folclorista chilena, autora de canciones como «Gracias a la vida», «Volver a los diecisiete» y muchas otras. Ceramista y arpillerista. (Veáse el ensayo sobre Parra en este volumen). Macul, nombre de un sector de la comuna de Ñuñoa en Santiago, donde un grupo de mujeres empezó a bordar arpilleras en 1970. Copiulemo, localidad rural cercana a Concepción.

[3] Todas las citas de las integrantes del taller fueron recogidas en junio y julio de 1982, en *Puente Alto*, Chile.

Bibliografía

DONOVAN, Josephine. «Toward a Women's Poetics». *Feminist Issues in Literary Scholarship*. Benstock, Shari. Ed. Bloomington: Indiana University Press, 1987.

JELIN. Elizabeth. Ed. *Women and Social Change in Latin America*. London: Zed Books, 1990.

> *lo que más rabia me da es que hayan sido necesarias las botas, las cachetadas y puntapiés...*
>
> Hebe de Bonafini.

Madres de Plaza de Mayo: por siempre Antígonas

Magda Castellví deMoor

En *Historias de vida*, Hebe de Bonafini, dirigente de Madres de Plaza de Mayo, hace la siguiente observación a propósito de su participación en el movimiento:

> lo que más rabia me da es que hayan sido necesarias las botas, las cachetadas y puntapiés para que las buenas amas de casa saliéramos a participar, produjéramos un grito de protesta en lugar de escuchar el ajeno por la radio. [Y sigue:] Me da rabia, entonces, no haber dejado antes los tejidos y las cacerolas para salir a mirar y quejarme de los tanques que desfilaban frente al Dique[1], en lugar de concentrarme en el punto cruz y oír que alguien oyó que otro dijo que esos tanques desfilaban a la vuelta de la esquina... pero eso quedaba muy lejos de los propios intereses. (73)

Estos comentarios son significativos para comprender el rol de Madres de Plaza de Mayo y su contribución a la historia argentina. Si bien las palabras de Hebe de Bonafini censuran la conspiración del silencio en una situación política extrema, al mismo tiempo confirman una toma de conciencia de esa situación. A través de la autocrítica, señalan sobre todo un cambio de actitud de la pasividad a la acción frente a los atropellos de la dictadura. Así, la decisión de salir de la casa significó para ella, como para otras mujeres, un enfrentamiento con las fuerzas estatales. También marcó el comienzo de un proceso de redefinición del rol de la mujer en el espacio social y político, que evolucionó desde la aceptación del discurso de los represores hasta la creación de su propio discurso.

Las botas, la violencia y los tanques a los que alude Hebe de Bonafini son índices de la represión impuesta por los militares después del golpe que destituyó a Isabel Perón, presidenta constitucional de la Nación Argentina, el 24 de marzo de 1976. Si desde hacía varios años el país había presenciado el incremento de la guerrilla urbana, el nuevo régimen no trajo sino una intensificación de la violencia con características desconocidas hasta entonces en la historia argentina. En medio de una nación dividida, la dictadura militar garantizó el añorado orden y el fin de la guerrilla para unos, mientras que para otros reservó la persecución, la tortura y la *desaparición*; esto es, la violación ostensible de los derechos del individuo. Durante el período del llamado Proceso de Reorganización Nacional, el Estado actuó con absoluta impunidad, indiscriminadamente, contra inocentes y culpables catalogados de elementos peligrosos para la seguridad nacional. El objetivo principal del Estado era mantener a toda costa «los valores de la moral cristiana, de la tradición nacional y de la dignidad de ser argentino» dentro del «mundo occidental y

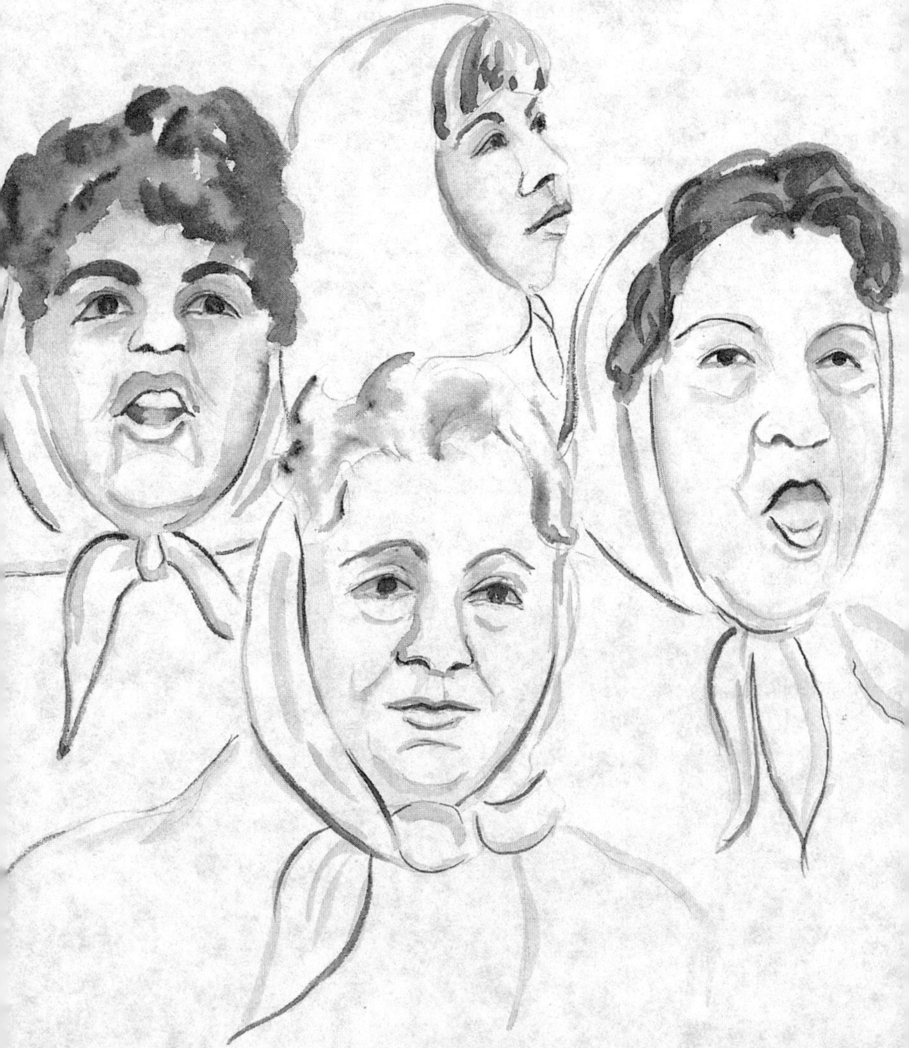

cristiano» (Avellaneda 134). Irónicamente, en nombre de ellos, se quebrantaron de hecho los principos básicos del cristianismo.

Cuando las madres de los *desaparecidos* salieron de sus hogares para reclamar justicia y los cuerpos de sus hijos, vivos o muertos, llamaron la atención no sólo sobre el hecho de que en la Argentina estaba desapareciendo gente, sino también el pretendido desconocimiento de la dictadura militar sobre estas *desapariciones*. No se propusieron simplemente hacer público que hijos y esposos eran detenidos, sino denunciar que eran abusivamente secuestrados sin dejar señales.[2] Con la solicitud pública que dirigieron a las fuerzas del poder y doscientas treinta y siete firmas, dejaron inscrito en la historia el texto de un nuevo discurso político no verbalizado hasta entonces:

> Madres y esposas de desaparecidos. SÓLO PEDIMOS LA VERDAD. Al Excmo. Señor Presidente, a la Junta Militar, a los Altos Mandos de las Fuerzas Armadas, a la Suprema Corte de Justicia, a las Autoridades Eclesiásticas... La VERDAD que pedimos es saber si nuestros DESAPARECIDOS ESTÁN VIVOS O MUERTOS Y DÓNDE ESTÁN... Pedimos para ellos un proceso legal y que sea así probada su culpabilidad o inocencia y, en consecuencia, juzgados o liberados.[3]

Tal desafío al poder estatal invita a hacer una lectura de la acción heroica de las Madres dentro del contexto de la realidad política, social y cultural en que les tocó vivir. Sin mucho esfuerzo, se pueden establecer correspondencias con el mito de Antígona que iluminan la trascendencia de aquéllas. El mito se ha venido actualizando a través de más de dos mil años en la vida real de individuos y comunidades en momentos cruciales de la historia de Occidente, cuando las sociedades han estado sujetas a regímenes totalitarios y guerras fratricidas. La comparación de la acción de las Madres con la de Antígona se vuelve más próxima si se consideran los comentarios de George Steiner en su magistral estudio sobre el tema de Antígona. Según explica al analizar la fuerza del carácter de ésta, la autodefinición y autoafirmación del ser humano es inseparable de la amenaza a los límites individuales que implica la confrontación con *lo otro*, lo que se nos opone; por ejemplo, entre el Estado y el individuo, entre los vivos y los muertos, entre hombres y mujeres, entre los seres humanos y Dios o los dioses, en el caso de los antiguos (231-232).[4] A causa de estas tensiones se puede afirmar que desde el golpe militar de 1976, el mito de Antígona ha tenido una vigencia muy concreta en la sociedad argentina; primero, durante la dictadura y la llamada *guerra sucia* y luego, a partir de 1983 durante la democracia, bajo los efectos sociales y morales del período anterior.

Dentro del entretejido del terrorismo estatal y del canon social patriarcal, Madres de Plaza de Mayo surgieron como cientos de nuevas Antígonas que hasta hoy continúan su cuestionamiento a través del compromiso con la realidad. La Antígona arquetípica desafió a Creonte, autócrata y encarnación del poder patriarcal, al desobedecer sus dictámenes, después de la muerte de sus dos hermanos en la lucha entre dos ejércitos. El rey dispuso que se diera entierro oficial con honores a uno, mientras que al otro se lo dejara insepulto a merced de animales salvajes y aves de rapiña en señal de deshonra. Al buscar el cuerpo de su hermano Polinices y darle sepultura, Antígona siguió la ley divina y los impulsos naturales del amor entre hermanos contra la ley terrena del déspota. El castigo con la vida que Creonte había impuesto para quien transgrediera sus órdenes fue frustrado con la muerte de Antígona por sus propias manos. Si en el escenario político argentino no fue cuestión de dejar los cuerpos de los supuestos enemigos de la patria abandonados a la intemperie, sin ritos mortuorios, sin embargo, la *desaparición* misma de ellos tiene una macabra semejanza con el destino final de Polinices. El tema de la sepultura de los muertos toca cuerdas muy profundas, tanto de la vida privada como de la pública. Por ello, la desaparición de un cuerpo «impresiona a la sensibilidad occidental como algo peculiarmente desolado», según términos de Steiner (115) —mi traducción.

La desolación ante la *desaparición* de sus seres queridos es el resorte que impulsó a las Madres a buscarlos en los centros de detención, cuarteles militares y oficinas de gobierno. Como supervivencias de la figura arquetípica de Antígona, las Madres expresaron no sólo sus afectos, sino también sus valores familiares. Sin experiencia política ni legal, y en muchos casos con limitada instrucción escolar, se apoderaron de la palabra para romper el silencio oficial y desafiar las prácticas represivas del gobierno. La indiferencia de las autoridades y de los medios de información a sus reclamos empujó a las Madres a organizarse como grupo y empezar las marchas en la Plaza de Mayo. Desconocer la presencia de estas mujeres que repentinamente aparecían con una voz demandante en el espacio público por excelencia, fue una manera de ignorar las palabras y de tratar de hacerlas invisibles, mientras el gobierno seguía afirmando las estructuras subyacentes del poder.

Al negar al principio la realidad que se hacía evidente cada jueves, se pretendía, así, que nada ocurría. En su novela testimonial *Conversación al sur*, Marta Traba pone en boca de la narradora palabras que dan la pauta de la situación:

> Fue cuando advirtió la ausencia de los granaderos que la operación del enemigo se le hizo horriblemente transparente: *se borraba del mapa la Plaza de Mayo durante las dos o tres horas de las habituales manifestaciones de los jueves.*[5] No podían ametrallar a las locas ni tampoco meterlas presas a todas. Hubiera sido impolítico, mientras afirmaban con todos los medios a su alcance que la «Argentina corazón» era un verdadero paraíso. (87)

De eso se trataba, no sólo de preservar la imagen nacional, sino también de silenciar la voz que acusaba. Llamarlas *las locas de Plaza de Mayo* fue, en efecto, una reacción para minimizar su activismo y desmantelar el discurso político que habían empezado a articular. Como observa Fisher, los militares desestimaron la acción de las Madres, sin anticipar que su movimiento sería el primer gran desafío al engranaje del régimen (60). Desde una perspectiva claramente machista, tanto los represores como muchos de los mismos reprimidos se resistieron a reconocer que la presencia de las Madres en el espacio público, ajeno al espacio familiar reservado por tradición a la mujer, respondía precisamente a la urgencia de delatar la violación de que había sido objeto el espacio privado de ellas a manos de los agentes de la represión.

Salir de la casa y entrar en la Plaza, sin embargo, significó más que un acto de denuncia. Las Madres transgredieron el espacio donde de manera concreta y simbólica se centra el poder. Ya en los tiempos de la colonia, en el microcosmos de «la plaza» se proyectaba la ciudad toda, centro ordenador de «las mayores estructuras institucionalizadas».[6] En un lado de la Plaza de Mayo está ubicada la Casa Rosada —Palacio Presidencial—, y en los otros, el Cabildo, la Catedral y edificios financieros. La Pirámide de Mayo en el medio, no es sino el símbolo de la nacionalidad con las cuatro caras hacia los cuatro puntos cardinales.

Es importante reconocer que con su presencia en la Plaza, las Madres subvirtieron dos realidades: la política, en la que dominaban los militares, y la social, en la que el poder seguía siendo el de los hombres. Al poner en juego ambas realidades, socavaron de hecho el canon patriarcal tradicional que abarca ambas esferas y relega a la mujer al espacio doméstico. Las Madres mostraron la fuerza que les daba el número de ellas, la organización de sus planes y su determinación de no ser intimidadas. Dice Hebe de Bonafini en *Historias de vida* a propósito de los comienzos de sus rondas: «Hacia fines de setiembre del 77 ya somos más de cincuenta y se nos mezclan los sentimientos con ese número que crece; cada vez somos más, cada vez sentimos menos miedo y más fortaleza, estamos más seguras juntas, pero cada vez faltan más hijos» (137). Y describe la acción de los policías que trataban de dispersarlas haciéndolas «circular», puesto que a causa del estado de sitio no podían estar juntas más de dos personas en público:

> Empezamos a caminar de a dos, tomadas del brazo, nos obligan a dar una vuelta bien abierta.

> La Plaza es grande, las parejas se dispersan, nadie nos distingue de otras mujeres que van de paseo. Sabemos que lo más importante es ir cerrando el círculo pero tan imperceptiblemente, cada vez más cerca de la pirámide, que ellos no tengan tiempo de darse cuenta; pero son cada vez más; nosotras cada jueves somos más y ellos traen refuerzos. Se paran delante de la pirámide y controlan que no nos acerquemos. Vamos conversando de a dos, mirando la nuca de las compañeras que van adelante. (138)

A la aparente tolerancia de los primeros encuentros en la Plaza por parte de las fuerzas del orden, siguieron sin embargo arrestos y *desapariciones* que tuvieron lugar fuera de ella en las calles cuando las Madres llegaban a sus casas o salían de ellas, o en las iglesias donde se juntaban y se comunicaban con mensajes mientras oraban. Así, el 10 de diciembre de 1977 *desapareció* Azucena Villaflor de De Vincenti,[7] la iniciadora del movimiento y dirigente de la Asociación de Madres de Plaza de Mayo.[8] María del Rosario recuerda que en esos días catorce compañeras y dos monjas fueron secuestradas al final de la misa en la iglesia donde se habían juntado para recoger firmas y dinero con destino a la solicitud. Según indica Fisher, no se las volvió a ver (68-69).

Después de aquella primera ronda obligada, las marchas de los jueves terminaron siendo parte de un rito en un espacio doblemente sitiado por los represores y por las Madres. Hebe de Bonafini recuerda la situación de dos años después:

> Cuando ya no podían pegarnos ni encarcelarnos, optaron por formar un corral con barandas en el

> centro de la Plaza y nosotras debíamos mostrar nuestros pañuelos blancos para que nos dejaran entrar. Aisladas de la Plaza —para evitar ese *contagio* que tanto temían— dábamos nuestra vuelta y luego nos dejaban salir. (138-9)

Dentro de ese espacio eminentemente conflictivo, los signos que las Madres fueron creando en sus rondas para afirmar su voz se convirtieron en símbolos de esa otra realidad que había cesado de estar o ser: la de los *desaparecidos*. Las fotos de los hijos y esposos *desaparecidos*, los pañuelos blancos con sus nombres inscritos, los letreros y más tarde las vocerías —«Vivos los llevaron, vivos los queremos»— eran los signos acusadores de la violencia física y moral que los que tenían el poder de torturar, matar y crear terror inflingían sobre la ciudadanía. Al mismo tiempo, era imprescindible para las Madres mantener a los *desaparecidos* vivos en la memoria a través de su visibilidad icónica. Al comparar el significado del pañuelo blanco con el negro de las Madres chilenas, Hebe de Bonafini subraya otra dimensión del signo: «ellas hablan del muerto mientras que nosotras hablamos de la esperanza de la vida, porque un pañuelo blanco es un símbolo de la esperanza y de la vida» (Diago 181). Así, todo se volvía a la vez expresión de confrontación y de autoafirmación en el seno de la Plaza.

Debe subrayarse que la presencia de las Madres en la Plaza tiene otras implicaciones profundas. Más allá de socavar el discurso dominante masculino, su acción desestabilizó la imagen misma de la mujer; esto es, la imagen estereotipada, construida con la perspectiva patriarcal y aceptada desde siempre dentro del canon social. Entraron en el espacio público, con un discurso combatiente y una visibilidad nada afín con la imagen de la madre recatada que la tradición hispánica idealiza. Dentro de la escena política cuestionaron una realidad más abarcadora que la individual familiar. Habría sido casi imposible imaginar entonces que en medio de una represión tan brutal, un grupo de mujeres daría forma a un nuevo papel femenino en el escenario político y social. Ellas comprendieron mejor que nadie las consecuencias de la colaboración de la mujer en la representación de los papeles preestablecidos que siempre se ha requerido de ella. Según observa Rosario Castellanos a propósito de lo que describe como «la complicidad entre el verdugo y la víctima», en esa relación «es imposible distinguir quién es quien» (38). El comentario es muy persuasivo si se tiene en cuenta sobre todo el giro que tomaron las vidas de las Madres en su lucha por la justicia.

La imagen *mujer* que Madres de Plaza de Mayo han contribuido a definir concilia, en efecto, la imagen tradicional de la mujer-madre con la de la mujer-activista. La afirmación del ser madre, en lugar de reducirlas a víctimas silenciosas y silenciadas dentro del recinto familiar, las llevó en cambio a agregar a su maternidad una dimensión pública combativa. De objetos pasivos se transformaron en sujetos activos con voz propia.[9] A los diez años de la iniciación del movimiento, las Madres habían ya reconocido su nueva imagen. Así describen esta experiencia: «Empezar a mirarnos en un espejo que reflejaba el horror, fue comenzar a ver esa otra mujer que, acorralada entre la angustia y la impotencia, teníamos frente a frente en cada minuto de nuestra búsqueda incesante» (*Nuestros hijos* 7).

En la intersección del sentimiento privado y del público, las Madres asumieron los valores de la comunidad y probaron con ello su compromiso y su honda concientización política. Al dar voz a sus valores individuales, tradujeron los valores familiares tradicionales e intentaron protegerlos de la fragmentación y la alienación que el terrorismo estatal había provocado. Se puede concluir que, como una supervivencia colectiva de la Antígona clásica,[10] confrontaron la Ley del Estado en defensa de la familia. El cuerpo sin enterrar de Polinices en el mito y los cuerpos *desaparecidos* guardan en ambas realidades una relación estrecha con el castigo diabólico del Estado. Si, como sugiere Steiner, Creonte invirtió los términos de la vida y de la muerte, «al convertir la vida en muerte viviente, y la muerte en supervivencia orgánica desacralizada» (287),[11] no fue menor el crimen de los militares contra el pueblo argentino.

Con la Ley de Obediencia Debida, que exoneró a los oficiales militares que habían ejecutado órdenes de sus superiores, y luego con el indulto de los jefes de las Fuerzas Armadas, que el gobierno constitucional justificó para «cerrar las heridas» e iniciar la «reconciliación nacional», la acción de Madres de Plaza de Mayo no ha disminuido. Al contrario, estas medidas y la decisión del gobierno de Alfonsín[12] de declarar muertos a todos los *desaparecidos* no han hecho más que fortalecer su movimiento. Su lucha contra el discurso oficial y sus demandas de justicia han continuado: «Nunca vamos a aceptar que ellos [nuestros hijos] estén muertos hasta que los reponsables sean castigados. Si aceptáramos eso, estaríamos aceptando que los asesinos y torturadores puedan vivir libremente en la Argentina. No pueden negociar con la sangre de nuestros hijos» (Fisher 158).[13] La intransigente demanda a las autoridades de dar cuenta de los *desaparecidos* no sólo tuvo repercusiones internacionales en los años del *Proceso*, sino que se ha convertido en una fuerza política respetada y apoyada en otras naciones. Las Madres fueron propuestas para el Premio Nobel de la Paz en 1980, pero por ser una organización no recibieron el galardón.[14]

Si la militancia de las Madres ha inscrito un discurso combativo en la historia argentina e internacional, también lo ha hecho la literatura creada por y sobre ellas. Esa escritura es parte de un discurso político colectivo, no porque exprese una ideología partidista específica, sino por su valor sígnico y por el intertexto histórico-político. Los textos subvierten el silencio en el que el régimen se propuso sumergir a la sociedad, denuncian el abuso del poder y exponen el sufrimiento de quienes vivieron más de cerca el terrorismo estatal. Se trata de una literatura testimonial que traduce a un tiempo el proceso de deshumanización de las instituciones y la esperanza del cambio. Sobre todo, es una escritura que transmite la angustia de las Madres y su firmeza ante la intimidación oficial cuando piden a voces, como lo hace Dora Felisa en el poema «El grito»:

...que en bandadas regresen nuestros hijos...
Porque ese grito largo, de madre que han herido
jamás será callado... (*Cantos* 28)

Los textos traducen también la noción de tiempo sin tiempo; tiempo que se pierde en el vacío de la espera. De esa vivencia surge la metáfora de la ronda humana que interminablemente da vueltas alrededor de la Pirámide de Mayo describiendo una trayectoria sin salida y aprisionando el sufrimiento de las Madres. Julio Calvo describe el rito interminable en su poema «Las Madres de la Plaza de Mayo»:

> Como las agujas de un reloj eterno,
> giran y giran.
> Como aspas de único molino
> giran y giran. (*Cantos* 183)

La escritura nacida de tales circunstancias también reconoce la presencia de la mujer-madre en el espacio físico y sígnico del hombre-Estado. En el poema «Otras historias», Andrés Fidalgo elogia a las Madres por su acción descomunal:

> Este país tenía sólo padres
> solemnes, excesivos.
> Patrones de la patria
> graduados en violencia...
> Hacían falta madres
> que parieran al aire nuevamente
> la vida de sus hijos...
> Madres que dan a luz
> la luz, en medio de la Plaza
> enegueciendo a los indignos. (*Cantos* 181)

El posible discurso de un *desaparecido* es poetizado por Armando Tejada Gómez en boca del solista en «Sudestada»,[15] Canto Homenaje de Madres de Plaza de Mayo:

> ...Ayer perdí la sombra...
> Soy Desaparecido:
> la vida sin su sitio.

> Mi nombre se ha vuelto
> el apodo del olvido.
> Aunque viole la ausencia
> estoy, porque no estoy.
> Esta sombra sin nombre
> ahora va en tu sombra. (*Cantos* 188)

Vivir con la sombra de los *desaparecidos* para no olvidar lo que pasó sigue siendo el mensaje que las Madres escriben en la memoria colectiva.

Al examinar las consecuencias de la acción de Madres de Plaza de Mayo, se puede concluir que su cometido ha sido desafiar la masculinidad de la autoridad militar y del patrón patriarcal con su feminismo de madres activistas y crear un discurso colectivo que ha dado voz a todas las mujeres. De la tensión entre el discurso oficial y el de ellas, entre la razón de Estado y la conciencia individual y colectiva que representan, entre el poder patriarcal y su afirmación femenina, han creado un nuevo espacio para la mujer-madre. Como Antígonas dolientes, seguirán reclamando a sus muertos y se reencarnarán en nuevas Antígonas cada vez que se violen los derechos del individuo, de la familia y de la comunidad social.

NOTAS

[1] Se refiere al lugar a donde dan los fondos de la casa de Bonafini, en City Bell.

[2] La definición que Amnistía Internacional ha dado a propósito de las desapariciones sirve para explicar la situación: «'Desaparecer' es desvanecerse, cesar de ser o perderse... Muchos prisioneros que han *desaparecido* pueden muy bien,

en el peor de los casos, haber cesado de ser. Ninguno, sin embargo, está perdido o se ha desvanecido. Vivo o muerto, cada uno está en un lugar real como resultado de una serie real de decisiones tomadas e implementadas por personas reales. *Alguien* lo sabe y, más importante, es responsable» (1) —la traducción es mía.

[3] Un facsímil de esta solicitud aparece en el Apéndice de *Historias de vida* (238-239). El Presidente de la Nación era entonces el teniente General Jorge Rafael Videla. Se ha mantenido la capitalización del original.

[4] De las polaridades que describe Steiner, queda aquí excluida la confrontación entre viejos y jóvenes, por no existir esa correspondencia en el caso de las Madres.

[5] El énfasis es de la autora.

[6] Las ciudades en Hispanoamérica fueron fundadas según un orden preestablecido [forma de damero] en base a estructuras jerárquicas. El lugar de los solares, las calles, la plaza, la iglesia respondía a ese plan. Como explica Ángel Rama, «No es la sociedad, sino su forma organizada, la que es transpuesta; y no a la ciudad, sino a su forma distributiva...» (4). La fuente máxima de las ideologías procede del esfuerzo de legitimación del poder. La palabra clave de todo este sistema es la palabra *orden*... activamente desarrollada por las tres mayores estructuras institucionalizadas (la Iglesia, el Ejército, la Administración)... (7) El *sueño de un orden* servía para perpetuar el poder y para conservar la estructura socio-económica y cultural que ese poder garantizaba. Y además se imponía a cualquier discurso opositor de ese poder...» (11).

[7] «Azucena... camina con pasos cortos y ágiles al kiosko de la esquina de su casa, en Sarandí, ese 10 de diciembre de 1977, por la mañana. Hombres armados la levantan. Fue vista en la *ESMA* [*Escuela Superior de Mecánica de la Armada*, lugar de un centro secreto de detención]. No ha vuelto a aparecer» (*Historias de vida* 150).

[8] En una de las conversaciones con Diago, Hebe de Bonafini define cinco períodos de la historia de las Madres: «El inicial, durante el primer año, mientras estuvo Azucena al frente del movimiento. El segundo, a partir de su secuestro, con todo lo que su pérdida significó, abarcando la época del Mundial de fútbol y después de éste hasta el año 79, en el que nos conformamos como Asociación... El tercer período abarca desde entonces hasta la guerra de las Malvinas, y es por aquel tiempo que empiezan a acercársenos muchos, sobre todo jóvenes, y es también cuando empezamos a salir al exterior. El cuarto período arranca con Malvinas y llega hasta el final de la dictadura... Por último, desde las elecciones de 1983 arranca este quinto período, sin dictadura, en donde la lucha comienza a darse también con características diferentes» (153-4). Recuérdese que las Madres han continuado declarándose en contra de las leyes del «Punto final» y de la «Obediencia Debida».

[9] Hebe de Bonafini recuerda sus aspiraciones de ser maestra y más tarde, de ser médica, y sus sucesivas resignaciones para conformarse al patrón femenino: «hablé con mi marido sobre la posibilidad de terminar la secundaria para luego empezar la universidad. Dijo que sí, pero una vez que hubieran sido criados los hijos. Y los hijos se criaban: iban a la escuela, leían, aprendían lo que uno quería estar aprendiendo en ese momento y, en mi caso, apoyaban en toda la línea el chance de hacer la secundaria: Toto seguía prefiriendo que su esposa estuviera en su casa» (Diago 72).

[10] Es significativo que Hebe de Bonafini dijera en una entrevista a propósito de sus modelos, que ella había empezado a ver a través de sus hijos los modelos que iban adoptando, y que uno de éstos fuera Antígona. Recordó que había visto muchas veces la presentación de Antígona por su hijo Jorge y una chica también desaparecida como él. «Yo quisiera ver ahora —dijo— la versión de Griselda Gambaro, porque estoy segura de que voy a descubrir allí algo totalmente distinto. Para nada me di cuenta entonces lo que significaba políticamente Antígona» (Diago 65).

[11] «He has turned life into living death, and death into desecrated organic survivance» (287).

[12] En 1983, el Presidente Alfonsín constituyó la *Comisión Nacional sobre la Desaparición de Personas* (*CONADEP*), cuyo informe, conocido como *Informe Sábato*, da cuenta del uso de la tortura contra hombres, mujeres y niños.

[13] «We will never accept they are dead until those responsible are punished. If we accepted that, we would be accepting that murderers and torturers can live freely in Argentina. They can't negotiate with the blood of our children» (158) —la traducción española es mía.

[14] El premio fue otorgado a Adolfo Pérez Esquivel, cuya organización, Paz y Justicia, apoyó las demandas de los grupos que protegían los derechos humanos (Fisher 111).

[15] En esta publicación la Cantata para orquesta, solistas y coro aparece en forma fragmentada. La música es de Naldo Labrín.

Bibliografía

AMNESTY INTERNATIONAL. USA. *«Disappearances», a Workbook*. New York: Amnesty International USA, 1981.

AVELLANEDA, Andrés. *Censura, autoritarismo y cultura: Argentina 1960-1983*. vol.1. Buenos Aires: Centro Editor de América Latina, 1986.

BONAFINI, Hebe de. *Historias de vida: Hebe de Bonafini*. Redacción y prólogo de Matilde Sánchez. Buenos Aires: Fraternal/del Nuevo Mundo, 1985.

CASTELLANOS, Rosario. *Mujer que sabe latín*. México: Secretaría de Educación Pública, 1973.

DIAGO, Alejandro. *Hebe, memoria y esperanza: Conversando con Madres de Plaza de Mayo.* Buenos Aires: Ediciones Dialéctica, 1988.

FISHER, Jo. *Mothers of the Disappeared.* Boston: South End Press, 1989.

MADRES DE PLAZA DE MAYO. *Cantos de vida, amor y libertad.* Selección y prólogo de Hugo Ugarte. Buenos Aires: La Campana, 1984.

• *Nuestros hijos.* Buenos Aires: Contrapunto, 1987.

RAMA, Ángel. *La ciudad letrada.* Hannover, New Hampshire: Ediciones del Norte, 1984.

SÁBATO, Ernesto. *Nunca Más.* Informe de la Comisión Nacional sobre la Desaparición de Personas. Buenos Aires: *CONADEP*, 1984.

STEINER, George. *Antigones: How the Antigone Legend Has Endured in Western Literature, Art, and Thought.* New York-Oxford: Oxford UP, 1984.

TRABA, Marta. *Conversación al sur.* México: Siglo XXI, 1981.